I0188509

Hans-Wilhelm Eckert
Konservative Revolution in Frankreich?

Studien zur Zeitgeschichte

Herausgegeben vom Institut für Zeitgeschichte

Band 58

R. Oldenbourg Verlag München 2000

Hans-Wilhelm Eckert

Konservative Revolution in Frankreich?

Die Nonkonformisten der Jeune Droite
und des Ordre Nouveau
in der Krise der 30er Jahre

R. Oldenbourg Verlag München 2000

Die Deutsche Bibliothek – CIP-Einheitsaufnahme

Eckert, Hans-Wilhelm:
Konservative Revolution in Frankreich? : die Nonkonformisten
der Jeune Droite und des Ordre Nouveau in der Krise der 30er Jahre /
Hans-Wilhelm Eckert. – München : Oldenbourg, 2000
  (Studien zur Zeitgeschichte ; Bd. 58)
  Zugl.: Trier, Univ., Diss., 1996
  ISBN 3-486-56441-2

© 2000 Oldenbourg Wissenschaftsverlag GmbH, München
Rosenheimer Straße 145, D-81671 München
Internet: http://www.oldenbourg-verlag.de

Das Werk einschließlich aller Abbildungen ist urheberrechtlich geschützt. Jede Verwertung außerhalb der Grenzen des Urheberrechtsgesetzes ist ohne Zustimmung des Verlages unzulässig und strafbar. Dies gilt insbesondere für Vervielfältigungen, Übersetzungen, Mikroverfilmungen und die Einspeicherung und Bearbeitung in elektronischen Systemen.

Umschlaggestaltung: Dieter Vollendorf
Gedruckt auf säurefreiem, alterungsbeständigem Papier (chlorfrei gebleicht).
Gesamtherstellung: R. Oldenbourg Graphische Betriebe Druckerei GmbH, München

ISBN 3-486-56441-2

Inhalt

Vorwort

Die erste Gelegenheit zur Auseinandersetzung mit den französischen Intellektuellen bot sich für mich 1989 in Poitiers, wo ich im Rahmen eines Erasmus-Programmes ein Studienjahr verbringen durfte. In den Lehrveranstaltungen von Professor Jacques Valette erhielt ich wesentliche Einblicke in die Geschichte der sogenannten Nonkonformisten. Er regte mich dazu an, mich eingehender mit dem Thema zu beschäftigen.

Zurück in Deutschland unterstützte und förderte mein akademischer Lehrer Professor Wolfram Siemann meine Forschungen. Von ihm erhielt ich wichtige Anmerkungen zum methodischen Vorgehen. Sein kritisches Hinterfragen ermutigte mich, die Fragestellung auf eine Sozialgeschichte der Ideen zu konzentrieren.

Das vorliegende Buch ist die überarbeitete Fassung meiner Dissertation, die ich 1996 im Fachbereich Geschichte an der Universität Trier eingereicht habe. Dort wurden meine Forschungen von 1993 bis 1996 am Graduiertenkolleg „Westeuropa in vergleichender historischer Perspektive" aus den Mitteln der DFG gefördert.

Mit freundschaftlichem Dank sei an dieser Stelle besonders Andreas Wirsching erwähnt. Die im Buch vertretenen Thesen nahmen in zahlreichen Gesprächen mit ihm Kontur an. Er half mir, die Intellektuellengruppierungen in den Diskussionszusammenhang von Faschismus, Rechtsextremismus und Antiliberalismus einzuordnen. Ebenso bin ich Bruno Ackermann und Hans Coppi für ihre Unterstützung bei der Materialsuche und für den anregenden fachlichen Austausch zu Dank verpflichtet.

Alexandre Marc, einer der letzten Zeitzeugen der von mir untersuchten Kreise, gab mir in einem ausführlichen Gespräch wertvolle Einblicke in die Pariser Intellektuellenzirkel der dreißiger Jahre. Ihm sei an dieser Stelle sehr herzlich gedankt für sein Vertrauen und sein Entgegenkommen bei der Unterstützung meiner Recherchen.

Besonders erwähnen möchte ich die Mitarbeiter der Bibliotheken und Archive, deren freundliche Unterstützung und Hilfsbereitschaft meine Recherchen erheblich erleichtert haben. Insbesondere bedanke ich mich bei den Mitarbeitern der Staatsbibliothek München, der Archives Denis de Rougemont in Neuchâtel, der Bibliotheque Nationale und der Archives Nationales in Paris.

Den Herausgebern der Studien zur Zeitgeschichte sei für die Aufnahme meines Buches in ihre Reihe gedankt. Ihrer Lektorin, Petra Weber, danke ich für die Ausdauer, mit der sie geholfen hat, das Manuskript inhaltlich und stilistisch zu verbessern.

München, im Februar 1999   Hans-Wilhelm Eckert

Für Andrea und Jan

Einleitung

Bei dem Begriff der „Konservativen Revolution" handelt es sich um eine der „erfolgreichsten Schöpfungen der neueren Ideengeschichtsschreibung", wie Stefan Breuer feststellt[1]. Daran ändert auch die Tatsache nichts, daß der Begriff mehr Verwirrung stiftet als Klarheit schafft. Als Sammelbegriff für die neue Rechte in der Weimarer Republik hat er sich etabliert. Er umfaßt die antiliberalen Ideen einer ganzen Reihe von Persönlichkeiten und Gruppierungen, die in ihrer Radikalität über die traditionelle Rechte der Deutschnationalen hinauswiesen, die sich andererseits aber mehr oder weniger deutlich von den Nationalsozialisten abgrenzten. Zu ihren einflußreichsten Persönlichkeiten zählten Ernst Jünger, Carl Schmitt und Arthur Moeller van den Bruck.

Die Frage, ob es in Frankreich ein vergleichbares Phänomen gab, setzt voraus, daß es sich bei der Konservativen Revolution nicht um eine spezifisch deutsche Erscheinung handelte. Genau darin ist die Forschung häufig dem Selbstverständnis der Protagonisten gefolgt und hat dies mehr oder weniger stillschweigend unterstellt. Die Ideen der „politischen Romantik"[2] wurden zum geistigen Bezugspunkt eines spezifisch deutschen Irrationalismus erklärt[3]. Die Konservative Revolution stellt nach Ansicht von Martin Greiffenhagen „die letzte Phase eines spezifisch deutschen Konservatismus" dar[4]. Allerdings reicht die nationale Perspektive kaum aus, um die Besonderheit des Phänomens zu erkennen. Denn die Ablehnung des Liberalismus in der Zwischenkriegszeit blieb keineswegs auf Deutschland beschränkt, sondern erfaßte in unterschiedlicher Weise alle Länder Europas.

Erst in den letzten Jahren wurde die isolierte Betrachtungsweise überhaupt als Problem erkannt. Stefan Breuer und Rolf Peter Sieferle[5] betonen in ihren Arbeiten zur Konservativen Revolution ausdrücklich, daß es sich keineswegs um ein ausschließlich deutsches Phänomen handle. Breuer beklagt zu Recht, daß die bisherigen Untersuchungen trotz gegenteiliger Beteuerungen immer „zutiefst germanozentrisch"[6] geprägt waren, und versteht seine Analyse als Ausgangspunkt für eine vergleichende Perspektive. Sie-

---

[1] Breuer, Anatomie, S. 1.

[2] So der Titel eines Werkes von Carl Schmitt 1919.

[3] Vgl. Sontheimer, Antidemokratisches Denken, S. 20; Fritzsche, Politische Romantik. Hans Mommsen schreibt über die Konzeptionen eines „Dritten Weges", wie sie in der Konservativen Revolution vertreten wurden: „All diesen Konzeptionen war gemeinsam, daß sie von den sozialen und ökonomischen Bedingungen der Industriegesellschaft weithin abstrahierten und ganz im Sinne der deutschen politischen Tradition und unter dem Einfluß neoromantischer Ideen eine konfliktfreie Gesellschaft postulierten." Mommsen, Generationenkonflikt, S. 56.

[4] Greiffenhagen, Dilemma, S. 243. Ansätze zu einer vergleichenden Perspektive, wie sie Stern und Mosse entwickelt haben, wurden in der deutschen Historiographie nicht weiter verfolgt. Allerdings konzentrieren sich diese Untersuchungen jeweils nur auf einen Teilaspekt, den Kulturpessimismus (Stern) und den Korporatismus (Mosse), von dem aus die Besonderheit der Konservativen Revolution nicht erfaßt werden kann. Stern, Politics of Cultural Despair; Mosse, Jews.

[5] Konservative Revolution.

[6] Breuer, Anatomie, S. 182. Der Vorwurf fällt allerdings auf ihn zurück, da er selbst die einschlägigen und in diesem Fall besonders aufschlußreichen Untersuchungen zu Frankreich nicht kennt.

ferle versucht einleitend, den geistigen Ursprung der Konservativen Revolution innerhalb einer gesamteuropäischen Gegenbewegung zu Liberalismus und Sozialismus zu lokalisieren[7].

Mit diesen Analysen sind Anknüpfungspunkte geschaffen, die einen Brückenschlag
zu den antiliberalen Gruppierungen in Frankreich ermöglichen. Ein Blick über den
Rhein zeigt, daß auch dort eine Reihe von Intellektuellen die Grundlagen des parlamentarischen Systems attackierte, den Niedergang der eigenen Nation diagnostizierte und
sich nach einer radikalen Erneuerung sehnte. Zu diesen Protagonisten gehörten die sogenannten Nonkonformisten, die zu Beginn der dreißiger Jahre von sich reden machten.
Zwei der bedeutendsten Gruppierungen aus diesem Kreis, die Jeune Droite und der Ordre Nouveau, bilden den empirischen Schwerpunkt dieser Untersuchung. Die vergleichende Perspektive soll Parallelen zur Konservativen Revolution in Deutschland aufzei-
gen, um auf diese Weise Gemeinsamkeiten und Besonderheiten der Phänomene in den
beiden Nachbarländern überhaupt erst sichtbar zu machen.

Ein Blick auf die Forschungslage in Frankreich zeigt einen ähnlichen Befund wie in
Deutschland. Breuers Kritik an der Konzentration auf die nationale Perspektive läßt
sich ebensogut auf die Kollegen in Frankreich übertragen. In den Untersuchungen zu
den Nonkonformisten und zur französischen Rechten wurden die Entwicklungen im
deutschen Nachbarland ebenfalls nicht wahrgenommen[8]. Erst in dem jüngst erschienenen Sammelband *Ni gauche, ni droite* wird der Versuch unternommen, diese nationalen
Perspektiven zu durchbrechen und Anknüpfungspunkte für den Vergleich zu schaffen.
Hans Manfred Bock hat auf Parallelen und Verbindungen zwischen der Konservativen
Revolution und den Nonkonformisten hingewiesen[9]. Als zentrale Merkmale der Ideologien beiderseits des Rheins hebt Bock den radikalen Antiliberalismus und den revolutionären Nationalismus hervor. Sie zeigen eine ähnliche Sympathie für autoritäre Herr-
schaftskonzeptionen. Darüber hinaus stellt er vergleichbare Entwicklungen fest: Charakteristisch für die Konservative Revolution und den Nonkonformismus ist das Bemühen, traditionelle Parteistandpunkte zu überwinden und einen „Dritten Weg" zwischen
Kommunismus und Liberalismus zu beschreiten. Nicht zuletzt beeinflußten sich Konservative Revolution und Nonkonformismus wechselseitig durch die Rezeption der
Ideen und durch persönliche Kontakte[10].

---

[7] Sieferle, Konservative Revolution, S. 7ff.

[8] Loubet del Bayle, Non-conformistes; Sternhell, Ni droite; Rémond, Droites. Nicht einmal die
französischen Kenner der Konservativen Revolution in Deutschland, Dupeux und Moreau, haben auf vergleichbare Phänomene in ihrem Land hingewiesen; vgl. Dupeux, „Nationalbolschewismus"; ders., „Kulturpessimismus", S. 287–299; Moreau, Nationalsozialismus.

[9] Bock, Crise, S. 299–311. Der Sammelband ist aus einem Kongreß in Bordeaux 1991 hervorgegangen. Einen Zusammenhang zwischen der Konservativen Revolution und dem Denken des Ordre
Nouveau hat bereits Pascal Sigoda skizziert. Er betrachtet die französische Gruppierung als Bindeglied zwischen dem Denken der Weimarer Rechten und dem General Charles de Gaulles. Seine
Beweisführung beschränkt sich allerdings weitgehend auf die Rekonstruktion der Kontakte; Sigoda, de Gaulle, in: Espoir 46 (1984), S. 43–49.

[10] Bock, Crise, S. 302ff.; vgl. Merlio, Préface, ebenda, S. 7–13. Die übrigen Beiträge konzentrieren
sich auf nationale Phänomene, oder sie widmen sich der Rezeptionsgeschichte und den persönlichen Beziehungen.

Damit hat Bock die unterschiedlichen Ebenen skizziert, auf denen die vergleichende Perspektive entwickelt werden muß. Bevor jedoch Übereinstimmungen in den Entwicklungen und direkte Einflüsse untersucht werden können, müssen in einem ersten Schritt die Parallelen auf der ideologischen Ebene genauer bestimmt werden. Zu diesem Zweck werde ich die vorliegenden Untersuchungen zur Konservativen Revolution und zum Nonkonformismus vorstellen und auf einen gemeinsamen begrifflichen Kernbestand hin untersuchen.

Den Begriff der „Konservativen Revolution" hat Armin Mohler 1949 mit seiner von Karl Jaspers und Hermann Schmalenbach betreuten Dissertation in die wissenschaftliche Diskussion eingeführt. Er betrachtet das Phänomen als die radikalste Antwort auf die Ideen der Französischen Revolution[11]. Einen ideologischen Kernbestand sieht Mohler in der von Nietzsche formulierten Denkfigur der „ewigen Wiederkehr des immer Gleichen". Sie richte sich gegen alle linearen Geschichtsbilder: gegen den Erlösungsglauben des Christentums ebenso wie gegen die Fortschrittsidee der Aufklärung und gegen die Teleologie des Marxismus. Nicht eine klar umrissene Ideologie, sondern eine vorbewußte Haltung oder „Weltanschauung" bildet demnach den zentralen Kern dieses Denkens[12].

Die Diagnose einer radikalen Feindschaft zur Moderne (wenn man diese mit dem ausgehenden 18. Jahrhundert beginnen läßt) hat den Blick darauf verstellt, daß die Protagonisten der Konservativen Revolution in eben dieser Moderne verwurzelt waren, die sie so heftig bekämpften. Panajotis Kondylis hat erstmals darauf hingewiesen, daß der Konservativismus seinen Bezugspunkt bereits verloren hatte, als sich die Konservativen Revolutionäre seiner Versatzstücke bedienten. Kondylis zufolge läßt sich im „Konservativismus" nur dann ein konkreter Gehalt ausmachen, wenn man ihn einer bestimmten Epoche und einem sozialen Träger zuordnet. Der Konservativismus war seiner Ansicht nach die Legitimationsideologie des Adels, der das alteuropäische Gesellschaftsideal der *societas civilis* bewahren wollte. Diese Ordnung hatte seit dem Beginn der Neuzeit vor allem zwei Gegner: den absolutistischen Staat und das Bürgertum. Autonomie und Herrschaft des adligen Hauses wurden durch die Entwicklung von Märkten und Handelsbeziehungen in Frage gestellt, die Machtstellung des Adels wurde durch die Zentralisierung politischer Entscheidungen im absolutistischen Staat bedroht. Der Konservativismus richte sich daher sowohl gegen den bürgerlichen Kapitalismus als auch gegen die moderne Souveränitätslehre[13].

Mit der Französischen Revolution aber war diese Ideologie ihres Bezugspunktes weitgehend beraubt. Der Konservativismus nach 1789 läßt sich Kondylis zufolge nur noch als eine Geschichte fortdauernder Rückzugsgefechte beschreiben. Feudalistische Überreste waren in Deutschland mit der Bauernbefreiung und der Aufhebung der Patri-

---

[11] Inzwischen liegt die vierte Auflage vor, ergänzt durch einen umfassenden bibliographischen Anhang: Mohler, Konservative Revolution, Bd. 1, S. 10f. Diese Feindschaft zur Französischen Revolution verbindet die Konservative Revolution nach Ansicht Mohlers mit den reaktionären, altkonservativen und restaurativen Kräften, die üblicherweise unter dem Begriff „konservativ" zusammengefaßt werden. Vgl. Vierhaus, Konservativ, S. 531–565; Mannheim, Konservatismus; Valjavec, Entstehung, S. 255ff.; Greiffenhagen, Dilemma, S. 27ff.

[12] Mohler, Konservative Revolution, Bd. 1, S. 88.

[13] Kondylis, Konservativismus, S. 22ff.

monialgerichtsbarkeit bis 1848 weitgehend beseitigt, auch wenn der Adel hier noch bis zum Ersten Weltkrieg führende Positionen in Armee und Politik innehatte. Um ihre Stellung zu behaupten, mußten die Konservativen zentrale Leitbegriffe ihres Denkens wie die Ablehnung des gesatzten Rechts und die damit verbundene Absage an die moderne Souveränitätslehre aufgeben. Sie haben damit *nolens volens* die moderne Staatlichkeit akzeptiert und sogar den Nationalismus übernommen. Wenn die Bezeichnung „konservativ" weiterhin gebraucht wurde, so darf dies nach Ansicht von Kondylis nicht darüber hinwegtäuschen, daß eine ideologische Kontinuität unter dem Deckmantel des Wortes nur vorgetäuscht wurde. Eine substantielle Trennung von Liberalismus und Konservativismus war gegen Ende des 19. Jahrhunderts unmöglich geworden[14].

An diese Überlegungen knüpft Stefan Breuer an. Für ihn handelt es sich bei der Konservativen Revolution nicht um eine Reaktion gegen die Moderne, sondern innerhalb der Moderne, die sich gegen bestimmte Formen und Auswüchse derselben richte. Breuer siedelt das Phänomen in der Übergangsphase von der bürgerlichen Industriegesellschaft in eine industrielle Massengesellschaft an. Mit dem sozialen Wandel seien zugleich die geistigen Grundlagen der Moderne selbst ins Wanken geraten. Die Vernunft als Instrument der Emanzipation und der Bekämpfung ständischer Privilegien wurde nun ihrerseits zum Problem. Der rationalistische Individualismus habe sich in zunehmendem Maße als ungeeignet erwiesen, die Gesetze und Kräfte sozialer Entwicklungen zu erklären und zu beherrschen[15].

Ein starkes voluntaristisches Element prägte die Herrschaftsentwürfe seit dem Ende des 19. Jahrhunderts. Die neuen ästhetischen und moralischen Wertvorstellungen bezogen ihre Legitimation nicht mehr aus der Anknüpfung an traditionelle Herrschaftsformen. Diese spielten nur noch in idealisierter Form, etwa als rückwärtsgewandte Kapitalismuskritik, eine Rolle. Auch die Elitekonzeptionen wandelten sich: An die Stelle des Adels traten Künstler, Industrielle und charismatische Herrscher[16]. Ein Beispiel für diesen Voluntarismus liefert Arthur Moeller van den Bruck, der 1923 die Überwindung der Weimarer Republik durch ein Drittes Reich prophezeite, das die Konservativen wieder an die Macht bringe. Konservativ zu sein bedeutete für ihn, „Dinge zu erschaffen, die zu erhalten sich lohnt"[17]. Auch Rolf Peter Sieferle siedelt den geistigen Ursprung der Konservativen Revolution in der Umbruchsituation am Ende des 19. Jahrhunderts an. Im Unterschied zu Breuer und Kondylis betont er, daß es sich dabei um ein Phänomen handle, das von beiden Rändern des politischen Spektrums bestimmt war. Die extreme Rechte und die extreme Linke gingen seiner Ansicht nach von den gleichen kulturell-weltanschaulichen Grundlagen aus. Die Beziehungen zwischen beiden ließen sich daher keineswegs auf das Verhältnis von Aktion und Reaktion festlegen. Es handle sich vielmehr um konkurrierende Strömungen, die vor allem eines gemeinsam hatten: Es ging um die Erschaffung einer neuen Gesellschaft mit neuen Wertvorstellungen. Die jakobinischen Ursprünge dieser Entwürfe bestimmten ihren tendenziell totalitären Charakter. An die Stelle des vernünftigen Individuums seien Kollektivkräfte wie das Volk, die Na-

---

[14] Ebenda, S. 207 ff.
[15] Breuer, Anatomie, S. 15 ff.; vgl. Beck, Risikogesellschaft, S. 14 f.
[16] Kondylis, Konservativismus, S. 447 ff.
[17] Moeller van den Bruck, Das Dritte Reich, S. 215. Zu Moeller vgl. Goeldel, Moeller van den Bruck.

tion, die Klasse, die Rasse getreten. Aus der Sicht beider Extrempole sei der Liberalismus in der Form der parlamentarischen Demokratie, des Kapitalismus und der bürgerlichen Gesellschaft nur ein „historisches Übergangsphänomen"[18] gewesen. Die Auseinandersetzung zwischen den extremen Flügeln der Rechten und der Linken wurde zu einem Wettkampf konkurrierender Projekte einer anderen Moderne – ein Wettkampf, der insbesondere durch die fundamentalen Erschütterungen des Weltkriegs eine neue Dimension gewonnen habe[19].

An die Stelle einer dualistischen Einteilung des politischen Spektrums, die seit der Französischen Revolution üblich geworden war, sei somit ein triadisches Modell getreten. Dem Liberalismus stünden zwei neue, radikale Strömungen gegenüber: der marxistische Sozialismus und die Konservative Revolution[20]. Sieferle schlägt damit eine Maximaldefinition des Begriffes vor. Ebenso wie er den Bolschewismus als die Umsetzung des Marxismus betrachtet, erscheint auf der anderen Seite der Nationalsozialismus als „reale Konservative Revolution"[21]. Er fordert kein konsistentes theoretisches Programm, sondern die Möglichkeit eindeutiger Abgrenzung vom jeweiligen Gegner. Für Sieferle reicht es aus, daß sich von jeder der drei Grundpositionen die jeweils anderen beiden klar abgrenzen lassen und sie somit ihre polemische Funktion, die eindeutige Identifikation des Gegners, erfüllen. Aus der Perspektive des Liberalismus seien Konservative Revolution und Sozialismus Formen totalitärer Herrschaft, aus der Sicht des Sozialismus Liberalismus und Konservative Revolution Ausdruck bürgerlicher Herrschaft, für die Konservative Revolution schließlich seien Liberalismus und Sozialismus Auflösungserscheinungen der nationalen Gemeinschaft[22].

Für Breuer bildet dagegen die Konservative Revolution nur einen Teil dieser neuen radikalen Rechten. Er geht umgekehrt wie Sieferle vor und bietet gewissermaßen die Minimaldefinition des Phänomens, indem er nach dem gemeinsamen ideologischen Kernbestand fragt. Dieser läßt sich – darin gibt er wiederum Mohler recht – nicht in einer klar umrissenen Ideologie fassen. Zu groß waren die Divergenzen in Fragen der Wirtschaftspolitik, in den Ansichten zu Wissenschaft und Technik bis hin zu den konkreten Vorstellungen von Nation, Volk, Rasse, Herrschaft und Reich[23]. Eine einheitliche Denkfigur diagnostiziert Breuer dagegen im neuen Nationalismus. Damit greift er einen Ansatz auf, den Kurt Sontheimer in seiner Untersuchung über „Antidemokratisches Denken in der Weimarer Republik" entwickelt hat. Die „politischen Ideen des deutschen Nationalismus" – so der Untertitel des Werkes – richteten sich mit aller Kraft gegen die liberale Demokratie der Weimarer Republik. In dieser Feindschaft sieht er den Kern und die entscheidende Motivation des neuen Nationalismus. Das Neue an diesen Ideen war ihr Irrationalismus, ihre Dynamik und die Feindschaft zum Wilhelminismus und seiner materialistischen Weltordnung. Dadurch grenzten sie sich von den restaurativen Ideen der Deutschnationalen und auch von völkischem Gedankengut ab. Sontheimers großes Verdienst ist es, das Kriegserlebnis als Ursprung dieser neuen radikalen Strömungen lokali-

---

[18] Sieferle, Konservative Revolution, S. 13.
[19] Ebenda, S. 15, 44.
[20] Ebenda, S. 22.
[21] Ebenda, S. 24.
[22] Ebenda, S. 22 f.
[23] Breuer, Anatomie, S. 59ff.; vgl. ders., ‚Konservative Revolution', S. 585–607.

siert zu haben. In seiner Untersuchung zeigt er anschaulich, wie die geistige Mobilmachung und die kriegerischen Ideale in den Ideen der Konservativen Revolutionäre fort-
lebten. Für Sontheimer sind diese Ideen ein allerdings spezifisch deutsches Phänomen,
das nur auf dem Nährboden des romantischen Irrationalismus und eines Ästhetizismus,
wie er in den „Betrachtungen Unpolitischer" seinen Ausdruck gefunden hat, gedeihen
konnte[24].

Mit diesem Befund gibt sich Breuer nicht zufrieden. Er steht dieser Idee eines deutschen Sonderweges mit kritischer Distanz gegenüber. Auf der Suche nach einem gemeinsamen ideologischen Kernbestand arbeitet er vier Elemente des neuen Nationalismus heraus, die von der germanozentrischen Perspektive befreit sind und als Ansatzpunkt für eine vergleichende Perspektive dienen können. 1. Der neue Nationalismus war
inklusiv, er wollte die Klassengegensätze ausdrücklich überwinden. 2. Er war revolutionär, er strebte den Sturz des Weimarer Systems an. 3. Er forderte einen autoritären, hierarchischen und sogar diktatorischen Staat. 4. Er besaß ein charismatisches Sendungsbewußtsein. Ähnlich wie der jakobinische Nationalismus hatte er den Charakter einer politischen Religion. Die Konservativen Revolutionäre waren seine Propheten[25]. Aus dieser Definition fallen die sogenannten Nationalbolschewisten heraus, weil sie nach Ansicht Breuers durch die Anerkennung des Klassenkampfes der extremen Linken zu na-
hestanden[26]. Ebenso überschreiten Oswald Spengler und Ernst Jünger in seinem 1932
erschienenen Essay „Der Arbeiter" den Rahmen, da sie ein weltumspannendes Impe-
rium anvisierten, in dem die Nation zur obsoleten Größe geworden wäre[27].

Die Welle des antiliberalen Protests in Frankreich hat Jean Touchard als „esprit des
années trente" charakterisiert, mit dem sich eine neue Generation von Intellektuellen
Gehör verschafft habe. Diese sogenannten Nonkonformisten zeichne vor allem eines
aus: ihr radikaler Angriff auf das bestehende System. Er artikuliere sich auf mehreren
Ebenen und richte sich gegen unterschiedliche Ausprägungen der bestehenden Ordnung: gegen die liberale Demokratie, gegen die kapitalistische Ordnung und gegen den
Materialismus, der beiden zugrunde lag. In dieser negativen Einheit lassen sich die ver-
schiedenen Gruppierungen am ehesten fassen. Größere Schwierigkeiten bereitet es der
Forschung, einen gemeinsamen ideologischen Kernbestand zu finden.

Diese Welle des Protests markierte eine Zäsur im politischen Klima der Dritten Republik. Einerseits kündigte er das Ende der Nachkriegszeit an, die mit dem Young-Plan
und der Rheinland-Räumung endgültig abgeschlossen war, andererseits war er der Auftakt zu jener Krise, die Frankreich während der gesamten dreißiger Jahre prägen sollte.
Touchard beschreibt diesen „esprit" als einen ersten Versuch, die Gräben zwischen den
Anhängern verschiedener politischer Lager von den Sozialisten bis hin zu den Monar-

---

[24] Vgl. Sontheimer, Antidemokratisches Denken, S. 15 ff.
[25] Breuer, Anatomie, S. 186 ff.
[26] Ebenda, S. 153.
[27] Ebenda, S. 113, 183. Breuer schlägt schließlich vor, den Begriff der Konservativen Revolution
durch den des „Neuen Nationalismus" zu ersetzen. Es handelt sich jedoch dabei um eine bloße
Frage der Terminologie. Niemand wird nach den Untersuchungen von Kondylis, Breuer und
Sieferle daran festhalten, die Konservative Revolution für konservativ zu halten. Da sich aber der
Begriff, wie Breuer selbst betont, als Forschungsbegriff etabliert hat, möchte ich im folgenden
daran festhalten; vgl. Breuer, Anatomie, S. 182.

chisten zu überwinden. Er sieht die Gemeinsamkeit der Intellektuellen weniger in ihren konkreten politischen Forderungen als vielmehr in dem radikalen Gestus, der Diagnose einer fundamentalen Krise, dem unbedingten Willen zum Bruch mit dem bestehenden System und dem Vokabular der Erneuerung[28]. Diesem Ansatz folgte auch Jean-Louis Loubet del Bayle, der in seiner großangelegten Untersuchung über die nonkonformistischen Kreise der Jeune Droite, des Ordre Nouveau und Esprit das bis heute maßgebliche Standardwerk dieser Intellektuellengeneration verfaßt hat[29].

In einen neuen Zusammenhang hat der in Israel lehrende Historiker Zeev Sternhell die Nonkonformisten gerückt. In seinem 1983 erschienenen Werk *Ni droite, ni gauche* betrachtet er sie als die Protagonisten eines „fascisme spiritualiste", die mit ihrer Revolte gegen den „Materialismus" eine neue Synthese aus nationalen und sozialen Ideen formuliert haben[30]. Sternhell sieht im Faschismus ein primär ideologisches Phänomen, das sich gerade deshalb in Frankreich in Reinform habe entwickeln können, weil dort zumindest bis 1940 keine faschistische Bewegung an die Macht gekommen ist. Er beschreibt die Entstehung dieser Ideologie als die Suche nach einem „Dritten Weg" zwischen Liberalismus und Sozialismus, als eine Reihe von Revisionsversuchen, die auf eine Integration der Massen in die nationale Gemeinschaft zielen. Von besonderer Bedeutung ist dabei, daß Sternhell das Auftreten der Nonkonformisten nicht als eine erste Revolte, sondern als den Höhepunkt einer geistigen Strömung wertet, die ihren Ursprung im ausgehenden 19. Jahrhundert hat. Seine These geht auf zwei Vorstudien über Maurice Barrès und die Entstehung der revolutionären Rechten seit 1885 zurück[31]. In der Epoche, die Gustave Le Bon als „Ära der Massen"[32] beschrieb, lokalisiert er die geistigen Wurzeln des „Faschismus". Er sieht in dem Phänomen eine Antwort auf die Krise des Liberalismus mit ihren Begleiterscheinungen, der Verstädterung und dem Auftreten eines militanten Industrieproletariats.

In dieser Situation formierte sich eine neue radikale Rechte, die sich an ihrem Gegenspieler auf der extremen Linken orientierte: sie mobilisierte die Massen und propagierte einen Kult der Gewalt und des Irrationalismus, der auf eine Revolution hinauslaufen und die liberale Ordnung zerstören sollte. Mit einer antikapitalistischen Programmatik appellierte sie an die städtischen Unterschichten. Ihr erklärtes Ziel war jedoch nicht die Herrschaft des Proletariats, sondern dessen Integration in die nationale Gemeinschaft[33].

---

[28] Touchard, L'esprit, S. 89–120.
[29] Loubet del Bayle, Non-conformistes.
[30] Sternhell, Ni droite, S. 234ff. Diesen Ansatzpunkt hat er in einer jüngeren Untersuchung noch einmal bekräftigt und eine Kontinuitätslinie von Ernest Renan bis hin zu *Esprit* und Ordre Nouveau gezogen: Sternhell, Troisième voie, S. 17–29.
[31] Sternhell, Maurice Barrès; ders., Droite révolutionnaire.
[32] Le Bon, Psychologie, S. 3.
[33] Sternhell, Droite révolutionnaire, S. 26ff. Das Argumentationsmuster der Konservativen, sie besäßen im Unterschied zu ihrem Gegner kein kohärentes System, hat die neue Rechte übernommen. Dies ist jedoch nur eine taktische Schutzbehauptung, die belegen soll, daß die Ideologie der Rechten „organisch" gewachsen sei, während es sich bei der Ideologie der Linken um eine „abstrakte" Konstruktion handele, die mit der Realität nichts zu tun habe. Allerdings mußte sich die Rechte bereits bei der Anerkennung eines Primats der Praxis über die Theorie auf dasselbe Abstraktionsniveau begeben wie ihr Gegner. Schließlich war der Herrschaftsanspruch der Rechten ebenso legitimationsbedürftig wie derjenige der Linken; vgl. Kondylis, Konservativismus, S. 16f., Sternhell, Droite révolutionnaire, S. 27.

Die geistigen Väter dieser neuen Ideologie kamen jedoch nur zum Teil von der Rechten, wie Paul Déroulède, Jules Guérin, Gustave Le Bon, Maurice Barrès, Edouard Drumont und Charles Maurras. Sternhells besondere Aufmerksamkeit gilt den ehemaligen Linken, die sich vom orthodoxen Marxismus abgewendet haben und in das rechte Lager übergewechselt sind. Von ihnen gingen seiner Ansicht nach die zentralen Anregungen aus: die revolutionären Syndikalisten Georges Sorel und seine Schüler Edouard Berth und Hubert Lagardelle hatten nicht nur auf Mussolini einen maßgeblichen Einfluß, sondern auch auf die Action française und den Faisceau von Georges Valois[34]. In diesem Revisionismus von links und rechts, der in eine Synthese aus Nationalismus und Sozialismus mündete, sieht Sternhell den Kern der faschistischen Ideologie[35].

Sternhells Thesen stießen bei den französischen Historikern vor allem aus zwei Gründen auf eine geschlossene Abwehrfront. Erstens betrachtet er den Faschismus als ein genuin französisches Phänomen, ohne das Mussolinis Bewegung überhaupt nicht denkbar gewesen wäre. Dagegen herrscht in der französischen Zeitgeschichtsschreibung die Ansicht vor, daß die Ähnlichkeiten zwischen den französischen Bewegungen und dem italienischen Faschismus rein äußerlicher Natur waren. Diese Interpretationslinie hat René Rémond in seiner großen Untersuchung über die französischen Rechten entwickelt. Die paramilitärischen Ligen in Frankreich standen seiner Ansicht nach in der Linie des plebiszitären Bonapartismus und waren daher weitgehend „immun" gegen äußere Einflüsse. Der „Faschismus" ist Rémond zufolge ein gänzlich unfranzösisches Phänomen[36]. Zweitens vertritt Sternhell die Auffassung, daß die faschistische Ideologie in Frankreich in den dreißiger Jahren nahezu omnipräsent gewesen sei. Dies wiederum widerspricht dem von französischen Historikern vertretenen Standpunkt, daß es sich beim Faschismus um ein marginales Phänomen gehandelt habe, das vorwiegend auf linke Renegaten und auf einige Intellektuelle eine gewisse Anziehungskraft ausgeübt habe[37].

Sternhells umfassender „Faschismus"-Begriff ist in vielen Punkten zu Recht angegriffen worden. Bereits seine außerordentliche Unschärfe macht ihn für eine Auseinandersetzung wenig brauchbar. Seine Definition schließt nahezu alles ein, was antiliberal und nicht zugleich marxistisch ist. Zudem ignoriert er den Charakter des „Faschismus" als

[34] Sternhell/Sznajder/Ashéri, Naissance, S. 53ff.; Sternhell, Ni droite, S. 35.
[35] Sternhell, Droite révolutionnaire, S. 318ff.; ders., Ni droite, S. 136ff.
[36] Rémond, Droites, S. 206ff. Einen guten Überblick über die Forschung geben folgende Arbeiten: Milza, Fascisme Français, S. 11ff.; Dictionnaire, S. 25ff.; Burrin, Le fascisme, S. 603–652. Einen zusätzlichen „Reiz" erhält die Debatte dadurch, daß Sternhell selbst aus der Schule dieser französischen Historiker stammt, die sich um das Institut d'Etudes Politiques gruppiert. Seine Dissertation über Barrès ist dort unter der Leitung von Raoul Girardet entstanden.
[37] Raoul Girardet spricht von einer „imprégnation fasciste" einiger Intellektueller wie Pierre Drieu la Rochelle, Robert Brasillach und Lucien Rebatet. Er sieht jedoch den Faschismus nicht in einer inhaltlichen Wandlung der Protagonisten, sondern in dem äußeren Klima, das durch den Aufstieg der diktatorischen Regime in Italien und Deutschland bestimmt war und die eine geistige Anziehungskraft auf die Intellektuellen ausübte; Girardet, Notes, S. 529–546, Zitat S. 530; Serge Berstein folgt in seiner Darstellung dieser Sichtweise: Berstein, La France des années 30, S. 97f. Auch Pierre Marie Dioudonnat betrachtet in seiner Untersuchung der Zeitschrift Je suis partout den Faschismus als eine italienische und deutsche Erscheinung, die ihre Anziehungskraft vor allem auf einige jüngere Intellektuelle aus dem Umkreis der Action française ausübte: Dioudonnat, Je suis partout. Pierre Milza bestreitet entschieden den faschistischen Charakter des Nonkonformismus: Milza, Fascisme Français, S. 207.

soziale Bewegung und die politischen und wirtschaftlichen Umstände seiner Entfaltung. Er überschätzt damit auch den geistigen Einfluß und die Breitenwirkung der Ideen insbesondere vor dem Ersten Weltkrieg. Schließlich vernachlässigt er die Wandlung der Rahmenbedingungen und damit den Prozeß der Radikalisierung, der die Entwicklung der dreißiger Jahre prägte. Er reiht Belege vom Beginn und Ende des Jahrzehnts aneinander, ohne der Tatsache Rechnung zu tragen, daß die Protagonisten in der Zwischenzeit ihre Position entscheidend verändert haben[38].

Trotz dieser zutreffenden Vorwürfe haben ihn seine Kritiker in dem entscheidenden Punkt nicht widerlegen können. Sternhell hat die Entstehung einer neuen Rechten nachgewiesen, die in ebenso radikaler Weise wie die extreme Linke die bürgerlich-liberale Mitte bekämpfte[39]. Gerade hier weist der Ansatz von Sternhell grundsätzliche Parallelen zu den Forschungen zur Konservativen Revolution auf. Bereits Armin Mohler hat in einer ausführlichen Besprechung des Werkes *Ni droite, ni gauche* auf diese Übereinstimmungen hingewiesen[40]. Breuer und Sieferle haben mit Blick auf die deutschen Verhältnisse denselben Ausgangspunkt in der Krise des Liberalismus diagnostiziert. Breuers Definition eines neuen Nationalismus läßt sich ohne Einschränkungen auf das von Sternhell beschriebene Phänomen der neuen Rechten anwenden. Selbst das triadische Modell von Sieferle ist weitgehend identisch mit dem Bild, das Sternhell von der Situation in Frankreich entwickelt – mit einem Unterschied: Die Stelle der „Konservativen Revolution" wird vom „Faschismus" eingenommen. Sowohl Sternhell als auch Sieferle weisen auf die Ähnlichkeit der neuen radikalen Rechten und Linken hin[41].

In einem Punkt ist jedoch eine Einschränkung angebracht: Sieferle betrachtet, wie bereits erwähnt, auch den Nationalsozialismus als „reale Konservative Revolution"[42]. Diese Definition übergeht einen fundamentalen Unterschied zwischen der Konservativen Revolution und dem völkisch-nationalsozialistischen Denken, auf den Breuer hingewiesen hat. In seiner Analyse des Rassegedankens kommt er zu dem Ergebnis, daß derlei Ressentiments besonders bei Ernst Jünger, Wilhelm Stapel, Arthur Moeller van den Bruck und Ernst Niekisch zwar wesentlich weiter verbreitet waren, als dies bisher wahrgenommen wurde. Jedoch schränkt er ein, daß keiner von ihnen die Schwelle zu einer biologistischen Rassenlehre überschritten habe. Das Volk war aus der Sicht der von Breuer untersuchten Konservativen Revolutionäre keine gegebene Größe, keine in der Erbsubstanz determinierte Kategorie, sondern es existierte allenfalls als ein Ideal, das durch andere Prinzipien wie den Staat oder die Nation geformt werden mußte[43]. Auch Sternhell grenzt den Nationalsozialismus von der „faschistischen Ideologie" ab. Zwar spielt der Antisemitismus in den von ihm beschriebenen Bewegungen ebenfalls eine wichtige Rolle, doch sieht er in ihm nur einen abgeleiteten Aspekt einer umfassenden Gegenbewegung zum Liberalis-

---

[38] Berstein, La France, S. 83–94; Winock, Fascisme, S. 35–44; Julliard, Sur un fascisme imaginaire, S. 849–861; vgl. Wohl, French Fascism, S. 91–98.

[39] Diese Ansicht unterstützt auch Burrin, Fascisme, S. 630 gegen Rémond, Droites, S. 44f.

[40] Vgl. die ausführliche Besprechung Mohlers von Sternhells Werk *Ni droite, ni gauche*: Mohler, Konservative Revolution, Bd. 2, S. 103ff.; vgl. ders./Mudry/Steukers, Généalogie.

[41] Breuer, Anatomie, S. 195ff.; Sieferle, Konservative Revolution, S. 19ff., 44. Sieferle weist sogar ausdrücklich darauf hin, daß er den Faschismusbegriff wegen seines pejorativen Charakters durch denjenigen der Konservativen Revolution ersetzen möchte.

[42] Sieferle, Konservative Revolution, S. 24.

[43] Breuer, Anatomie, S. 78ff., 95.

mus. Der biologische Determinismus des nationalsozialistischen Rassegedankens hingegen begründete eine vollständig neue Ordnung *sui generis*[44].

Dieser Unterschied verdient auch deshalb Beachtung, weil so die Einzigartigkeit des nationalsozialistischen Vernichtungswillens ideologisch faßbar wird. In der Vorstellung von unveränderlichen, erblich festgelegten Eigenschaften von Völkern hat der Rassismus seine radikalste Form angenommen. Erst auf dem Boden dieser Lehre ist der Gedanke des Genozid zur furchtbaren Realität geworden. Daher halte ich es ebenso wie Breuer und Sternhell für sinnvoll, zwischen dem biologisch begründeten Rassengedanken und den übrigen Formen des Rassismus und Antisemitismus zu unterscheiden. Hierbei handelt es sich um einen Versuch, das jeweils Typische der beiden Phänomene hervorzuheben. Keineswegs sollen damit die Verstrickungen zahlreicher Konservativer Revolutionäre in die Verbrechen des Dritten Reiches in irgendeiner Form entschuldigt werden.

Noch eine weitere Differenzierung scheint mir notwendig zu sein. Damit der Begriff des Faschismus durch seinen inflationären Gebrauch nicht jegliche analytische Kraft verliert, sollte er deutlich von der Konservativen Revolution und dem Nonkonformismus abgrenzbar sein. Die Herkunft des Wortes aus dem Arsenal der politischen Kampfbegriffe hat es ohnehin außerordentlich erschwert, die Auseinandersetzungen auf einer sachlichen Ebene zu führen. Dies hat entscheidend zur Verhärtung der Fronten zwischen Sternhell und den französischen Historikern beigetragen und eine differenzierte Betrachtung weitgehend verhindert. Der Blick auf die Ideologien reicht allerdings nicht aus, um festzustellen, ob die jeweiligen Bewegungen als faschistisch bezeichnet werden müssen. Vielmehr muß sich die Definition auf einen generischen Begriff stützen, der ein Minimum an Übereinstimmung mit dem italienischen „Original" aufweist. Dazu gehört in erster Linie eine Massenbewegung mit paramilitärischer Organisation und autoritärer Führungsstruktur[45].

Es wird niemand bestreiten, daß der Faschismus auch eine transnationale Dimension aufweist, die in der Nachahmung des italienischen Vorbildes deutlich wird. Allerdings läßt er sich nicht darauf reduzieren. In erster Linie muß er als nationalistische Erscheinung und damit als Antwort auf eine spezifisch nationale Krise betrachtet werden. Die amerikanischen Historiker William D. Irvine und Robert Soucy haben in ihren Untersuchungen deutlich gemacht, daß die französische Rechte keineswegs resistent gegenüber radikal antidemokratischen und militaristischen Einflüssen war. Im Unterschied zur französischen Historiographie sind sie der Ansicht, daß der französische Faschismus in der plebiszitär-bonapartistischen Tradition der Rechten seine Wurzeln hat, und betrachten daher die Ligen als Keimzellen des Phänomens[46]. Die Radikalität des Faschismus zeigt sich in der Wahl seines Gegners. Weitgehend besteht Einigkeit darüber, daß die

---

[44] Sternhell, Roots, S. 133.
[45] Vgl. zu den Kriterien Burrin, Le fascisme, S. 620ff. Bei diesen Ausführungen stütze ich mich auch auf die Überlegungen, die Andreas Wirsching im Graduiertenkolleg Trier am 24. 6. 1994 vorgetragen hat: Französischer „Faschismus" in der Zwischenkriegszeit. Empirische Befunde und vergleichende Perspektiven.
[46] Soucy sieht wie Sternhell die geistigen Wurzeln des Faschismus in Frankreich im ausgehenden 19. Jahrhundert; vgl. Soucy, First Wave, S. 1ff.; ders., Second Wave; ders., Das Wesen des Faschismus in Frankreich, S. 46–85; Irvine, Fascism in France, S. 271–295; vgl. Wippermann, Europäischer Faschismus, S. 198.

Hauptfeindschaft dem Kommunismus galt, den er durch die Ausbildung einer radikal entgegengesetzten, aber doch verwandten Ideologie zu vernichten trachtete und diese Absicht auch in die Tat umsetzte[47].

Von diesen Bewegungen unterscheiden sich die Nonkonformisten vor allem durch ihre Organisationsstruktur. Es handelte sich meist um kleinere Zirkel, die sich um eine Zeitschrift gruppierten und ihren Einfluß vorwiegend über ihre publizistische Tätigkeit geltend machten. Wenn sie als faschistisch zu bezeichnen sind, so vor allem deshalb, weil sie Anhänger, Sympathisanten oder Ideenlieferanten französischer Bewegungen waren, die diese Kriterien erfüllt haben.

Weiterhin muß die Radikalität der Ideen überprüft werden. In welcher Form und bis zu welchem Grad hielten die Nonkonformisten Gewalt für legitim? Dies wird insbesondere in den Stellungnahmen zu konkreten Ereignissen sichtbar. Wichtige Hinweise liefert auch hier der Adressat der jeweiligen Attacken. Richteten sie sich primär gegen das bürgerlich-liberale System, dessen Herrschaft bereits im Niedergang begriffen war, oder gegen eine kämpferische Arbeiterbewegung, der man mit ähnlichen Kampfmethoden entgegentreten wollte?

Als Ergebnis dieser ersten Eingrenzung läßt sich festhalten: Die Ansätze zur Konservativen Revolution und zum Nonkonformismus lassen sich auf einen vorläufigen gemeinsamen Nenner bringen: Die Intellektuellen waren Protagonisten eines neuen Nationalismus, der durch eine doppelte Feindschaft zum Liberalismus und zum Sozialismus gekennzeichnet war. Die größeren Gemeinsamkeiten hatten sie mit dem Gegner auf der Linken. Mit ihm verband sie der jakobinische Charakter ihrer Ideologie, die revolutionäre Dynamik und schließlich der Appell an ein kollektives Ideal. An die Stelle der „Klasse" trat jedoch die „Nation". Von den Nationalsozialisten unterschieden sie sich dadurch, daß die „Rasse" kein zentrales Kriterium ihrer Ideologie bildete. Von den Anhängern eines Faschismus wiederum lassen sie sich durch einen geringeren Grad der Radikalisierung abgrenzen.

Im folgenden Kapitel werden die Rahmenbedingungen des Vergleichs genauer abgesteckt: die unterschiedlichen Phasen der Kritik und ihre politischen Hintergründe, die Sozialisation der Protagonisten und ihre Generationserfahrungen gerade im Hinblick auf das Kriegserlebnis sowie die Besonderheiten der politischen Kulturen (Kapitel I). Die weiteren Kapitel konzentrieren sich auf die Intellektuellenzirkel der Jeune Droite und des Ordre Nouveau. Die beiden Gruppierungen bildeten zusammen mit dem Esprit-Kreis um Emmanuel Mounier den Kern des Nonkonformismus, den Touchard, Loubet del Bayle und Sternhell beschrieben haben. Da für die Gruppe um Esprit durch die beiden Monographien von Michel Winock[48] und John Hellman[49] bereits eine quellennahe Darstellung vorliegt, habe ich auf eine nochmalige Behandlung verzichtet. Allerdings sind aufgrund der zeitweise engen Verbindungen zwischen dem Ordre Nouveau und Esprit Seitenblicke unerläßlich.

Die Gegenüberstellung von Jeune Droite und Ordre Nouveau ist von besonderem Interesse, weil sie von unterschiedlichen Ausgangspunkten zu ähnlichen Positionen ge-

---

[47] Rémond, Droites, S. 201; Soucy, First Wave, S. XIX; Burrin, Fascisme, S. 623f.; Nolte, Faschismus, S. 51.
[48] Winock, Esprit.
[49] Hellman, Mounier.

langten und sich einander annäherten. Die Vertreter der Jeune Droite stammten aus dem
Umfeld der gegenrevolutionären Action française, während zwei führende Mitarbeiter
des Ordre Nouveau, Robert Aron und Arnaud Dandieu, mit sozialistischen Ideen sympathisierten. So wird die Geschichte ihrer Annäherung zur Geschichte der Revision ihrer politischen Standpunkte (Kapitel II).

Die weitere Darstellung orientiert sich am Gang der politischen Ereignisse. In erster
Linie sollen damit Entwicklungen, Wandlungen und Brüche hervorgehoben werden, die
aus der Perspektive von Sternhell ausgeblendet wurden. Eine solche Lokalisierung der
Äußerungen im politischen Kontext über das gesamte Jahrzehnt hin fehlt bisher auch in
den übrigen Untersuchungen zu den Nonkonformisten. Doch nur so wird die Entstehung der Ideen in ihrem Kommunikationszusammenhang und den jeweiligen politischen Frontstellungen sichtbar.

Den Auftakt bildet die Außenpolitik. Eine zentrale Rolle spielten die Radikalisierung
des deutschen Revisionismus und der Aufstieg des Dritten Reiches. Die Wahrnehmung
des Nachbarn ist stark bestimmt durch die Rezeption der Schriften der Konservativen
Revolution und durch den Aufbau persönlicher Beziehungen. Die Rolle Deutschlands
für die spezifische Argumentationshaltung der Nonkonformisten ist bisher kaum ausreichend beleuchtet worden (Kapitel III).

Zwei Zäsuren gliedern die Untersuchung: Die eine markiert der Aufmarsch der Ligen
vor dem Sitz der Nationalversammlung im Februar 1934. Diese Demonstration löste
eine Debatte um die Existenz eines französischen Faschismus aus und schuf damit ein
neues politisches Klima, das sich auf die Strategieentwürfe und Bündnisse der beiden
Gruppierungen auswirkte. Ein Großteil der französischen Forschung geht mehr oder
weniger stillschweigend davon aus, daß diese Zäsur bereits das Ende des Nonkonformismus in Frankreich einläutete, der zwischen den neuen Fronten von Faschismus und
Antifaschismus aufgerieben wurde. Diese Ansicht wird durch die Analyse der Argumentationsfiguren und die Rekonstruktion der Verflechtungen, die sich auf neue Quel-
lenfunde stützen, widerlegt (Kapitel IV).

Die zweite Zäsur läßt sich an der Auseinandersetzung über den Krieg Italiens in Abessinien im Oktober 1935 festmachen. Sie leitete eine Phase der innenpolitischen Radikalisierung ein, die von der ideologischen Konfrontation zwischen Kommunismus einerseits und Nationalsozialismus und Faschismus andererseits überlagert wurde. Sie muß
als Phase der Entscheidung betrachtet werden, in der die ideologischen Weichen für die
Zeit der Besatzung, für Widerstand, Defaitismus und Kollaboration gestellt wurden.
Gerade in dieser extremen Situation werden grundlegende Denkmuster der nonkonformistischen Gruppierungen sichtbar (Kapitel V).

Zum Schluß werde ich die vergleichende Fragestellung wieder aufgreifen. Der Begriff
der Konservativen Revolution wird anhand der Ergebnisse auf seine Tragfähigkeit hin
überprüft und modifiziert. Schließlich werden die Perspektiven für die Forschung zum
Phänomen der neuen Rechten in Frankreich und Deutschland skizziert.

Die wichtigste Quellengruppe bilden die Veröffentlichungen der Nonkonformisten:
ihre Werke und die Artikel, die sie in eigenen und fremden Zeitschriften veröffentlicht
haben. Sie geben wertvollen Aufschluß über die Aktivitäten in benachbarten Gruppierungen und die wechselseitigen Verflechtungen, die bisher nicht ausreichend berücksichtigt wurden. Bei der Rekonstruktion der Kommunikationsbeziehungen ist die Memoirenliteratur schon allein wegen ihres Umfangs eine bedeutende Quelle. Sie liefert

wertvolle Informationen über Bekanntschaften, Beziehungen und Affinitäten. Bei aller
gebotenen Vorsicht aufgrund möglicher Rechtfertigungsabsichten lassen sich so persönliche Kontakte und biographische Hintergründe rekonstruieren. Ergänzend dazu hatte
ich 1994 die Gelegenheit zu einem Gespräch mit Alexandre Marc, der als Mitgründer
und Motor vom Ordre Nouveau mir einige wertvolle Einblicke in die nonkonformistischen Kreise geben konnte.

Einen archivalischen Kernbestand gibt es hingegen nicht. Spuren finden sich an den
verschiedensten Stellen: in Polizeiberichten, Nachlässen, Botschafts- und Universitäts-
archiven. Wertvolle Hinweise liefern insbesondere die Polizeiberichte, die im Pariser
Nationalarchiv und in der Polizeipräfektur liegen und die zu diesem Thema bisher nicht
ausgewertet wurden. Sie sind vor allem für die Jeune Droite ergiebig. Wichtige Quellen
über die Kontakte nach Deutschland befinden sich im Politischen Archiv des Auswärtigen Amtes. Ergänzende Informationen können den Beständen des Bundesarchivs Koblenz (*Plans*-Kongreß) und dessen Außenstelle Berlin-Zehlendorf (Abetz) sowie den
Beständen des Staatsarchivs Würzburg (Reichsstudentenführung/Thierry Maulnier)
und des Universitätsarchivs Frankfurt (Denis de Rougemont) entnommen werden. Im
Institut für Zeitgeschichte in München befinden sich die Briefe von Harro Schulze-Boysen an seine Eltern, die weitere Einblicke in die Beziehungen zwischen dem Ordre Nouveau und dem Gegnerkreis geben. Diese Quellen sind zum Teil bereits unter anderen
Fragestellungen ausgewertet worden; sie liefern jedoch gerade für die Frage der Beziehungen und Affinitäten zwischen Konservativer Revolution und Nonkonformismus
neue Einblicke und Sichtweisen.

Andere Archivbestände geben Aufschluß über die interne Organisation und die Aktivitäten des Ordre Nouveau: der Nachlaß von Arnaud Dandieu und die Briefe von Gabriel Marcel in der Pariser Nationalbibliothek, sowie der Nachlaß von Denis de Rougemont in Neuchâtel in der Schweiz. Dandieus Nachlaß enthält zwar eine Fülle von philosophischen Entwürfen und Artikeln, die ein deutliches Licht auf die Herkunft mancher
Ideen werfen, ist jedoch für die Entstehungsgeschichte der Gruppierung wenig ergiebig,
da Dandieu bereits 1933 starb. Die Briefe Marcels helfen dagegen, einige Auseinandersetzungen innerhalb des Ordre Nouveau durch neue Einsichten zu ergänzen. Der Rou-
gemont-Nachlaß ist bereits von dessen Biograph Bruno Ackermann ausgewertet worden, er liefert darüber hinaus jedoch weitere wertvolle Informationen zur Entwicklung
vom Ordre Nouveau und dem Umfeld der Gruppierung.

Insgesamt gleicht die Rekonstruktion der personellen Verflechtungen und die Einbet-
tung in den politischen Diskussionszusammenhang der 30er Jahre der Arbeit an einem
Puzzle, bei dem die meisten Teile verlorengegangen und die übrigen verstreut sind. In
ihren Einzelaussagen sind die archivalischen Quellen häufig fragmentarisch, erst die
Verknüpfung der verschiedenen Informationen untereinander und mit den gedruckten
Äußerungen liefert neue und teilweise überraschende Ergebnisse.

Eine Anmerkung zur Schreibweise: *Kursiv* werden Titel von Büchern und Zeitschriften
geschrieben, ohne Auszeichnung erscheinen hingegen Bewegungen, Gruppierungen
und Institutionen. So lassen sich Bewegungen und Zeitschriften mit dem gleichen Namen unterscheiden: etwa die Bewegung Action française und ihre Zeitung *Action française,* die Gruppierung Ordre Nouveau und ihre Zeitschrift *Ordre Nouveau.*

I. Krise und Kritik: Zur Welle des antidemokratischen Denkens in der Zwischenkriegszeit

1. Konjunktur der Krisen

Die Entwicklungsphasen von Konservativer Revolution und Nonkonformismus verliefen nicht zeitgleich. Die Welle der Agitation gegen die Weimarer Republik setzte unmittelbar nach dem Weltkrieg ein und erreichte Anfang der dreißiger Jahre ihren Höhepunkt. Die Konjunkturzyklen der Kritik entsprechen weitgehend den Krisenjahren der Republik: 1919 bis 1923 und 1929 bis 1932[1]. Der Sieg der Nationalsozialisten bedeutete für die Konservative Revolution Erfolg und Scheitern zugleich: Erfolg im Kampf gegen das verhaßte Weimarer System, Scheitern im Ringen um die Macht.

Im entsprechenden Zeitraum gab es in Frankreich keine Krise von vergleichbaren Ausmaßen. Die Situation in beiden Ländern war von den denkbar größten Gegensätzen geprägt. Während im Nachkriegsjahrzehnt in Deutschland Unsicherheit und Umbruch herrschten, erlebte Frankreich eine Phase der Stabilität und der relativen Prosperität. Nicht nur die Regierungsform überdauerte den Krieg, auch die Politikergeneration, die in der Dreyfus-Affäre an die Macht gekommen war, garantierte eine Kontinuität der politischen Leitlinien[2]. Die zwanziger Jahre waren geprägt durch die konservative Stabilisierungspolitik des Nationalen Blocks und der Nationalen Union. Nur während der Regierung des Linkskartells von 1924 bis 1926 erhielten die rechtsextremistischen Bewegungen einen deutlichen Zulauf. In diese Phase fällt auch die Gründung der Legion (1924), der Jeunesses Patriotes (1924) und des Faisceau (1925). Diese „erste Welle des Faschismus" (Soucy) verebbte jedoch rasch wieder, nachdem die Rechte an die Macht zurückgekehrt war. Auch auf dem Höhepunkt ihres Einflusses überstieg die Zahl ihrer Anhänger kaum 150 000[3]. Im Nachkriegsjahrzehnt unterschieden sich somit die Rahmenbedingungen und das Ausmaß der Kritik fundamental. Erst mit den dreißiger Jahren begann in Frankreich eine Krise, die an Dauer und Radikalität mit derjenigen der Weimarer Republik vergleichbar war.

Durch seine engen Verflechtungen mit den internationalen Kapitalmärkten war Frankreich ebenso wie die übrigen europäischen Staaten vom Börsenkrach an der Wall Street betroffen. Allerdings wurden die Auswirkungen erst mit einer Verzögerung von zwei Jahren spürbar. Die Abwertung des Pfund im September 1931 traf den französischen Außenhandel empfindlich. Vor allem aber führte die Krise in eine dauerhafte Depression. Erst 1939 hat das Bruttoinlandsprodukt wieder den Stand von 1928 erreicht[4]. Weniger ihr Ausmaß als vielmehr ihre Dauer gefährdete die soziale Stabilität, beengte

---

[1] Mohler, Konservative Revolution, Bd. 1, S. 40; Peukert, Weimarer Republik, S. 61ff., 191ff., 243ff.; Kolb, Weimarer Republik, S. 35ff., 54ff., 107ff.; Winkler, Weimar, S. 109ff., 244ff., 335ff.

[2] Vgl. Brunschwig, Die historischen Generationen, S. 373–385.

[3] Soucy, First Wave, S. XIf. und 217; vgl. allgemein zu den zwanziger Jahren Becker/Berstein, Victoire et frustrations.

[4] Sauvy, Histoire économique, Bd. 2, S. 528.

den politischen Handlungsspielraum und stürzte die Republik in eine tiefe Legitima-
tionskrise. Die Depression verschärfte die bereits bestehende soziale Ungleichheit, sie
traf vor allem die Landbevölkerung, Arbeiter und Mittelschichten. Die Baubranche, die
Metall-, Elektro- und die Textilindustrie erlitten die stärksten Rückschläge. Von den
zahlreichen Konkursen der kleineren Unternehmer profitierten einige wenige Großunternehmen, die auf diese Weise ihre Marktposition ausbauen konnten. Noch später als
die wirtschaftlichen wurden die sozialen Folgen der Krise spürbar. Von der Arbeitslosigkeit waren zunächst vor allem Gastarbeiter und Frauen betroffen. Im Vergleich zu
Deutschland war die Arbeitslosigkeit zwar gering, doch stieg sie bis 1936 stetig an und
sank danach nur langsam. Im Jahr 1935 gab es rund eine halbe Million Arbeitslose, die
öffentliche Unterstützung bezogen, ein Drittel bis die Hälfte aller Arbeitnehmer leistete
Kurzarbeit[5].

Auch außenpolitisch markierten die beginnenden dreißiger Jahre den Anfang eines
kontinuierlichen Abstiegs: Die Regelungen der Reparationszahlungen und der Abrüstung machten den Einflußverlust Frankreichs und seine Abhängigkeit von den amerikanischen Finanzmärkten deutlich. Die offensive Revisionspolitik der Nachfolger Stresemanns bedeutete das Ende der Locarno-Ära und der deutsch-französischen Verstän-
digungspolitik. Die Versuche, Deutschland in das System der kollektiven Sicherheit einzubinden, waren zum Scheitern verurteilt. Frankreich sah sich im Laufe der dreißiger
Jahre immer deutlicher von der ehemaligen kontinentalen Hegemonialstellung zu einer
zweitrangigen Macht zurückgestuft, während der Nachbar östlich des Rheins seine
strukturelle Überlegenheit ausbauen konnte[6].

Wirtschaftliche Depression und soziale Desintegration erreichten in der zweiten
Hälfte des Jahrzehnts ihren Höhepunkt und verschafften den extremistischen Kräften
erheblichen Auftrieb. Zur Erklärung dieser Entwicklung hat Stanley Hoffmann ein
Strukturmodell entwickelt, das den Zusammenhang zwischen wirtschaftlicher Modernisierung und politischer Stabilität beschreibt. Mit den Begriffen der „blockierten Gesellschaft" und der „republikanischen Synthese" bezeichnet Hoffmann eine Phase der
politischen Stabilität, die von der Gründung der Republik bis in die Mitte der dreißiger
Jahre hineinreichte, die jedoch um dem Preis einer geringen sozialen Mobilität und eines
niedrigen industriellen Wachstums erkauft wurde. Unter der „republikanischen Synthese" versteht Hoffmann den Konsens zwischen den Mittelschichten in Stadt und Land
und einem Teil des Großbürgertums über die sozialen Prinzipien der Republik. Diese
Synthese basierte auf dem Kräftegleichgewicht vorindustrieller und industrieller Gesell-
schaftsschichten, die sich durch ihre gegensätzlichen Interessenlagen gegenseitig blok-
kierten. Das prekäre Gleichgewicht garantierte ein halbes Jahrhundert lang Stabilität, ein
langsames Wachstum und soziale Sicherheit für die beteiligten Schichten, verhinderte
aber einen Ausbau des Sozialsystems und schloß die Industriearbeiter aus. Dem sozialen
Konsens fehlte die politische Entsprechung. Der Staat sollte als Vermittlungsinstanz auftreten, aber sich darüber hinaus keineswegs in wirtschaftspolitische Fragen einmischen.
In dem Moment, wo die sozialen Grundlagen der Synthese ins Wanken gerieten, weil

---

[5] Bouvier/Armengand/Barral u. a., Temps, S. 655ff.; Sauvy, Histoire économique, Bd. 2, S. 15ff., Tabelle S. 554; vgl. Borne/Dubief, Crise, S. 20ff.
[6] Vgl. Duroselle, Décadence; Schuker, End.

der Verteilungsspielraum enger wurde, mußte die prekäre Balance zerbrechen und die extremistischen Kräfte freisetzen[7]. Dieses Modell ist von der neueren Forschung häufig korrigiert und in Einzelaspekten modifiziert worden. Vor allem die normativen Implikationen von „Modernisierung" und „Mobilität" wurden zu Recht kritisiert. Zudem hat Hoffmann das Ausmaß der Blockade überschätzt. Jedoch bleibt der heuristische Wert des Modells in seinen zentralen Aussagen erhalten[8].

Genau dieser soziale Wandel war in den dreißiger Jahren unvermeidlich geworden. Infolge der andauernden Depression gerieten die Parteien immer mehr in den Sog wirtschaftlicher Interessengruppen und verloren ihren Handlungsspielraum. Eine Alternative zur „republikanischen Synthese" formierte sich im Bündnis der Kommunisten mit den Sozialisten und bürgerlichen Linksparteien, aus dem die Volksfront hervorging. Ihr Siegeszug im Zeichen des „Antifaschismus" zerstörte den Konsens zwischen Mittelschichten und Großbürgertum und verschaffte den extremistischen Kräften starken Zulauf[9]. Die Situation erhielt dadurch zusätzliche Brisanz, daß die außenpolitisch-ideologische Konfrontation zwischen Nationalsozialismus, Faschismus und Kommunismus immer mehr die innerfranzösischen Auseinandersetzungen überlagerte[10]. Während der Regierung der Volksfront erreichte die Polarisierung ihren Höhepunkt, die ideologischen Bürgerkriegsparteien bekämpften sich unerbittlich und schufen ein Klima der Angst und der Gewalt, das sich in Streiks, Straßenkämpfen und Terror entlud. Diese Situation weist – weniger in ihren konkreten Erscheinungen als vielmehr in den Dimensionen des Konfliktes – deutliche Parallelen zur Weimarer Republik auf. Die aufbrechenden sozialen Konflikte beschleunigten die Desintegration des parlamentarischen Systems und gaben seinen Kritikern Auftrieb. Auch der Zusammenbruch der Dritten Republik nach der militärischen Niederlage zeigte noch einmal, wie stark der Glaube an die Erneuerungskräfte der parlamentarischen Demokratie erschüttert war.

Erst in den dreißiger Jahren erhielten die extremistischen Bewegungen einen deutlichen Zulauf, die „zweite Welle" des Faschismus in Frankreich war erheblich größer und länger als die erste. Neben den alten Ligen formierten sich neue Kräfte: der zahlenmäßig unbedeutende, aber militante Francisme (1933) von Marcel Bucard; die vom Parfumfabrikanten François Coty gegründete Solidarité française (1933), die sich nach dem Tod ihres Mäzens 1934 zum radikal antisemitischen Kampfbund entwickelte. Die bedeutendste Bewegung der dreißiger Jahre waren jedoch die Feuerkreuzler (Croix de Feu), ein Frontkämpferverband, der sich unter der Führung des Colonel François de la Rocque für jüngere Sympathisanten öffnete und einen enormen Zulauf verzeichnete: seine Anhängerzahl stieg von rund 10 000 am Anfang des Jahrzehnts auf 600 000 im Jahr 1936. Nach der Umwandlung seiner Bewegung in den Parti Social Français (PSF) stand La Rocque an der Spitze der größten Partei Frankreichs, die zwischen 700 000 und 1,2 Millionen Mitglieder hatte. Damit erreichte der PSF den Stand der NSDAP-Anhänger zum Zeitpunkt der Machtergreifung (850 000), im Verhältnis zur Bevölkerung übertraf er sogar den Anteil der Partei Hitlers (1,8 zu 1,5 Prozent)[11]. Das Lager der extremen Rechten

[7] Hoffmann, Paradoxes, S. 3ff.
[8] Vgl. Haupt, Sozialgeschichte, S. 8f., 266ff.; Bouvier, Einleitung, in: Capitalisme français, S. 11–32.
[9] Hoffmann, Paradoxes, S. 26ff.
[10] Vgl. Wirsching, Kollaborationsideologie, S. 31–60.
[11] Soucy, Second Wave, S. 104ff.; zur NSDAP vgl. die Übersicht bei Frei, Führerstaat, S. 257.

erhielt Zulauf von den Dissidenten der Linken: Der kommunistische Bürgermeister von Saint-Denis, Jacques Doriot, der Sozialist Marcel Déat und der Radikalsozialist Gaston Bergery überwarfen sich mit ihren Parteien und gründeten eigene, autoritäre Bewegungen, die in den Bannkreis des französischen Faschismus gerieten[12].

Die Nonkonformisten hatten bereits Ende der zwanziger Jahre begonnen, ein Netz persönlicher Verbindungen zu flechten. Daraus entstanden in den dreißiger Jahren Intellektuellenzirkel, die in selbstgegründeten Zeitschriften ihren Protest artikulierten. Mit ihrer radikalen Kritik an den Grundlagen der industriellen Massengesellschaft und der parlamentarischen Demokratie nahmen sie die Krise bereits wahr, als sich ihre ersten Symptome in der internationalen Politik und den Auswirkungen der Weltwirtschaftskrise abzuzeichnen begannen. Einen ersten Höhepunkt erreichten diese Aktivitäten im Dezember 1932, als die jungen Intellektuellen mit dem *Cahier de Revendications* ihren gemeinsamen Auftritt in der *Nouvelle Revue Française* hatten. Nach außen hin präsentierten sie ihre Geschlossenheit als eine „dritte Front", die jenseits der traditionellen politischen Lager nach einer neuen Orientierung in der Krise suchte[13].

Über diese frühe Phase des Protestes herrscht in der Forschung weitgehend Einigkeit. In der weiteren Bewertung des Phänomens findet der Konsens jedoch ein jähes Ende. Hier stehen sich im wesentlichen zwei Ansichten unversöhnlich gegenüber. Die eine wird von der Schule der französischen Historiker aus dem Umkreis des Institut d'Études Politiques vertreten, die der Interpretation Jean Touchards folgen. Er setzt die entscheidende Zäsur bereits 1934[14]. Nach dem Aufmarsch der Ligen vor dem Sitz der Nationalversammlung im Februar und den folgenden Debatten um die Existenz eines französischen Faschismus zerbrach demzufolge die Gemeinschaft. Die Anhänger dieser These gehen davon aus, daß die Nonkonformisten in die traditionellen Bahnen des politischen Engagements zurückgekehrt sind[15]. Diese Sichtweise vertreten auch Gilbert Merlio und Hans Manfred Bock in ihren Beiträgen in dem Band *Ni gauche, ni droite*. Bei ihrem Vergleich von Nonkonformismus und Konservativer Revolution können sie daher von einem annähernd zeitgleichen Kulminationspunkt Anfang der dreißiger Jahre ausgehen[16].

Dieser Auffassung steht die These von Zeev Sternhell gegenüber, wonach die Debatten der Nonkonformisten eine Kontinuität über den Februar 1934 hinaus bis zum Zusammenbruch der Republik auszeichnet. Demnach sind sie durch die Faschismus-

---

[12] Burrin, Dérive; Brunet, Doriot; sowohl methodisch als auch von der Breite des untersuchten Materials dahinter zurückstehend: Schwarzer, Vom Sozialisten zum Kollaborateur; zur Kritik an dem Faschismusbegriff vgl. Müller, Faschisten von Links?, S. 170–191.

[13] Trebitsch, Le front commun, S. 209–227.

[14] Touchard, L'esprit, S. 107f.

[15] Ebenda, S. 108ff.; Loubet del Bayle, Non-conformistes, S. 177. Der Standpunkt von Trebitsch unterscheidet sich allenfalls in Nuancen von demjenigen Loubet del Bayles, vgl. Trebitsch, Le front commun, S. 221; vgl. auch Roy, Alexandre Marc. Bruno Ackermann berücksichtigt in seiner Rougemont-Biographie diese Zäsur nicht. Vielmehr zielt sie bereits in ihrer Fragestellung primär auf die „cohérence intellectuelle" und „unité personnelle" seines Lebensweges. Der tagespolitische Kontext ist durchaus präsent und teilweise sehr detailliert rekonstruiert. Doch steht die Untersuchung unter der Prämisse, daß Rougemonts Engagement in den dreißiger Jahren eine Fortsetzung in direkter Linie durch seinen Einsatz für den europäischen Föderalismus nach dem Zweiten Weltkrieg gefunden habe, Ackermann, Rougemont, Zitate Bd. 1, S. 38, vgl. Bd. 2, S. 835.

[16] Bock, Crise, S. 299–311; Merlio, Préface zu Ni gauche, S. 7–13.

debatte und den Sieg der Volksfront 1936 keineswegs isoliert worden, sondern haben im Gegenteil erst ein politisches Klima vorgefunden, das ihren Thesen die geeigneten Rezeptionsbedingungen verschaffte[17]. Sternhells umfassender Faschismusbegriff ist nicht dazu geeignet, den genauen Standort der Nonkonformisten innerhalb der ideologischen Fronten zu bestimmen. Jedoch betont er zu Recht die Verwandtschaft der Themen und der Argumentationsmuster mit den Positionen, die der Faisceau (1925–1928) von Georges Valois und die linken Revisionisten, Doriot, Déat und Bergery, in den dreißiger Jahren vertreten haben[18]. Wenn seine Analysen aufgrund dieses denkbar weiten Ansatzes und seiner rein ideengeschichtlichen Orientierung zu Recht scharf angegriffen wurden, so hat sich bisher keiner seiner Kritiker die Mühe gemacht, die Substanz dieser These für die Jeune Droite und den Ordre Nouveau nach 1934 zu überprüfen[19]. Allerdings hat bereits vor dem Erscheinen von Sternhells Werk der kanadische Historiker John Hellman in seiner Untersuchung über *Emmanuel Mounier and the New Catholic Left* auf die Ambiguitäten in der Haltung des *Esprit*-Chefredakteurs hingewiesen und die Pionierstudie von Michel Winock in einigen Aspekten korrigiert. Deutlich stellt er den Einfluß antiliberaler Ideen bei Mounier heraus, die seine zeitweilige Sympathie für den italienischen Faschismus, seine Kontakte zu den belgischen Rexisten und zu nationalsozialistischen Kreisen um Otto Abetz erklären[20].

Dem Engagement der Intellektuellen der Jeune Droite und des Ordre Nouveau nach 1934 ist – mit Ausnahme von Sternhell – wenig Aufmerksamkeit geschenkt worden. Zur Jeune Droite existieren zwar einige Arbeiten für die Zeit nach 1934, deren Aussagewert jedoch entweder durch eine isolierte Betrachtung[21] oder durch eine apologetische Perspektive[22] beeinträchtigt wird. Die Untersuchung von Edmond Lipiansky über den Ordre Nouveau verspricht zwar eine Behandlung des Zeitraums bis 1938 (dem Ende der gleichnamigen Zeitschrift), beschränkt sich jedoch entgegen ihrem Anspruch auf die erste Hälfte der dreißiger Jahre[23]. Der Eindruck einer Isolation der nonkonformistischen Intellektuellen insbesondere nach 1934 ergibt sich vor allem aus der fehlenden Einbettung in den ideologischen und politischen Kontext und der ungenügenden Rekonstruktion des Kommunikationsnetzes. Dies kann zum Teil damit entschuldigt werden, daß die Ergebnisse der oben genannten fundierten neueren Untersuchungen über die extremistischen Bewegungen von links und rechts (Soucy, Burrin, Brunet) noch nicht vorlagen und einige Archivmaterialien noch nicht zugänglich waren. Zum anderen aber hat die Fixierung der französischen Schule auf die Phase bis 1934 dazu beigetragen, daß auch verfügbares Material wie das Umfeld der Presse überhaupt nicht genutzt und größere Zusammenhänge nicht ins Blickfeld genommen wurden.

[17] Sternhell, Ni droite, S. 234ff.

[18] Ebenda, S. 25ff.; vgl. ders., La troisième voie fasciste, S. 17–29.

[19] Vgl. Berstein, La France des années trente allergique au Fascisme, S. 83–94; Julliard, Fascisme imaginaire, S. 849–861; Winock, Fascisme, S. 35–44.

[20] Hellman, Mounier; ders., Personnalisme, S. 116–129; vgl. Winock, Esprit; Sternhell, Mounier, S. 1141–1180.

[21] Leroy/Roche, Les Ecrivains, S. 61–72; Leroy, Combat, S. 122–134.

[22] Pierre Andreu war ein ehemaliger Anhänger der Jeune Droite; vgl. Andreu, Le Rouge; ders., Revoltés.

[23] Lipiansky, L'Ordre Nouveau, S. 1–103.

Die Begrenzung des Vergleichs auf die Zeit zwischen 1930 und 1933/34 erscheint somit fragwürdig: In dieser Phase erreichte die Konservative Revolution ihren Höhepunkt, während in Frankreich die Krise erst begann. Da die Entwicklung von Konservativer Revolution und Nonkonformismus nicht zeitgleich verlief, ist ein direkter Vergleich der Argumentationsmuster, der politischen Einstellungen usw. unmöglich. Dies ist durchaus erwünscht: Es bewahrt vor der Suche nach vordergründigen Analogien und zwingt dazu, die Phänomene zunächst in ihren jeweiligen nationalen Rahmen einzuordnen, bevor die vergleichende Perspektive eröffnet wird. Anhand von drei Themenkomplexen, Sozialisation, Generationserfahrungen und Intellektuellenkultur, werden im folgenden die Bedingungen für einen Vergleich weiter präzisiert.

2. Herkunft und Bildungsweg

Die radikale Kritik an den bürgerlichen Wertvorstellungen kam mitten aus den eigenen Reihen: Die Akteure beiderseits des Rheins stammten aus bürgerlichen Elternhäusern und waren durch eine entsprechende Erziehung und Ausbildung geprägt. Innerhalb der Konservativen Revolution gab es jedoch – wie Stefan Breuer hervorhebt – immer noch beträchtliche soziale Unterschiede. Das Spektrum erstreckte sich von Angehörigen des absteigenden Handwerks[24] über kaufmännische Angestellte[25] bis hin zu Vertretern des Bildungsbürgertums meist im höheren Beamtenverhältnis[26] und Freiberuflern[27]. Wenn dieser Überblick aufgrund der vorliegenden Größenordnungen anfechtbar bleibt, so läßt sich doch ein Schwerpunkt im gehobenen Bürgertum lokalisieren. In Frankreich kann man mit denselben Vorbehalten die Akteure ebenfalls dieser Schicht zurechnen. Allerdings war das soziale Spektrum deutlicher abgegrenzt. Die Väter der Intellektuellen, deren Berufe sich ermitteln ließen (13), stammten fast ausschließlich aus dem mittleren und gehobenen Bürgertum: ein Bankangestellter[28], ein Pastor[29], zwei Lehrer mit Agrégation[30], zwei Ärzte[31], ein Richter[32], ein Offizier[33], zwei Ministerialbeamte[34], ein Bauunternehmer[35] und ein Spekulant[36]. Der höhere soziale Status der Akteure verwundert kaum, wenn man sich vergegenwärtigt, daß es überwiegend Absolventen der Pariser

[24] Ernst Niekisch, Wilhelm Stapel; vgl. hier und im folgenden Breuer, Anatomie, S. 27.
[25] Carl Schmitt.
[26] Moeller van den Bruck, Martin Spahn, Edgar Julius Jung, Hans Freyer, Hans Zehrer.
[27] Ernst und Friedrich Georg Jünger, Leopold Ziegler.
[28] Robert Aron; vgl. ders., Fragments, S. 247.
[29] Denis de Rougemont, vgl. Ackermann, Rougemont, Bd. 1, S. 64.
[30] Claude Chevalley: Archives Nationales (AN) 61 AJ 253; Thierry Maulnier, eigentlich Jacques Talagrand: AN 61 AJ 255.
[31] Pierre Andreu, vgl. ders., Le Rouge, S. 15; Robert Castille: AN F7 13 983/14, Bericht vom Mai 1936.
[32] Jean Jardin, vgl. Assouline, Eminence grise, S. 20.
[33] Robert Brasillach: AN 61 AJ 255.
[34] Jean de Fabrègues, vgl. Auzépy-Chavagnac, Fabrègues, S. 28; Claude Roy, vgl. ders., Moi – je, S. 111.
[35] Robert Francis, eigentlich Jean Godmé, und Jean-Pierre Maxence, eigentlich Pierre Godmé. Sie waren Brüder; vgl. J.–L. Maxence, L'ombre d'un père, S. 41.
[36] Alexandre Marc, eigentlich Alexandre Marc Lipiansky, vgl. Roy, Marc, S. 92.

Elitehochschulen waren, die sich im Ordre Nouveau und der Jeune Droite zusammenfanden.

Ein weiteres Merkmal, das Breuer an der Konservativen Revolution beobachtet, trifft auch für die Nonkonformisten zu: Die überwiegende Mehrheit der Protagonisten war in Städten der Provinz aufgewachsen, jedoch entfalteten sie ihre Aktivitäten erst in den Metropolen[37]. In Hamburg bildete sich ein Kreis um die von Wilhelm Stapel herausgegebene Zeitschrift *Deutsches Volkstum* (1919–1938), in München sammelte sich ein Zirkel um Edgar Julius Jung[38]. Das Zentrum der Konservativen Revolution war jedoch zweifellos die Hauptstadt Berlin. Dort entwickelte sich eine schier unübersehbare Vielfalt von Bewegungen und Zeitschriften, von den Jungdeutschen über die Jungkonservativen bis hin zu den Nationalrevolutionären. Zu letzteren gehörten die Zeitschriften *Widerstand* von Ernst Niekisch (Dresden 1926–1929/Berlin 1930–1934), *Die Nationalbolschewistischen Blätter* (1931–1933) von Karl Otto Paetel und *Gegner* (1931–1933) um Harro Schulze-Boysen. Ernst Jünger gab mit einigen Gesinnungsgenossen *Die selbständige Standarte* (1926) und *Arminius* (1926–1927) heraus. Otto Strasser schuf mit der Schwarzen Front eine Sammlungsbewegung für dissidente Nationalsozialisten und Sympathisanten der extremen Rechten[39]. Einen außerordentlichen Erfolg verzeichnete seit dem Beginn der dreißiger Jahre die von Hans Zehrer geleitete Zeitschrift *Tat*, die 1932 eine Auflage von 30 000 Exemplaren erreichte[40]. Zu den einflußreichsten Gruppierungen der Konservativen Revolution gehörte der Juniklub. Er bildete das geistige Zentrum der Jungkonservativen, das sich um Moeller van den Bruck gruppierte. Zu seinen Organen gehörten *Das Gewissen* (1919–1927), herausgegeben von Eduard Stadtler, und *Der Ring*, seit 1928 unter der Leitung von Heinrich von Gleichen, und die von Rudolf Pechel herausgegebene *Deutsche Rundschau*[41].

In Frankreich läßt sich eine ähnliche Entwicklung beobachten. Drei Viertel (18 von 24) der Anhänger des Ordre Nouveau und der Jeune Droite waren (soweit der Geburtsort bekannt ist) nicht in Paris geboren und aufgewachsen. Die überwiegende Mehrheit hatte dort jedoch studiert und Bekanntschaft geschlossen (20 von 24). Der Nonkonformismus war – bedingt durch den extremen Zentralismus in Frankreich – noch stärker auf die Hauptstadt konzentriert. Hier waren nicht nur die renommierten Universitäten, Privathochschulen und Grandes Ecoles angesiedelt, sondern auch alle bedeutenden Verlagshäuser, die großen Presseagenturen und überregionalen Tageszeitungen ebenso wie die tonangebenden Monatszeitschriften. Diese hohe geographische Konzentration hatte

[37] Aus dem engeren Kreis der Konservativen Revolutionäre war nur Hans Zehrer in einer Metropole (Berlin) aufgewachsen; Breuer, Anatomie, S. 27, zur Auswahl des engeren Kreises vgl. ebenda, S. 6.
[38] Mohler, Konservative Revolution, Bd. 1, S. 410ff.
[39] Für die fast unüberschaubare Zahl kleinerer Gruppierungen und Zeitschriften bietet das Werk von Mohler immer noch die beste Orientierungshilfe. Mohler, Konservative Revolution, Bd. 1, S. 293ff., 401ff.; zu den hier als nationalrevolutionär bezeichneten Bewegungen siehe Dupeux, „Nationalbolschewismus". Zumindest für die Gruppen Gegner und Schwarze Front ist die durch den Titel suggerierte Nähe zum Kommunismus jedoch unzutreffend. Zum Tatkreis siehe auch Fritzsche, Politische Romantik. Zum Gegner vgl. Coppi, Schulze-Boysen. Zur Strasser-Bewegung siehe Moreau, Nationalsozialismus von links.
[40] Vgl. Sontheimer, Der Tatkreis, S. 229–260.
[41] Vgl. Mohler, Konservative Revolution, Bd. 1, S. 401ff.

ein enges Netz von personellen Beziehungen zur Folge, die über Schulen, Hochschulen, Bibliotheken, Redaktionen, Verlage und nicht zuletzt die intellektuellen Zirkel und Salons geknüpft wurden. Das Kommunikationsgeflecht war in Frankreich zweifellos schon aufgrund der kürzeren Wege dichter als in Deutschland.

Noch deutlicher als in Deutschland mußte in Frankreich der Umzug in die Hauptstadt als Einschnitt empfunden werden, da dort der Grad der Urbanisierung deutlich geringer war. Während 1930 westlich des Rheins rund 31 Prozent der Bevölkerung in Städten mit über 20 000 Einwohnern lebten, waren es östlich des Rheins bereits 43 Prozent. Um so deutlicher war in Frankreich der Kontrast zwischen Provinz und Metropole spürbar: zwar stagnierte die Einwohnerzahl von Paris seit den zwanziger Jahren bei rund 2,8 Millionen (Berlin hatte rund 4 Millionen), doch wuchs das Département Seine seit 1911 jährlich um 1,8 Prozent und erreichte fünf Millionen in den dreißiger Jahren – eine Entwicklung, die insbesondere durch den Ausbau der Pariser Banlieue gekennzeichnet war[42]. Die Vermutung liegt nahe, daß die antiurbanen und antizentralistischen Einstellungen der Nonkonformisten zu einem erheblichen Teil von diesen Großstadterfahrungen geprägt wurden.

Bevor jedoch weitere spezifische Erfahrungshorizonte der Protagonisten erläutert werden, müssen an dieser Stelle zunächst einmal die Ergebnisse der Forschung über die Entwicklung des Bürgertums beiderseits des Rheins ins Auge gefaßt werden. Die ebenso umstrittene wie fruchtbare These vom deutschen Sonderweg hat erheblich dazu beigetragen, die Besonderheiten des deutschen Bürgertums genauer zu erfassen und in eine vergleichende Perspektive einzubetten. Allerdings um den Preis, daß ihre anfänglichen Prämissen weitgehend revidiert werden mußten und es fraglich ist, ob sie überhaupt noch einen Erklärungsanspruch für den Untergang der Weimarer Republik haben kann. Denn ob dies ausdrücklich gesagt wird oder nicht: Der Blickwinkel der Sonderwegsthese war immer der von 1933; die Geschichte des Kaiserreichs wurde im Extremfall auf die Vorgeschichte der Machtergreifung reduziert[43]. Den Maßstab bildete ein zur Norm erhobener Idealtypus einer Entwicklung der westlichen Industrienationen: die Zusammengehörigkeit von wirtschaftlich-industrieller Modernisierung und Demokratisierung. Mittlerweile wird aber selbst von einem ehemals entschiedenen Verfechter wie Hans-Ulrich Wehler die These vom Sonderweg weitgehend relativiert. Von dem geringen gesellschaftlichen Einfluß des Bürgertums und seiner starken Orientierung am Adel ist nicht mehr die Rede. Es bleibt der Befund, daß die politischen Wertvorstellungen des Liberalismus im deutschen Bürgertum in erheblich geringerem Maße verankert waren als in England und Frankreich[44].

---

[42] Tenfelde, Demographische Aspekte, S. 23; Dupâquier u. a., Histoire, Bd. 4, S. 391ff.; Borne/Dubief, Crise, S. 229; zu den Konservativen Revolutionären vgl. Breuer, Anatomie, S. 27.

[43] Vgl. Nipperdey, 1933, S. 86–111. Anstelle der umfangreichen Literatur über den Sonderweg vgl. die Zusammenfassung der Diskussion bei Grebing, Der „deutsche Sonderweg".

[44] Wehler, Gesellschaftsgeschichte, Bd. 3. An die Stelle der These der „gescheiterten Revolution" von 1848 tritt die stark personalisierte These von der „charismatischen Herrschaft" Bismarcks als Ausgangspunkt des Sonderweges; vgl. die Besprechung von Evans, Bürgerliche Gesellschaft und charismatische Herrschaft, in: Die Zeit, 13. 10. 1995, S. 32f. Der Vorschlag Kurt Sontheimers, am Sonderweg aus politisch-erzieherischen Gründen festzuhalten, kann so lange nicht überzeugen, wie er auf historische Belege verzichten zu können glaubt; Sontheimer, Une voie allemande, S. 421–426.

Mit Blick auf Frankreich wird die These vom Sonderweg in einem weiteren Aspekt modifiziert: Das bereits erwähnte Modell der „blockierten Gesellschaft" von Stanley Hoffmann macht auf vergleichbare strukturelle Hemmnisse in Frankreich aufmerksam. Die soziale Mobilität war durch das prekäre Kräftegleichgewicht zwischen Kleinbürgern und Großbürgertum stark eingeschränkt, aufsteigende soziale Gruppen waren politisch unterrepräsentiert, notwendige Reformen wurden jahrzehntelang verschleppt, und schließlich setzte auch in Frankreich das Zerbrechen der „republikanischen Synthese" erhebliche extremistische Kräfte frei[45]. Ebenso könnte man daher die Frage diskutieren, ob es auch einen französischen Sonderweg oder ob es nicht vielmehr überhaupt keinen verbindlichen Weg in die Moderne gegeben hat.

Die Einschränkung der These vom deutschen Sonderweg soll nicht besagen, daß es keine Unterschiede zwischen deutschem und französischem Bürgertum in der Zwischenkriegszeit gegeben habe. Sie soll jedoch die Aufmerksamkeit von den langfristigen, strukturellen Ursachen auf die eher kurzfristigen, politischen, wirtschaftlichen und sozialen Ursachen lenken, die im folgenden Abschnitt über die Generationserfahrungen näher untersucht werden. An dieser Stelle ist es zunächst notwendig, das Erbe des 19. Jahrhunderts im Hinblick auf die Situation des Bürgertums beiderseits des Rheins zu skizzieren. Die Gesellschaften beider Länder hatten sich erheblich voneinander entfremdet und wiesen am Vorabend des Ersten Weltkrieges unter allen europäischen Ländern die schärfsten Gegensätze auf. Vor allem die stärker obrigkeitshörige, „unpolitische" Orientierung des deutschen Bürgertums, die unterschiedlichen Wertmaßstäbe von Bildungs- und Wirtschaftsbürgertum und die immer noch dominierende politische Stellung des Adels bleiben als hervorstechende Charakteristika der deutschen Situation bestehen. Das Bildungsethos von Beamten und Freiberuflern, ihr Beharren auf der klassischen, humanistischen Bildung nährte auch Ressentiments gegenüber dem Gewinn- und Wachstumsdenken des Wirtschaftsbürgertums. Eine feindselige Haltung gegenüber der Industriegesellschaft mit ihren neuen sozialen Gruppen, ihren Werten und ihrer Dynamik bildete sich heraus, die das Bildungsbürgertum besonders anfällig für antiliberale Tendenzen machte[46]. In Frankreich war die Machtstellung des Adels schon gegen Ende des 19. Jahrhunderts weitgehend zurückgedrängt, er besaß nur noch auf regionaler

---

[45] Unter diesem Aspekt interpretiert Klaus-Jürgen Müller das Auftreten der extremistischen Bewegungen in den zwanziger und dreißiger Jahren, der Jeunesses Patriotes, des Faisceau, des Redressement français und auch der frühen Solidarité française als Protestbewegungen von Vertretern moderner industrieller Sozialgruppen, die sich für eine stärkere Repräsentation ihrer Interessen einsetzten. Müller betont, daß diese Gruppierungen „nur" eine Reform des parlamentarischen Systems anstrebten und die Dritte Republik nicht grundsätzlich bekämpften. Er stellt jedoch nicht in Rechnung, daß dies auch aus taktischen Überlegungen heraus geschehen sein könnte und daß auch die Nationalsozialisten und die italienischen Faschisten vor ihrer Machtergreifung eine Doppelstrategie von Agitation auf der Straße und der legalen Taktik im Parlament verfolgt haben. Er übersieht weiterhin, daß der Begriff der Republik in Frankreich eine Leerformel war, die zum rhetorischen Bekenntnis gehörte, aber inhaltlich von liberalen bis zu totalitären Positionen alles bezeichnen konnte, was nicht monarchistisch war. Dieses weite Verständnis von Reformbestrebungen führt ihn zu der Schlußfolgerung, daß es bis auf Bucards Francisme keine radikal-antidemokratische und damit faschistische Bewegung in Frankreich gegeben habe; vgl. Müller, Protest, S. 465–524; ders., French Fascism, S. 75–107; ders., Ambition, S. 229–244; zum Begriff des Republikanismus vgl. Wirsching, Nationale Geschichte, S. 181; vgl. Soucy, Second Wave, S. 311.
[46] Ringer, „Bildung", S. 193–202; Nipperdey, Deutsche Geschichte Bd. 2,1, S. 382ff.

Ebene bestimmenden politischen Einfluß. In Armee und Verwaltung besetzten seit dem Beginn des zwanzigsten Jahrhunderts bürgerliche Beamte die Spitzenpositionen[47]. Allerdings gab es, wie ich im folgenden erläutern möchte, auch in Frankreich die Polarisierung von Bildung und Besitz. Kinder aus dem Großbürgertum waren im Vergleich zu Kindern von Beamten und Akademikern in freien Berufen beim baccalauréat[48] unterrepräsentiert, noch seltener waren sie an den Hochschulen vertreten.

Zu den sozialen Codes der bürgerlichen Ausbildung gehörte in beiden Ländern der Besuch humanistischer Bildungsanstalten. Ebenso wie die Konservativen Revolutionäre gehörten die französischen Intellektuellen zur winzigen Bildungselite ihres Landes. Die in der Schule erworbene Bildung war – wie auch in Deutschland – das geistige Fundament einer politisch-sozialen Führungsschicht. Nur rund ein Prozent aller Jugendlichen in Deutschland erhielt zwischen 1885 und 1911 das Reifezeugnis, ganz ähnlich waren die Verhältnisse in Frankreich[49].

Einen entscheidenden Vorsprung hatte Frankreich in der Vermittlung liberaler Grundsätze durch die Reform des Erziehungssystems in den achtziger Jahren des 19. Jahrhunderts. Jules Ferry hatte mit der Einführung der unentgeltlichen, obligatorischen und staatlichen Volksschule den Kampf gegen die katholischen Schulen eröffnet und den Grundstein gelegt für eine breite Verankerung republikanisch-laizistischer Ideale in der Bevölkerung[50]. In Deutschland hingegen setzte sich das neue Politikverständnis innerhalb der Pädagogik in den zwanziger Jahren nur langsam durch, so daß sich Schulen und Hochschulen sehr zögerlich zu Vermittlungsinstanzen der neuen Werte entwickelten. In der Zwischenkriegszeit war also in Frankreich ein großer Teil insbesondere der jüngeren Bevölkerung mit liberalen Ideen bereits aus der Schulzeit vertraut, während in Deutschland noch häufig antidemokratische Gedanken verbreitet wurden[51].

Wenn man die Zugangsbeschränkungen betrachtet, so waren die Unterschiede im höheren Schulwesen in Frankreich und Deutschland/Preußen gegen Ende des 19. Jahrhunderts gering. In beiden Ländern war der höhere Schulbesuch kostenpflichtig, daher bildete – von Stipendiaten abgesehen – ein materieller Wohlstand die Voraussetzung für das Abitur. Auch die hohe Wertschätzung, die dem humanistischen Bildungsideal entgegengebracht wurde, kennzeichnete die Einstellung des Bürgertums beiderseits des Rheins. Gerade der Erwerb zweckfreien Wissens diente zur sozialen Abgrenzung – ein Befund, der sich auch statistisch niederschlug: Die höheren gebildeten Mittelschichten waren unter den Abiturienten am stärksten überrepräsentiert, an zweiter Stelle folgte das Wirtschaftsbürgertum[52].

Während ein Großteil der künftigen Konservativen Revolutionäre die Bildungsanstalten durchlief, befand sich das Bildungssystem in Deutschland in einer Um-

---

[47] Kaelble, Nachbarn am Rhein, S. 110ff., 139ff.

[48] Vergleichbar mit dem deutschen Abitur.

[49] In den Jahren 1885–1887 waren es 0,8% in Deutsches Reich gegenüber 1,0% in Frankreich. Zwischen 19010/1911 waren es 1,2% (Deutsches Reich) gegenüber 1,1% (Frankreich). Für die zwanziger Jahre existieren keine Zahlen; vgl. die Tabelle bei Ringer, Fields, S. 48.

[50] Prost, Histoire, S. 383ff.

[51] Vgl. Ringer, Die Gelehrten, S. 358ff.

[52] Ringer, Fields, S. 58ff.

bruchphase. Die Gymnasien verloren immer mehr ihre Monopolstellung. Seit 1900 konnten auch die Schüler der Realgymnasien und Oberrealschulen die Berechtigung zum Studium erwerben. Der Anteil der Gymnasien an den höheren Schulen schrumpfte von fast drei Viertel im Jahr 1882 auf etwas mehr als die Hälfte im Jahr 1914. Die humanistische Bildung, die für das Bürgertum von identitätsstiftender Bedeutung war, bildete nicht mehr die einzige Zugangsberechtigung zum Studium. Damit wurde das exklusive Sozialprestige humanistischer Bildung noch vor dem Weltkrieg entschieden in Frage gestellt[53].

In Frankreich sorgte das Schulsystem weiterhin für die soziale Trennung von Unterschichten und Bürgertum. Eine institutionalisierte Barriere stellte die Zweiteilung des Systems zwischen den Elementarschulen und den weiterführenden Schulen dar. Hier handelte es sich nicht um aufeinander folgende, sondern um parallele Ausbildungen, die einen Wechsel unmöglich machten. Abgesehen von einem gewissen Prozentsatz an Stipendiaten (12 bis 13 Prozent – allerdings in den meisten Fällen Beamtenkinder) war der Besuch der höheren Schule, dem Lycée, fast ausschließlich den Kindern aus dem mittleren und höheren Bürgertum vorbehalten, die damit die Zugangsberechtigung für die Hochschulen erwarben. Diese für die Dritte Republik charakteristische Zweiteilung des Schulsystems wurde auch seit Mitte der zwanziger Jahre nur geringfügig durch eine Elitenauslese modifiziert, die sich stärker an den Fähigkeiten als an der Herkunft orientierte[54]. Ähnlich wie in Deutschland wurde auch westlich des Rheins das humanistische Bildungsmonopol in Frage gestellt. Ein 1902 verabschiedetes Dekret ließ für die siebenjährige höhere Schule nun auch die Wahl moderner Sprachen zu. Doch blieb weiterhin die Kombination Latein/Griechisch diejenige mit dem höchsten Prestige, was die Schüler aus bürgerlichen Familien weiterhin begünstigte[55]. Dies zeigte sich auch in der Zulassung zu den Grandes Ecoles. Für die Aufnahmeprüfung der Ecole Normale Supérieure (ENS) genügte zwar seit 1904 der Nachweis von Latein- oder Griechisch-Kenntnissen, dennoch blieben Latein und Griechisch weiterhin die meistgewählten Prüfungsfächer[56]. Damit blieb das humanistische Bildungsideal trotz der Reformversuche das weitgehend unangetastete Privileg des Bürgertums.

Die Absolventen der Hochschulen besetzten die höheren Ränge in den durch Bildung erreichbaren Posten. Die Nonkonformisten hatten ebenso wie die meisten Konservativen Revolutionäre ein Studium absolviert. Vergleichbar war auch die Vorliebe für geisteswissenschaftliche Disziplinen wie Philosophie, Philologie, Geschichte und Jura. In Frankreich gehörten dazu auch die Absolventen der politischen Wissenschaften, der traditionellen Ausbildung für den diplomatischen Dienst. Weniger stark vertreten waren die Absolventen der Wirtschaftswissenschaften. Werner Sombart und sein Schüler Ferdinand Fried waren Nationalökonomen von hohem Rang, die nicht nur bei den Nonkonformisten Anerkennung fanden[57]. Ihr Einfluß reichte weit über die Kreise der Kon-

[53] Kraul, Das deutsche Gymnasium, S. 116.
[54] Becker/Berstein, Victoire, S. 294f., 358ff.; Ringer, Fields, S. 189ff.; ders., Education, S. 118f.
[55] Ringer, Fields, S. 43.
[56] Smith, The Ecole Normale Supérieure, S. 23.
[57] Zu Sombart vgl. Aron/Dandieu, La révolution nécessaire, S. 3, 290; zu Fried vgl. Marc, Communisme national, in: Revue d'Allemagne, H. 60 (1932), S. 849–867; ders., L'Etat fermé, in: Revue d'Allemagne, H. 63 (1933), S. 1–19.

servativen Revolution hinaus[58]. Louis Salleron war der Korporatismus-Experte der Jeune Droite. Er lehrte seit 1937 Wirtschaftspolitik am Institut Catholique[59]. Robert Loustau und Robert Gibrat, die Wirtschaftsexperten des Ordre Nouveau, stammten aus dem Studienkreis X-Crise der Ecole Polytechnique, der insbesondere durch seine neoliberalen Wirtschaftsmodelle großen Einfluß auf die nonkonformistische Generation ausübte[60]. Seltener hingegen waren Absolventen naturwissenschaftlicher und technischer Studiengänge[61]. Deutlich wird an dieser Verteilung der Studienfächer die hohe Wertschätzung bildungsbürgerlicher Ideale. Davon zeugt auch die große Zahl der höheren akademischen Weihen, der Promotion und der Agrégation[62].

Die bildungsbürgerlichen Privilegien wurden in Deutschland durch die Schul- und Hochschulreformen seit dem Ende des 19. Jahrhunderts ernsthaft in Frage gestellt. Mit dem enormen Anstieg der Studentenzahlen seit den 1890er Jahren und dem einhergehenden Bedeutungsverlust humanistischer Bildung klaffte die Schere zwischen Bildung und Beruf immer weiter auseinander. Eine vergleichbare krisenhafte „Entwertung" bürgerlicher Ideale gab es in Frankreich nicht. Zwar stiegen westlich des Rheins im Zuge der großen Reform im letzten Viertel des 19. Jahrhunderts die Schüler- und Studentenzahlen rapide an, doch scheint dieser Prozeß mit geringeren Reibungsverlusten über die Bühne gegangen zu sein. Gleichzeitig wurden seit 1880 die Hochschulen umgestaltet und erheblich erweitert. Dienten die Fakultäten bis dahin in erster Linie der Vorbereitung auf den *baccalauréat* und der Lehrerausbildung, so wurden sie nun zu wissenschaftlichen Anstalten nach dem „deutschem Modell"[63]. In den akademischen Fakultäten (Literatur, Naturwissenschaften) vervierfachte sich die Zahl des Lehrpersonals zwischen 1870 und 1910, die Zahl der Studenten vergrößerte sich seit 1880 rasant: Innerhalb von zwei Jahrzehnten übertraf Frankreich seinen östlichen Nachbarn gemessen an den relativen Studentenzahlen (im Verhältnis zur jeweiligen Altersklasse): 1885–1887 waren es 0,6 Prozent westlich und 0,8 Prozent östlich des Rheins, 1910–1911 schon 1,7 Prozent gegenüber 1,2 Prozent und schließlich 1930–1931 sogar 2,9 Prozent gegenüber 2,1 Prozent[64].

---

[58] Fried, eigentlich Ferdinand Friedrich Zimmermann, war der Wirtschaftsspezialist des Tatkreises, vgl. Mohler, Konservative Revolution, Bd. 1, S. 435; zu Sombart vgl. Lenger, Sombart.

[59] Vgl. Dioudonnat, Rédacteurs, S. 81; Coston, Dictionnaire, Bd. 1, S. 956.

[60] Zu diesem Studienkreis gehörte auch der Statistiker Alfred Sauvy, vgl. Abellio *[d. i. Georges Soulès]*, Ma dernière mémoire, Bd. 2, S. 101ff.; Brun, Technocrates, S. 33ff.

[61] Aus dem Kreis der Konservativen Revolutionäre: Spengler: Mathematiker, Ernst Jünger: Naturwissenschaften; bei den Nonkonformisten: Chevalley: Mathematiker, Gibrat und Loustau: Ingenieure.

[62] Einen dem deutschen Doktor vergleichbaren Abschluß gab es in Frankreich nur in Jura und Medizin (*Doctorat d'université*). Wenn man aber die *Agrégation* als vergleichbare Voraussetzung für eine universitäre Karriere hinzuzählt, so ergibt sich ein ähnliches Bild. Promovierte in Deutschland: Spengler, Stapel, Freyer, Schmitt, Jung, Spahn, Ziegler, von Gleichen, Brauweiler, Stadtler, Boehm, F. G. Jünger, Eschmann, Hielscher, vgl. Breuer, Anatomie, S. 30. *Agrégation/Doctorat* in Frankreich (soweit sich dies rekonstruieren ließ): Chevalley, Chenut, Jardin; Agrégation: Aron, Brasillach, Daniel-Rops, Dupuis, Gravier, Salleron. Die *Agrégation* unterscheidet sich insofern vom deutschen Doktor, als sie anstelle einer Dissertation eine staatliche Prüfung erforderte. Im schnellsten Fall erlangte man sie nach drei Jahren auf der Ecole Normale Supérieure; Karady, Teachers, S. 472f.; Ringer, Fields, S. 44.

[63] Ringer, Fields, S. 46f.

[64] Ringer, Education, S. 120; Karady, Teachers, S. 484ff.

Auch in Frankreich wurde die Gefahr der „Plutokratisierung" beschworen, insbesondere von Kritikern aus dem rechten Lager, die die ideologischen Implikationen des „wissenschaftlichen Materialismus" denunzierten und das Ende des klassischen Bildungskanons beklagten. Die traditionell deutschfeindliche Rechte fürchtete zudem eine „Germanisierung" der französischen Kultur durch die Reform, die sich am deutschen Universitätssystem orientierte[65]. Dennoch verlief die Reform insgesamt nicht mit so einschneidenden Identitätskrisen wie in Deutschland. Vielmehr hob sie erst die Universitäten auf ein mit Deutschland vergleichbares wissenschaftliches Niveau, verbesserte Ansehen und Ausbildung der Akademiker erheblich und eröffnete ihnen bessere Berufschancen. Allerdings wurde durch die gewaltige Expansion das bürgerliche Bildungsprivileg auch in Frankreich erheblich in Frage gestellt[66].

Eine dem französischen System vergleichbare Zweiteilung des Hochschulsektors gab es in Deutschland nicht, daher bedarf diese Besonderheit der Erläuterung. Die Spitzenpositionen in Politik und Verwaltung besetzten nahezu ausschließlich die Absolventen der Grandes Ecoles. In diese Elitehochschulen konnte man frühestens nach einem zweijährigen Vorbereitungskurs an einigen dazu bestimmten Lycées aufgenommen werden (*hypokhâgne/khâgne* für den sprachlichen, *taupe* für den naturwissenschaftlichen Zweig). Die eigentliche Hürde aber bildete die Eingangsprüfung, durch die im Fall der ENS jährlich die 30 besten Studenten in jedem der beiden Zweige (Sprachen/Naturwissenschaften) ausgewählt wurden. Auch hier hatte Paris mit seinen vier Vorbereitungsschulen (Condorcet, Lakanal, Louis-le-Grand und Henri-IV) bei der Zahl der erfolgreichen Aufnahmen gegenüber der Provinz einen deutlichen Vorsprung: während der zwanziger Jahre stammten rund drei Viertel der Stipendiaten aus den Pariser Schulen, während sich der Rest auf die 15 Provinz-Lycées verteilte. Wer also nur eine halbwegs realistische Chance auf einen der begehrten Plätze in den Grandes Ecoles haben wollte, mußte die Vorbereitungsklassen in Paris, möglichst am Henri-IV oder Louis-le-Grand, absolvieren[67]. Es ist daher nicht sonderlich erstaunlich, daß sich ein großer Teil der freundschaftlichen Beziehungen unter den Nonkonformisten schon dort während der Vorbereitungsklassen herausgebildet hat[68]. Der Ausleseprozeß der Grandes Ecoles förderte zudem mit seinen speziellen Konsekrationsriten eine Gruppenidentität, die über

---

[65] Insbesondere von Henri Massis und Alfred de Tarde, die 1912 ihre erste Kampagne gegen die Reform der „neuen Sorbonne" führten, vgl. Ringer, Fields, S. 237ff.

[66] Prost, Histoire, S. 243. Zur Situation in Deutschland: Jarausch, Studenten, S. 76ff.

[67] Vgl. Sirinelli, Génération intellectuelle, S. 67f., Übersicht S. 70 und ders., Aux lisières, S. 19ff.

[68] Den hohen Stellenwert der Vorbereitungsklassen für die Bildung dauerhafter Freundschaften betont auch Sirinelli in seinen Arbeiten über die Ecole Normale Supérieure. In der Tat kann man anhand der Nonkonformisten dieses Phänomen verfolgen: am Louis-le-Grand, der bedeutendsten Vorbereitungsschule, lernte sich ein Teil des *Esprit*-Kreises kennen: Georges Izard, André Déléage und Pierre-Henri Simon. Emmanuel Mounier stieß später an der Ecole Normale Supérieure hinzu. In den Vorbereitungsklassen dieser Schule kamen auch Robert Brasillach, Maurice Bardèche und Thierry Maulnier erstmals zusammen; Sirinelli, Génération, S. 71, ders., Aux lisières, S. 111ff. Robert Aron und Arnaud Dandieu hingegen, die späteren Mitbegründer des Ordre Nouveau, schlossen schon vor dem Krieg am Condorcet Freundschaft; Sirinelli, Génération, S. 95f.

das Studium hinaus dauerhafte Verbindungen schuf[69]. Die Absolventen der Grandes Ecoles besetzten sämtliche Spitzenpositionen in Wirtschaft, Verwaltung und Unterricht. Unter ihnen spielten besonders die Ecole Polytechnique und die ENS eine herausragende Rolle.

Die Ecole Polytechnique, die Grande Ecole zur Herausbildung des Ingenieursnachwuchses, unterstand bezeichnenderweise nicht dem Erziehungs-, sondern dem Kriegsministerium. Sie war der Hort der vorrepublikanischen Eliten aus den Kreisen der Notabeln und des Großbürgertums. Aus ihren Reihen kamen die Verteidiger des klassischen Curriculum und entschiedensten Gegner der großen Reformen des Erziehungssystems. Den Absolventen der Polytechnique waren die höchsten Posten in Militär, Verwaltung (insbesondere im Kriegsministerium) und Wirtschaft reserviert. Hier waren die Studenten aus dem höheren Bürgertum weit überrepräsentiert: Unter den Vätern fanden sich besonders viele Unternehmer aus Handels- und Finanzkreisen sowie einige Industrielle[70]. Von dieser Hochschule stammten die Ordre Nouveau-Mitarbeiter Robert Loustau und Robert Gibrat[71].

Die privilegierte Ausbildungsanstalt für das Lehrpersonal an höheren Schulen und Universitäten war die Ecole Normale Supérieure an der Rue d'Ulm. Auch sie war im Zuge der großen Reform zu einer republikanischen Hochschule umgestaltet worden. Seit 1903 wieder mit der Sorbonne vereinigt, teilten die *Normaliens*[72] die meisten ihrer Kurse mit den Kommilitonen der Universität von Paris[73]. Im Unterschied zur Ecole Polytechnique hatte dort das Bildungsbürgertum eine starke Stellung. Studenten aus Beamtenfamilien waren zehnmal stärker vertreten als solche aus dem Wirtschaftsbürgertum. Die Unternehmer hielten es nicht für sonderlich attraktiv, in den Staatsdienst zu treten. In bezug auf die Gesamtbevölkerung waren Söhne[74] von Lehrern und Beamten im Erziehungswesen sogar im Verhältnis 35 zu 1 vertreten[75]. Viele dieser *Normaliens* erreichten den Höhepunkt eines sozialen Aufstiegs über mehrere Generationen von Beamten. Sowohl im Fall der Polytechnique als auch der ENS führte die Reform nicht zu einer Demokratisierung, sondern vielmehr zu einer stärkeren Förderung des Eliten-Bewußtseins. Man muß noch einmal innerhalb der beiden Studiengänge unterscheiden. Der naturwissenschaftliche Zweig der ENS war derjenige mit dem geringeren Prestige. In diesem Bereich war die ENS nur zweite Wahl nach der Polytechnique, was sich auch in der sozialen Schichtung ablesen ließ. Deutlich stärker als dort und auch stärker als im sprachlichen Zweig der ENS waren dort die Söhne von Lehrern, Kleinhändlern und Handwerkern vertreten. Der sprachliche Zweig hingegen führte in die Spitzenpositio-

---

[69] Vgl. dazu die Erinnerungen eines Normalien: Peyrefitte, Rue d'Ulm, und die Untersuchung von Pierre Bourdieu, die sich zwar auf die Gegenwart bezieht, aber weitgehend konstante Verfahren beschreibt: Bourdieu, Epreuve scolaire, S. 30ff.

[70] Ringer, Education, S. 139f.; Smith, Ecole Normale Supérieure, S. 35f.; Shinn, Rectionary Technologists, S. 329–345.

[71] Vgl. Andreu, Revoltés, S. 41.

[72] Studenten und Absolventen einer Ecole Normale Supérieure.

[73] Ringer, Fields, S. 214.

[74] Die ENS an der Rue d'Ulm war für den männlichen Nachwuchs bestimmt. Nur ausnahmsweise wurden Studentinnen (Simone de Beauvoir, Simone Weil) zugelassen.

[75] Dies bezieht sich auf den Mittelwert aus der gesamten Dritten Republik, genauer gesagt der Jahre 1868 bis 1941; Smith, Ecole Normale Supérieure, S. 34ff.

nen von Lehre, Forschung und Verwaltung des Erziehungswesens und darüber hinaus in der Zwischenkriegszeit häufig in die Politik[76]. Zu den Absolventen des sprachlichen Zweiges der ENS gehörten Thierry Maulnier und Robert Brasillach von der Jeune Droite, den naturwissenschaftlichen Zweig hatte Claude Chevalley vom Ordre Nouveau absolviert[77]. Zur gleichen Altersklasse gehörten später so prominent gewordene Intellektuelle wie Raymond Aron, Simone de Beauvoir, Maurice Merleau-Ponty, Paul Nizan, Jean-Paul Sartre und Simone Weil. Die Liste der aufgenommenen Kandidaten liest sich wie ein *Who is who* der französischen Intellektuellenszene[78].

Die Ecole Libre des Sciences Politiques war bis zum Ende des Zweiten Weltkrieges eine Privatschule und ließ als solche nur Studenten aus einem entsprechend begüterten Elternhaus zu. Sie hatte nahezu das Ausbildungsmonopol für die hohen Verwaltungsposten und den diplomatischen Dienst[79]. Hier lernten sich der Gründer des Ordre Nouveau, Alexandre Marc, und zwei seiner künftigen Mitarbeiter, Jean Jardin und René Dupuisé, kennen. Zu Beginn der dreißiger Jahre absolvierte auch Xavier de Lignac diese Laufbahn, bevor er 1934 zum Ordre Nouveau stieß[80].

Wer die Aufnahmeprüfung für die Grandes Ecoles nicht schaffte, für den blieben immer noch die Universitäten. Durch die große Hochschulreform wurde die Sorbonne neben der ENS zu dem wichtigsten Stützpfeiler des republikanischen Systems. Die Reform hatte klare politische Implikationen: Nach den Vorstellungen des Reformers Gustave Lanson sollten die Studenten der neuen Sorbonne vor allem einen Sinn für die republikanischen Tugenden, Wahrheit, Gerechtigkeit, Solidarität und bürgerliche Gesinnung, entwickeln[81]. Dies war von besonderer Bedeutung, da die Absolventen in den meisten Fällen als Lehrer in dem ebenfalls reformierten laizistischen Schulwesen arbeiten sollten. Gerade an der Sorbonne aber waren die antiliberalen Studenten ebenfalls stark vertreten. Ein großer Teil der Jeune Droite stammte von ihr: Jean de Fabrègues, François Gravier, Jean-Pierre Maxence, Claude Roy und René Vincent. Auch Robert Aron hatte nach der gescheiterten Aufnahme in die ENS dort seine Agrégation vorbereitet.

Gegenüber ihren Kollegen von den Provinzuniversitäten genossen die Absolventen der Pariser Hochschulen ein erheblich höheres Prestige. Auch nach der Reform war ein vergleichbarer Abschluß in der Provinz deutlich weniger angesehen. Der Zentralismus schlug sich auch in den Verdienstmöglichkeiten nieder. So wurden Lehrer und Professoren in der Provinz unverhältnismäßig schlechter bezahlt als solche mit einer Anstellung in Paris. Für Absolventen mit einem Provinzabschluß war es dementsprechend schwer, eine Anstellung in der Hauptstadt zu finden[82]. Daher ist es kaum verwunderlich, daß nur sehr wenige unter den Nonkonformisten ihre Ausbildung in der Provinz oder im Ausland absolviert hatten, bevor sie nach Paris kamen: Daniel-Rops[83] hatte seine *Agrégation*

---

[76] Smith, Ecole Normale Supérieure, S. 38ff.
[77] Sirinelli, Génération intellectuelle, S. 96, 312f.
[78] Vgl. Sirinelli, Génération intellectuelle, S. 647ff.
[79] Ringer, Fields, S. 44.
[80] Assouline, Eminence grise, S. 27, 38; Roy, Marc, S. 138f.; zu Lignac vgl. Ganne, Qu'as-tu fait, S. 8.
[81] Ringer, Fields, S. 225ff.
[82] Karady, Teachers, S. 490f.; Prost, Histoire, S. 357f.
[83] Pseudonym für Henri Petiot. Zur Biographie vgl. Dournès, Daniel-Rops, S. 26ff.

in Geschichte an der Universität Poitiers abgeschlossen[84]. Denis de Rougemont hatte in Neuchâtel, Wien und Genf Literatur und Sprachen studiert[85], Robert Castille (Jeune Droite) hatte seine *Licence* in Jura in Dijon erworben[86].

Für die Nonkonformisten ergab sich ebenso wie für die Konservativen Revolutionäre die paradoxe Situation, daß sie eine zutiefst bürgerliche Sozialisation durchlaufen hatten, daß sie durchdrungen waren von dem Gedanken der meritokratischen Elitenauslese, zugleich aber die Wertmaßstäbe des Bürgertums radikal bekämpften. Ihre Kritik galt nicht den Errungenschaften und Werten der abendländischen Kultur, sondern vielmehr der sozialen Klasse, die sich als Trägerin dieses kulturellen Erbes betrachtete, und der Ideologie, die in den Augen der jungen Intellektuellen ihren Herrschaftsanspruch legitimierte: dem Liberalismus. Die Auswahlverfahren des Bildungssystems hatten sie zutiefst geprägt: sie bejahten die Elitenrekrutierung und den Leistungsgedanken, bestritten aber die Eignung des Bürgertums zur politischen Führung, auf die sie selbst Anspruch erhoben.

3. Generationserfahrungen und Jugendkult

Robert Wohl hat in seiner Pionierstudie über die „Generation von 1914" die Bedeutung des Weltkrieges als zentraler Epochenschwelle untersucht. Erstmals hat er nachgewiesen, wie durch ihn eine Generation von Intellektuellen in ganz Europa in ihren kulturkritischen und antiliberalen Denkhaltungen entscheidend geprägt wurde. Zwischen 1880 und 1900 geboren, sind diese Intellektuellen aufgewachsen in der Opposition gegen die bürgerliche Wertordnung ihrer Väter, begrüßten enthusiastisch den Krieg als Beginn des ersehnten Aufbruchs und wurden schließlich in ihren Hoffnungen von der Realität des Fronterlebnisses und der Nachkriegszeit tief enttäuscht. Zu jung für die alte Welt und zu alt für die neue, haben diese „Wanderer zwischen zwei Welten"[87] den im Krieg geborenen Traum einer politischen und kulturellen Erneuerung in die zwanziger Jahre hinübergerettet[88]. Als Ausdruck einer tiefen Identitätskrise entstanden – wie Wohl am Beispiel von Frankreich, Deutschland, England, Spanien und Italien gezeigt hat –, insbesondere in der Zwischenkriegszeit, die Vorstellungen von einem Konflikt der Generationen, in dem die Ideologie der Jugend eine zentrale Rolle spielte. Bereits vor 1914 war der Begriff der „Jugend" in seiner Semantik von Erneuerung, Auflehnung, Dynamik und Charisma geprägt, doch seine spezifisch politische Stoßkraft hat er meist erst durch den Krieg erhalten: die Idee einer gemeinsamen Bestimmung, die Sehnsucht nach einer klassenübergreifenden Gemeinschaft hatte als Orientierungspunkt die Nation, die durch äußere und innere Feinde bedroht war[89].

Zu Recht betont Wohl, daß dieses Generationskonzept stark durch den Erfahrungshorizont der Frontkämpfer geprägt war, die durch die Epochenschwelle des Weltkrieges

---

[84] Sirinelli, Génération intellectuelle, S. 112.
[85] Ackermann, Rougemont, Bd. 1, S. 74ff.
[86] AN F7 13983, Bericht vom Mai 1936.
[87] Dies ist der Titel einer 1917 erschienenen Schrift von Walter Flex.
[88] Wohl, Generation, S. 203ff.
[89] Ebenda, S. 215f.

in eine fundamentale geistige Orientierungskrise geraten waren. Daraus sind die grund-legenden Theorien des sozialen Wandels entstanden, die die treibende Kraft nicht mehr im Kampf der Klassen, sondern im Konflikt zwischen Vätern und Söhnen angelegt se-hen: von José Ortega y Gasset, François Mentré, Eduard Wechssler und Karl Mann-heim[90].

Mit der Politisierung der „Jugend" erkannten auch Parteien, Verbände und Kirchen die Notwendigkeit, diese Aufbruchstimmung zu kanalisieren. Davon zeugt die rapide anwachsende Zahl von Jugendorganisationen in den zwanziger Jahren. Von der neueren Forschung ist insbesondere die Vorstellung von den „individualistischen" Franzosen korrigiert worden[91].

Eine besondere Anziehungskraft auf die Jugend übten vor allem die extremistischen Bewegungen und Parteien aus. Die militaristischen Kampfbünde der Weimarer Zeit re-krutierten ihre Gefolgschaft überwiegend aus Altersgruppen der 20- bis 30jährigen[92]. Auch die Nationalsozialisten hatten ebenso wie die Kommunisten sowohl im Verhältnis zum Bevölkerungsdurchschnitt als auch im Vergleich mit anderen Parteien bis 1933 eine ausgesprochen junge Anhängerschaft[93]. Über die Altersstruktur in den französischen Ligen gibt es zwar keine Untersuchungen, doch läßt sich dort eine ähnliche Überreprä-sentation von jungen Anhängern vermuten. Insbesondere die Action française hatte sich den Jugendmythos zu eigen gemacht. Ihre Schüler- und Studentenorganisationen gehör-ten bis zur Mitte der zwanziger Jahre zu den mächtigsten in Frankreich[94]. Die Jeunesses Patriotes von Pierre Taittinger verdeutlichten den Anspruch auf diese Zielgruppe bereits durch ihren Namen. Weitere Anhaltspunkte liefert die Entwicklung der Feuerkreuzler: Die Bewegung erhielt erheblichen Zulauf, nachdem ihr Anführer François de la Rocque 1933 mit der Sektion der Nationalvolontäre (Volontaires Nationaux) ein Sammelbecken für junge Männer unter 21 Jahren geschaffen hatte[95].

Auch die Protagonisten der Konservativen Revolution und der Nonkonformisten waren zu Beginn ihres Engagements meist Ende Zwanzig bis Anfang Dreißig, selten äl-ter. Ihre Jugendideologie formulierten sie häufig in der Form eines „Dritten Weges": jen-seits von Kapitalismus und Kommunismus, zwischen West und Ost, Liberalismus und Kollektivismus. Diese Bestrebungen fanden unterschiedlichen Ausdruck: in Buchtiteln wie *Die Sendung der jungen Generationen* von Ernst Günther Gründel, *Das Recht der jungen Völker* von Moeller van den Bruck, in Zeitschriften wie den *Jungpolitischen Rundbriefen (1928–1929)* von Richard Schapke und Karl Otto Paetel, in Organisationen wie dem Jungdeutschen Orden von Arthur Mahraun und den Jungkonservativen. Der Tatkreis hat mit dem Jugendmythos eine Strategie entwickelt, die als repräsentativ für die Konservative Revolution überhaupt angesehen werden kann: Sie zielte auf die Über-windung der politischen Lager, die in die Bildung einer „Dritten Front" münden sollte. In seinem Grundsatzartikel „Rechts oder Links?" forderte der Chefredakteur der *Tat*,

[90] Ebenda, S. 2f., 208f.; vgl. Trommler, Mission ohne Ziel, S. 22.
[91] Krabbe, Die gescheiterte Zukunft; Götz von Olenhusen, Jugendreich; Fabre, Les mouvements de jeunesse, S. 9–30; Prost, Jeunesse, S. 35–43.
[92] Vgl. Peukert, Alltagsleben, S. 148; Jamin, Zwischen den Klassen.
[93] Kater, Generationskonflikt, S. 231.
[94] Vgl. Weber, Action française, S. 172ff., bes. 179f.; Reichel, Nationalismus, S. 152f.
[95] Soucy, Second Wave, S. 109f.

Hans Zehrer, in Anlehnung an Georges Sorel die Schaffung eines neuen Mythos, der die beiden Extreme des politischen Spektrums in einer neuen Synthese vereinen und das Ideal der neuen Volksgemeinschaft begründen sollte[96]. Ähnliche Vorstellungen von der revolutionär-chiliastischen Überwindung der verfeindeten Lager finden sich in den Kreisen der Konservativen Revolution von Spengler bis Niekisch[97].

Für die Nonkonformisten wurde das Bewußtsein der eigenen Jugend ebenfalls zur integrierenden Schlüsselerfahrung. Gegen den Zerfall der Gesellschaft in Interessengruppen sollte die Jugend eine neue Einheit herstellen: „Zwei große Lager bilden sich heraus, die die westliche Zivilisation horizontal in Generationen spalten: das individualistisch-demokratische Lager, das dem 19. Jahrhundert entstammt. [...] Und das Lager der Jugend."[98] Dabei war jedoch weniger das biologische Alter als vielmehr die Geisteshaltung ausschlaggebend für die Zugehörigkeit: „Es handelt sich nicht um zwei physiologische Altersstufen, die einander bekämpfen, sondern um zwei unterschiedliche Situationen, Atmosphären, zwei einander entgegengesetzte Geisteshaltungen."[99] Ähnliche Bemühungen, die politischen Fronten zu durchbrechen, mehrten sich zu Beginn der dreißiger Jahre im Umkreis der Nonkonformisten: Die von Jean Luchaire geleitete Zeitschrift *Notre Temps (1927–1940)* nahm für sich in Anspruch, das Organ der „neuen Generationen" zu sein. Sie setzte sich maßgeblich für die Idee der Verständigung zwischen der deutschen und französischen Jugend ein. Aus diesem Kreis stammte auch Bertrand de Jouvenel, der mit der Zeitschrift *La Lutte des Jeunes (1934)* ein Sammelbecken hauptsächlich für die Intellektuellen der nonkonformistischen Generation schuf, bevor er 1936 zur Doriot-Bewegung stieß[100]. In dem Werk *Le Rajeunissement de la politique* meldeten sich Vertreter eines neuen Politikverständnisses zu Wort, die die Parteienherrschaft überwinden wollten: Ramon Fernandez, ein ehemaliger Kommunist, der sich der Doriot-Bewegung anschloß, Marcel Déat, der mit der SFIO brach und sich an die Spitze der Neosozialisten stellte, Jean-Pierre Maxence und Thierry Maulnier aus dem Kreis der Jeune Droite, sowie Daniel-Rops vom Ordre Nouveau[101].

Die Jugendideologie konnte in den Augen ihrer Verfechter nicht nur soziale und politische Schranken überwinden, sondern auch nationale Gegensätze. Für die Autoren des Bandes *Jeune Europe* bildete der Generationswechsel die Voraussetzung für eine grenzüberschreitende Verständigung. Die Verfasser Alexandre Marc und René Dupuis gehörten zum Direktionskomitee vom Ordre Nouveau. Sie interpretierten die Umbrüche in Rußland, Italien und Deutschland als das politische Erwachen einer Jugend, die mit den politischen, wirtschaftlichen und sozialen Folgen des Liberalismus brechen wollte. Die beiden Ordre Nouveau-Anhänger bewunderten zwar die Vitalität und Dynamik dieser „Erneuerungsbewegungen", doch konstatierten sie zugleich deren Scheitern vor der

---

[96] Zehrer, Rechts oder Links?, in: Tat 22 (1931), S. 505–559, hier bes. 525ff.; vgl. ders., Die dritte Front, in: Tat 23 (1932), S. 97–120, hier bes. S. 103ff.; Mommsen, Generationskonflikt, S. 56, 59f.; Trommler, Mission ohne Ziel, S. 42f.

[97] Sieferle, Konservative Revolution, S. 178–205; vgl. Merlio, Oswald Spengler.

[98] Lamour, Jeunesse du monde, in: Plans, H. 4, 1931, S. 9.

[99] Marc, Prise de conscience révolutionnaire, in: Plans, H. 13, 1932, S. 59.

[100] Burrin, Dérive, S. 83ff.

[101] Le Rajeunissement de la politique, Hrsg. H. de Jouvenel. Der Band war hervorgegangen aus einer Untersuchung von Jouvenel in der *Revue des Vivants* 1930–1932.

Aufgabe, die alte Ordnung endgültig zu überwinden. In der Form des Staatskapitalismus (Sowjetunion), des Etatismus (Italien) und der Massendemokratie (Deutschland) blieben ihrer Ansicht nach zentrale Elemente der Ideologie des Liberalismus erhalten. Dupuis und Marc sahen nun die Aufgabe der französischen Jugend gekommen, den revolutionären Impuls aufzugreifen und den Kampf gegen das liberale System zu vollenden[102].

Betrachtet man die Geburtsjahrgänge der Akteure in Deutschland und Frankreich, so wird deutlich, daß sich deren Erfahrungshorizonte erheblich unterschieden. Die Konservative Revolution umfaßte eine Spanne von drei politischen Generationen[103]: Während die erste durch Reichsgründung, die wilhelminische Zeit und die Jugendbewegung geprägt war[104], erfuhr die letzte, die sogenannte „überflüssige Generation", mit aller Deutlichkeit die Schwierigkeiten der Integration in die Gesellschaft: Die Vertreter dieser Altersklasse waren zu jung für den Krieg und trafen in der Weimarer Republik auf einen überfüllten Arbeitsmarkt[105]. Die meisten Konservativen Revolutionäre zählten jedoch zur Frontkämpfergeneration der 1880 bis 1890 Geborenen[106]. Sie prägten einen zentralen Charakterzug der Konservativen Revolution: ihren radikalen Militarismus. Das Fronterlebnis wurde nachträglich zur Geburtsstunde der Nation stilisiert. Der Ausbruch aus bürgerlicher Enge und die Erfahrung der klassenüberschreitenden Gemeinschaft waren die zentralen Themen einer ganzen Flut von Schriften, die den Kampf als inneres Erlebnis verherrlichten und die kriegerische Dynamik des neuen Nationalismus unterstrichen. Ernst Jünger und Franz Schauwecker waren die einflußreichsten Autoren dieser Art von geistiger Mobilmachung gegen die Weimarer Republik[107].

In Frankreich läßt sich kein vergleichbares Phänomen feststellen. Die Nonkonformisten entstammten zum überwiegenden Teil der Altersklasse von 1900 bis 1910. Sie gehörten damit zu den ersten Jahrgängen, die nicht mehr an die Front einberufen worden waren – vergleichbar mit der sogenannten „überflüssigen Generation" in Deutsch-

---

[102] Dupuis/Marc, Jeune Europe, S. 179ff.

[103] Kennzeichnend für dieses Konzept ist die Annahme, daß ein Ereignis von besonderer Tragweite die Denkmuster einer Altersklasse so nachhaltig bestimmt, daß sie auch noch über längere Zeiträume für die politischen Einstellungen und Konflikte prägend sind. Dieser Ansatz ist nicht zu verwechseln mit dem weiter gefaßten Modell einer kontinuierlichen Abfolge von Generationen (meistens in einen Rhythmus von 30 Jahren), bei dem die Rahmenbedingungen, meist demographische Faktoren, jeweils daraufhin untersucht werden, inwieweit sie gesellschaftlich tradierte Lebensentwürfe beeinflussen. Noch zu erwähnen wäre das Generationskonzept als eine rein primäre, d. h. letztlich biologisch verursachte Erscheinung, die aber bei dem hier untersuchten Phänomen kaum eine Rolle spielt. Vgl. allgemein Jaeger, Generationen, S. 429–452; Girardet, Du concept de génération, S. 257–270; Brunschwig, Die historischen Generationen, S. 373–385 und Sirinelli, Concept, S. 82–93.

[104] 1870er Jahre: Moeller van den Bruck, Spengler, Spahn.

[105] 1900–1914: Ernst Wilhelm Eschmann, Friedrich Hielscher.

[106] Wilhelm Stapel, Hans Freyer, Carl Schmitt, Ernst Niekisch, Edgar Julius Jung, Ernst und Friedrich Georg Jünger, Hans Zehrer, Leopold Ziegler, Heinrich Brauweiler, Eduard Stadtler, Max Hildebert Boehm, Ferdinand Fried; vgl. Breuer, Anatomie, S. 30f.

[107] Sontheimer hat diesen zentralen Sachverhalt ausführlich analysiert: Sontheimer, Antidemokratisches Denken, S. 93ff.; Breuer, Anatomie, S. 33ff.; vgl. Mohler, Konservative Revolution, Bd. 1, S. 32ff., 278f.

land[108]. Ihre persönlichen Perspektiven unterschieden sich allerdings fundamental: Während in Deutschland in den Jahren von 1900 bis 1915 der größte überhaupt bekannte Geburtenberg verzeichnet wurde, war die demographische Situation in Frankreich durch eine außerordentliche Stabilität gekennzeichnet[109]. Die Konservativen Revolutionäre dieser Altersklasse durchliefen ihre Ausbildung in überfüllten Schulen und Universitäten, um Ende der zwanziger, Anfang der dreißiger Jahre auf einen ebenso überfüllten Arbeitsmarkt zu stoßen. Unter diesen Bedingungen war es außerordentlich schwer, positive Zukunftserwartungen zu entwickeln. Gerade aus diesem Mangel an Perspektiven erwies sich diese „überflüssige Generation" als besonders anfällig für extremistische Gruppierungen wie die Kampfbünde. Sie bildeten die Auffangbecken für die Jugendlichen, die der Sinnleere der Arbeitslosenexistenz zu entrinnen versuchten[110].

Die Nonkonformisten hingegen trafen auf eine für sie verhältnismäßig günstige Konjunktur. Da die Lücken des Krieges noch immer nicht vollständig aufgefüllt waren, gelang es vielen von ihnen, bereits als Berufsanfänger vergleichsweise hohe Stellungen einzunehmen, andere begannen sehr früh ihre publizistische Karriere[111]. Die Gründe für ihr Engagement sind also nicht in der Erfahrung einer persönlichen Perspektivlosigkeit zu suchen, sondern eher in dem Zusammentreffen des geistig-politischen Klimawechsels zu Beginn der dreißiger Jahre mit einer Phase der Neuorientierung zwischen dem Abschluß des Studiums und dem Eintritt in das Berufsleben.

Eine mythische Überhöhung des Kriegserlebnisses wird man in Frankreich auch in der Frontkämpfergeneration vergeblich suchen. Zwar existierte in Frankreich eine Tradition von Kampfbünden, die über autoritäre Organisationsstrukturen verfügten und militärische Tugenden kultivierten. Als politische Agitationsinstrumente richteten sie sich unmittelbar gegen die parlamentarische Demokratie[112]. Aber in keinem Fall knüpften diese Bewegungen in positiver Weise an das Erlebnis des Krieges an. Im Gegenteil, es herrschte in Frankreich ein die politischen Lager übergreifender Konsens darüber, daß ein neuer Krieg um nahezu jeden Preis verhindert werden mußte. Weit verbreitet war die Überzeugung, daß der Krieg eine neue Dimension gewonnen hatte und es somit in einem künftigen Konflikt nur noch Verlierer geben konnte. Angesichts dieser Grundstim-

---

[108] Vgl. Balmand, Jeunes intellectuels, S. 49–64. Blanchot 1907, Blond 1906, Brasillach 1909, Fabrègues 1906, Chevalley 1909, Daniel-Rops 1901, Dupuis 1905, Gibrat 1904, Jardin 1904, Lamour 1903, Marc 1904, Mauban 1907, Maulnier 1909, Maxence 1906, Rougemont 1906, Salleron 1905, Vincent 1909; aus dem Esprit-Kreis: Borne 1907, Izard 1903, Déléage 1904, Galey 1904, Mounier 1905, Simon 1903. Nicht ganz in das Generationsschema passen die Geburtsdaten von Dandieu 1898 und Aron 1897. Letzterer war zudem Offizier im Ersten Weltkrieg.

[109] Im Jahr 1900 wurden in Frankreich 21,3 Neugeborene pro 1 000 gezählt, während es in Deutschland 35,6 waren. 1910 waren es 19,6 zu 29,8, 1930: 18,0 zu 17,6. Zahlen bei Tenfelde, Demographische Aspekte, S. 17f.; vgl. Dupâquier u. a., Histoire, Bd. 3, S. 353.

[110] Vgl. Peukert, Alltagsleben, S. 145ff.; Kater, Generationskonflikt, S. 217–243; Jamin, Zwischen den Klassen.

[111] Rougemont leitete als 24jähriger die literarische Reihe des Verlages Je sers; Daniel-Rops veröffentlichte seine Essaysammlung *Notre inquiétude* mit 25 Jahren, Maulnier seinen Essai *La crise est dans l'homme* mit 23; Dandieu arbeitete bereits als Mittzwanziger zusammen mit Georges Bataille als Bibliothekar an der Pariser Nationalbibliothek, Jean Jardin wurde mit 29 Jahren persönlicher Referent des Direktors der französischen Eisenbahngesellschaft, vgl. Balmand, Jeunes intellectuels, S. 54; Prévost, Rencontres, S. 13; Assouline, Eminence grise, S. 44.

[112] Berstein, La ligue, S. 61–111.

mung waren Pazifismus und Militarismus nur relative Positionen, die je nach politischer Situation von unterschiedlichen Gruppierungen in unterschiedlichen Konstellationen zur Bezeichnung des jeweiligen Gegners gebraucht wurden[113].

Mehr als alle anderen europäischen Länder hat Frankreich unter den Folgen des Krieges gelitten. Nur dort hatte die Zahl der Toten über zehn Prozent der aktiven männlichen Bevölkerung betragen; rund 1,4 Millionen französische Soldaten waren gefallen[114]. Dieser Krieg, der in besonders grausamen Materialschlachten, wie auf den Feldern von Verdun, überwiegend auf französischem Territorium geführt wurde, hatte sich in traumatischer Weise in die kollektive Erinnerung eingegraben[115]. Die Erinnerung daran prägte in besonderem Maße diejenigen Politiker und Intellektuellen, die im zweiten Nachkriegsjahrzehnt Macht und Einfluß erlangt hatten: Die dreißiger Jahre begannen nach einem Wort von Eugen Weber im August 1914[116].

Auch die Nonkonformisten waren von dem Gedanken beherrscht, daß der Frieden ein ebenso bedrohtes wie bewahrenswertes Gut war. Anlaß zu Auseinandersetzungen gab jedoch die Art und Weise, mit der ein neuer Krieg wirksam verhindert werden konnte. Wie in den folgenden Kapiteln gezeigt werden wird, gab es innerhalb der jungen Intellektuellen deutliche Meinungsverschiedenheiten darüber, wie sie ihr Ziel erreichen konnten. Einig waren sie sich jedoch in der radikalen Opposition zum patriotisch-apolitischen Pazifismus, wie er insbesondere von den Frontkämpferverbänden propagiert wurde[117].

Diese Differenzen wurden von den Nonkonformisten zum Generationskonflikt stilisiert. Im Bewußtsein der jungen Intellektuellen bildete die Teilnahme am Krieg das entscheidende Kriterium zur Abgrenzung zweier Generationen. In dem Maße, in dem die Veteranen das Fronterlebnis zu einem gemeinschaftsstiftenden Initiationsritus stilisierten und die Erinnerung daran in kultischer Form zelebrierten[118], wurde den nachfolgenden Altersklassen der Ausschluß von dieser „Weihe" als Defizit vermittelt. Wenn Antoine Prost betont, daß der aufopferungsvolle Einsatz der Frontkämpfer für die Verteidigung ihres Landes ihnen von den nachfolgenden Generationen Hochachtung und Respekt eintrug, so mag das einem Wunschbild entsprechen, aber nicht der Realität[119]. Die Frontkämpfergeneration bildete im Gegenteil geradezu das Feindbild der nonkonformistischen Generation. Die jungen Intellektuellen kehrten den Mythos in sein Gegenteil

---

[113] Vgl. Vaïsse, Pazifismus, S. 590–616; Becker, La Première Guerre mondiale, S. 505–547; Ingram, Politics; Zum Pazifismus der Frontkämpfer Prost, Anciens combattants, Bd. 3, S. 78ff. Vgl. Wirsching, Nationale Geschichte, S. 180ff.

[114] Vgl. dazu die Berechnungen bei Prost, Anciens combattants, Bd. 2, S. 2ff. und Weber, Hollow Years, S. 11.

[115] Diese erfahrungsgeschichtliche Seite des Weltkrieges ist in den siebziger Jahren vor allem von französischer Seite zum Thema der Historiographie gemacht worden, vgl. den Forschungsüberblick bei Wirsching, Nationale Geschichte, S. 175–185. Dazu zählt insbesondere auch das oben zitierte dreibändige Werk von Prost, Anciens combattants.

[116] Weber, Hollow Years, S. 11. Brunschwig stellt fest, daß im Unterschied zu Deutschland ein Generationswechsel in Frankreich erst in den dreißiger Jahren stattgefunden hat, vgl. Brunschwig, Die historischen Generationen, S. 373–385. Dieser Ansatz wird relativiert, aber nicht entkräftet bei Pinol, 1919–1958, S. 296ff., 310.

[117] Vgl. Prost, Anciens combattants, Bd. 3, S. 98ff.

[118] Zu den Kultformen der Frontkämpfer siehe Prost, Anciens combattants, Bd. 3, S. 35ff.

[119] Prost, Jeunesse et société, S. 38.

um. Sie waren beherrscht von der Vorstellung, in einem Land zu leben, das durch den
Krieg bedrohlich geschwächt war und das dringend einer moralischen Erneuerung be-
dürfe[120]. Die großen Lücken, die der Krieg hinterlassen hatte, prägten die heranwach-
sende Generation in entscheidendem Maße. Die Verluste wurden in Frankreich als besonders bedrohlich empfunden, weil das Land ohnehin eine sinkende Geburtenrate auf-
wies. Angesichts des geburtenstarken und bevölkerungsreichen Nachbarn Deutschland
steigerte dies den Eindruck des Niedergangs und der Unterlegenheit[121].

Mit dem Thema des Generationskonfliktes begann die Abrechnung mit dem Nachkriegsjahrzehnt, den Jahren der Stabilisierung und der scheinbaren Ruhe, die nun als
Jahre der Illusion erschienen. Die Kritik entzündete sich an dem Frontkämpfer-Pazifis-
mus als einer vorherrschenden Geistesströmung der zwanziger Jahre. Im Jahr 1938 veröffentlichte der Ordre Nouveau-Mitarbeiter Xavier de Lignac seine Untersuchung über
die Einstellung der französischen Jugend mit dem Titel *La France attend sa jeunesse*. Er
konstatierte eine ausgesprochene Feindschaft zu den großen idealistischen Hoffnungen,
von der die Generation ihrer Väter beseelt war, eine Skepsis gegenüber allen Utopien,
eine Abneigung insbesondere gegen den Liberalismus, der von einem neuen, kämpferi-
schen Realismus abgelöst werden müsse. Interessant ist in diesem Zusammenhang vor
allem seine Definition von Jugend. Die Altersspanne faßte er sehr großzügig: sie reichte
von den 18- bis 33jährigen[122]. Diese hohe Altersgrenze ergab sich in direkter Abgrenzung von der Frontkämpfergeneration: Zu den Jugendlichen zählten alle diejenigen, die
nicht mehr einberufen worden waren[123].

Seit dem Beginn der dreißiger Jahre mehrten sich die Diagnosen eines Wendepunktes,
mit dem die Nachkriegszeit endgültig für abgeschlossen erklärt wurde[124]. Dies gab den
Nonkonformisten die Gelegenheit, mit dem Thema des Generationskonfliktes an die
Öffentlichkeit zu treten. Bei der Suche nach den Vorbildern seiner Altersgruppe stieß
Jean-Pierre Maxence wiederum auf die große Zäsur des Weltkrieges. Er kam zu dem Ergebnis, daß diese entweder gefallen waren, wie Charles Péguy, oder den Krieg gedanklich nicht überwunden hatten, wie Charles Maurras und Maurice Barrès[125]. Diese Sichtweise bestätigte Daniel-Rops. Für ihn war das Lebensgefühl seiner Generation durch
das vollständige Fehlen von unmittelbaren Vorbildern geprägt: „Wenn sich ein oft deutlicher Bruch zwischen zwei unmittelbar benachbarten Generationen abzeichnet, liegt
der eigentliche Grund dafür in dieser Enttäuschung: wir, die wir in unserer Kindheit
keine Vorbilder hatten, erwarteten unbewußt viel von den Älteren, die von der Front zu-
rückkehrten. Wir erwarteten von ihnen schließlich die Erfüllung dieses Bedürfnisses
nach Zuneigung, Unterwerfung, Vertrauen, das jeden Heranwachsenden nährt. Kein
Fürsprecher ist in ihrem Namen zu uns gekommen."[126]

---

[120] Vgl. Winock, Esprit, S. 15f.; Balmand, Les jeunes intellectuels, S. 51ff.; Sirinelli, Khâgneux, S. 43.
[121] Vgl. Dupâquier u. a., Histoire, Bd. 4, S. 78.
[122] Damit schloß sich der Autor, Jahrgang 1909, mit ein.
[123] Lignac, La France attend sa jeunesse, S. XV.
[124] Vgl. Brasillach, La fin de l'après-guerre, in: Candide, H. 389 – H. 393, 1931. Unter anderem beteiligten sich an dieser Untersuchung Thierry Maulnier, Jean-Pierre Maxence und Daniel-Rops.
[125] Maxence, Une génération sans maîtres?, in: RF, H. 6, 1932, S. 878–882.
[126] Daniel-Rops, Années tournantes, S. 191.

Dieses Bedauern über den geistigen Waisenstatus war zugleich ein schwerer Vorwurf an die Adresse der Frontkämpfergeneration. Denn Daniel-Rops ging davon aus, daß die Erfahrung einer solchen Extremsituation, das Ausbrechen aus bürgerlicher Enge, die Leiden und Opfer, der tägliche Einsatz des Lebens und die Allgegenwart des Todes, die Persönlichkeit in besonderer Weise prägen mußte. Dies war seiner Ansicht nach nicht der Fall, kein Veteran taugte zum Führer der Jugend. Der Krieg hatte in seinen Augen nur eine große Lücke hinterlassen. Von hier aus ist es nicht weit zu der Ansicht, daß der Krieg sogar zu einer Art Negativauslese geführt habe. Wenn Thierry Maulnier betonte, die Besten des Landes seien im Kampf für das Vaterland gefallen, so muß man nicht sonderlich spitzfindig sein, um dies als Affront gegen die Überlebenden zu begreifen. Die Sinnlosigkeit des Krieges, wie sie von den Frontkämpfern immer wieder betont wurde, ist in diesen Äußerungen noch um eine Dimension gesteigert: Frankreichs Zukunft war im Krieg begraben worden, die notwendige Erneuerung hatte nicht stattgefunden. Die Nachkriegsgeneration, so forderte Maulnier, mußte nun den Impuls aufgreifen und das Werk der Gefallenen vollenden[127].

Die Kritik an den Frontkämpfern entzündete sich nicht an deren Friedenssehnsucht, sondern an der mangelnden Radikalität, mit der sie ihre Ziele verfolgten. In der Auseinandersetzung kamen die fundamentalen Erschütterungen des Weltkrieges an die Oberfläche. Eine dauerhafte Friedensordnung konnte aus der Sicht der Nonkonformisten nur durch eine radikale Abkehr von den Grundlagen des liberal-kapitalistischen Systems verwirklicht werden. Die Frontkämpfergeneration aber war aus dieser Perspektive zu stark in den Ideen verwurzelt, die den Krieg überhaupt erst ermöglicht hatten.

Jede Beurteilung der Folgen des Weltkrieges muß der ebenso einfachen wie grundlegenden Tatsache Rechnung tragen, daß Deutschland als Verlierer, Frankreich als Sieger aus dem Krieg hervorgegangen ist. Das Fronterlebnis konnte erst durch die Niederlage zum Mythos werden. Mit der Dolchstoßlegende wurde die Verantwortung für die Niederlage den republikanischen Kräften aufgebürdet: sie seien dem deutschen Militär in den Rücken gefallen und trügen die alleinige Schuld an der verfrühten Kapitulation und den Friedensbedingungen, wie sie im Versailler „Diktat" festgelegt worden waren. Soweit gehörte die Dolchstoßlegende zum ideologischen Inventar der Rechten und begründete die Feindschaft zu dem von den Siegermächten „oktroyierten" liberalen System. In den Kreisen der Konservativen Revolution aber wurde diese Rechtfertigungsstrategie mit einem neuen Sinn unterlegt. Die Niederlage wurde zur historischen Notwendigkeit. Erst aus ihr erwachse ein besseres, „geheimes" Deutschland, das in den „Stahlgewittern" des Krieges geboren war. Sie begründete den Mythos von der Nation, deren Wertesystem dem Liberalismus westlicher Prägung diametral entgegengesetzt war. Kurzum: Die Konservative Revolution war eine Verliererideologie[128].

Gerade aufgrund dieser spezifisch politischen Prägung des Fronterlebnisses wird deutlich, warum sich eine vergleichbare Interpretation des Kriegserlebnisses in Deutschland und Frankreich nicht entwickeln konnte – zumindest nicht zu diesem Zeitpunkt. An dieser Stelle möchte ich eine Hypothese formulieren: Auch der Nonkonformismus

---

[127] Maulnier, Les conservateurs, Combat, H. 5, 1936, S. 67f. Weitere Beispiele für die kritische Auseinandersetzung mit den Frontkämpfern bei Touchard, Esprit, S. 97f.
[128] Mohler, Konservative Revolution, Bd. 1, S. 37f.; Kondylis, Konservativismus, S. 470ff.

war eine Ideologie, die in der Vorstellung vom Niedergang der eigenen Nation wurzelte. Er entstand zu einem Zeitpunkt, als die französische Hegemonie auf dem Kontinent in Frage gestellt wurde, als Deutschland wieder zur Großmacht aufstieg, als schließlich auch die innere Schwäche der Dritten Republik deutlich spürbar wurde. Auch er wurzelte in der Vorstellung von einem „anderen", verjüngten Frankreich, das sich gegen das republikanische System auflehnte. Auch die Nonkonformisten traten mit dem Bewußtsein an, eine historische Mission zu erfüllen, indem sie den Liberalismus bekämpften. Das heißt: Der Ansatzpunkt für einen Vergleich ist nicht in den konkreten inhaltlichen Forderungen, sondern in den Argumentationsstrukturen zu suchen. Sie werden erst sichtbar, wenn der Standort der Gruppierungen innerhalb des jeweiligen nationalen Rahmens bestimmt ist.

4. Intellektuellenkultur

In seiner politischen Semantik war der Begriff des Intellektuellen durch die Dreyfus-Affäre geprägt worden und hat die Argumentationsmuster mehrerer Generationen von Intellektuellen bestimmt. Ursprünglich als Schimpfwort auf die Parteigänger des Hauptmanns gemünzt, wurde es von diesen aufgegriffen und positiv umgewertet. Daher haben sich die Bedeutungen des Wortes in einer Reihe antagonistischer Begriffspaare entwickelt, die je nach dem politischen Standort des Benutzers akzentuiert werden konnten. Zwei konkurrierende Wertvorstellungen standen sich gegenüber: Die *Dreyfusards* würdigten den Intellektuellen als einen Verteidiger der universalistischen Prinzipien der Menschen- und Bürgerrechte, deren Gegner hingegen erklärten ihn zum entwurzelten Rationalisten und Verräter der Nation. Für die einen ein idealistischer Verfechter von Wahrheit und Vernunft, war er für die anderen ein realitätsferner Phantast, der die Prägung des Menschen durch Herkunft und Abstammung leugnete. Dem radikalen Laizismus der *Dreyfusards* standen die ebenso radikalen Verfechter des politischen Katholizismus gegenüber[129].

In paradigmatischer Weise, so die These von Michel Winock, standen damit die Konfliktkonstellationen über mehr als ein halbes Jahrhundert hinaus fest. Diese These impliziert, daß in der Dreyfus-Affäre mit der Krise zugleich die Mechanismen zu ihrer Bewältigung eingeübt worden sind und sich Frankreichs politische Kultur seither als relativ resistent gegenüber allen Angriffen auf die Republik erwiesen habe[130]. Inwieweit dies für die dreißiger Jahre zutrifft, wird im Kapitel „Antisemitismus und Antiliberalismus" überprüft.

Die Auseinandersetzung zwischen *Dreyfusards* und *Antidreyfusards* wurde in den Medien ausgetragen; die Parteigänger beider Lager versuchten, durch ihre Intervention die Meinungsbildung zu steuern und auf diese Weise den politischen Entscheidungsprozeß zu beeinflussen. Vor allem aber traten die Intellektuellen im Verlauf der Affäre erstmals durch eine kollektive Intervention hervor. Insofern markierte die Affäre die Ge-

---

[129] Ory/Sirinelli, Les Intellectuels, S. 13ff. Charle, Naissance, S. 54ff.; Bauman, Unerwiderte Liebe, S. 183ff.
[130] Winock, Les Affaires Dreyfus, S. 19–37.

burtsstunde des „Intellektuellen" nicht nur in seiner spezifischen Semantik, sondern auch einer Praxis, die in Frankreich die Intellektuellenkultur maßgeblich bestimmte. Stand der Beginn der Affäre mit dem „J'accuse" von Emile Zola noch in der Tradition des Einzelkämpfers, der die Autorität seiner Persönlichkeit einsetzte, so etablierten sich in der Folge die Formen der kollektiven Intervention: der Petition, die direkt an einen Entscheidungsträger gerichtet war, und des veröffentlichten Manifestes. Ihre Bedeutung wurde durch Anzahl und Rang der unterzeichnenden Intellektuellen und gegebenenfalls durch den Ort der Veröffentlichung bestimmt[131].

Eine ausgeprägte und einflußreiche Presselandschaft bildete die Voraussetzung für die Entfaltung der Intellektuellenkultur. Entscheidend aber war die Expansion des Bildungswesens seit dem Ende des 19. Jahrhunderts. Mit dessen Reform etablierte sich ein neuer Zugang zur Elite der Intellektuellen: Ein akademischer Abschluß war bis dahin keineswegs eine notwendige Voraussetzung, der *homme de lettres* im 19. Jahrhundert hatte verhältnismäßig selten eine Universität besucht. In der Folge der Reform gewann jedoch der Anteil der Akademiker rasch an Gewicht. Professoren und Lehrer setzten sich als die maßgeblichen Berufsgruppen durch, der Status des Intellektuellen wurde immer mehr durch Ausbildung und Beruf definiert. Da die Zahl der einflußreichen politischen Beraterstellen begrenzt blieb, mußte sich die Masse der Akademiker andere Einflußmöglichkeiten suchen. Sie verschaffte sich im expandierenden Zeitschriftenmarkt Gehör. Die Praxis der öffentlichen Intervention konstituierte somit eine Gruppe, die nach Ansicht von Christophe Charle erfolgreich mit den traditionellen bürgerlichen Beamten- und Beraterpositionen konkurrierte, die Pantouflage bekämpfte und meritokratische Prinzipien durchsetzte[132]. Die einzigartige Konzentration von Hochschulen, Medien und politischer Macht in Paris stärkte die Position der Intellektuellen im Ringen mit den traditionellen republikanischen Eliten. Sie förderte zugleich die personellen Verflechtungen zwischen Schulen, Hochschulen, Zeitschriften und Politik[133].

Der Gebrauch des durch die Dreyfus-Affäre geprägten politischen Kampfbegriffes für wissenschaftliche Zwecke ist problematisch. Um der Gefahr einer Parteinahme zu entgehen, wird im folgenden von den inhaltlichen Positionen abstrahiert. Eine solche Verwendungsweise entsprach auch in der Zwischenkriegszeit in zunehmendem Maße der gängigen Praxis. Der „Intellektuelle" entwickelte eine solche Integrationskraft, daß er sich seit Mitte der zwanziger Jahre auch bei der extremen Rechten als Selbstbezeichnung einbürgerte[134]. Gegen die weitere Eingrenzung des Begriffes durch sozioprofessio-

---

[131] Sirinelli, Intellectuels et passions françaises, S. 21ff.
[132] Charle, Naissance, S. 82ff., 229ff.; vgl. Sirinelli, Intellectuels et passions françaises, S. 57ff., 83ff.
[133] Ein Bindeglied zwischen Hochschulen und Zeitschriften war der Philosoph Alain, eigentlich Emile Chartier; vgl. Sirinelli, Alain, S. 272–283. Auf die enge Verflechtung von Hochschulen und Politik rekurriert der Topos der „Republik der Professoren" (Albert Thibaudet). Er gründete sich auf die relativ hohe Zahl von Professoren insbesondere aus der ENS in der Regierung des Linkskartells 1924–1926. Aber er täuscht insofern, als die Intellektuellen weder zu diesem Zeitpunkt noch in den dreißiger Jahren während der Volksfront eine Mehrheit unter den Abgeordneten stellten. Im April/Mai 1936 waren es 10 %, vgl. Sirinelli, Intellectuels et passions françaises, S. 84; Thibaudet, La République des professeurs. Etwas schematisch konstatiert Debray das Überschneiden des *cycle universitaire* (1880–1930) mit dem *cycle éditorial* (1920–1960) in den zwanziger Jahren, vgl. Debray, Le Pouvoir intellectuel, S. 49ff., 73ff.
[134] Sirinelli, Intellectuels et passions françaises, S. 68ff.

nelle Kriterien sprechen vor allem zwei Gründe: Erstens gab es auch nach der Bildungsreform keinen verbindlichen Weg, um als Intellektueller anerkannt zu werden, und zweitens charakterisierte den Intellektuellen gerade das Überschreiten seines fachspezifischen Horizontes. Entscheidend ist vielmehr die Form seines Engagements: Er intervenierte in politischen Fragen mit moralischen Argumenten. Er begründete seinen Standpunkt mit dem Verweis auf etablierte Normen- und Wertesysteme (Menschenrechte, Universalismus, Nationalismus, Katholizismus). Je nach seinem Selbstverständnis als „Priester" oder „Prophet" sah er seine Aufgabe darin, diese zu bewahren oder sie zu verändern[135].

Wie Diez Bering gezeigt hat, wurde die in der Dreyfus-Affäre entwickelte Semantik des Intellektuellenbegriffes auch in Deutschland rezipiert. Allerdings läßt sich die Entwicklung dort eher als „Geschichte eines Schimpfwortes" nachzeichnen; positive Anknüpfungen an den Dreyfusard fehlten weitgehend – auch in der Phase der Weimarer Republik[136]. Selbst in den Kreisen bürgerlicher Humanisten wie Alfred Döblin, Ernst Robert Curtius und Hermann Keyserling überwogen die negativen Konnotationen. Einen entschiedenen Verfechter hatte der Begriff nur in Heinrich Mann gefunden, der in seinem Zola-Essay dem Repräsentanten des republikanischen Intellektuellen ein Denkmal gesetzt hatte[137]. Wenn sich der „Intellektuelle" in Deutschland nicht zu einem positiven Integrationsbegriff entwickeln konnte, so bedeutet dies natürlich nicht, daß es keine Intellektuellenkultur gab. Gerade die zwanziger Jahre waren geprägt von einem florierenden Zeitschriftenmarkt, in dem sich eine bis dahin unbekannte Meinungsvielfalt entwickelte. Es fehlten allerdings die entschiedenen Verfechter des demokratischen Rechtsstaates, wie sie in Frankreich auf der Seite des Hauptmanns Dreyfus gestanden hatten. Eine Streitkultur, die dem Verteidiger republikanischer Ideale einen vergleichbaren symbolischen Rang zumaß, hatte sich in Deutschland nicht entwickelt[138].

In Frankreich lieferten die Aktivitäten der Intellektuellen einen zuverlässigen Indikator für die Intensität der politischen Auseinandersetzungen. Einen Höhepunkt erreichten sie in den dreißiger Jahren, die auch als die „Zeit der Manifeste" bezeichnet werden. Zu keiner anderen Zeit häuften sich die Anlässe zur Intervention so wie in jenen Jahren: der Pazifismus in der Tradition Briands, der Abessinienkrieg, der spanische Bürgerkrieg usw.[139]. Zugleich wurde eine außerordentlich große Zahl neuer Zeitschriften gegründet, in denen meist jüngere Intellektuelle ihre Ideen verbreiteten. Mit der Expansion des Marktes wandelte sich auch der Umgangston: der Typus des militanten Kämpfers trat auf den Plan – ein deutliches Zeichen eines politischen Klimawechsels[140], aber mögli-

---

[135] Vgl. Ory/Sirinelli, Les Intellectuels en France, S. 10; Lepsius, Kritik, S. 270–283.

[136] Bering, Die Intellektuellen.

[137] Damit hatte er den Zorn seines Bruders auf sich gezogen, der sich mit dem Verdikt des „Zivilisationsliteraten" in den *Betrachtungen eines Unpolitischen* rächte. Vgl. allgemein Bering, Die Intellektuellen, S. 263ff.

[138] Vgl. Bering, Die Intellektuellen, S. 308ff. Gangl, Einleitung zu Intellektuellendiskurse, S. 9–11; Eßbach, Einleitung zu Intellektuellendiskurse, S. 15–17; vgl. Ringer, Fields, S. 70ff., und ders., Die Gelehrten, S. 15f.; ders., Rezension von Christian Simon, S. 103f.; ähnlich Charle, Naissance, S. 230.

[139] Sirinelli, Intellectuels et passions françaises, S. 83 ff.; Racine-Furlaud, Bataille, S. 223–238.

[140] Vgl. Picciola, La vie des revues, S. 139ff.

cherweise auch eine Reaktion auf den härteren Verdrängungswettbewerb in der Zeit-
schriftenbranche.

In besonderer Weise haben die Nonkonformisten dazu beigetragen, das Bild eines
neuen, engagierten Intellektuellen zu prägen. Ihr Standort im Koordinatensystem der
französischen Intellektuellenkultur läßt sich exemplarisch an ihrer Haltung zu zwei Persönlichkeiten bestimmen: Charles Péguy und Julien Benda. Die Verehrung für den ersten und die Kritik an letzterem charakterisieren den gemeinsamen Ausgangspunkt der
jungen Intellektuellen. Benda war 1927 mit seinem Werk *La trahison des clercs* als kom-
promißloser Ankläger der Intellektuellen, die sich von politischen Leidenschaften hin-
reißen lassen, aufgetreten. Seine Kritik richtete sich gegen die zunehmende Politisierung
der Öffentlichkeit durch diejenigen, die nach seiner Ansicht eigentlich die Verteidiger
der „reinen Wahrheit" sein sollten. Immer mehr Intellektuelle machten sich Benda zufolge aus Furcht oder aus Bequemlichkeit zu Fürsprechern von Parteiinteressen. Statt
sich auf die allgemeinen und abstrakten Werte der Menschlichkeit, auf Freiheit, Recht
und Vernunft, zu berufen, ließen sie sich von Stimmungen und Vorurteilen leiten. Besonders hart ging Benda mit dem „clerc nationaliste" ins Gericht, der die Nation über
die Freiheit des einzelnen und die Macht über das Recht stellte. Ausgehend vom deutschen Idealismus, über Schlegel, Fichte und Schelling, war dieses Gedankengut im Zuge
der Dreyfus-Affäre auch in Frankreich eingedrungen und hatte Benda zufolge *clercs* wie
Barrès, Maurras und Massis in die Niederungen der politischen Arena getrieben[141].

Mit diesem mahnenden Plädoyer für den Intellektuellen, der sich von der Welt der Politik fernhält (*clerc désintéressé*), hatte sich Benda zum Lieblingsfeind der Nonkonformisten gemacht. In ihren Augen repräsentierte er den Typus des bürgerlichen Intellektuellen, wie ihn die Dreyfus-Affäre hervorgebracht hatte. Die Jeune Droite, die zu ihren
Vorbildern die von Benda attackierten nationalistischen Intellektuellen zählte, griff in
ihrer Verteidigung auf die Stereotype der Antidreyfusards zurück. Für Jean de Fabrègues war Bendas Position nichts anderes als der „ewige Irrtum" des Idealismus, der
durch den Rückzug in die abstrakte Welt der Ideen den Kontakt zur Realität verloren
habe. Dem gläubigen Katholiken Benda warf er vor, sich mit dieser Haltung vom Christentum entfernt zu haben[142]. Nach Ansicht von Fabrègues bedeutete das Bekenntnis
zum Katholizismus die Verpflichtung zum politischen Engagement, und zwar gegen alle
Prinzipien, „die dem christlichen Menschenbild diametral engegengesetzt waren: Materialismus, Determinismus und die Taten der ‚Gottlosen'"[143]. Im Unterschied zu Benda
waren für ihn Katholizismus und Republikanismus unvereinbar. Eine liberal-demokra-
tische Ordnung widersprach seiner Auffassung nach fundamental der katholischen
Lehre. Die „natürlichen", gewachsenen Autoritäten, „Familie, Beruf und Vaterland",
sah Fabrègues bedroht durch die republikanischen Ideale, wie sie Benda propagierte[144].
In die gleiche Richtung zielte die Kritik Thierry Maulniers, jedoch fehlten bei ihm die
Anklänge eines politischen Katholizismus. Er attackierte das „rein abstrakte Denken"
der Schriftsteller des Nachkriegsjahrzehnts und betonte gerade angesichts der Krise die

---

[141] Benda, La trahison des clercs, S. 55f.
[142] Fabrègues, Julien Benda, L'Ordre et Dieu, in: Réaction, H. 5, 1931, S. 21–24, hier S. 24.
[143] Fabrègues, Nécessité de s'engager, in: Revue du XXe siècle, H. 1, 1934, S. 38–40, Zitat S. 38.
[144] Fabrègues, Capital et Capitalisme, in: Réaction, H. 10, 1932, S. 1–6, Zitat S. 5.

moralische Pflicht zum politischen Engagement: „[…] die Literatur läßt sich kaum noch von der militanten Politik trennen".[145]

Ähnliche Attacken auf den Repräsentanten bürgerlich-humanistischer Werte kamen vom Ordre Nouveau. Der „Intellektuelle, der keinen Verrat übt"[146], wurde zum Inbegriff des weltfremden Idealisten, der seine Zuflucht im längst vergangenen System des aufklärerischen Rationalismus suchte. Für Aron und Dandieu war der außerordentliche Erfolg eines Benda geradezu symptomatisch für die gegenwärtige Situation Frankreichs. Sie kehrten seinen Vorwurf des Verrats um und bezichtigten gerade die Verteidiger von Vernunft, Wahrheit und Menschenrechten, am Niedergang des eigenen Landes schuld zu sein: „Die Flucht vor dem Konkreten, das ist der schreckliche Verrat der Intellektuellen, dessen idealistische Schwäche Frankreich und die Welt bedroht."[147] An seine Stelle trat der engagierte Intellektuelle (clerc engagé), der sich seiner politischen Verantwortung bewußt war und seine Ideen in die Tat umsetzte. Die von den Nonkonformisten diagnostizierte Krise erforderte radikale Lösungen: „Dem Realismus, der Gewalt, der Autorität, dem Risiko, der Originalität, der Vorstellungskraft, dem Stil wieder Wert verleihen – Tugenden, die durch den bürgerlichen Pseudoliberalismus aufgeweicht oder pervertiert wurden."[148]

Ein Vorbild des engagierten Intellektuellen, der die Verstrickung in die Politik nicht scheute, hatten die Nonkonformisten in dem Schriftsteller Péguy gefunden. Die Vermutung liegt nahe, daß Péguy die Verehrung, die er in den Kreisen der nonkonformistischen Generation genoß, zum Teil seinem frühen Tod an der Front 1914 verdankte. Bereits zu Beginn der dreißiger Jahre setzte eine intensive Beschäftigung mit dem Schriftsteller ein. Jean-Pierre Maxence veröffentlichte 1931 einen Essay mit dem Titel *Péguy et l'événement*, im selben Jahr erschien *La pensée de Charles Péguy*, verfaßt von den Gründern des Esprit-Kreises Georges Izard und Emmanuel Mounier in Zusammenarbeit mit Marcel Péguy, dem Sohn des Schriftstellers, und schließlich folgte 1933 das Werk von Daniel-Rops[149]. Deutlich später, während des Zweiten Weltkrieges, verfaßte auch Alexandre Marc ein Werk über Péguy (1941). Dies war das Resultat einer langjährigen Beschäftigung mit dem Autor, dessen Werk er bereits Ende der zwanziger Jahre entdeckte[150]. Über die gemeinsame Sympathie für Péguy ergaben sich auch Kontakte zwischen dem Esprit-Kreis und der Jeune Droite. Auf den Sitzungen der von Charles Péguy ge-

---

145 Maulnier, La crise est dans l'homme, S. 15.

146 Daniel-Rops/Rougemont, Spirituel d'abord, in: Ordre Nouveau (ON), H. 3, 1933, S. 13–17, Zitat S. 16.

147 Aron/Dandieu, Décadence de la nation française, S. 73.

148 Rougemont, Penser avec les mains, in: Union pour la vérité, H. 5–6, 1937, S. 241–244, Zitat S. 243.

149 Maxence, Péguy et l'événement, in: Cahiers de la Quinzaine, H. 21, 1931, S. 9–35; Mounier/Izard/M. Péguy, La pensée de Charles Péguy; Daniel-Rops, Péguy.

150 Dies bestätigte mir Marc in einem Gespräch am 4. 12. 1994; vgl. auch ders., Tradition renouée, in: ON, H. 8, 1934, S. 1–6; demnächst dazu die Arbeit von Baird über Marc, die sich unter anderem auf die Auswertung seines Tagebuches stützt. Mehrere Mitarbeiter vom Ordre Nouveau, Dandieu, Aron, Ollivier, verkehrten zudem im Salon von Daniel Halévy, der ein enger Freund von Péguy war, vgl. Aron, Charles de Gaulle, S. 40ff.

gründeten und von seinem Sohn Marcel wiederaufgelegten *Cahiers de la Quinzaine* trafen sich unter anderem Mounier, Izard, Fabrègues und Maxence[151].

Als Kritiker der reinen Vernunft und Anwalt des Antiintellektualismus verkörperte Péguy den Typus des Anti-Benda[152]. Er eignete sich vor allem deshalb als Identifikationsfigur, weil er – inspiriert von Bergsonscher Lebensphilosophie – das Charisma und die Dynamik der Jugend ausstrahlte. Er verzichtete auf den Standpunkt des überlegenen Beobachters, beanspruchte das Recht auf Irrtum und engagierte sich in verschiedenen politischen Lagern. Als Sozialist setzte er sich in der Dreyfus-Affäre für die Rechte des Hauptmanns ein. Unter dem Eindruck der Marokkokrise orientierte er sich zunehmend an nationalistischen Positionen und avancierte zu einer Leitfigur der neothomistischen Erneuerungsbewegung, dem *Renouveau catholique*. Mit der Hinwendung zu einem mystischen Traditionalismus geriet er immer deutlicher in Gegensatz zu den Verfechtern republikanischer Ideale[153]. Péguys katholische Zivilisationskritik und seine charismatische Persönlichkeit zogen die Nonkonformisten in den Bann: Sie verehrten ihn als Führer und Propheten, sie suchten bei ihm die Antworten auf die Probleme ihrer eigenen Epoche: „Es scheint, daß zwischen unserer Situation und der, in der er gelebt hat, äußerst viele Gemeinsamkeiten bestehen! Ist er nicht eines der besten, vielleicht eines der letzten Beispiele für einen Schriftsteller, der Mensch geblieben ist, der nicht versucht, eine entwurzelte Mystik, sondern den Menschen, der er ist, und die Menschen, denen er begegnet, und die Ereignisse, die seine tägliche Aufgabe bestimmen, zu durchdringen."[154]

Sichtbarer Ausdruck dieses neuen Verständnisses von intellektuellem Engagement waren die zahlreichen Zeitschriften, die von den Nonkonformisten gegründet wurden: *Les Cahiers* (1928–1931) von Maxence, *Réaction* (1930–1932) von Fabrègues, *Plans* (1931–1933) von Lamour, *Mouvements* (1932–1933) von Lapie, *Esprit* (1932–1941) von Mounier, *Ordre Nouveau* (1933–1937/38) von Aron, Marc u. a., *Homme nouveau* (1934–1937/38) von Roditi, *Lutte des Jeunes* (1934) von Bertrand de Jouvenel, *Revue du siècle* (1933–1934), *Revue du XXᵉ siècle* (1934–1935) von Fabrègues, *Combat* (1936–1939) von Fabrègues und Maulnier. Die Auflagen dieser Zeitschriften waren gering, sie reichten von 1000 bis zu 5000 Exemplaren. Eine wesentlich größere Breitenwirkung erreichten die Nonkonformisten allerdings über die Mitarbeit in benachbarten Organen und durch die Veröffentlichung ihrer Werke, deren Auflagen mitunter dreißigtausend Exemplare überstiegen[155].

Die Redaktionsstuben fungierten als Kommunikationszentren und Versammlungsorte. Sie garantierten den Zusammenhalt der Kreise, ohne daß es einer festen Organisa-

---

[151] Vgl. Briefe Jean Chauvys an Denis de Rougemont vom 11. 2. [1933] und 11. 3. [1933], Archives Denis de Rougemont, Neuchâtel, Correspondance.

[152] Balmand, L'anti-intellectualisme, S. 35ff.; vgl. Winock, Esprit, S. 21.

[153] Cohen, Piety and Politics, S. 250ff.; Leroy, Péguy.

[154] Maxence, Péguy, S. 34; vgl. Daniel-Rops, Péguy, S. 25f.; Mounier, Vorwort zu La pensée de Charles Péguy, Wiederabdruck in Mounier, Œuvres, Bd. 1, S. 13–15; Fabrègues, Péguy, Prophète et Guide, Revue du siècle, H. 6, 1933, S. 55–59.

[155] *Eléments de notre destin* (1934) von Daniel-Rops erreichte eine Auflage von 35 000 Exemplaren, *La Révolution nécessaire* (1933) von Aron und Dandieu wurde siebenmal aufgelegt, *Jeune Europe* von Dupuis und Marc wurde von der Académie française ausgezeichnet; Lipiansky, Ordre Nouveau, S. 90. Für seinen *Nietzsche* (1933) erhielt Maulnier den *Grand prix de la critique*.

tion bedurfte. Finanziell waren die Zeitschriften häufig ein Verlustunternehmen, im besten Fall brachte der Verkaufserlös die Produktionskosten wieder ein. Honorare wurden niemals gezahlt, eher mußten die Redakteure noch selbst Geld beisteuern. Die Arbeit verlangte also ein hohes Maß an Einsatz, zumal die Redakteure ihren Lebensunterhalt anderweitig verdienen mußten. Trotz dieser materiellen Schwierigkeiten garantierten die eigenen Zeitschriften die Unabhängigkeit von den Gesetzen des Marktes und damit des heftig bekämpften Kapitalismus. In einer Zeit, in der der Journalismus zunehmend professionalisiert und die Zeitung zu einem Massenmedium wurde, war diese Haltung der Ausdruck einer verweigerten Anpassung[156]. In dieser Organisationsform ähnelten die Nonkonformisten stark der Konservativen Revolution. Auch in Deutschland handelte es sich meist um kleine literarische Zirkel, elitäre Kreise, Redaktionen von Zeitschriften und Gefolgschaften einiger charismatischer Persönlichkeiten[157].

Dennoch wäre es verfehlt, diese Gruppierungen beiderseits des Rheins als isolierte Intellektuellenzirkel zu betrachten. Die Konservativen Revolutionäre verfügten vielmehr über ein Netzwerk von persönlichen Verbindungen zu einflußreichen Vertretern von Industrie und Politik. Nur einige Beispiele seien hier genannt: Der Juniklub um Moeller van den Bruck besaß sehr gute Verbindungen zu Alfred Hugenberg, der die Gruppierung auch finanziell unterstützte[158]. Der Tatkreis stand in engem Kontakt zum Reichswehrminister Schleicher und unterstützte dessen Pläne einer „nationalen Volksfront"[159]. Die Umstände des Aufstiegs von Carl Schmitt zum „Kronjuristen des Dritten Reiches" sind in einer jüngst erschienenen Untersuchung rekonstruiert worden[160]. Einen Einblick in die zahlreichen Querverbindungen der Konservativen Revolution gibt der bibliographische Anhang in Mohlers Handbuch[161]. Diese Verflechtungen zwischen den Intellektuellenzirkeln und der Politik sind ein zentraler Bestandteil des Phänomens. Sie erklären auch, warum der Schwerpunkt der Konservativen Revolution in der Hauptstadt Berlin lag: hier war die Nähe zur Macht am größten.

Auch die Aktivitäten der Nonkonformisten beschränkten sich keineswegs auf die Publizistik. Sie waren vielmehr von dem Gedanken beherrscht, ihre Ideen auch in die Tat umzusetzen. Bei ihrer Suche nach Verbündeten knüpften sie Kontakte zu Unternehmerverbänden, Gewerkschaften, Ligen und politischen Gruppierungen. Diese zahlreichen Querverbindungen sind bisher weitgehend unbeachtet geblieben. Daher wird die Rekonstruktion dieser Beziehungen und des Kommunikationsnetzes in den folgenden Kapiteln eine wichtige Rolle spielen. Sie soll die Frage klären, wie weit der Einfluß der französischen Intellektuellen über den Rahmen ihrer Zeitschriften und Werke hinausging.

---

156 Vgl. Chevalley/Glady [Marc], La mort des partis, in: ON, H. 4, 1933, S. 19–27; Aron, L'écrivain et l'argent, in: Esprit, H. 13, 1933, S. 68–71.
157 Vgl. Mohler, Konservative Revolution, Bd. 1, S. 59f.
158 Mohler, Konservative Revolution, Bd. 1, S. 60f.
159 Sontheimer, Tatkreis, S. 229ff.; Fritzsche, Politische Romantik, S. 277ff.
160 Koenen, Der Fall Carl Schmitt.
161 Mohler, Konservative Revolution, Bd. 1, S. 173ff.

5. Zusammenfassung

Bereits der Überblick über den zeitlichen Verlauf der Krisen zeigt die Problematik, einen Vergleich der beiden Phänomene in Deutschland und Frankreich auf die frühen dreißiger Jahre zu konzentrieren. In Deutschland geriete damit nur die Spätphase der Konservativen Revolution ins Blickfeld, während in Frankreich die eigentliche Welle des Protestes noch bevorstehen würde. Zu einer Zeit, als die Gruppierungen und Zirkel östlich des Rheins bereits die Fundamente der politischen Kultur der Weimarer Republik erschütterten, waren die Kreise westlich des Rheins erst im Aufbau begriffen. Somit erscheint es wenig sinnvoll, die Gruppierungen einander unmittelbar gegenüberzustellen.

Vielmehr lohnt es sich, Konservative Revolution und Nonkonformismus in ihren spezifischen Entstehungs- und Rahmenbedingungen näher zu betrachten. Die soziale Zusammensetzung beider Kreise ähnelt sich in vielerlei Hinsicht. Die Protagonisten entstammten großteils derselben bürgerlichen Schicht. Unter den Nonkonformisten gab es – infolge des elitären Ausbildungssystems – eine besonders hohe Zahl von Angehörigen des Bildungsbürgertums und der freien Berufe.

In beiden Ländern gab die Großstadtkultur entscheidende Impulse für die Entstehung der Gruppierungen. Viele der Konservativen Revolutionäre und Nonkonformisten kamen erst zum Studium in die Metropolen. Hier hatten sie Gelegenheit, neue Kontakte zu knüpfen und mit Gleichgesinnten in Verbindung zu treten. Dies erklärt, warum die meisten Zirkel während und unmittelbar nach dem Studienjahren entstanden. Zudem waren gerade die Großstädte Brennpunkte der sozialen und politischen Konflikte, die in jenen Jahren kulminierten. Das Fehlen einer klaren Organisationsstruktur mit festen Regeln ist charakteristisch für die Gruppierungen beiderseits des Rheins. Es handelte sich in der Mehrzahl um informelle Zirkel, die sich häufig um einen Freundeskreis oder eine charismatische Persönlichkeit herum bildeten. Die Redaktionen kleinerer Zeitschriften wurden zu fruchtbaren Diskussionszentren sowohl der Konservativen Revolution als auch der Nonkonformisten.

Beiderseits des Rheins gehörten die Revolutionäre zur Minderheit derjenigen, die ein Studium, und zwar vorzugsweise im geisteswissenschaftlichen Bereich, absolviert hatten. Humanistische Bildungsideale waren das Standardrepertoire der bildungsbürgerlichen Sozialisation, die ein Großteil der Protagonisten durchlebte. Sie waren geprägt von dem Bewußtsein, mit dem Erwerb zweckfreien Wissens einem elitären Kreis anzugehören. Dahinter stand der mehr oder weniger deutlich artikulierte Anspruch, eine entsprechende Position im gesellschaftlichen Leben einzunehmen. Problematisch wurde dies in dem Moment, wo die Ausbildung nicht mehr einen entsprechenden Status im Berufsleben und damit in der Gesellschaft garantierte, oder ein einschneidendes Erlebnis wie der Weltkrieg eine Rückkehr in die bürgerliche Gesellschaft erschwerte. Dies war in Deutschland bei der Frontkämpfergeneration und der nachfolgenden sogenannten „überflüssigen Generation" der Fall. Ihre Lebensentwürfe waren besonders häufig vom Scheitern bedroht. Dadurch bildeten sie ein gefährliches Protestpotential und den Nährboden für extremistische Bewegungen aller Richtungen. Besonders bedrohlich wurde die Situation durch die geburtenstarken Jahrgänge, die seit dem Ende der zwanziger Jahre auf den Arbeitsmarkt drängten.

Anders in Frankreich. Die Nonkonformisten gehörten nahezu ausschließlich zur Generation derjenigen, die den Krieg nicht mehr an der Front hatten erleben müssen. Im Unterschied zu Deutschland gab es in dieser Altersklasse in Frankreich keinen Geburtenüberschuß. Der Kampf um Arbeit und Brot hatte für sie daher nicht dieselben existentiellen Ausmaße wie in Deutschland, auch wenn Frankreich Anfang der dreißiger Jahre in den Sog der Weltwirtschaftskrise gerissen wurde. Die soziale Not war durchaus präsent, doch nicht in der bedrohlichen Weise wie beim Nachbarn östlich des Rheins.

Die Erfahrungshorizonte Konservativer Revolutionäre in Deutschland und der Nonkonformisten wichen also in diesem Punkt deutlich voneinander ab. Auch im Erlebnis des Krieges zeigen sich erhebliche Differenzen. Ein Großteil der Konservativen Revolutionäre entstammte der Frontkämpfergeneration und stilisierte nachträglich den verlorenen Krieg zur Geburtsstunde des neuen Nationalismus. In Frankreich fehlte ein solcher Mythos vollständig. Aus einem einfachen Grund: Das Land war als Sieger daraus hervorgegangen, allerdings als ein geschwächter Sieger. Auf Frankreichs Boden waren die schwersten Schlachten geschlagen worden, und die Verluste hatten in dem Land besonders große Lücken hinterlassen. Nahezu einhellig äußerten alle Kreise in Politik und Gesellschaft die Auffassung, daß sich ein solcher Krieg niemals wiederholen dürfe, da er die Lebenskraft des französischen Volkes bedrohte. Diese Haltung klingt auch in sämtlichen Stellungnahmen der Nonkonformisten an. Eine mythische Überhöhung des Krieges als Sinnbild einer neuen Gemeinschaft war daher ausgeschlossen. Vielmehr artikulierten die Nonkonformisten eine vehemente Kritik an den Überlebenden der Frontkämpfergeneration. Die Toten wurden zu heroischen Opfern des Sieges über das feindliche Deutschland stilisiert. Den Überlebenden hingegen unterstellte man Feigheit und Schwäche. Sie wurden verantwortlich gemacht für Stagnation und Krise.

In dieser Aufarbeitung des Kriegserlebnisses unterscheiden sich Konservative Revolution und Nonkonformisten erheblich. Übereinstimmungen ergeben sich jedoch in der Stoßrichtung der Kritik: Auf beiden Seiten des Rheins richtete sich die Argumentation gegen die bestehende Ordnung. Und in beiden Staaten äußerte sich der Protest als Generationenkonflikt mit all seinen Implikationen von Jugend, Dynamik und antibürgerlichen Ressentiments. Immer stand dahinter der Wunsch nach Aufbruch, nach Veränderung und Überwindung der gesellschaftlichen und politischen Verhältnisse.

Stärker als in Deutschland fanden die Konservativen Revolutionäre in Frankreich ihren politischen Standort in den Auseinandersetzungen der Intellektuellen, die seit der Dreyfus-Affäre mit spezifischen Argumentationsmustern die öffentliche Diskussion bestimmten. Der Typus des Intellektuellen existierte ebenfalls in Deutschland. Gerade für die Weimarer Republik sind die Vielfalt der geistigen Strömungen und die lebhaften Konfrontationen charakteristisch. Auch die Art der Intervention, individuell oder kollektiv in politischen Fragen mit moralischen Argumenten einzugreifen, unterschied sich nicht von der in Frankreich geläufigen Praxis. Es fehlte jedoch eine vergleichbare integrative Kraft des Begriffes Intellektueller, wie sie für einen politischen Kampfbegriff notwendig ist. In Frankreich haben sich im Zuge der Dreyfus-Affäre Weltanschauungs- und Wertesysteme herausgebildet, die in den Debatten seither präsent waren. Die Konfrontation zwischen dem Typus des liberalen Intellektuellen und des integralen Nationalisten bestimmte bis in die Zwischenkriegszeit hinein die Debatten. Benda und Péguy waren die beiden Pole, an denen sich die Auseinandersetzung innerhalb der Nonkonformisten entzündete. Gemeinsam war der Konservativen Revolution und den Nonkonformisten die Kombination von antiliberalem Denken und globaler Zivilisationskritik. Mit dieser Haltung schlugen sich die Gruppierungen auf die Seite der Gegner der Republik. Der Jugendmythos bot das geeignete rhetorische Instrumentarium, um die Gegner des republikanischen Systems zu mobilisieren.

II. Aufbruch und Annäherung: 1930 bis 1933

1. Die Anfänge der Jeune Droite

Die Krise der Action française

Sämtliche Mitarbeiter der Jeune Droite stammten aus dem monarchistischen Milieu. Sie waren geprägt durch das Gedankengut des integralen Nationalismus und hatten sich spätestens während ihres Studiums aktiv in der Bewegung engagiert. Zugleich aber ist das Entstehen der Jeune Droite das Resultat einer kritischen Auseinandersetzung mit der Action française, und sie ist deshalb eng mit der Krise der Bewegung verbunden. Um zu ihrer eigenen Position zu gelangen, mußten sich die jungen Intellektuellen mehr oder weniger deutlich von Maurras distanzieren. Für einige war dies nur durch einen offenen Bruch möglich: dazu gehörte der Kreis von *Réaction*, der sich 1930 unter der Führung von Jean de Fabrègues konstituierte. Andere wiederum haben erst spät oder gar nicht mit Maurras gebrochen: Brasillach entwickelte sich erst unter dem Eindruck der Ereignisse von 1936 zum radikalen politischen Journalisten und wich durch seine Sympathie für das Dritte Reich von der germanophoben Haltung der Monarchisten ab. Auch Thierry Maulnier entfernte sich spätestens seit 1936 deutlich von der Action française, ohne es jedoch zu einem offenen Konflikt kommen zu lassen[1].

Die Action française war weit mehr als nur eine gegenrevolutionäre Bewegung. Sie prägte vielmehr nahezu die gesamte extreme Rechte in Frankreich im ersten Drittel des zwanzigsten Jahrhunderts maßgeblich. Sie lieferte nicht nur für eine Vielzahl von Bewegungen den geistigen Nährboden, sondern bestimmte auch die Formen des politischen Kampfes auf der Straße. Sie bildete gewissermaßen die „Matrix" aller Bewegungen der extremen Rechten in Frankreich[2]. Dabei vereinigte sie scheinbar Gegensätzliches: Das hohe intellektuelle Niveau ihrer führenden Mitarbeiter hinderte sie nicht an niederträchtigen Angriffen auf ihre Feinde. Aus ihrem Umkreis stammten bedeutende Schriftsteller, Historiker und Essayisten; ihre Tageszeitung verfügte über eines der besten literarischen Feuilletons, gleichzeitig trieb die Action française mit ihren Verleumdungskampagnen Menschen in Ruin und Selbstmord, sie kommandierte Schlägertrupps, die ihre Gegner brutal terrorisierten[3].

Der Doktrin des integralen Nationalismus hafteten deutlich die Spuren ihrer Herkunft aus der Dreyfus-Affäre an: Das Revanchebedürfnis gegenüber dem deutschen Kaiserreich und eine gegenrevolutionäre Verschwörungstheorie bildeten den Kern der von chauvinistischen Ressentiments inspirierten Ideologie. Im Gegensatz zum jakobinischen Nationalismus fehlte ihr weitgehend das missionarische Element. Nur die Restauration der Monarchie konnte die Einheit der Nation wiederherstellen. Ins Visier der Kritik gerieten daher vor allem die vier Gruppen, die sich nach Ansicht der Action française zusammengetan hatten, um diese Einheit von innen heraus zu „zersetzen": Freimaurer,

---

[1] Zu Brasillach und Maulnier vgl. Sérant, Dissidents, S. 169ff., 211ff.
[2] Vgl. Weber, Action française, S. 533f.
[3] Ebenda, S. VII.

Einwanderer, Protestanten und Juden. Aus der Sicht der Monarchisten stachelten sie das Volk zum Klassenkampf auf, sie waren die Drahtzieher der Dreyfus-Affäre, sie trugen die Verantwortung für die Niederlage von 1871. Vor allem aber hatten sie in der Französischen Revolution die Monarchie gestürzt und saßen seitdem an den Schaltstellen der Macht[4].

Der Haß der Action française auf die republikanische Ideologie hatte anfangs entschieden dynamisch-revolutionäre Züge: unablässig predigte sie den Staatsstreich als oberstes Ziel. In der radikalen Feindschaft zur Dritten Republik bahnte sich für kurze Zeit sogar eine Öffnung zur extremen Linken an. Kurz vor dem Krieg trafen sich im Proudhon-Kreis (1912–14) die integralen Nationalisten unter der Leitung des AF-Wirtschaftsredakteurs Georges Valois mit Vertretern des revolutionären Syndikalismus, angeführt von Edouard Berth, einem Schüler Georges Sorels[5].

Mit dem Weltkrieg jedoch traten die in der Ideologie angelegten defensiv-reaktionären Elemente immer stärker hervor. In der Unterstützung der Union sacrée hatten die Monarchisten ihre kompromißlos antirepublikanische Position zugunsten der nationalen Verteidigung aufgegeben. Deutlich büßte die Action française von ihrer Dynamik ein und näherte sich dem Lager der traditionellen Rechten an. Diesem Kurswechsel blieb sie auch nach dem Kriegsende treu. Maurras unterstützte die entschieden antideutsche Politik des Nationalen Blocks und konzentrierte seine Attacken auf die linken Pazifisten. Mit dieser Annäherung an die parlamentarische Rechte rückte die monarchistische Restauration in weite Ferne. Die rhetorischen Ausfälle gegen die Republik standen in auffälligem Gegensatz zur attentistischen Haltung der Monarchisten[6].

Dennoch blieb die Action française bis 1926 die weitgehend unangefochtene Repräsentantin des gegenrevolutionären Lagers und konnte im Kampf gegen die laizistische Republik auf die Sympathie der katholischen Kirche zählen[7]. Mitte der zwanziger Jahre, als ein großer Teil der Jeune Droite die Vorbereitungsklassen und die Hochschulen des Quartier Latin besuchte, verfügte die Action française über die bestorganisierte Studentenschaft nicht nur innerhalb extremen Rechten, sondern aller politischen Gruppierungen. Neben Schüler- und Studentenorganisationen an nahezu allen Fakultäten besaßen die Monarchisten eine eigene Zeitschrift, den *Etudiant français,* und sogar ein eigenes Institut, bei dessen Vortragsveranstaltungen Leitfiguren wie Bernanos, Daudet, Massis und Maurras selbst auftraten. Mit den Kampagnen gegen die Professoren Georges Scelle und Paul Langevin sowie gegen die dem Parti Radical[8] nahestehende Studentenorganisation erreichte die Action française in den Jahren 1925–1926 den Höhepunkt ihres Einflusses im Quartier[9].

---

[4] Die umfassendste Darstellung der Ideologie findet sich immer noch bei Nolte, Faschismus, S. 141ff.

[5] Zum Proudhon-Kreis vgl. Douglas, From Fascism, S. 28–33 und Mazgaj, Action Française, S. 170–193.

[6] Weber, Action française, S. 150f.; Sérant, Dissidents, S. 275ff.

[7] Weber, Action française, S. 219.

[8] Anders als der Name vermuten läßt, handelte es sich um die Partei der Kleinbürger. Radikal war sie in ihrem Bekenntnis zum Republikanismus.

[9] Vgl. Sirinelli, Action française, S. 9ff.

Das Beharren von Maurras auf dem Primat der nationalen Politik, seine Verwurzelung in der Kultur der heidnischen Antike und sein Hang zu deutlicher Polemik verleiteten ihn zu antirömischen Attacken, die schließlich den Bruch mit der Kirche zur Folge hatten. Mit der päpstlichen Indizierung der *Action française* im Dezember 1926 begann der Niedergang der Monarchisten. Der Rückgang der Sympathisanten machte deutlich, wie stark die Bewegung im traditionellen katholischen Milieu verankert war. Ein Blick auf die soziale Zusammensetzung der Action française liefert Eugen Weber zufolge bis in die dreißiger Jahre hinein „ein weitgehend perfektes Portrait einer vorindustriellen Gesellschaft"[10]. Dies verdeutlicht schon der hohe Anteil von Adligen von rund 20 Prozent. Den größten Teil der Aktivisten bildeten akademische Honoratioren (ca. 38 Prozent), Militärs (ca. 17 Prozent), Handwerker und kleine Geschäftsleute (ca. 19 Prozent), während Vertreter moderner Berufsgruppen, Großindustrielle, Ingenieure und Angestellte, stark unterrepräsentiert waren[11].

Zwischen 1925 und 1928 hat die *Action française* nahezu die Hälfte ihrer Leser verloren[12]. Dabei machten den Monarchisten nicht so sehr die Austritte zu schaffen als vielmehr der fehlende Zustrom jüngerer Mitglieder. Ein Indikator für die schwindende Integrationskraft der Action française war der Aufstieg von zwei rechtsextremen Bewegungen Mitte der zwanziger Jahre. Die Jeunesses Patriotes und der Faisceau, die während der Regierung des Linkskartells gegründet wurden, entwickelten sich bald zu einer ernstzunehmenden Konkurrenz der Maurrassianer. Obwohl diese Bewegungen viele junge Aktivisten von der Action française abwarben, bildeten sie nicht einfach eine Neuauflage der monarchistischen Bewegung. Stärker als diese betonten sie die dynamischen Elemente der extremen Rechten. Jeunesses Patriotes und Faisceau repräsentierten in verstärktem Maß die Schichten der modernen Industriegesellschaft und insbesondere der neuen städtischen Eliten. Nach der Einschätzung von Klaus-Jürgen Müller kennzeichnet diese Bewegungen ein radikaler Modernisierungswille, wie er der Action française fremd war. Die Jeunesses Patriotes waren seiner Einschätzung zufolge vornehmlich eine Protestbewegung der konservativen Rechten, der Faisceau repräsentierte hingegen stärker den politischen Extremismus moderner Schichten aus dem kaufmännisch-industriellen Sektor[13].

Weder im Hinblick auf ihre primäre Sozialisation noch im Hinblick auf ihr Studium paßten die jungen Rechten in das Bild der modernen sozialen Gruppen, die bei den Jeu-

---

[10] Weber, Action française, S. 267.

[11] Die Zahlen stammen aus dem Almanach der Action française von 1933. Die Berufe der Inhaber von 212 Ligue-Ämtern verteilten sich wie folgt: 49 Ärzte, 36 Ladeninhaber, Händler und Handwerker, 10 Apotheker, 32 Militärs, 26 Landwirte und Grundbesitzer, 24 Juristen, 16 Patrons, 19 Sonstige; Weber, Action française, S. 267.

[12] Der Rückgang der Auflage betrug 45% in der Provinz, 43% in Paris. Die Zeitung hatte im Dezember 1925 eine Auflage von 60 000 Exemplaren, 1928 waren es nur noch 33 000; Weber, Action française, S. 246.

[13] Zu Recht kritisiert Klaus-Jürgen Müller die vor allem von René Rémond vertretene Ansicht, der zufolge diese Bewegungen in der bonapartistischen und autoritär-nationalistischen Tradition standen. Müller, Protest, S. 487f., 520ff.; ders., French Fascism, S. 75–107; Rémond, Droites, S. 193f. Belege für einen entschiedenen Antiparlamentarismus des Faisceau finden sich bei Soucy, First Wave, S. 61ff., 175f. Vgl. weiter Müller, Die französische Rechte, S. 426f.; Sternhell, Anatomie, S. 5–40.

nesses Patriotes und dem Faisceau überrepräsentiert waren[14]. Unter ihren Vätern dominierten die Vertreter der freien Berufe und höheren Staatsdiener. Mit ihrer Studienwahl – Jura und Literatur – haben sie sich für Fächer entschieden, in denen die Action française traditionell stark vertreten war. Soweit sie nicht bereits durch ihr Elternhaus mit dem monarchistischen Milieu vertraut waren, kamen die meisten der jungen Intellektuellen über die Schüler- und Studentenorganisationen mit der Action française in Kontakt. Für nahezu alle folgte eine Phase des aktiven Engagements im Journalismus, in den zahlreichen Zeitungen und Zeitschriften im Umfeld der Bewegung. Am frühesten begann die kritische Auseinandersetzung mit den Monarchisten für diejenigen, die im politischen Katholizismus verwurzelt waren. Mit ihrem Engagement bei der *Gazette française* distanzierten sich Jean de Fabrègues und Jean-Pierre Maxence seit 1924 von den immer deutlicher hervortretenden antikatholischen Tendenzen der Monarchisten. Bereits zweieinhalb Jahre vor der Indizierung der *Action française* wurden dort die ersten Stimmen laut, die der katholischen Lehre innerhalb der Bewegung wieder stärkeres Gewicht verschaffen wollten. Unter dem Einfluß von Jacques Maritain und Paul Gilson widmete sich die Zeitschrift der thomistischen Lehre und der Restauration des göttlichen Rechts in Staat und Gesellschaft. Auch wenn die *Gazette* die politischen Ziele der Monarchisten teilte und die laizistische Republik bekämpfte, so führte die Indizierung dennoch zum Bruch: unter der Führung von Maritain stellten sich die meisten Mitarbeiter auf den Standpunkt der Kurie[15].

Maxence, der sich in dem Konflikt ebenfalls von Maurras distanziert hatte, gründete nach dem Vorbild der *Gazette* 1928 eine eigene Literaturzeitschrift, die *Cahiers*. Auch sie war stark beeinflußt von neothomistischem Gedankengut und vereinigte zahlreiche Mitarbeiter aus dem nahen und weiteren Umfeld der Action française wie Henri Massis, Jacques Maritain und Georges Bernanos. Ohne ausdrücklich gegen Maurras Position zu beziehen, wollte er mit seiner Zeitschrift ein Forum für alle diejenigen schaffen, denen der Kosmos des maurrassianischen Denkens zu eng geworden war. Nicht die Antike und ihr Wiederaufleben im „klassischen" 17. Jahrhundert bildeten den geistigen Orientierungspunkt, sondern das katholische Mittelalter und die Lehre Thomas von Aquins. Allein die Tatsache, daß bereits eine solche Akzentverschiebung von Maurras als Abweichung registriert wurde, macht deutlich, wie eng der geistige Horizont der Action française geworden war[16].

Maxence gewann als Mitarbeiter der *Cahiers* erstmals einen großen Teil derjenigen jungen Intellektuellen, die den „esprit des années trente" maßgeblich prägen sollten. Dort formierte sich nicht nur der Kern der Jeune Droite (Robert Francis, Maurice Bar-

[14] Aufschlußreich in diesem Zusammenhang ist eine Bemerkung Robert Brasillachs: Er bekundete zwar seine Sympathie für die Jeunesses Patriotes, doch bedauerte er deren mangelnde Präsenz. Am Louis-le-Grand, wo er zusammen mit Thierry Maulnier die Zulassung zur ENS vorbereitete, waren die Jeunesses Patriotes nicht vertreten, wohl aber die *Action française*; Brasillach, Notre Avant-guerre, in: ders., Œuvres complètes, Bd. 6, S. 41. Die Bemerkung Brasillachs stützt allerdings die Beobachtung von Müller, der in der Bewegung keinen radikalen Antiparlamentarismus ausmacht; siehe Müller, Protest, S. 520ff.
[15] Vgl. dazu Loubet del Bayle, Non-conformistes, S. 44ff. Fabrègues, wohl unter dem Einfluß von Bernanos, stellte sich hingegen auf die Seite der *Action française;* Auzèpy-Chavagnac, Fabrègues, S. 271ff. Zum Verhältnis von Maritain und Maurras vgl. Bénéton, Jacques Maritain, S. 1202–1238.
[16] Maxence, Histoire, S. 60.

dèche, Robert Brasillach, Jean de Fabrègues, Emile Vaast, René Vincent), sondern es arbeiteten auch Intellektuelle mit, die später zu *Esprit* (Etienne Borne, Maurice de Gandillac, Edmond Humeau, Olivier Lacombe) und zum Ordre Nouveau (Daniel-Rops) stoßen sollten[17].

In den *Cahiers* waren bereits deutliche Konfliktpunkte mit der Doktrin des integralen Nationalismus vorgezeichnet, ein dezidiert politisches Erneuerungsprogramm wurde dort jedoch nicht formuliert. Dies entstand erst unter dem Eindruck der Krise, die in Frankreich seit Anfang der dreißiger Jahre Wirtschaft, Politik und Gesellschaft erfaßte. Sie entfachte die Kritik an den überkommenen Lösungsansätzen und förderte bei den jungen Maurrassianern die kritische Auseinandersetzung mit dem Programm der Action française. Ein erstes deutliches Anzeichen der Krise des integralen Nationalismus war die große Austrittswelle von 1930, aus der die von Fabrègues geleitete Zeitschrift *Réaction (1930–1932)* hervorging. Seit 1931 entwickelte sich die *Revue française* unter der Leitung von Maxence zu einem zweiten Forum für die Ideen der Jeune Droite. Schließlich vereinigten sich die beiden Kreise in der *Revue du siècle (1933–1934)* und ihrer Nachfolgerin, der *Revue du XXe siècle (1934–1935)*.

Jean de Fabrègues und Réaction

Jean de Fabrègues, der nach eigenem Bekunden bereits als 19jähriger zu den Sympathisanten von Maurras zählte, blieb trotz seiner kritischen Haltung seinem Meister zunächst treu ergeben. Er schrieb weiterhin im *Etudiant* und wurde nach dem Abschluß seines Militärdienstes im November 1929 Privatsekretär Maurras'[18]. Doch auf diese größte Annäherung folgte unmittelbar der offene Bruch.

Im März 1930, im Zuge einer ganzen Austrittswelle, verließ auch er die Action française, um sich an der Gründung der Fédération des Etudiants Royalistes zu beteiligen. Auslöser dieser Welle waren Streitigkeiten innerhalb der Führung. Nach dem Ausschluß von zwei Camelots du Roi, dem Vizepräsident Paul Guérin und dem Sekretär Henri Martin, dankte der Präsident der Liga, Bernard de Vésins, ab und trat aus der Bewegung aus[19]. Dieser Konflikt brachte das ganze Ausmaß der Unzufriedenheit an der Basis schlagartig zum Vorschein. Zusammen mit Fabrègues hatten mehr als zweihundert Studenten vor allem aus den monarchistischen Führungskreisen der Pariser Banlieue die Bewegung verlassen. In der Pariser Sûreté kommentierte man die Austrittswelle als „eine der schlimmsten Prüfungen, die die Action Française seit ihrer Gründung erlebt hat"[20].

Dieser Bruch offenbarte ein tieferliegendes Problem zwischen Führung und Basis der Action française. Die beiden Camelots waren ausgeschlossen worden, weil sie die Unbeweglichkeit der Liga kritisiert hatten, die sie in ein Instrument zur Machtergreifung hatten umgestalten wollen. Während für Maurras ein Umsturz nicht mehr ernsthaft in Frage kam, war dies gerade für die beiden Camelots und einen großen Teil der jüngeren

---

[17] Loubet del Bayle, L'esprit, S. 165 und ders., Non-conformistes, S. 53f.
[18] Fabrègues, Maurras et son action française, S. 11f., Auzépy-Chavagnac, Fabrègues, S. 309ff.
[19] Weber, Action française, S. 273f.; vgl. APP Ba 1893, Bericht vom 8. 4. 1930.
[20] APP Ba 1893, Bericht vom 8. 4. 1930.

Mitglieder eine zentrale Forderung[21]. Hier zeichnete sich ein Konflikt ab, der grundsätzlich das Verhältnis zur Macht berührte. Martin löste dieses Problem auf seine Art, indem
er 1936 einer der Drahtzieher einer Geheimorganisation wurde, die unter dem Namen
Cagoule von sich reden machte. Sie war für Bombenanschläge und politische Morde verantwortlich und sogar in die Planungen eines Staatsstreichs verwickelt[22].

Der Konflikt zwischen Basis und Führung entzündete sich an einem weiteren Punkt:
Maurras' offenkundigem Desinteresse an sozialen und wirtschaftlichen Fragen[23]. Hier
zeichnete sich am deutlichsten ein Generationsbruch ab. Die jüngere Anhängerschaft
war in weitaus höherem Maße sensibilisiert für die sozialen Spannungen, die, ausgelöst
durch die Weltwirtschaftskrise, Anfang der dreißiger Jahre auch in Frankreich spürbar
wurden. Ein Teil der jungen Dissidenten sah die Notwendigkeit, sich von der traditionellen Mittelstandsfixierung der Monarchisten und ihrem paternalistischen Korporatismus zu lösen. Und schließlich traten nun auch die Folgen der Indizierung zutage. Fabrègues kritisierte die Unmöglichkeit einer Erneuerung des Katholizismus innerhalb der
Bewegung. Der feindlich-arrogante Ton Maurras' gegenüber Vertretern der Amtskirche
und sein kaum verborgener Agnostizismus machten es für viele seiner Anhänger aus
dem katholischen Milieu schwer, ihm weiterhin zu folgen.

Charakteristisch war die Reaktion Maurras' auf den Konflikt. Fabrègues hatte in der
Hoffnung, einen Bruch vermeiden zu können, im Januar und Februar 1930 in zahlreichen Gesprächen ausführlich die Gründe der Divergenzen mit ihm diskutiert. Doch das
einzige, was Maurras vorbrachte, war die Mahnung, nicht die Geschlossenheit der Front
zu schwächen. Erst nachdem deutlich geworden war, daß Maurras hartnäckig auf seinem
Standpunkt beharrte und nicht die geringste Konzessionsbereitschaft zeigte, kam es zum
offenen Bruch[24]. Ein großer Teil der jungen Dissidenten sammelte sich in der „Vereinigung der royalistischen Studenten" am Quai de la Tournelle im 5. Arrondissement, aus
der die Zeitschrift *Réaction* hervorging[25]. In ihrem Gründungsmanifest hieß es: „Die In-

---

[21] Weber, Action française, S. 259ff.
[22] Inwieweit ein Teil der Jeune Droite ebenfalls mit den Machenschaften dieser Organisation sympathisierte, möglicherweise auch von ihr finanziert wurde, wird in Kapitel V untersucht.
[23] Vgl. Sérant, Dissidents, S. 276f.; Ariès, Un historien du dimanche, S. 58. Ariès war in den dreißiger Jahren selbst aktiver Maurrassianer und veranstaltete unter anderem Konferenzen mit Maulnier und Brasillach; ebenda, S. 66.
[24] Loubet del Bayle bezieht sich hier auf ein persönliches Gespräch mit Fabrègues; Loubet del
Bayle, Réaction, S. 214f. Zu Recht führt er gegen Weber an, daß die mangelnde Handlungsbereit-
schaft nicht der einzige Grund für den Bruch war. Dies geht auch aus einem Brief hervor, den
Fabrègues kurz nach dem Bruch an Maurras schrieb, zitiert bei Auzépy-Chavagnac, Fabrègues,
S. 321ff.; vgl. Fabrègues, Maurras, S. 344.
[25] Christian Chenut, ein promovierter Jurist, war Präsident der Camelots in der südlichen Banlieue
gewesen und wurde der Geschäftsführer der Zeitschrift. Roger Magniez war Direktor einer Versicherungsgesellschaft. Jean-François Thomas (1913) war aus der Action française-Schülerorga-
nisation ausgetreten. Seine Wohnung diente zugleich als Büro von *Réaction*. René Vincent (1909)
hatte Fabrègues durch sein Literaturstudium an der Sorbonne kennengelernt und war zusammen
mit ihm aus der AF-Studentenorganisation ausgetreten. Zu Chenut vgl. Loubet del Bayle, Réaction, S. 209; APP Ba 1893, Bericht vom 8. 4. 1930; zu Magniez vgl. APP Ba 1893, Bericht vom
März 1934, Loubet del Bayle, Réaction, S. 210, vgl. seine Beiträge in dem Verbandsorgan *La Production française*; zu Thomas vgl. Auzépy-Chavagnac, Fabrègues, S. 348, 351; zu Vincent vgl.
Auzépy-Chavagnac, Fabrègues, S. 123, Loubet del Bayle, Non-conformistes, S. 471; zu den weiteren Dissidenten, die das Manifest unterzeichnet hatten, gehörten Félicien Maudet, Emile Gi-

telligenz ist reaktionär. Indem sie Ideen und Fakten abwägt und kritisiert, wird sie bei uns ihre ewigen Fehler wiederholen. Aber sie wird auch die notwendigen Voraussetzungen für eine Erneuerung schaffen: politisch ist dies in Frankreich die Monarchie, sozial die Unterordnung unseres wirtschaftlichen Lebens unter das Gemeinwohl, geistig der christliche Glaube."[26]

Es wäre sicherlich übertrieben zu sagen, daß sich die jungen Dissidenten mit diesem Programm besonders weit von der Orthodoxie entfernt hatten. Aber gerade dies belegt, wie starr die Doktrin der Action française geworden war. Im Grunde forderten sie nur die Einlösung dessen, was die Bewegung selbst einmal entschieden vertreten hatte. Nicht so sehr in abweichenden Ideen, sondern vielmehr im Willen zum Handeln unterschieden sich die jungen Dissidenten von den orthodoxen Maurrassianern. Das in der Zeitschrift *Réaction* formulierte Ideal einer berufsständisch gegliederten Gesellschaft mit paternalistischer Struktur entsprach weitgehend dem von Maurras entworfenen Bild einer hierarchisch gegliederten Solidargemeinschaft, die in den Ideen der katholischen Soziallehre und dem paternalistischen Korporatismus von René de la Tour du Pin wurzelte[27].

Aber ganz ausdrücklich standen diese Forderungen nach einer gerechten sozialen Ordnung nicht mehr unter dem Primat der Politik, sondern hatten eigenes Gewicht gewonnen. Christian Chenut warf der Action française vor, sich immer mehr der unternehmerfreundlichen Politik der traditionellen Rechten angenähert zu haben. „Werden nun auch wir, die Jugend, zu bleichen Liberalen, zu gemäßigten Konservativen?"[28] Gegen eine solche schleichende „Liberalisierung" forderte er eine Revolution von rechts: eine Rückkehr zu den Prinzipien der christlichen Sozialordnung mit der Familie als „Keimzelle". Der Korporatismus sollte sowohl übermäßige Kapitalkonzentrationen in Banken und Großunternehmen wie auch die „Entfremdung" des Arbeiters durch Besitzlosigkeit verhindern. Der Antikapitalismus der Jeune Droite verbot kein Privateigentum, sondern ähnlich wie die Action française nur die Kapitalkonzentration in Banken und Großunternehmen. Es galt vielmehr, den kleinen und mittleren Eigentümer vor der Allmacht der anonymen Finanzwelt zu schützen. Ähnlich wie für die deutschen Jungkonservativen läßt sich somit für die Jeune Droite feststellen: die vermeintlich revolutionären Forderungen sind in Wahrheit alt und liberal[29].

Auch wenn *Réaction* einen offen ausgetragenen Konflikt vermied, so bekamen die Mitarbeiter der Zeitschrift bald die Konsequenzen ihres Bruchs zu spüren: Sie wurden von allen Veranstaltungen der Action française ausgeschlossen. Die Fronten verhärteten sich deutlich. Der Chefredakteur von *Réaction,* René Vincent, und sein Mitarbeiter Jean

---

rard, Louis Lemiels, Jean Le Marchand; APP Ba 1893, Bericht vom 8. 4. 1930, Ba 1895, Bericht vom 1. 3. 1930; AN F7 13 241, 5a: Dissidents de l'Action française 1930–31, Bericht vom 13. 3. 1930.

[26] Manifeste, in: Réaction, H. 1, 1933, S. 3.

[27] Durch Jean de Fabrègues und Roger Magniez verfügte *Réaction* über direkte Kontakte zum Unternehmerverband „Union des Corporations françaises" (U.C.F.) und seinem Zentrum, dem „Cercle de la Tour du Pin". Magniez schrieb seit 1931 als Präsident des Cercle regelmäßig für das Verbandsorgan *La Production française;* zu Fabrègues vgl. Auzèpy-Chavagnac, Fabrègues, S. 324, 439.

[28] Chenut, Chronique sociale, in: Réaction, H. 5, 1931, S. 27–29, Zitat S. 28; vgl. ders., La Crise et l'Usure, in: Réaction, H. 8–9, 1932, S. 47.

[29] Vgl. Breuer, Anatomie, S. 78.

Le Marchand wurden am Institut der Action française abgewiesen, als sie versuchten, an einer Konferenz ihres Fürsprechers Georges Bernanos teilzunehmen[30]. Der Schriftsteller war freilich nicht ganz unschuldig an dem Bruch. Er spielte gewissermaßen die Rolle des geistigen Anstifters, denn er hatte die jungen Dissidenten zur Gründung der eigenen Zeitschrift ermutigt und beobachtete die Aktivitäten von *Réaction* mit großer Sympathie[31].

Die Mitarbeiter der Zeitschrift revanchierten sich anläßlich des Erscheinens der *Grande peur des bien pensants* mit einer Sondernummer über den Schriftsteller. Nach dem Urteil von Emile Vaast hatte Bernanos wie kein anderer die Ansichten der Redakteure bestimmt[32]. Sein Einfluß zeigte sich besonders in der Abkehr vom klassizistischen Ideal des 17. Jahrhunderts. Deutlicher als *Cahiers* ging *Réaction* nicht nur im literarischen Geschmack, sondern auch in den politischen und religiösen Fragen auf Distanz zu Maurras, dessen Kosmos sich immer mehr an der Herrschaft Ludwigs XIV. orientierte[33]. Ihre skeptische Distanz zum absolutistischen Staat manifestierten die jungen Dissidenten in einer Idealisierung des Mittelalters. Im 13. Jahrhundert sahen sie die perfekte Harmonie von geistlicher und weltlicher Herrschaft verwirklicht. Den chauvinistischen Nationalismus und die antiklerikale Haltung von Maurras beantworteten sie mit einer Mischung aus Kirchturmpatriotismus und Kreuzzugsgeist. In dem Bekenntnis zur mittelalterlichen Feudalordnung und zur Stärkung der Heimat („petite patrie") schwang eine deutliche antizentralistische Spitze mit, die sich nicht nur gegen die Republik richtete, sondern auch gegen das Staatsideal von Maurras. In ihrer Kritik an Absolutismus und Jakobinismus konnten sich die jungen Intellektuellen auf ein altes Anliegen der Rechten berufen, für das sich Maurras selbst einmal eingesetzt hatte: Ende der neunziger Jahre des 19. Jahrhunderts hatte sich der Chef der Action française zu den Ideen eines „organischen" Regionalismus bekannt. In einer Debatte mit Joseph Paul-Boncour hatte er sich für Notwendigkeit des Föderalismus und der Stärkung kommunaler Autonomie ausgesprochen. Im Unterschied zum Sozialisten Paul-Boncour war Maurras davon überzeugt, daß diese Ziele nur durch die Restauration der Monarchie zu erreichen seien[34].

Der Katholizismus von *Réaction* äußerte sich keineswegs als Gebot religiöser Innerlichkeit, sondern war entschieden politisch[35]. Wenn die jungen Dissidenten der Action française ihre Distanz zum Glauben vorwarfen, so forderten sie keinesfalls ein Bekenntnis zur römischen Kurie, sondern vielmehr zu einem nationalen Katholizismus. Dieser

---

[30] APP Ba 1895, Bericht vom 1. 3. 1930.

[31] Bernanos, Message aux jeunes français, in: Réaction, H. 1, 1930, S. 4–7; ders., Lettre à *Réaction*, in: Réaction, H. 7, 1931, S. 1 f. In seinen Briefen an Fabrègues entwickelte Bernanos eine Art Komplizenschaft gegen Maurras, vgl. Auzèpy-Chavagnac, Fabrègues, S. 372.

[32] Sondernummer „Georges Bernanos", in: Réaction, H. 7, 1931; Vaast, Maurras sans Maurras?, in: Réaction, H. 8–9, 1932, S. 36.

[33] Vgl. Maurras, Romantisme et Révolution, S. 43.

[34] NN, L'Abbé André Sudre, in: Réaction. H. 6, 1931, S. 1; Sudre, Architecture de l'Ordre, ebenda, S. 2–6; Vincent, Comme une belle image…, ebenda, S. 20–24; vgl. Maurras, L'Idée de Décentralisation; Zu Bernanos und Maurras vgl. Sérant, Dissidents, S. 113ff.; zum Regionalismus vgl. Rossi-Landi, La région, S. 71–100, hier S. 84ff.; Voyenne, Histoire de l'Idée Fédéraliste, Bd. 3, S. 98ff.

[35] Vgl. die Kritik an der katholischen Zeitschrift *Vigile* von François Mauriac, die sich gerade am mangelnden politischen Engagement entzündete; Vincent, Vigile, in: Réaction, H. 1, 1930, S. 28–30.

gründete sich auf die selbstbewußte Tradition der französischen Kirche, die ihre Vor-
rechte damit rechtfertigte, daß sie sich als älteste Tochter der katholischen Kirche immer
in besonderem Maße für den Glauben eingesetzt habe. In dieser Argumentation nahmen
stets die Kreuzzüge und die Jungfrau von Orléans einen zentralen Platz ein. In der Auseinandersetzung mit Jacques Maritain, der sich 1927 von der Action française losgesagt
und mit dem Beharren auf dem „Vorrang des Geistigen" auf die Seite der Kurie gestellt
hatte, gewann diese Haltung eine deutliche Kontur. Der *Réaction*-Redakteur Emile
Vaast bestritt den Vorrang der römischen vor der französischen Kirche und betonte, daß
die französischen Katholiken das gleiche Recht wie der Vatikan hätten, eine nationale
Interessenpolitik zu verfolgen. Er spielte dabei auf die Verständigung von Faschismus
und Kurie in den Lateranverträgen an: Einerseits setzte die römische Kirche die nationale Bewegung in Frankreich auf den Index, andererseits erkannte sie Mussolinis Herrschaft in Italien an[36]. Auch in diesem Punkt waren die jungen Dissidenten nicht sehr weit
von ihrem Meister entfernt, was ihnen schließlich den Vorwurf eintrug, Maurrassianer
ohne Maurras zu sein[37].

Die Zeitschrift befand sich von Anfang an in einer prekären finanziellen Situation.
Wie alle von den nonkonformistischen Intellektuellen gegründeten Zeitschriften war sie
auf Zuwendungen von Sympathisanten und Redakteuren angewiesen und mußte mehr-
mals den Drucker wechseln. Die Auflage betrug anfänglich rund 600 bis 800, später bis
zu 1 500 Exemplare[38]. Bedingt durch den Geldmangel, aber auch durch anderweitige
Verpflichtungen von Fabrègues in Studium und Beruf, erschien die Zeitschrift unregel-
mäßig: von April 1930 bis Juli 1932 wurden 12 Nummern gedruckt, die längste Pause
dauerte von Juni 1930 bis Februar 1931[39].

Jean-Pierre Maxence und die Revue française

Nach der großen Austrittswelle im Frühjahr 1930 versuchte Maurras, einige hoffnungs-
volle junge Talente stärker an die Bewegung zu binden. Dazu gehörten die drei Normaliens Robert Brasillach, Maurice Bardèche und Thierry Maulnier, die die vakant gewor-
denen Posten des *Etudiant français* einnahmen und die über den Journalismus Einstieg

---

[36] Enquête sur „l'Ordre": Jacques Maritain, S. 29–32, und Vaast, A propos de la primauté du spirituel, in: Réaction, H. 7, 1931, S. 33f. Zu Jeanne d'Arc vgl. Vaast, La fleur de notre histoire, in: Réaction, H. 12, 1932, S. 13–15; zu den nationalen Strömungen des französischen Katholizismus
vgl. Hazareesingh, Political Traditions, S. 98ff. Dieser Befund widerspricht der Einschätzung
Loubet del Bayles, der betont, daß die antirömische Haltung der Action française von *Réaction*
nicht unterstützt worden sei. Bis auf die Auseinandersetzung mit Maritain findet sich zwar kein
direkter Angriff auf die Kurie, doch die darin vertretene Position, die der Chefredakteur Fabrègues übrigens ausdrücklich unterstützte, belegt zusammen mit der Berufung auf die spezifisch
nationalen Traditionen des Katholizismus eindeutig den Standpunkt der Redaktion; vgl. Loubet
del Bayle, Réaction, S. 259.
[37] Vaast, Maurras sans Maurras?, in: Réaction, H. 8–9, 1932, S. 36f.; Fabrègues, Charles Maurras ou
la Beauté de l'Ordre, in: Réaction, H. 11, 1932, S. 17–22.
[38] Loubet del Bayle, Réaction, S. 208.
[39] In dieser Phase bereitete sich Fabrègues auf sein *Diplôme d'Etudes Supérieures* (D.E.S.) vor.
Nachdem er im Juni 1931 durchgefallen war, trat er im folgenden Jahr wieder an. Diesmal mit Erfolg; Auzèpy-Chavagnac, Fabrègues, S. 407f.

in die Bewegung fanden[40]. Brasillach und Maulnier schrieben seit 1930 regelmäßig für das literarische Feuilleton der *Action française*, Brasillach darüber hinaus noch bei *Candide* und *Je suis partout*. Maurras führte die Nachwuchs-Monarchisten auch beim Thronprätendenten aus dem Hause Orléans ein, dem gerade 22jährigen Grafen von Paris, der sich für die Restauration der Monarchie in seinem Exil bei Brüssel bereit hielt[41].

Neben Maurras war es vor allem Henri Massis, der die jungen Intellektuellen an sich band und ihre journalistischen Talente förderte. Durch die Artikel im *Etudiant français* und in der *Action française* auf Brasillach und Maulnier aufmerksam geworden, bot er ihnen eine Mitarbeit in der von ihm geleiteten *Revue Universelle* an. Schließlich vertraute er Brasillach 1933 die literarische Presseschau und die Theaterrubrik an, während Maulnier ebenfalls seit 1933 die Rubrik „Essays" bestritt. Über die Vermittlung von Massis lernten die beiden jungen AF-Anhänger auch Jean-Pierre Maxence kennen – eine Bekanntschaft, die sich als entscheidend für die Zukunft der Jeune Droite erweisen sollte[42].

Mit diesen Kontakten begann eine neue Etappe. Maxence nahm im November 1930 das Angebot von Alexis Rédier an und wechselte von den *Cahiers* zu dessen *Revue Française*. Ihr Herausgeber Rédier stand seit 1925 der Action française sehr nahe und war darüber hinaus im gesamten rechtsextremen Milieu aktiv. Im Sommer 1924 hatte er die antiparlamentarische Frontkämpfervereinigung La Légion gegründet, die kurz darauf mit den Jeunesses Patriotes fusionierte. Nachdem es ihm nicht gelungen war, die Bewegung zum Instrument eines rechtsradikalen Umsturzes zu machen, verließ er sie Ende 1925 wieder und wechselte zusammen mit seinen rund 10 000 Anhängern in das Lager des Faisceau. Doch auch mit dem Führer des Faisceau kam es bald zu Konflikten. Nachdem Valois auf der Suche nach neuer Anhängerschaft seine Bewegung zunehmend zur extremen Linken öffnete, distanzierte sich Rédier von ihm[43].

Die *Revue française* war eine Literaturzeitschrift, der allmählich die alte Klientel aus dem konservativ-katholischen Bürgertum verlorenging. Daher hatte sich Rédier zu dieser redaktionellen Verjüngungskur entschlossen, durch die er verstärkt auch jugendliche Leser aus dem monarchistischen Milieu anzusprechen hoffte. Maxence brachte seine neuen Bekannten aus dem Massis-Kreis mit und formierte auf diese Weise in kurzer Zeit den zweiten Kern der Jeune Droite.

Die Kolumnen der neuen Mitarbeiter wurden zunächst im hinteren Teil der seit 1905 erscheinenden Literaturzeitschrift publiziert: Buchbesprechungen, Chroniken und Reportagen. Mit dem Eintritt der neuen Redakteure begann sich der Charakter der Zeitschrift deutlich zu verändern. Zunächst ergab sich notgedrungen eine Koexistenz zwischen der alten und der neuen Equipe, was bisweilen zu deutlichen Kontrasten in Ton und Tenor führte: neben den eher konventionellen Editorials von Rédier spielten in den Artikeln der jungen Intellektuellen Reizwörter wie Revolution und Krise eine zentrale Rolle[44].

---

[40] Brasillach, Notre avant-guerre, in: ders., Œuvres complètes, Bd. 6, S. 96.

[41] Ebenda, S. 96f.

[42] Vgl. ebenda, S. 119f.; Ganne, Qu'as-tu fait de ta jeunesse?, S. 1/8.

[43] Soucy, First Wave, S. 27, 31ff., 37f., 177f.; Müller, Protest, S. 477ff., 490f.

[44] Vgl. Francis, Lettre ouverte à *Europe* sur la révolution, in: Revue française, H. 3, 1931, S. 63f.; Maulnier, Culture et Révolution, in: Revue française, H. 7, 1932, S. 25; Maxence, L'Europe en danger, in: Revue française, H. 12, 1931, S. 266.

Letztlich aber setzte sich der Kreis um Maxence allmählich durch und eroberte einen wachsenden Raum innerhalb des Blattes. Auch die äußere Aufmachung und Erscheinungsweise änderte sich: seit Mai 1931 erschien es nur noch zweiwöchentlich und schließlich ab Juli 1932 monatlich. Seitdem erschien es auch im klassischen Format und in der Aufmachung einer Monatszeitschrift. Seine Leserschaft war mit einer Auflagenhöhe von 6 000 Exemplaren deutlich größer als diejenige der *Réaction*[45].

Während Bardèche und Brasillach hauptsächlich Buchbesprechungen, literarische Essays und Kinokritiken veröffentlichten, entwickelten Maxence und Maulnier die Leitlinien ihrer politischen Anschauung. Die außenpolitische Sicht von Maxence war bestimmt durch eine strikt antiamerikanische und antisowjetische Haltung sowie durch sein erwachendes Interesse für die antiliberale Jugend jenseits des Rheins, während er sich innenpolitisch für eine katholisch-nationale Erneuerung stark machte[46]. Maulnier veröffentlichte neben Buchbesprechungen regelmäßig seine Beobachtungen zur Politik, für die er seit März 1931 eine eigene Kolumne zur Verfügung hatte. Seine Kritik konzentrierte sich vornehmlich auf die französische Außenpolitik, den briandistischen Pazifismus und das System des Völkerbundes[47].

Zwischen Maulnier und Maxence entstand eine produktive Zusammenarbeit, die auf einer wechselseitigen Sympathie gründete und sich bald zu einer engen Freundschaft entwickelte. Beide teilten eine Reihe von politischen Anschauungen: Sie bekämpften entschieden das parlamentarische System und sahen in der Restauration der Monarchie die einzige Möglichkeit, den nationalen Konsens in Frankreich wiederherzustellen. Beide waren stark geprägt durch die Doktrin der Action française, sahen aber das Hauptproblem nicht in einer politischen, sondern in einer „geistigen" Krise als Folge der „materialistischen" Ideologien, Kapitalismus und Kommunismus, und forderten eine grundsätzliche Neuorientierung des Menschen[48]. Dennoch gab es genug Raum für konstruktive Auseinandersetzungen. Nicht nur in ihrem Temperament unterschieden sie sich – Maxence war der bessere Redner, Maulnier der schärfere Analytiker –, sondern auch in ihrer Haltung zum Katholizismus. Maxence war durch seine religiöse Erziehung auf einem belgischen Internat und den Neothomismus von Maritain und Bernanos geprägt, Maulnier vertrat hingegen ausgesprochen laizistische Positionen, ohne dabei die Kirche direkt anzugreifen[49]. Stand Maxence mit seinem katholisch orientierten Antiliberalismus den in der Zeitschrift *Réaction* vertretenen Positionen nahe, so entwickelte Maulnier seine Vorstellung von einem aristokratischen Humanismus als Antwort auf die Krise der industriellen Massengesellschaft des 20. Jahrhunderts. Ähnlich wie Maxence lokalisierte er die Ursachen dieser Krise primär in dem durch die Ideen der Aufklärung und der Revolution geschaffenen geistigen Klima. Deren Überwindung erhoffte er sich

[45] Annuaire de la Presse française 1933, S. 814.
[46] Maxence, Civilisation américaine, in: Revue française, H. 10, 1932, S. 362; ders., Tristesse de ce monde, in: Revue française, H. 14, 1932, S. 521f.; ders., Jeunesses, in: Revue française, H. 3, 1933, S. 419–421.
[47] Vgl. seine regelmäßigen Beiträge ab Revue française H. 4, 1931.
[48] Maxence, L'Europe en danger, in: Revue française, H. 12, 1931, S. 266; Maulnier, La crise est dans l'homme, S. 9f.
[49] Vgl. Maxence: Georges Bernanos ou la Fidélité totale, in: Réaction, H. 7, 1931, S. 15–19; J.-L. Maxence, L'ombre d'un père, S. 41ff., 69, 124f.; zu Maulnier vgl. ders., La crise est dans l'homme, bes. S. 18ff.

nicht durch eine Erneuerung im Geiste des Katholizismus, sondern durch die Herrschaft einer neuen geistigen Elite, die sich von der Enge der bürgerlichen Moralvorstel-
lungen befreite und das französische Volk aus Orientierungslosigkeit und Niedergang in
eine bessere Zukunft führen konnte. Seine stark von Nietzsche beeinflußten Vorstellungen waren zu diesem Zeitpunkt noch wenig konkret, der Gegenentwurf zum Philister-
tum beschränkte sich auf die Umwertung aller bürgerlichen Werte: angetrieben von einem „tragischen Bewußtsein", propagierte er eine Philosophie der Aktion, durch die der
Mensch seine Bestimmung im heroischen Opfer finden sollte[50].

Rédier bot als Inhaber des gleichnamigen Verlages seinen Mitarbeitern auch die Möglichkeit, ihre Bücher bei ihm zu publizieren. Maxence veröffentlichte dort seinen Essay
La guerre à sept ans (1933), der als Artikelserie zuvor in der *Revue française* erschienen
war. Von Maulnier erschien eine Sammlung seiner für die *Revue française* und die *Action
française* geschriebenen Artikel unter dem Titel „La crise est dans l'homme" (1932).
Seine Sympathien mit der Konservativen Revolution bekundete Maulnier im Vorwort
zur französischen Übersetzung von Moeller van den Brucks *Drittem Reich (Le troisième
Reich, 1933)*, das ebenfalls bei Rédier publiziert wurde.

Unter der Leitung von Maxence öffnete sich die Zeitschrift für eine Reihe neuer
junger Mitarbeiter: seinen Bruder Robert Francis, an den er die Leitung der *Cahiers*
abgetreten hatte, seine Frau Hélène Colomb[51], und Maurice Blanchot, der außenpolitischer Redakteur des *Journal des Débats* war[52]. Sogar Henri Massis selbst konnte er
für eine Mitarbeit gewinnen. Massis veröffentlichte in der *Revue Française* die Fortsetzung seiner Evocations[53]. Auch die Zusammenarbeit mit der befreundeten Equipe
der *Réaction* vertiefte sich. Jean de Fabrègues, René Vincent und Emile Vaast schrieben in Rédiers Zeitschrift, umgekehrt veröffentlichten Maurice Blanchot, Maulnier,
und Maxence in *Réaction*[54]. Doch ganz offensichtlich konnte die neue Orientierung
der Zeitschrift den Ruin nicht verhindern. Das alte, bürgerlich-konservative Publikum
wurde durch den aggressiven Ton abgeschreckt, während es Maxence offensichtlich
nicht gelang, genügend neue Leser anzusprechen. Aus finanziellen Gründen, angeblich auch wegen krimineller Machenschaften, mußte Rédier im August 1933 das Erscheinen einstellen[55]. Maxence übernahm daraufhin die Literaturchronik von *Gringoire*. Maulnier und Brasillach wechselten zur der von Henri Massis herausgegebenen
Wochenzeitschrift *Mil neuf cent trente trois*, ein Konkurrenzunternehmen der bei
Gallimard erscheinenden *Marianne*[56].

---

[50] Maulnier, Crise, S. 13f., 189ff. und ders., Nietzsche, S. 22ff.
[51] Sie hatten 1931 geheiratet: AN F7 13983, Bericht vom Mai 1936.
[52] Vgl. Brasillach, Notre avant-guerre, in: ders., Œuvres complètes, Bd. 6, S. 119ff.
[53] Massis, Souvenirs de la vie littéraire, in: Revue française, H. 2 – 13, 1931.
[54] Fabrègues hatte sich im Sommer 1931 sogar bemüht, Blanchot als festen Mitarbeiter zu gewinnen, vgl. Auzèpy-Chavagnac, Fabrègues, S. 387f.
[55] Vgl. die Andeutungen von Gérard de Catalogne, nach denen die Brüder Rédier in Scheckfäl-
   schungen verwickelt waren: Les Guêpes, in: Revue du siècle, H. 9, 1934, S. 82.
[56] Von April bis August 1933 hatten Maulnier, Maxence und Blanchot zudem regelmäßig Beiträge
   für die radikal antikapitalistische und antiparlamentarische Zeitung *Rempart* geliefert, die von
   Paul Lévy geleitet wurde; Maxence, Histoire, S. 257.

Revue du siècle *und* Revue du XXe siècle

In der *Revue du siècle* arbeiteten beide Kreise der Jeune Droite erstmals zusammen. Die Zeitschrift war entstanden aus einem Kompromiß, dem Fabrègues vor allem aus finanziellen Gründen zugestimmt hatte. Ihr Redaktionskomitee bestand aus dem alten *Réaction*-Kreis und einer Gruppe namens Latinité um Gérard de Catalogne. Mit einer Auflage von zwei- bis dreitausend Exemplaren verkaufte sie sich besser als die Vorgängerin *Réaction*[57]. Die Latinité-Gruppe war weniger an politisch-sozialen als an literarischen Themen interessiert und stand der Action française deutlich näher. Die ersten Ausgaben spiegelten dieses Nebeneinander wider: In der Nummer vom Mai 1933 erschienen die Stellungnahmen des Ordre Nouveau und der Jeune Droite zur Machtergreifung der Nationalsozialisten, während sich Gérard de Catalogne dem Schriftsteller Thomas Hardy widmete. Doch bald rückten die literarischen Essays deutlich in den Vordergrund, während die Kolumnen der Mitarbeiter der Jeune Droite nur im hinteren Teil der Zeitschrift Platz fanden. Da Latinité das meiste Geld beisteuerte, prägte sie auch den Charakter der Zeitschrift[58]. Schon allein durch ihren Umfang von 96 Seiten unterschied sie sich von der Vorgängerin *Réaction*. Ihr Stil war geprägt von akademischer Gelehrsamkeit, und aufgrund des größeren Platzangebotes verloren die Artikel an Prägnanz und Aggressivität. Die Zeitschrift entwickelte sich bald zu einem relativ offenen Forum für Schriftsteller verschiedener politischer Richtungen, darunter Jean Cocteau, Drieu la Rochelle, Georges Duhamel, Daniel Halévy, Roger Martin du Gard, André Maurois, Paul Morand, Paul Valéry, Marguerite Yourcenar. Allerdings überwogen die Beiträge aus dem Umkreis der Action française: Bernard Faÿ, Hilaire Belloc, Léon Daudet, André Germain, Henri Massis, Henri de Montherlant und Eugénio d'Orsén. Zur Aufnahme François Mauriacs in die Akademie brachte die Zeitschrift eigens eine Sondernummer heraus[59].

Neben den ehemaligen Mitarbeitern von *Réaction*[60] arbeitete anfangs auch ein großer Teil der ehemaligen Mitarbeiter der *Revue française* mit: Maurice Blanchot, Robert Francis, Thierry Maulnier und Jean-Pierre Maxence. Doch offensichtlich kam es kurz darauf zu Unstimmigkeiten mit dem Chef der Latinité-Gruppe Gérard de Catalogne, so daß der Kreis um Maxence seine Mitarbeit wieder einstellte. Der öffentliche Eklat folgte im Dezember 1933. Unter dem Titel „Beginn einer Hinrichtung" verfaßte Catalogne ein Pamphlet gegen Maxence. Doch statt der versprochenen „Exekution" brachte er nur allerlei undeutliche Verdächtigungen hervor, die auf den nicht sonderlich originellen Vorwurf hinausliefen, daß Maxence verantwortlich für die Pleite der *Revue française* sei[61].

---

[57] Sie hatte von 1926 bis 1930 die Literaturzeitschrift *Cahiers d'Occident* herausgegeben. Nicht zu verwechseln mit den im selben Zeitraum erscheinenden *Cahiers* von Jean-Pierre Maxence.
[58] Loubet del Bayle, Non-conformistes, S. 70.
[59] Revue du siècle, H. 4, 1933.
[60] Jean de Fabrègues, Roger Magniez, Marcel Noël, Emile Vaast und René Vincent.
[61] Außerdem beschuldigte er Maxence, sich für einen Literaturpreis zugunsten seines Bruders eingesetzt zu haben. Catalogne, Commencement d'une execution, in: Revue du siècle, H. 8, 1933, S. 121f. Die Anschuldigungen gipfelten in Attacken wie der folgenden: „Der Autor von Position!!! [Maxence] hat sich sukzessive mit all denen überworfen, die ihm vertraut hatten (Henri Massis weiß davon zu berichten!). Sie konnten sich schnell davon überzeugen, daß sein Mangel an Charakter mit einem Mangel an Hygiene gepaart war"; S. 122. In der folgenden Ausgabe dehnte er mit der gleichen Mischung aus Bekanntem und vagen Andeutungen die Anschuldigungen auf die Brüder Rédier aus; Catalogne, Les Guêpes, in: Revue du Siècle, H. 9, 1934, S. 82.

Auch das Verhältnis zwischen der Latinité-Gruppe und den ehemaligen *Réaction*-Mitarbeitern stand nicht zum besten. Die latenten Spannungen führten im Mai 1934 zur Trennung der beiden Gruppen, die angeblich auch dadurch provoziert wurde, daß sich Gérard de Catalogne mit dem Geld der Zeitschrift absetzte. Daraufhin kündigte ein Manifest im Mai die Gründung der Gruppe XXᵉ siècle an, die aus den ehemaligen *Réaction*-Mitarbeitern hervorgegangen war und im November die Zeitschrift unter dem Titel *Revue du XXᵉ siècle* weiterführte[62]. Der Text des Manifestes stimmte inhaltlich und teilweise sogar in den Formulierungen überein mit dem Gründungsmanifest von *Réaction*. Für Kontinuität sorgte auch das Redaktionskomitee. Die Leitung der Zeitschrift hatte Jean de Fabrègues übernommen, während René Vincent die Geschäftsführung innehatte[63]. So ist es wenig erstaunlich, daß die Zeitschrift weitgehend von den gleichen Leitgedanken wie ihre Vorläuferin *Réaction* bestimmt war[64]. Vor allem aber kehrten nach der Trennung von Latinité die ehemaligen *Revue française*-Redakteure zurück.

Sowenig die Zeitschrift inhaltlich über die Position der Vorgängerin hinauswies, so sehr war sie doch von Bedeutung für die Rekrutierung einer neuen Equipe, die ab 1936 nahezu geschlossen zu *Combat*, dem Nachfolgeorgan der *Revue du XXᵉ Siècle*, wechselte. Über diese neuen Mitarbeiter näherte sich die Jeune Droite wieder deutlich an die Action française an. Dazu gehörten der Literaturkritiker Hugues Favart, Jean Loisy (1901), ein aktiver Camelot, Jurist und Werbefachmann, Jean Saillenfest (1912), ein Angehöriger der „Union Corporative des Fonctionnaires", Charles Mauban (1907), ein Jurist und Freund von Fabrègues, und Claude Roy (1915), Student der Literaturwissenschaft an der Sorbonne und Sympathisant der Action française[65].

2. Die Anfänge des Ordre Nouveau

Der Club du Moulin Vert

Im Vergleich mit der Jeune Droite kamen im Ordre Nouveau Menschen zusammen, die durch ganz unterschiedliche politische und geistige Vorstellungen geprägt waren. Ein Teil der Mitarbeiter hatte mit den Ideen der Action française sympathisiert, andere ka-

---

[62] Manifeste du Groupe XXᵉ siècle, in: Revue du siècle, H. 13, 1934, S. 59; der Text des Mai-Manifestes ist im Anhang von Loubet del Bayle, Non-conformistes, wiederabgedruckt: S. 441f.

[63] Von dem ehemaligen *Réaction*-Kreis arbeiteten bei der *Revue du siècle* folgende Redakteure mit: Roger Magniez, Marcel Noël, Jacques-Marie Thomas bis zum Mai 1934, danach noch Emile Vaast.

[64] Den Befund Loubet del Bayles, die Zeitschrift sei stärker international ausgerichtet und würde sich klarer zur Monarchie bekennen, kann ich nicht bestätigen; vgl. Loubet del Bayle, Non-conformistes, S. 72. Ähnlich wie die *Revue du XXᵉ siècle* war *Réaction* von Beginn an stark auf Deutschland ausgerichtet. Darüber hinaus kann ich in beiden Zeitschriften kein besonderes Interesse am Ausland feststellen. Zur Monarchie haben sich auch die Redakteure von *Réaction* mehrfach und eindeutig bekannt, vgl. das Manifest und die Reaktion auf die Heirat des Grafen von Paris: Mariage Royal, in: Réaction, H. 7, 1931, S. 35f.

[65] Zu Loisy vgl. Auzèpy-Chavagnac, Fabrègues, S. 452; AN F7 13983, Bericht vom 24.5.1936; zu Saillenfest: AN F7 12965, Bericht vom 27.3.1936; zu Mauban vgl. Loubet del Bayle, Non-conformistes, S. 467f.; Auzèpy-Chavagnac, Fabrègues, S. 458; zu Roy vgl. ders, Moi – je, S. 191ff.; Dioudonnat, Rédacteurs, S. 79f.

men aus der Schule des französischen Sozialismus und des Surrealismus. Weder in religiösen, philosophischen noch in politischen Fragen gab es anfangs einen gemeinsamen Nenner. Was die Gruppierung vereinte, war eine entschiedene Ablehnung jeglicher Parteipolitik und der Versuch, jenseits der überkommenen politischen Traditionen einen Weg aus der Krise zu finden. Der Ordre Nouveau war mit dem Anspruch aufgetreten, das politische Koordinatensystem der Französischen Revolution endgültig zu überwinden, und hatte dies auf die ebenso erfolgreiche wie schwammige Formel „Weder rechts noch links" gebracht: „Wir stehen weder rechts noch links, aber wenn man uns unbedingt in die parlamentarische Begrifflichkeit einordnen will, so betonen wir, daß wir uns in der Mitte zwischen der extremen Rechten und der extremen Linken befinden, hinter dem Präsidenten und mit dem Rücken zur Nationalversammlung."[66]

Die Absage an das parlamentarische System verband auch der Ordre Nouveau mit einer Fundamentalkritik am Liberalismus, der als Ursache der Krise der dreißiger Jahre angesehen wurde. Da die Gruppierung im Unterschied zur Jeune Droite nicht über einen gemeinsamen Ausgangspunkt verfügte, spielte die Entwicklung von Konzepten zur Lösung der Krise eine große Rolle. Hinzu kam, daß die einflußreichsten Persönlichkeiten der Gruppe an philosophischen Fragestellungen interessiert waren und auf eine systematische Entwicklung der Doktrin Wert legten. Das Gedankengebäude, das an den Leitbegriffen des Föderalismus und des Personalismus ausgerichtet war, hatte der Ordre Nouveau bereits in der Konsolidierungsphase bis 1933 entwickelt und daran als unumstößlicher Lehre festgehalten, die in der Folge an konkreten Problemen erprobt wurde. Die Theorielastigkeit, die bisweilen utopische Züge annahm, legte der Ordre Nouveau nie ganz ab. Charakteristisch dafür war ein Hang zu präzisen Begriffsdefinitionen, die bekenntnisartig wiederholt wurden. Im Kontrast zu dieser ideologischen Strenge stand die außerordentliche taktische Flexibilität, mit der sich die Gruppierung Einfluß in verschiedenen Kreisen sicherte und diese zusammenzubringen versuchte. Aber auch dieser Kontrast zwischen der Strenge der Lehre und der Bereitschaft zu taktischen Bündnissen war Teil des Programms, in dem der Begriff des Engagements zu einer neuen Ethik des Handelns ausgeweitet wurde.

Die entscheidenden Impulse für die Entstehung des Zirkels wie auch für die Entwicklung der Leitgedanken kamen von Alexandre Marc. Sein persönlicher Werdegang ist mit der Geschichte des Ordre Nouveau eng verknüpft: er hatte maßgeblichen Einfluß nicht nur auf die Ideen der Gruppierung, sondern war zugleich die charismatische Integrationsfigur, deren Vermittlungstalent der Ordre Nouveau seinen Zusammenhalt verdankte.

Marc hatte eine der größten Umwälzungen der Epoche aus unmittelbarer Anschauung erlebt. Als Alexandre-Marc Lipiansky war er 1904 in Odessa geboren und stammte aus dem jüdischen Großbürgertum. Angeregt durch die Lektüre von Nietzsche und Dostojewsky, lehnte er den Determinismus der marxistischen Lehre, die ihm aus seinem Elternhaus vertraut war, entschieden ab. In Moskau, wohin seine Familie 1907 gezogen war, erlebte er die Oktoberrevolution und mußte – als Fünfzehnjähriger nur knapp einer Exekution entkommen – zusammen mit seiner Familie aus Rußland fliehen. Nach dem Besuch des Pariser Lycée Saint-Louis ging er zum Studium 1922–1923 nach Jena

---

[66] Aron, Questions posées, in: Nouvelle Revue Française (NRF) Dez. 1932, S. 837.

und Freiburg. Er setzte sich intensiv mit den zeitgenössischen Strömungen der deutschen Philosophie auseinander, mit dem kritischen Realisten Nicolai Hartmann sowie dem Philosophen des Existentialismus, Martin Heidegger, vor allem aber beschäftigte er sich mit der Phänomenologie von Max Scheler und Edmund Husserl und stand mit ihnen auch persönlich in Kontakt[67].

Marc hat den Begriff des Personalismus aus Deutschland importiert und wurde so zum Geburtshelfer einer erfolgreichen Strömung der französischen Philosophie in den dreißiger Jahren. Mit Nicolai Berdjajew, Denis de Rougemont und Emmanuel Mounier fand der Personalismus in der Folge bedeutende Protagonisten, bevor er vom französischen Existentialismus, der ihm jedoch in vielen Punkten ähnlich war, in den Schatten gestellt wurde. Daß der Begriff ursprünglich von Marc in Frankreich eingeführt worden war, ist heute kaum mehr bekannt, nachdem Mouniers Zeitschrift *Esprit* den Personalismus erfolgreich für sich beansprucht hat[68]. In der von Mounier entwickelten katholischen Variante ist der Personalismus auch bis heute bekannt, während der politisch-revolutionäre Ursprung weitgehend in Vergessenheit geraten ist. Dies liegt zum einen daran, daß *Esprit* nach der Auflösung des Ordre Nouveau 1938 als einzige den Personalismus propagierende Zeitschrift übrigblieb und Mounier den Begriff erfolgreich für sich zu reklamieren wußte – zum Teil durch die bewußte Verschleierung der Herkunft des Begriffes nach dem Zweiten Weltkrieg[69]. Die entscheidenden Anregungen dazu hat Marc aus der deutschen Philosophie erhalten, und zwar von Max Scheler und William Stern. Sowohl Scheler als auch der in Vergessenheit geratene Stern (der Vater des Schriftstellers Günther Anders) hatten mit dem Begriff der „Person" eine philosophische Kategorie entwickelt, mit deren Hilfe sie sich kritisch mit der Philosophie der Scholastik und dem transzendentalen Idealismus Kants auseinandersetzen konnten. Marc hat von ihnen die entscheidenden Anregungen erhalten. Einen großen Teil seines Philosphiestudiums in Deutschland hatte er der Phänomenologie gewidmet[70]. Einen Schlüsselbegriff in Schelers Werk bildete die „Person", die im Mittelpunkt der neuen moralischen Ordnung steht. Bereits in seiner 1916 erschienenen Abhandlung über den *Formalismus in der Ethik und die materielle Wertethik* hatte Scheler die Grundlagen eines „ethischen Personalismus" formuliert[71]. Ebenso wie Scheler hatte sich William Stern vom Idealismus Kants und dem positivistischen Rationalismus des 19. Jahrhun-

[67] Vgl. Roy, Marc, S. 82ff.; ders., Contacts, S. 153ff.; Rougemont, Journal d'une Époque, S. 93f.

[68] Vgl. Keller, Personalismen, S. 125 ff., Hellman, Mounier, S. 62; diese Vereinnahmung war so erfolgreich, daß selbst in der Fachwelt der fundamentale Einfluß von Marc übersehen wurde, vgl. etwa Oliver Clement, Berdiaev et le personnalisme français, S. 210 und erneut ders., Berdiaev et la pensée française, S. 204.

[69] Vgl. den von Mounier verfaßten Beitrag *Le Personnalisme* in der Reihe *Que sais-je?* Hier geht es Mounier ausschließlich und ohne dies näher zu begründen um die katholisch inspirierte Variante des Esprit-Kreises, während er den Ordre Nouveau nahezu vollständig verschweigt.

[70] Um die Philosophie Schelers auch in Frankreich bekanntzumachen, hatte er nach einem Besuch bei dem Philosophen in Köln 1923 ein Werk des Philosophen ins Französische zu übersetzen begonnen, Wesen und Form der Sympathie, ¹1913, ²1923. Er hatte den Versuch aufgegeben, nachdem er keinen Verleger fand; Roy, Marc, S. 128.

[71] Scheler, Der Formalismus in der Ethik.

derts zu lösen versucht. Der dritte und letzte Band seines Hauptwerkes *Person und Sache* war 1924 unter dem Titel „System des kritischen Personalismus" erschienen[72].

An dieser Stelle soll nicht das philosophische System des Personalismus dargestellt werden, noch sollen die zahlreichen Unterschiede der personalistischen Lehren untersucht werden. Jedoch lohnt es sich, einige allgemeine Leitgedanken des Personalismus näher zu betrachten, die unmittelbare Konsequenzen für das politische Denken und Handeln hatten. Wenn sich die folgende Skizze auf den Ordre Nouveau konzentriert, so deshalb, weil Marc die Pionierrolle bei der Vermittlung übernommen hatte und der Personalismus dort in einer allgemeinen, konfessionell nicht festgelegten Form entwickelt wurde[73].

Zum einen stellt der Personalismus den positivistischen Rationalismus in Frage. Das Denken folgt nicht den abstrakten Prinzipien sprachlicher Logik, es ist nicht voraussetzungslos, sondern geprägt durch das Herkunftsmilieu, und es wandelt sich durch soziale Interaktion. Begriffe wie Vernunft, Freiheit und Gleichheit verlieren ihre absolute Gültigkeit, die Ideale der Aufklärung und Revolution werden somit relativiert. Die Person läßt sich andererseits nicht als bloßes Produkt des sie umgebenden Milieus begreifen, sondern steht mit ihm in einer Beziehung der ständigen Wechselwirkung. Damit erteilt der Personalismus auch dem marxistischen Determinismus eine entschiedene Absage: das Denken ist keineswegs ein bloßes Spiegelbild der materiellen Situation, vor allem aber gibt es kein festgelegtes Ziel des gesellschaftlichen Wandlungsprozesses. Der Personalismus entwickelt vielmehr eine charakteristische Eigendynamik: die Personen sind in permanenter Wandlung begriffen. Sie „konvergieren" auf ein Ziel, ohne es jemals zu erreichen, die Revolution als Prinzip gesellschaftlicher Veränderung wird permanent[74].

Der Personalismus steht somit in einer doppelten Opposition: er richtet sich sowohl gegen den bürgerlichen Individualismus als auch gegen den kommunistischen Kollektivismus. Die Person ist also weder ein isoliertes Individuum noch eine bloße Zahl in einer amorphen Masse, sondern sie erhält ihren jeweils besonderen Platz in einem Wertesystem zugewiesen, das den normativen Rahmen jeder Gesellschaft bildet – eine Vorstellung, die Marc von Scheler und Stern übernommen hat. An unterster Stelle dieser Hierarchie steht der entfremdete Mensch, der seiner sozialen Bindungen beraubt worden ist, an oberster Stelle der zur Führung im Gemeinwesen „Berufene", Philosoph oder Priester. Der Begriff der „Berufung" wird zum zentralen Legitimationsprinzip der neuen

---

[72] Stern, Person und Sache.
[73] Zum Personalismus Schelers vgl. Stegmüller, Hauptströmungen, Bd. 1, S. 115ff., und Baumgartner, Sehnsucht, S. 68ff., Keller, Der Dritte Weg, S. 81–95. Zur Rezeption von William Stern vgl. den Schlüsselartikel von Marc, veröffentlicht unter dem Namen von Dupuis, Le personnalisme de W. Stern et la jeunesse française, Revue d'Allemagne, H. 66, 1933, S. 311–330. Die dort von Marc skizzierte Philosophie Sterns weist große Übereinstimmungen mit derjenigen Schelers auf. Zur Autorschaft von Marc siehe Roy, Marc, S. 130f. Vgl. die Hauptwerke zum Personalismus: Rougemont, Politique de la personne; ders., Penser avec les mains; Mounier, Révolution personnaliste et communautaire; ders., Manifeste au service du personnalisme.
[74] Dupuis [Marc], personnalisme, S. 320; Rougemont, Quatre indications pour une culture personnaliste, in: ON, H. 18, 1935, S. 13–16.

Elite, deren Auslese durch den Gedanken der Prädestination bestimmt ist[75]. Die Person konstituiert sich erst durch ihr Handeln, sie ist im Kern ihres Wesens sozial und daher auf die Gemeinschaft hin ausgerichtet. Die Philosophie des Personalismus setzt die Einheit von Denken und Handeln voraus und begründet damit eine Ethik, in der das Bewußtsein der Solidarität und der Verantwortung die zentralen Maximen bilden. Die Verwirklichung der Person und die Verwirklichung der Gemeinschaft sind zwei komplementäre Seiten desselben Prozesses[76].

Auf fruchtbaren Boden sind diese Ideen in einem Studienkreis gefallen, den Alexandre Marc 1929 ins Leben gerufen hatte und der sich nach seinem Tagungsort Club du Moulin Vert nannte. Unter seiner Leitung versammelten sich dort jede Woche rund vierzig Teilnehmer verschiedener Konfession, die sich vorrangig mit religiösen Themen und insbesondere der Frage der Ökumene befaßten. Darunter waren die beiden vom Judentum zum Katholizismus konvertierten Philosophen Gabriel Marcel und Nicolai Berdjajew, mehrere Dominikaner aus Juvisy sowie der Jesuit Jean Daniélou[77]. Ergänzt wurde dieser Kreis durch die Karl Barth-Schüler Roland de Pury, Pierre Maury und Denis de Rougemont. Die beiden letztgenannten arbeiteten im Pariser Verlagshaus Je Sers, das sich in besonderem Maße dem Werk des Begründers der dialektischen Theologie widmete[78].

Zum Bruch innerhalb des Klubs kam es, als Marc, stark beeinflußt von den Thesen des Nationalökonomen Werner Sombart, den Zusammenhang von Protestantismus und der Entwicklung des Kapitalismus erörterte. Mit dieser Erweiterung von der ursprünglich religiösen Fragestellung war ein Teil der Mitarbeiter nicht einverstanden und schied aus

---

[75] Vgl. Rougemont, Politique de la personne, Paris 1934, S. 33ff. Marc relativierte zwar das stark hierarchische Denken der deutschen Personalisten unter Hinweis auf den gemeinschaftlichen Charakter, doch stellte er es keinesfalls grundsätzlich in Frage: Dupuis *[Marc]*, Le personnalisme, in: Revue d'Allemagne, Juli 1933, S. 329.

[76] Dandieu/Rougemont, L'acte. La notion d'acte comme point de départ *[1933]*, in: L'Europe en Formation 245 (1981), S. 29–37; vgl. Rougemont, Penser, S. 234.

[77] Daniélou wurde 1944 Professor und später Dekan des Institut Catholique in Paris und 1969 Kardinal. Der Dominikaner Yves Congar, der zwar nicht an den Treffen teilnahm, jedoch in ständigem Kontakt mit dem Club blieb, wurde 1931 Professor für Theologie an der Dominikanerhochschule Le Saulchoir. Er gehörte zu den entschiedenen Vertretern der Wiedervereinigung der Christen und war einer der einflußreichsten Berater des zweiten Vatikanischen Konzils; Marc, Denis de Rougemont, S. 28f. Zu Gabriel Marcels Konversion 1929 vgl. Foilloux, Un philosophe, S. 93–114. Zu Berdjajew siehe Clement, Berdiaev et la pensée française, S. 197–219, 280–298; Roy, Marc, S. 50ff.

[78] Marc, Denis de Rougemont, S. 28f. Vgl. zu den Teilnehmern Ganne, Qu'as-tu fait de ta jeunesse?, S. 1; Lipiansky, Ordre Nouveau, S. 7f.; Loubet del Bayle, Non-conformistes, S. 82; Pury stammte wie Rougemont aus dem Kanton Neuchâtel und war mit diesem befreundet, vgl. Reymond, Théologien, S. 24f. Sie waren durch den Sohlberg-Teilnehmer André Mossmann in den Kreis eingeführt worden, siehe Roy, Marc, S. 20. Marc und Rougemont hatten sich 1930 beim Schriftsteller Charles Du Bos kennengelernt, vgl. Ackermann, Rougemont, Bd. 1, S. 188. Zur Entstehung vgl. ferner NN, Comment est né l'Ordre Nouveau, in: ON, H. 9, 1934, S. II-III. Auffällig ist der große Einfluß der Existenzphilosophen in diesem Kreis: Berdjajew, Marcel, die von Barth beeinflußten Protestanten und schließlich Marc selbst, der sich nach eigenem Bekunden sehr für Karl Jaspers interessierte. Marc hatte den Autor des Buches *Die Geistige Situation der Zeit* (1931) schätzen gelernt und daraufhin Kontakt mit ihm aufgenommen; vgl. Roy, Marc, S. 121 und passim; Marc, Le fédéralisme, S. 32f., sowie Gespräch des Autors mit Marc in Tübingen 24./ 25. 3. 1994.

dem Klub aus[79]. Aus dem verbleibenden Rest ging der Ordre Nouveau hervor. Ein im März 1931 redigiertes Manifest, signiert von Marc, Gabriel Rey und Gabriel Marcel, kündigte die Gründung an. Die Unterzeichner diagnostizierten eine fundamentale Krise, die sich in einer wachsenden Kluft zwischen dem industriellen und technischen Fortschritt und den dahinter zurückgebliebenen politisch-sozialen Verhältnissen äußerte. Aus diesem Dilemma gab es nur einen radikalen Ausweg: „einen fundamentalen Wandel"[80]. Das Parteiensystem hatte sich als unfähig erwiesen, die Kluft zu überbrükken, da es auf den überholten Ideologien des 19. Jahrhunderts – Sozialismus, Liberalismus, Nationalismus – basierte. Eine Lösung der Krise war nur durch einen radikalen Bruch mit der Gedankenwelt des 19. Jahrhunderts möglich, wobei die Unterzeichner den Rückgriff auf Traditionen keineswegs als Widerspruch empfunden haben: „Traditionalisten, aber keine Konservativen, [...] Patrioten, aber keine Nationalisten, Sozialisten, aber keine Materialisten, Personalisten, aber keine Anarchisten."[81]

Neue Sympathisanten stießen hinzu. Neben Gabriel Rey und dem Ex-Trotzkisten Jacques Naville, die Marc aus seiner Zeit beim Verlagshaus Hachette (1927–1929) kannte, brachte er seine ehemaligen Kommilitonen von der Ecole Libre des Sciences Politiques, Jean Jardin und René Dupuis, mit[82]. Dupuis hatte sich zu dieser Zeit bereits als Experte für Mittel- und Osteuropa einen Namen gemacht. Er schrieb Artikel für die Wiener *Neue Freie Presse*, den gemäßigt konservativen *Correspondant*, für die *Revue politique et parlementaire*, *Capital* sowie in verschiedenen ungarischen und polnischen Zeitschriften[83]. Im Jahr 1931 erschien sein Buch „Das ungarische Problem", das Ungarn zum Brennpunkt der europäischen Einigung und Friedenssicherung erklärte[84]. Jean Jardin sympathisierte mit den Ideen der Action française, jedoch ohne jemals Mitglied der Bewegung zu werden. Geprägt durch seinen Lehrer am Lycée von Evreux, Pierre Gaxotte[85], frequentierte er auch während seines Studiums die Kreise der Action française. Sein Interesse galt jedoch eher dem literarisch-historiographischen Umfeld der Monarchisten – Maurice Barrès, Léon Daudet und Jacques Bainville – als der politischen Lehre des integralen Nationalismus. Nach seinem Diplom und einem Promotionsstipendium in London arbeitete er seit 1929 bei der Banque Dupont[86].

Seit Anfang 1931 engagierte sich der Geschichtslehrer Henri Petiot beim Ordre Nouveau[87]. Unter dem Pseudonym Daniel-Rops hatte er literarischen Ruhm erworben. Mit

[79] Roy, Marc, S. 54ff.
[80] Auszüge aus diesem Manifest wurden zitiert in L'Appel, in: Plans, H. 9, 1931, S. 149–151, Zitat S. 150; vgl. Lipiansky, Ordre Nouveau, S. 9; zur Datierung Roy, Marc, S. 59; vgl. Rougemont, Journal d'une Epoque, S. 93.
[81] L'Appel, in: Plans, H. 9, 1931, S. 149f.
[82] Ganne, Qu'as-tu fait de ta jeunesse?, S. 1; Loubet del Bayle, Non-conformistes, S. 81f.
[83] Roy, Marc, S. 308ff.; Lipiansky, Ordre Nouveau, S. 101; Loubet del Bayle, Non-conformistes, S. 461.
[84] Dupuis, Le Problème Hongrois.
[85] Er leitete die der Action française nahestehende Zeitschrift *Candide* und gründete 1930 *Je suis partout*.
[86] Assouline, Eminence, S. 24ff.; vgl. Roy, Marc, S. 280ff.
[87] Entweder Marcel oder Rougemont hatten den Kontakt vermittelt. Die Verbindung über Marcel bei Lipiansky, Ordre Nouveau, S. 8. Mit Marcel stand Daniel-Rops seit 1926, mit Rougemont seit Anfang 1927 in Briefkontakt, vgl. Nachlaß Marcel, BN Don 87.08 und Archives Rougemont, Neuchâtel, Correspondance.

einer Reihe von Essays, erschienen unter dem Titel *Notre inquiétude*, hatte er sich 1926 als Vertreter einer neuen Schriftstellergeneration der Öffentlichkeit präsentiert. Die Essays waren stark inspiriert von der Lektüre Oswald Spenglers und variierten das Thema des kulturellen Niedergangs. Zugleich aber kündigten sie den Willen zum Aufbruch einer neuen Generation an, die mit dem psychologisierenden Ästhetizismus und der nihilistischen Spielerei der Vorgänger abrechnete und dem Literaturgeschmack der „wilden Jahre" mit einer Rückkehr zum Realismus und zu formaler Strenge begegnete. Daniel-Rops war ein Anhänger der neothomistischen Strömung der katholischen Erneuerungsbewegung Renouveau catholique, die er als das Erwachen einer „zweiten Religiosität" begrüßte. Dieser religionsphilosophische Ansatz brachte ihn den Ideen der Action française nahe. Wie viele Anhänger der Erneuerungsbewegung, die er zu seinen Vorbildern zählte, würdigte er die Rolle der Monarchisten als Verteidiger christlich-abendländischer Werte gegen die säkularen Tendenzen des Republikanismus[88].

Entscheidenden Zuwachs erhielt der Ordre Nouveau Anfang 1931 durch Robert Aron und Arnaud Dandieu. War Alexandre Marc die charismatische Integrationsfigur und der politische Kopf der Gruppierung, so entwickelte das Duo Aron–Dandieu die philosophischen Grundlagen des Personalismus weiter. Geschult an Marx und den Vertretern des Anarchismus und Anarcho-Syndikalismus – Proudhon, Sorel und Bakunin –, erarbeiteten sie die Leitgedanken in ihren gemeinsam verfaßten Werken *Décadence de la Nation française (1931)*, *Le Cancer américain (1931)* und *La Révolution nécessaire (1933)*.

Mit 33 und 34 Jahren waren sie zudem die Ältesten der Bewegung. Sie hatten sich 1915 bei der Vorbereitung ihrer Aufnahmeprüfung für die ENS am Lycée Condorcet kennengelernt[89]. Aron war der einzige Frontkämpfer aus dem künftigen Direktionskomitee des *Ordre Nouveau*[90]. Er war seit 1921 für die Kundenwerbung der konservativen Literaturzeitschrift *Revue des Deux Mondes* zuständig und wurde 1922 Privatsekretär von Gaston Gallimard, dem Inhaber des gleichnamigen Verlages, in dem auch die *Nouvelle Revue Française* erschien. Seit 1927 gehörte er zum Lektoratskomitee des Verlages. Seine Revolte gegen den Kunstbegriff der Nachkriegszeit führte ihn in den zwanziger Jahren zum Surrealismus. Er war befreundet mit Louis Aragon und hatte zusammen mit Antonin Artaud das surrealistische Theater, „Alfred Jarry", betrieben[91].

Dandieu arbeitete zusammen mit Georges Bataille als Bibliothekar an der Pariser Nationalbibliothek. Sein 1930 veröffentlichtes Werk über Marcel Proust machte Alexandre

---

[88] Daniel-Rops, Notre inquiétude, S. 49ff., 143ff. In einem Leserbrief an die Action française betonte er, daß „die Ideen von Maurras nicht nur für seine Schüler und Freunde eine wertvolle Nahrung zu sein scheinen, sondern auch für diejenigen, die seine Ansichten überhaupt nicht teilen, sogar für seine Feinde". Daniel-Rops, La doctrine de Maurras, in: Action française 26.7. 1928, S. 3; vgl. Daniel-Rops, L'âme obscure, ders., Deux hommes en moi.

[89] Aron war 1898, Dandieu 1897 geboren. Ihr Lehrer für Philosophie war Gabriel Marcel; Aron, Fragments, S. 95; vgl. Voyenne, Proudhon et Sorel, S. 29–36.

[90] Zudem war er nach eigenem Bekunden der einzige Offizier Frankreichs, der sich seine Kriegsverletzung selbst zugefügt hat, Aron, Charles de Gaulle, S. 11.

[91] Aron, Fragments, S. 27ff.; Artaud, Théâtre Alfred Jarry, in: ders., Œuvres complètes, Bd. 2, S. 15–66; Assouline, Gallimard, S. 116, 126.

Marc auf ihn aufmerksam, der ihn daraufhin zu den Treffen des Clubs einlud[92]. Dandieu stammte aus einer Bordelaiser Familie mit starken Sympathien für den französischen Sozialismus. Er war wie kaum ein anderer aus dem Umkreis des Ordre Nouveau mit den Gesellschaftstheorien Georges Sorels und Pierre Joseph Proudhons vertraut und hatte seine Mitarbeiter erst zur Beschäftigung mit diesen Theoretikern angeregt. Darüber hinaus hatte er sich intensiv mit dem Werk Nietzsches auseinandergesetzt. Seine Feindschaft zum Staat und seine Sympathien mit elitären Herrschaftskonzepten rechtfertigte er häufig unter Verweis auf die Autorität des deutschen Philosophen[93].

Über Dandieu stieß schließlich noch Claude Chevalley zum Ordre Nouveau. Der Sohn des Anglisten Abel Chevalley hatte den naturwissenschaftlichen Zweig der ENS absolviert und arbeitete an seiner Doktorarbeit in Mathematik[94].

Zu dem Zeitpunkt, als Aron und Dandieu an den Treffen des Club du Moulin Vert teilnahmen, vollendeten sie gerade ihr Werk *Décadence de la Nation française* (1931)[95]. In seiner globalen Zivilisationskritik zeigt das Buch eine deutliche Übereinstimmung mit den Positionen, die im Manifest formuliert worden waren: die Diagnose einer fundamentalen Krise und ihrer „geistigen" Wurzeln. Der Niedergang des französischen Patriotismus war nach Ansicht der Autoren der Indikator dieser Krise. Einerseits manifestierte er sich in dem Versuch, nationale Identitäten im internationalen Sozialismus gänzlich aufzulösen und auf der anderen Seite in einem chauvinistischen Nationalismus zu übersteigern. In beiden Fällen diagnostizierten die Autoren den schleichenden Verlust sozialer Bindungen. Schuld daran war der ungebrochene Glaube an die Möglichkeiten des rationalen Fortschrittsdenkens. In ihrem Werk warnten die beiden Autoren vor den Gefahren, die aus dieser Entwicklung resultierten: wirtschaftliche und politische Konzentration, Monopole und anonyme Machtstrukturen lösten die Bindung des Menschen an Boden, Familie und Beruf auf und bedrohten damit die Grundwerte der europäischen Kultur. Aron und Dandieu sahen den Menschen auf eine bloße Zahl in einer amorphen Masse reduziert, der jeglichen Kontakt zu seiner Umwelt verloren hatte. Dies

---

[92] Ganne, Qu'as-tu fait de ta jeunesse?, S. 8; Dandieu, Marcel Proust. Der Vater Claude Chevalleys, mit dem Dandieu befreundet war, hatte durch seine Verbindungen nach Oxford das Erscheinen des Buches ermöglicht; Aron, Fragments, S. 104f.

[93] Aron, Précurseur, S. 37ff.; ders., Réforme ou Révolution, in: ON, H. 17, 1935, S. 17f.; ders., Fragments, S. 96f.; Loubet del Bayle, Non-conformistes, S. 83, 85. Zu Nietzsche vgl. die zahlreichen Hinweise im Nachlaß Dandieu, BN: Don. 28381, besonders Karton 1, Doss. 3: „La crainte de l'enfer" – Über die Vorstellung von der ewigen Wiederkehr. Karton 2, Doss. 31: Textes Politiques. In einem Gespräch am 4. 12. 1994 bestätigte mir Alexandre Marc, daß ihm Proudhon erst durch Dandieu vermittelt worden sei und er sich selbst erst in den vierziger Jahren mit dem Theoretiker des Sozialismus beschäftigt habe. Dandieu orientierte sich stark zur Linken. Er hatte zusammen mit Robert Kiefé ein Werk des britischen Politikwissenschaftlers Harold Laski übersetzt, in dem der Theoretiker der Arbeiterbewegung sich kritisch mit dem Kommunismus auseinandersetzte (Laski, Le communisme, maschinengeschriebenes Manuskript im Nachlaß Dandieu, Karton 6. Doss. 2,3). Weiterhin verfügte er durch Boris Souvarine über Kontakte zum Kreis der Pariser Trotzkisten; Auskunft von Alexandre Marc in Tübingen, 25. 3. 1994.

[94] AN: 61 AJ 253. Seine Doktorarbeit wurde zwar erst 1933 veröffentlicht, doch lagen wesentliche Ergebnisse bereits 1931 und 1932 vor; vgl. Chevalley, Sur la théorie du corps de classes; er war ein Mitbegründer der Bourbaki-Gruppe; Loubet del Bayle, Non-conformistes, S. 460.

[95] Aron betont, daß der Chef des Riéder Verlages, Jacques Robert-France, sie um dieses Werk gebeten hatte; Fragments, S. 100.

machte ihn zum willfährigen Werkzeug von Diktatoren und degradierte ihn zum Sklaven des industriellen Produktionsprozesses.

Frankreich als das geistige Zentrum der europäischen Kultur mußte sich, so forderten die beiden Autoren, in einer radikalen Gegenbewegung dieser verhängnisvollen Entwicklung entgegenstellen und zusammen mit dem Kapitalismus auch die Demokratie bekämpfen. Nur eine Revolution konnte diese Fehlentwicklung aufhalten und alle Formen zentralistischer Herrschaft brechen.

Inwieweit diese kulturkritischen Ausführungen bereits auf direkten Austausch mit Alexandre Marc zurückzuführen sind oder eher eine zeitbedingte Stimmungslage treffen, läßt sich nicht mehr rekonstruieren[96]. Jedenfalls taucht der Begriff des Personalismus weder in diesem Werk noch in dem nachfolgenden Buch *Le cancer américain* (ebenfalls 1931) auf.

Gleichzeitig eröffnete sich den beiden Autoren ein neues Forum in der Zeitschrift *Europe*, die von Jean Guéhenno und Jean-Richard Bloch geleitet wurde[97]. Nach dem Erscheinen der *Décadence* wurden sie als Mitarbeiter öffentlich in der Zeitschrift begrüßt und in die Nachfolge des Soziologen Emile Durkheim und des Philosophen Alain (Emile Chartier) gestellt[98]. Dandieu skizzierte zudem mit Artikeln über Georges Gurvitch, Emile Meyerson und Jean Wahl die philosophischen Leitlinien, die für die weitere Orientierung des Ordre Nouveau wichtig werden sollten[99].

Über eine feste Organisation verfügte die Gruppierung zu diesem Zeitpunkt noch nicht, ebensowenig über eine Zeitschrift. Jedoch entstand eine Fülle von Kontakten; neben dem Klub liefen die Verbindungen nun über die Bibliothèque Nationale (Dandieu), das Büro der *NRF* (Aron) und den Verlag Je Sers (Rougemont). Mit Konferenzen versuchte die Gruppierung, ihr Auditorium zu erweitern. Dandieu hielt im Juni 1931 einen Vortrag zum Thema „Gegen die Nation"[100]. Neben den Mitarbeitern traten auch Gastreferenten auf: Georges Roux referierte über die Frage der Nationalitäten in Mitteleuropa[101]. Im November 1931 wurde diese Praxis institutionalisiert in einem Ordre-Nouveau-Studienzentrum, das regelmäßig Konferenzen mit Sympathisanten der Gruppie

---

[96] Das Buch wurde zwischen Mai 1930 und Januar 1931 verfaßt, vgl. Aron/Dandieu, Décadence, S. 241.
[97] Die Zeitschrift erschien in demselben Verlag (Riéder) wie die Werke von Aron und Dandieu.
[98] Crémieux, Aron/Dandieu, Décadence de la nation française, in: Europe, H. 107, 1931, S. 451–453; Aron/Dandieu, De Wall Street à la Haye, in: Europe, H. 94, 1930, S. 585–595; Aron/Dandieu, L'Amérique et la France, in: Europe, H. 101, 1931, S. 139–151.
[99] Dandieu, Georges Gurvitch, in: Europe, H. 113, 1932, S. 178–180; ders., La philosophie d'Emile Meyerson, in: Europe, H. 116, 1932, S. 633–641; ders., Jean Wahl, in: Europe, H. 120, 1932, S. 630–634.
[100] Konferenz: Dandieu, „Contre la Nation" am 31.6.1931, BN: Nachlaß Dandieu, Karton 6, Doss. 6,1.
[101] Konferenz: Georges Roux am 6.6.1931, BN: Nachlaß Dandieu, Karton 6, Doss. 3, 11. Weitere Redner waren Aron und Dandieu, die Leitung der Sitzung hatte Albert de Chauveron. Roux schrieb auch für *Plans* (Feb. 1931) und *Mouvements* (Mai 1933). Im Faschismus sah er die italienische Form einer europaweiten Front der Revolutionsbestrebungen und setzte sich für eine französisch-italienische Entente ein; vgl. seinen Artikel: Le fascisme, in: Mouvements 8, Mai 1933. Zu seiner Tätigkeit bei *Je suis partout* vgl. Dioudonnat, Je suis partout, S. 50 und passim und ders., Rédacteurs, S. 79.

rung veranstalten sollte. Als weitere Referenten standen Albert Crémieux und Ramon Fernandez auf dem Veranstaltungskalender[102].

Plans

Seit Mitte 1931 arbeitete der Ordre Nouveau mit der Zeitschrift *Plans* zusammen. Philippe Lamour hatte Anfang des Jahres 1931 mit Unterstützung von Jeanne Walter das luxuriös aufgemachte und avantgardistische Blatt gegründet, für das er unter anderem den Architekten Le Corbusier, den revolutionären Syndikalisten Hubert Lagardelle und den Gewerkschaftler Francis Delaisi als Mitarbeiter gewinnen konnte[103].

Bevor Lamour seine eigene Zeitschrift gründete, hatte er bereits eine schillernde politische Karriere hinter sich. Er hatte sich zunächst bei den Kommunisten und anschließend bei der extremen Rechten engagiert. Im Jahr 1925 hatte er sich dem gerade gegründeten Faisceau von Georges Valois angeschlossen. Bald war er zum Leiter der universitären Sektion im Quartier Latin aufgestiegen, doch mußte er im März 1928 wegen Differenzen mit Valois die Bewegung wieder verlassen. Als Vertreter eines „integralen Faschismus" hatte er sich gegen jegliches taktische Bündnis mit demokratischen Bewegungen ausgesprochen[104]. Mit *Plans* wollte Lamour die radikal-modernistische Tendenz des Faisceau mit dem revolutionären Syndikalismus vereinen und auf diese Weise zugleich die Basis für eine neue europäische Ordnung schaffen. Dieses anspruchsvolle Programm war begleitet von einer technikbegeisterten Ästhetik: Le Corbusier lieferte die Entwürfe seiner Idealstadt des kollektiven Wohnungsbaus, während der Mussolini-Bewunderer Lagardelle die sozialen und wirtschaftlichen Grundlagen der neuen Gesellschaftsordnung formulierte[105].

Das Erscheinen des Essays *Décadence de la Nation française* eröffnete Aron und Dandieu die Mitarbeit in der Zeitschrift *Plans*. In einem offenen Brief an die beiden Autoren erklärte sich Lamour weitgehend solidarisch mit deren Ideen, hob aber hervor, daß ihm nicht so sehr an Anschauungen als vielmehr an konkreten Aktionen gelegen sei[106]. Das Novemberheft kündigte bereits die Fusion des Ordre Nouveau und mit der Gruppe um die Zeitschrift *Plans* an. Folgende Ziele wollten die beiden Gruppen gemeinsam verwirklichen: 1. Eine weitgehende Reduktion des politischen und des administrativen Apparates; 2. Die Einführung einer Planwirtschaft; 3. Einen föderalistischen und dezentra-

---

[102] L'action, in: Plans 9, Nov. 1931, S. 152.
[103] Auch Arthur Honegger, Fernand Léger, Walter Gropius, Thomas und Heinrich Mann schrieben einzelne Artikel.
[104] Sternhell, Anatomie, S. 28ff.; Valois, L'homme contre l'argent, S. 219ff., 336f. Vor seinem Beitritt zum Faisceau hatte er sich bei den Kommunisten engagiert und für die Zeitschrift *Clarté* von Henri Barbusse geschrieben: Soucy, First Wave, S. 117.
[105] Zum Faisceau vgl. Müller, Protest, S. 520ff.; ders., French Fascism, S. 75–107; Le Corbusier, Invite à l'Action, in: Plans, H. 1, 1931, S. 50–64; Lamour, La Ligne générale, in: Plans, H. 4, 1931, S. 5f.; Lagardelle, L'Homme réel et le Syndicalisme, in: Plans, H. 3, 1931, S. 11–17. Lagardelle war möglicherweise ebenfalls Sympathisant von Valois' Faisceau gewesen. Sicher jedenfalls war er Anhänger des 1925 gegründeten Redressement Français von Ernest Mercier; Jennings, Syndicalism in France, S. 202. Vgl. ferner Guillaume, *Plans* et la révolution collective, S. 197–207.
[106] Lamour, Lettre à Aron et Dandieu, in: Plans, H. 8, 1931, S. 21–36; Dupeyron, Réflexions sur un livre essentiel, in: Plans, H. 7, 1931, S. 28–32. *Plans* veröffentlichte vorab einen Auszug des *Cancer*, in: Plans, H. 8, 1931, S. 36–43.

len Staat, dessen Institutionen auf regionaler und genossenschaftlicher Basis aufgebaut werden sollten. Sie wollten eine den Anforderungen der modernen Industriegesellschaft angepaßte humane Gesellschaft schaffen[107]. Der Zusammenschluß war gedacht als Vorstufe zu einer Gemeinschaftsfront der revolutionären europäischen Jugend, mit der das Nationalstaatsprinzip überwunden und die Grundlagen eines europäischen Föderalismus geschaffen werden sollten[108].

Doch schon Ende 1931 kam es zu ersten Meinungsverschiedenheiten mit Aron und Dandieu. Lamour beklagte sich über deren Konzentration auf die Ausbildung der ideologischen Grundlagen und ihre Abneigung gegen jede konkrete Aktion[109]. Daraufhin schieden die beiden Mitarbeiter des Ordre Nouveau Ende 1931 bei *Plans* aus. Marc, Dupuis und Rougemont hielten die Zusammenarbeit noch ein halbes Jahr lang aufrecht, bis auch sie sich mit Lamour zerstritten. Wieder war der Auslöser das Gerangel um Kompetenzen. Lamour sah sich in seiner eigenen Zeitschrift zunehmend von seinen neuen Mitarbeitern in die Ecke gedrängt. Er warf ihnen vor, ihren eigenen Standpunkt durchzusetzen, ohne ihn jemals zur Diskussion zu stellen[110].

Diese Unstimmigkeiten hatten zwei Ursachen: Zum einen war Philippe Lamour wieder auf der Suche nach einer neuen politischen Orientierung. Er begann sich von seinen Sympathien für Italien und den Faschismus zu lösen und orientierte sich immer stärker hin zu einem sozialistisch inspirierten Antifaschismus und Pazifismus. Eine wichtige Etappe markierte die Umwandlung der luxuriösen Monatsschrift *Plans* in ein spartanisch aufgemachtes Blatt, das seit April 1932 alle zwei Wochen erschien[111]. Zur gleichen Zeit distanzierte sich Lamour auch von seinem wichtigsten Mitarbeiter Lagardelle.

Doch gab es darüber hinaus von Anfang an tiefere Gegensätze zwischen *Plans* und dem Ordre Nouveau, die bei abnehmendem Verständigungswillen zum Bruch führen mußten. Die Vorstellungen Lamours waren stark technokratisch geprägt. Ganz in der Linie des Faisceau war sein Glaube an die Möglichkeiten einer zweiten industriellen Revolution ungebrochen. Mit technischen Innovationen und einem starken staatlichen Dirigismus würden sich seiner Ansicht nach die Probleme der modernen Welt lösen lassen. Dabei schien sein Optimismus kaum angekränkelt von Zweifeln über die Vereinbarkeit

---

[107] L'action, in: Plans, H. 9, 1931, S. 149.

[108] Lamour, Vers le front unique de la jeunesse européenne, in: Plans, H. 9, 1931, S. 152–155.

[109] Brief Lamours an Marc, ohne Datum, zitiert nach Lipiansky, Ordre Nouveau, S. 16.

[110] Brief Lamours an Dupuis vom 27. Juli 1932, zitiert ebenda.

[111] Auch als Folge des Entzugs der finanziellen Unterstützung, nachdem sich Jeanne Walter von ihrem Mann getrennt und Lamour geheiratet hatte, vgl. Loubet del Bayle, Non-conformistes, S. 100. In der neuen Ausgabe veröffentlichten unter anderem Gaston Bergery, zu diesem Zeitpunkt noch Abgeordneter der Radicaux aus Nantes (Plans, Nouvelle série [NS], H. 7, 1932), und Boris Goldenberg von den oppositionellen Kommunisten in Deutschland, (Plans NS, H. 8, 1932). Im September des Jahres mußte die Zeitschrift schließlich aus Geldmangel erneut ihr Erscheinungsbild ändern. Nach einer Unterbrechung erschienen noch drei Ausgaben, nun monatlich, von Februar bis April/Mai 1933. Vgl. Rundschreiben Walter/Lamour, Nov. 1932: „Plans n'a plus d'argent", Archives Denis de Rougemont, Neuchâtel. Lamour näherte sich immer stärker dem Kommunismus an. 1935 trat er zusammen mit Jean Guéhenno, Gaston Bergery und Léon Blumé als Fürsprecher des militanten Pazifisten René Guérin auf, AN F7 12959, Bericht vom 27. 5. 1935. Im spanischen Bürgerkrieg vertrat er als Anwalt die Interessen der Regierung in Madrid und setzte sich für die Kriegsflüchtlinge in Frankreich ein, vgl. Jung, Der Weg nach unten, S. 371f. Vgl. auch die Memoiren von Lamour, Le cadran solaire.

von staatlicher Intervention und föderaler Autonomie. Mit seiner charismatischen Rednergabe überspielte er die Widersprüche mehr, als daß er sie löste[112]. Er teilte nicht die Skepsis seiner neuen Freunde gegenüber dem wissenschaftlich-technischen Fortschritt und der Effizienz wirtschaftlicher Reformen. Ebensowenig konnte er die Großstadtkritik des Ordre Nouveau verstehen, die sich an den städtebaulichen Entwürfen Le Corbusiers entzündete[113]. Für den Ordre Nouveau war die Krise auch nicht mit einschneidenden politischen und wirtschaftlichen Maßnahmen zu bewältigen, sondern erforderte ein radikales Umdenken. Die anvisierte Vergemeinschaftung der Produktionsmittel und Einführung eines Arbeitsdienstes sollten letztlich die Voraussetzung bilden für ein höheres Ziel, die „immer weiter fortschreitende geistige und schließlich ökonomische Befreiung der schöpferischen Persönlichkeit"[114].

Alexandre Marc zufolge mußte dieses geistige Prinzip aus einer Revolution hervorgehen. Seine Überlegungen, die er in der Märzausgabe von *Plans* formulierte, waren das Resultat einer Auseinandersetzung mit Eugen Rosenstock-Huessy, Breslauer Pädagoge und Organisator eines freiwilligen Arbeitsdienstes aus dem Umkreis der jungkonservativen Bewegung, der in seinem Werk *Die europäischen Revolutionen und der Charakter der Nationen* eine nationale Typologie der Revolutionen entworfen hatte[115]. Rosenstock-Huessys Versuch einer Relativierung der Französischen Revolution griff Alexandre Marc zustimmend auf. Der Siegeszug des liberalen Denkens in Europa sei unzweifelhaft mit diesem Ereignis verknüpft, betonte Marc, doch bestritt er, daß es sich dabei um eine wirkliche Revolution gehandelt habe. Es fehle eben das, was er als revolutionäres Element in einem Ereignis wie der Reformation ausmachte: die Durchsetzung eines neuen geistigen Prinzips, das den Menschen grundlegend verändere und nicht nur – wie 1789 – Teilaspekte (in diesem Fall Politik und Wirtschaft) berühre. In jeder wirklichen Revolution sah Marc ein „messianisches und eschatologisches Element" angelegt[116]. Die Revolution wies also weit hinaus über die Verwirklichung einer neuen politischen oder wirtschaftlichen Ordnung und trug die Züge eines säkularen Erlösungsglaubens, dessen Heil in der Schöpfung eines neuen Menschentypus bestand. Da aber das Ziel, die Verwirklichung der „Person", niemals erreicht werden konnte, so mußte die Revolution permanent sein, und der Prophet wurde zum Erlöser. Damit ersetzten die Personalisten des Ordre Nouveau eine alte Hierarchie durch eine neue. Das Konzept war nicht weniger elitär als das von Lagardelle formulierte ständestaatliche Ideal – der einzige Unterschied bestand darin, daß hier nicht wirtschaftliche, sondern geistige Kriterien bestimmten, wer zur Elite gehört[117]. In seinen Entwürfen für die Herrschaftskonzeption des Ordre Nouveau sprach Arnaud Dandieu dies deutlich aus: sein Ziel war eine – wörtlich ge-

---

[112] Lamour, Notions claires pour une civilisation occidentale, in: Plans, H. 1, 1931, S. 13–23; ders., Jeunesse du monde, in: Plans, H. 4, 1931, S. 9–19.
[113] Vgl. Balmand, Piétons de Babel, S. 31–42 und die Ausgabe „Urbanisme ou lèpre des villes?" in: ON, H. 13, 1934.
[114] Ordre Nouveau, L'action, in: Plans, H. 10, 1931, S. 153–155, Zitat S. 154.
[115] Rosenstock-Huessy, Die europäischen Revolutionen; Marc, Prise de conscience révolutionnaire, in: Plans, H. 13, 1932, S. 59–65; zu Rosenstock-Huessy vgl. Mohler, Konservative Revolution, Bd. 1, S. 440.
[116] Marc, ebenda, S. 63.
[117] Vgl. Keller, Médiateurs personnalistes, S. 262ff.

nommen tautologische – „Aristokratie der Besten"[118]. Ihren Sinn gewinnt diese Formulierung nur in der Wendung gegen die traditionellen Eliten.

Mouvements

Zu dem Zeitpunkt, als die Differenzen mit *Plans* zum Bruch führten, hatte der Ordre Nouveau bereits eine neue Tribüne gefunden: *Mouvements*, ein Blatt im wörtlichen Sinne, im Format einer Tageszeitung, allerdings nur auf der Rückseite bedruckt auf gelb eingefärbtem Papier – eine Parodie auf das Finanzblatt *Capital*. Es war im Juni 1932 von zwei Sympathisanten des Ordre Nouveau, Pierre-Olivier Lapie und André Poncet, gegründet worden[119]. Lapie, ein Anwalt, hatte über Dandieu Anfang der dreißiger Jahre Kontakt zur Gruppierung aufgenommen[120].

Mouvements erschien nicht ausdrücklich als das Organ des Ordre Nouveau, auch wenn der überwiegende Teil der Artikel von dessen Mitarbeitern verfaßt wurde[121]. Ähnlich wie *Plans* präsentierte sich die Zeitschrift als das Organ einer Jugend, die nach Lösungen der aktuellen Krise suchte. Wirft man einen Blick in das gleichzeitig entstandene Werk von Aron und Dandieu, *La Révolution nécessaire,* so wird deutlich, wer die Themen in der Zeitschrift vorgab. *Mouvements* veröffentlichte Beiträge zur Bekämpfung der Proletarisierung und präsentierte das Konzept eines Arbeitsdienstes, wie es vom Ordre Nouveau als Modell einer klassenüberschreitenden Solidargemeinschaft vorgestellt worden war. War der Begriff des „Proletariats" in der marxistischen Terminologie durch Klassenbewußtsein und revolutionäres Potential positiv besetzt, so stellte der Ordre Nouveau die Bedrohung durch den „Prozeß der Proletarisierung" in den Vordergrund: Der Produktionsprozeß in der arbeitsteiligen Gesellschaft führte zu Abstumpfung, Vereinzelung und nichtqualifizierter Arbeit, aus der sich die Menschen nicht selbst befreien konnten. Solche Arbeiten sollten in Zukunft durch Rationalisierung und durch den intensiven Einsatz von Maschinen auf ein Minimum reduziert werden. Der unvermeidliche Rest – so sahen es die Pläne des Ordre Nouveau vor – wurde durch den Arbeitsdienst auf die gesamte Bevölkerung umgelegt. Mit ihren Vorschlägen stellten sie keineswegs die Industrialisierung als solche in Frage, sondern wollten nur die Lasten gleichmäßiger verteilen. Das eigentliche Ziel aber war es, die Arbeit

---

[118] BN: Nachlaß Dandieu, „Projet d'un nouveau parti jacobin" vom Februar 1932, Karton 2, Doss. 31, und „Programme du réalisation républicaine", ebenda.

[119] Loubet del Bayle, Non-conformistes, S. 101f.

[120] Ebenda; er taucht als der Organisator einer internen Konferenz über Minderheiten auf, vgl. Notizen vom 24. 12. 1931 und 23. 1. 1932, Teilnehmer: Lapie, Naville, Dandieu, Rey, Dupuis, Poncet, Kukenbourg, BN: Nachlaß Dandieu, Karton 6, Doss. 3,6.

[121] Aus dem Kreis des Centre ON/Club du Moulin Vert stammten neben den beiden Herausgebern: Robert Kiefé, J.-M. Gabriel, Jacques Naville, Jean Dage, Serge Drouin sowie die künftigen Mitglieder des ON-Direktionskomitees Aron, Dandieu, Jardin, Marc, Daniel-Rops und Dupuis. Es fehlte nur Denis de Rougemont, der zu diesem Zeitpunkt mit der Gründung einer eigenen Zeitschrift befaßt war. Zusammen mit Roland de Pury, Henri Corbin, Roger Jézéquel und Albert-Marie Schmidt bereitete er das Erscheinen der ersten Nummer von *Hic et Nunc* vor (Nov. 1932), einer Zeitschrift, die sich in besonderem Maße der dialektischen Theologie Karl Barths verschrieben hatte und damit zu den ersten gehörte, die dessen Werk im französischsprachigen Raum bekanntmachten; vgl. dazu Archives Denis de Rougemont, Hic et Nunc, Neuchâtel und Reymond, Théologien, S. 62ff.; Ackermann, Rougemont, Bd. 1, S. 222ff.

selbst wieder aufzuwerten, ihren schöpferischen Wert zu betonen und alle Mitglieder einer Gesellschaft in die Verantwortung einzubinden[122]. Mit diesen Überlegungen hatten Aron und Dandieu wesentliche Elemente der wirtschaftlichen Grundlagen des Personalismus skizziert, die schließlich 1935 im Experiment des Arbeitsdienstes umgesetzt werden sollten.

Doch die Zusammenarbeit mit *Mouvements* war nicht von Dauer. Ähnlich wie *Plans* orientierte sich die Zeitschrift nach kurzer Zeit deutlich zur Linken. Im Leitartikel der Juniausgabe von 1933 kündigte Lapie diesen Kurswechsel an: er bekannte sich zu den Ideen des gerade von Gaston Bergery gegründeten Front commun contre le fascisme, der in derselben Ausgabe vor der Gefahr einer „faschistischen" Machtergreifung des Großbürgertums in Frankreich warnte. Mit dieser Annäherung an Bergery vollzog sich der Bruch mit dem Ordre Nouveau, der in derselben Ausgabe in einer Redaktionsnotiz öffentlich bekanntgegeben wurde. Darin wurde insbesondere Daniel-Rops beschuldigt, in einer Weise mit dem Katholizismus zu sympathisieren, die in krassem Widerspruch zu den revolutionären Zielen stehe[123].

Dieser öffentlichen Distanzierung war eine interne Auseinandersetzung im November 1932 um die Mitarbeit an der *NRF*-Sondernummer *Cahier de Revendications* vorausgegangen. Die Herausgeber von *Mouvements*, Lapie und Poncet sowie Jacques Naville, waren nicht an den Planungen beteiligt worden und sollten ihre Unterschriften unter einen Artikel des Ordre Nouveau setzen, den sie gar nicht mitverfaßt hatten. Sie kündigten daraufhin ihre Mitarbeit auf[124].

[122] Aron/Dandieu, La révolution nécessaire, S. 220ff., bes. S. 249–251; das Werk war beim konservativen Verlag Grasset erschienen. Insbesondere das zweite Kapitel des Buches, „Echange et Crédit", war stark beeinflußt von den Theorien über den Tausch, die Georges Bataille aufgrund der Arbeiten von Marcel Mauss entwickelt und die er mit Dandieu diskutiert hatte; vgl. Prévost, Rencontres, S. 13f. Auch Alexandre Marc und Denis de Rougemont hatten an dem Buch mitgearbeitet, vgl. das Vorwort Marcs zu Dandieu/Rougemont, L'acte, in: Europe en Formation 245 (1981), S. 29; vgl. Mouvements, H. 5, 1933 und H. 6, 1933.
[123] Lapie, Fascisme en France, in: Mouvements, H. 9, 1933; NN, L'Ordre Nouveau, ebenda. Diese Ausgabe ist fälschlicherweise als Nr. 8 numeriert. Neben Bergery, der gerade die Radikalsozialistische Partei verlassen hatte, hatten den Aufruf noch Bernard Lecache, der Vorsitzende der Ligue internationale contre l'antisémitisme (L.I.C.A.), und zwei Mitglieder der Sozialisten, Paul Langevin und der Abgeordnete Georges Monnet, unterzeichnet. Zu Bergerys *Frontisme* vgl. Burrin, Dérive, S. 95ff. Es spricht einiges dafür, daß Alexandre Marc weiterhin in *Mouvements* mitarbeitete, und zwar unter dem Pseudonym „Scrutator". Nach Coutrot hat Marc in der Zeitschrift *Sept* Anfang 1934 das Pseudonym „Scrutator" gebraucht: Coutrot, Sept, S. 57, 61. Sowohl sprachlich wie inhaltlich ähneln die Artikel in *Mouvements* stark den übrigen Artikeln von Marc.
[124] Brief Navilles an Rougemont vom 13. 11. 1932. Dies war um so schwerwiegender, als Naville und Lapie die Gastgeber mehrerer vorangegangener Treffen vom Ordre Nouveau waren; vgl. Brief Navilles an Rougemont vom 10. 11. 1932, Archives Denis de Rougemont: Cahier de Revendications 2, Neuchâtel. Lapie engagierte sich nach dem Bruch mit dem Ordre Nouveau in verschiedenen Bewegungen der Linken. Neben der Aktivität für Bergerys Frontisme-Bewegung war er Anfang 1934 maßgeblich an der Ausarbeitung des *Plan du 9 Juillet* beteiligt und unterstützte seit 1936 als Abgeordneter der unabhängigen Sozialisten in Nancy die Aktivitäten des Neosozialisten Marcel Déat; Loubet del Bayle, Non-conformistes, S. 466.

Esprit

Noch während der Zusammenarbeit mit *Mouvements* knüpften die Mitarbeiter des Ordre Nouveau bereits Kontakte zur Gruppe um die Zeitschrift *Esprit*, deren erste Nummer im November 1932 erschien. Trotz der Abneigung des Chefredakteurs Emmanuel
Mounier gegen die allzu doktrinären Thesen Arnaud Dandieus[125] entwickelte sich eine
intensive Kooperation. Gerade in der Anfangsphase erhielt *Esprit* vom Ordre Nouveau
maßgebliche Impulse, die für die weitere Orientierung der Zeitschrift von großer Bedeutung waren. Mit Alexandre Marc und Denis de Rougemont waren zwei Mitarbeiter
des Ordre Nouveau direkt an der Gründung der Zeitschrift beteiligt. *Esprit* sollte nach
den Vorstellungen seiner Gründer eine Art katholischer Ausgabe der Zeitschrift *Plans*
werden. Marc wiederum hoffte, aus *Esprit* die Literaturzeitschrift seiner eigenen Gruppierung machen zu können[126]. Auch Marcel, der schon an der Entstehung vom Ordre
Nouveau mitgewirkt hatte, unterstützte die Gründung der Zeitschrift mit Rat und Tat.
Zusammen mit dem katholischen Philosophen Jacques Maritain sorgte er dafür, daß die
Redaktion im Verlagshaus Desclée de Brouwer untergebracht werden konnte, wo *Esprit*
anfangs auch verlegt wurde[127].

Seit der ersten Ausgabe im Oktober 1932 waren die Mitarbeiter des Ordre Nouveau
in der Zeitschrift vertreten; Marc hatte anfangs sogar ein eigenes Büro neben dem Mouniers[128]. Allerdings machten die Ordre Nouveau-Mitarbeiter kaum Anstalten, die Vor-
gaben der Zeitschrift zu berücksichtigen und den Bogen vom Personalismus zur katholischen Lehre zu schlagen. Vielmehr konnte man den Eindruck gewinnen, als wollte die
Gruppierung *Esprit* nutzen, um daraus ein Forum für ihre eigenen Ideen zu machen:
Aron, Dandieu und Marc setzten ihre in *Plans* und *Mouvements* begonnenen Überlegungen zur Wirtschafts- und Sozialpolitik fort[129].

Besonderes Aufsehen erregten aber Dupuis und Marc mit ihrem Artikel über den „revolutionären Föderalismus" in der ersten Nummer von *Esprit*. Hier erläuterten die beiden Autoren in programmatischer Weise ein Grundprinzip, das der Ordre Nouveau als
notwendige Ergänzung zum Personalismus verstanden wissen wollte. Die Region – so
forderten die Autoren mit apodiktischer Geste – müsse die Basis jeglicher föderalen Organisation bilden. Alles andere führe notwendigerweise in eine „zentralistische Tyran-

---

[125] Die Begegnung zwischen Mounier und Dandieu, die Alexandre Marc vermittelt hatte, offenbarte diese Spannungen gleich zu Beginn. Mounier schrieb über das Gespräch mit Dandieu: „Ich
habe den unangenehmen Eindruck von Formeln, die zwar weder dumm noch unzutreffend sind,
die aber hundertmal von allen wiederholt den gleichen indifferenten Eindruck hinterlassen.
Durch wechselseitiges Zitieren versuchen sie, ihren Aussagen mehr Bedeutung zu verleihen. Ein
enges und geschlossenes System. [...] Kleine Gemeinde von Inquisitoren, gewöhnlicher Janse-
nismus [...]" Mounier, Entretiens VI, vom 18. 10. 1932, in: Mounier, Œuvres, Bd. 4, S. 508.
[126] Marc gegenüber Ganne, Qu'as-tu fait de ta jeunesse?, S. 8; Brief Izards an Rougemont vom 8. 11.
1932, Archives Denis de Rougemont: Cahier de Revendications 2, Neuchâtel; Rougemont, Journal d'une Epoque, S. 96.
[127] Zu den weiteren Einzelheiten über die Gründung vgl. Loubet del Bayle, Non-conformistes,
S. 123ff.; Winock, Esprit, S. 42ff.; Hellman, Mounier, S. 36ff.
[128] Loubet del Bayle, Non-conformistes, S. 141.
[129] Z.B. Aron/Dandieu, Travail et Prolétariat, in: Esprit, H. 14, 1933, S. 179–211; Aron, L'écrivain
et l'argent, in: Esprit, H. 13, 1933, S. 68–71; Dandieu, Le travail contre l'homme, in: Esprit,
H. 10, 1933, S. 572–584; Marc, La machine contre le prolétaire, in: ebenda, S. 585–603.

nei", so auch die als künstlich betrachtete Gliederung in Departements, wie sie aus der Französischen Revolution hervorgegangen war: die Region, auch Heimat (patrie) genannt, sei dagegen eine „naturgegebene", auf geographische, kulturelle und ethnische Faktoren gegründete Gemeinschaft, die dem Menschen den notwendigen sozialen Rückhalt gebe. Sie distanzierten sich vor allem deshalb vom Begriff der Nation, weil er seine integrierende Wirkung verloren habe und nur noch den Interessen einer spezifischen Klasse diene. Dagegen erschien die „patrie" durch die Anknüpfung an jahrhundertealte Traditionen durchaus dazu geeignet, diese integrative Funktion zu übernehmen[130]. In derselben Weise hatten Aron und Dandieu bereits in der *Décadence de la Nation française* die Rückbesinnung auf den Patriotismus begründet. Mit diesem Bekenntnis zur Region als dem sozialen Ordnungsrahmen menschlicher Gemeinschaft knüpfte die Gruppierung an Überlegungen von Maurice Barrès an, die dieser rund vierzig Jahre zuvor formuliert hatte. Im Unterschied zu Barrès diente aber der Regionalismus nicht als bloßes Mittel zur Erneuerung des nationalen Gedankens, er sollte vielmehr – zumindest in der Form des Nationalstaates – durch den Zusammenschluß in einer europäischen Föderation überwunden werden[131].

Den Chefredakteur Emmanuel Mounier brachte das forsche Auftreten der neuen Mitarbeiter in Bedrängnis. Seinem Mentor Jacques Maritain mißfiel der Einfluß des Ordre Nouveau ganz erheblich. Ihm war der Standpunkt der Gruppierung zu revolutionär und zu wenig katholisch. Besonders scharf kritisierte er an dem Artikel von Dupuis und Marc die „verbale Gewalt" und den „unerträglichen Dogmatismus". Er drang entschieden auf eine Distanzierung[132]. In einem ähnlich gelagerten Konflikt hatte sich Maritain durchzusetzen gewußt. Die Troisième Force, eine von dem *Esprit*-Mitbegründer Georges Izard ins Leben gerufene Bewegung, hatte in ihrem Bemühen, *Esprit* mehr politische Resonanz zu verschaffen, Kontakte mit Gaston Bergerys Frontisme geknüpft. Diese Politisierung entsprach nicht den Plänen, die der christliche Philosoph Maritain mit Mouniers Zeitschrift hatte. Mit direkten Drohungen und der Unterstützung einiger kirchlicher Amtsträger, die einen Bann von *Esprit* in Erwägung zogen, brachte er Mounier dazu, sich von der in kirchlichen Kreisen als „linksfaschistisch" eingestuften Bewegung zu distanzieren[133].

Beim Ordre Nouveau hingegen hatte er keinen Erfolg. Der Gruppierung gelang es, den drohenden Bruch mit einem geschickten Schachzug zu verhindern. In einem Artikel, der in *Esprit* erschien, konnte Alexandre Marc den Chefredakteur der Zeitschrift von der christlichen Grundlage des Personalismus überzeugen und damit seine Position gegenüber Maritain stärken. Marc bezog sich dabei auf die Überlegungen eines deutschen Bekannten namens Otto Neumann, der in seinem Werk *Die Revolution des Geistes* in ganz ähnlicher Weise wie der Ordre Nouveau die Grundlinien eines revolutionä-

---

[130] Dupuis/Marc, Le Fédéralisme révolutionnaire, in: Esprit, H. 1, 1932, S. 316–324; vgl. Dupuis, Révolution et patrie, in: Plans NS, H. 2, 1932, S. 8–11; vgl. Barral, La patrie, S. 101–124.

[131] Aron/Dandieu, Décadence, S. 192ff.; vgl. Rossi-Landi, La région, S. 83f.

[132] Maritain – Mounier, Briefe Mounier an Maritain 8./11. 11. 1932, Maritain an Mounier 10. 11. 1932, S. 62–68, Zitate S. 67; Mounier, Œuvres, Bd. 4, Entretiens VI vom 9. 11. 1932, S. 511.

[133] Dariège, La troisième force, in: Esprit, H. 5, 1933, S. 850–855; Maritain – Mounier, S. 78–91; Hellman, Mounier, S. 68f. Mounier pflegte allerdings auch nach der Distanzierung im Juni 1933 weiterhin privaten Kontakt mit Izard, vgl. Mounier, Œuvres, S. 531ff.

ren Personalismus formuliert hatte und darüber hinaus den bisher fehlenden Bezug zum Glauben herstellte. Marc wies darauf hin, daß die politischen Forderungen essentiell katholischen Ursprungs seien, und zitierte ausführlich aus dem noch unveröffentlichten Werk[134].

Allerdings: Weder Buch noch Autor existierten. Sie waren eine Erfindung Alexandre Marcs. Ihm war es gelungen, mit seinem fiktiven Freund die Ideen des Ordre Nouveau in die Zeitschrift Mouniers einzuschleusen und den *Esprit*-Chefredakteur von seinen religiösen Vorbehalten gegenüber dem Personalismus abzubringen[135]. Möglicherweise brachte dieser Artikel Mounier die Philosophie und den Begriff sogar entscheidend näher, den er bis dahin mit deutlicher Distanz gebrauchte, aber kurze Zeit später für sich in Anspruch zu nehmen begann[136]. Das wichtigste Ziel war jedoch erreicht: Maritain konnte dem Ordre Nouveau nicht mehr fehlende katholische Gesinnung vorwerfen, und die Zusammenarbeit mit *Esprit* war – zumindest vorläufig – gesichert.

Ordre Nouveau

Diese Erfahrungen zeigten, wie notwendig eine eigene Zeitschrift als Zentrum der Gruppierung war. Vor allem fehlte die Möglichkeit, die eigenen Ideen in der erforderlichen Breite darzustellen. Erst mit der eigenen Zeitschrift konnte der Ordre Nouveau ein größeres Publikum erreichen und auf diese Weise neue Sympathisanten und Mitarbeiter gewinnen. Im Mai 1933 erschien die erste Ausgabe des *Ordre Nouveau* unter dem programmatischen Titel „Mission oder Demission Frankreichs". Die Redakteure verfolgten kein geringeres Ziel, als ihrem Land die ihm gebührende geistige Führungsrolle in Europa zu erkämpfen: „Frankreich hat als erste Nation die Revolution von ihrem Ziel abgebracht. Sie muß es daher wiederfinden."[137]

Die Auflage überstieg nie 2000 Exemplare und lag damit unterhalb derjenigen von *Esprit* mit zwei- bis dreitausend Exemplaren. Rund die Hälfte der Auflage wurde direkt an Abonnenten versandt[138]. Jede Ausgabe hatte ein eigenes Thema wie „Weder rechts noch links" (Nr. 4), „Die Agrarkrise" (Nr. 6), „Über die Korporation" (Nr. 10). Anhand solcher Schwerpunkte entwickelte die Gruppierung die politischen, wirtschaftlichen und sozialen Leitlinien des Personalismus. Diese Vorliebe für Grundsatzfragen und die Vernachlässigung der Tagesereignisse war charakteristisch für die politische Einstellung

---

[134] Marc, Le Christianisme et la révolution spirituelle, in: Esprit, H. 6, 1933, S. 954–973.

[135] Roy, Marc, S. 741ff.; Hellman/Roy, Le personnalisme, S. 210. Natürlich mußte Marc sich daraufhin eine Ausrede einfallen lassen, damit der Schwindel nicht auffiel. Er erklärte Mounier, der den Autor des Werkes unbedingt kennenlernen wollte, daß Otto Neumann kurz darauf verstorben sei. Angeblich hat Mounier nie die wahre Identität von O.N. entdeckt.

[136] Vgl. den Bericht über die Debatte mit Dandieu über den Personalismus vom 18. 10. 1932, Entretiens VI, Mounier, Œuvres, Bd. 4, S. 508: „Sein [Dandieus] Personalismus, auf den sich alle anderen berufen, ist eine fundamentale Bestätigung der menschlichen Schöpfungskraft, gewissermaßen nietzscheanisch, wie er hinzufügt. [...] Gott betrachtet er buchstäblich als Gegenstück zur menschlichen Schöpfung, als denjenigen, der die Person schikaniert, weil er im Grunde immer der erste Schöpfer ist." Vgl. Mounier, La Révolution personnaliste.

[137] NN, Mission ou démission de la France, in: ON, H. 1, 1933, S. 1–4, Zitat S. 4.

[138] Lipiansky, Ordre Nouveau, S. 89; zum Vergleich: *Plans* hatte eine Auflage von 7–8 000, Esprit in der Zeit von 1932 bis 1934 2–3 000, Loubet del Bayle, Non-conformistes, S. 97 und 144.

der gesamten Nonkonformisten, doch keine Gruppierung verfolgte diese Haltung so entschieden wie der Ordre Nouveau.

Das Direktionskomitee der Zeitschrift bildeten diejenigen Personen, die sich Anfang 1931 im Club du Moulin Vert zusammengefunden hatten: Robert Aron und Arnaud Dandieu fungierten als Herausgeber, René Dupuis war Geschäftsführer; weiter gehörten Claude Chevalley, Daniel-Rops, Jean Jardin, Alexandre Marc und Denis de Rougemont dazu.

Einen frühen und schweren Verlust erlitt die Gruppierung durch den Tod Dandieus. Er starb im August 1933 an den Folgen einer Operation. Auch nach dem Tod ihres führenden Theoretikers machte es sich der Ordre Nouveau zur Pflicht, an dessen Ideen strikt festzuhalten und sie in die Tat umzusetzen. „Jetzt hängt es von uns ab, daß dieser Einfluß in seinem Sinn fortwirkt, daß keine Abweichung die Strenge und die Aufrichtigkeit seiner Lehre schwächt, da er nicht mehr die Kontrolle darüber hat."[139] Dandieus Tod gab schließlich auch den letzten Anstoß für die Konversion Marcs zum Katholizismus[140].

Die Artikel wurden meist vom gesamten Redaktionsteam redigiert. Ein großer Teil der generellen Stellungnahmen erschien mit dem Kürzel O.N., für andere zeichneten oft mehrere Redakteure verantwortlich. Häufig bauten Artikel aufeinander auf: viele Verweise bezogen sich auf Texte von Mitarbeitern. So erschien die Gruppe nach außen hin mit einer gewissen Uniformität. Neben der Bindung an die personalistische Doktrin war dies auch die Folge des geringen Platzangebots: zu Beginn erschien die Revue auf 32 Seiten, *Esprit* hatte dagegen bis zu 200! Ähnlich wie bei den Zeitschriften der Jeune Droite dürfte sich der Leserkreis vorwiegend auf Pariser Intellektuellenkreise konzentriert haben. Doch gab es vom Ordre Nouveau immer wieder Versuche, auch in anderen Städten und Regionen Fuß zu fassen. Die einzige erhaltene Abonnentenliste stammt aus dem Jahr 1935 und umfaßt eine Aufstellung der beiden Departements Hautes und Basses Pyrenées. Wenn sie auch nur dürftige Informationen liefert, so erlaubt sie doch einen Einblick in das Publikum der Gruppierung, der bei den meisten anderen Gruppen dieser Größenordnung verwehrt bleibt[141]. Neben einer Buchhandlung in Bayonne, die die Zeitschrift verkaufte, gab es dort 11 regelmäßige Leser, hauptsächlich in den Städten Bayonne und Pau. Soweit die Berufe angegeben waren, handelte es sich um Akademiker, drei Lehrer, davon zwei mit Agrégation, einen Arzt und drei Geistliche (Plaquevent, Bordacher, Jézéquel).[142] Ein weiterer – André Sarrail – wurde 1936 selbst als Mitarbeiter der Gruppierung aktiv[143].

Die Zeitschrift bildete bis Juni 1937 das geistige Zentrum des Zirkels: Hier wurden die politischen Leitlinien festgelegt, hier versammelten sich regelmäßig die wichtigsten Mitarbeiter und koordinierten die übrigen Aktivitäten.

---

[139] NN, Avenir d'Arnaud Dandieu, in: ON, H. 4, Okt. 1933, S. II; vgl. Marc/Jean, Mort d'Arnaud Dandieu, in: Esprit, H. 11/12, Sept. 1933, S. 841–843.

[140] BN: Don 87.08, Brief Daniel-Rops' an Gabriel Marcel, Neuilly, 29. Nov. *[1933]*.

[141] Eine Ausnahme bildete *Esprit*, in der regelmäßig Subskribentenlisten veröffentlicht wurden.

[142] Jézéquel war Mitbegründer der von Rougemont geleiteten Zeitschrift *Hic et nunc*, vgl. Reymond, Théologien, S. 62ff.

[143] Archives Rougemont, Neuchâtel: Ordre Nouveau – pièces diverses; vgl. Sarrail, Avec les radicaux, sur la côte basque, in: ON, H. 35, 1935, S. 60–62.

3. Auf dem Weg zu einer Dritten Front

Erste Annäherungen

Die beiden 1931 erschienenen Werke von Robert Aron und Arnaud Dandieu, *Décadence de la Nation française* und *Le cancer américain*, verschafften dem Ordre Nouveau sofort ein größeres Auditorium, und zwar nicht nur bei der linken *Europe*. Wie die wohlwollende Kritik Maxences in *Réaction* deutlich machte, mußte man die *Décadence* keineswegs in der kritisch-aufklärerischen Tradition lesen, wie dies der *Europe*-Rezensent getan hatte, sondern konnte sie durchaus in eine nationalistische Tradition einordnen. Maxence sah in der Auflehnung der Autoren gegen den nationalen Niedergang Frankreichs ein zentrales Thema der Rechten angesprochen[144]. Ähnlich urteilte Maulnier, der die beiden Autoren in die lange Reihe von Protagonisten eines spezifisch französischen Nationalgefühls einreihte, die von den Kapetingern über die Jungfrau von Orléans bis hin zu Barrès und Péguy reichte. Für Maulnier war der französische Nationalismus kein rassisch oder kulturell zu begründendes Prinzip, vielmehr wurde er durch den Boden, das Klima und die gemeinsame Geschichte bestimmt. Aufgrund dieser Bindung an die Landschaft und seine jahrhundertealte Geschichte war der französische Nationalismus saturiert und defensiv, wie Maulnier mit Blick auf Deutschland, aber auch auf den jakobinischen Nationalismus betonte[145]. Tatsächlich stimmte er mit dieser Auslegung in vielem mit dem überein, was Aron und Dandieu über den Patriotismus gesagt hatten[146]: „Das Vaterland erscheint uns als spezifische Harmonie von Boden und Blut, als ein unendlich flexibles und variables Milieu, wie die mütterliche Liebe, die Voraussetzung und der Inbegriff des patriotischen Gefühls, ebenso unabdingbar wie die Atmosphäre, ein Milieu, das Rasse und Raum vereinigt."[147]

Auch sie betonten den Gegensatz zwischen diesem gewissermaßen „natürlich" gewachsenen Patriotismus und den „künstlich-abstrakten" Prinzipien der Herrschaft und folgerten daraus, daß die parlamentarische Demokratie für Frankreich eine ungeeignete Regierungsform sei. Mit ihrer Unterscheidung zwischen „offiziellem Vaterland" (patrie officielle) und „wirklichem Vaterland" (patrie réelle) verwendeten sie eine Terminologie, die in auffälliger Weise an Maurras erinnerte, der zwischen „Rechtsstaat" (pays légal) und „Volk" (pays réel), zwischen Regierenden und Regierten unterschied[148]. Ähnlich wie bei Maurras diente diese Unterscheidung dazu, die Unrechtmäßigkeit des Herrschaftsanspruchs der Regierenden und die Unterdrückung des Volkes anzuprangern. In der Art, wie der Patriotismus begründet wurde, unterschied er sich nicht vom Nationalismus der Jeune Droite: beide betonten die notwendige Verwurzelung des Menschen in der Landschaft, den Sitten, Gebräuchen und Traditionen. Für beide stand der Gedanke

---

[144] Maxence, Aron/Dandieu - Décadence de la nation française, in: Réaction, H. 8–9, 1932, S. 48f.

[145] Maulnier, Crise, S. 68ff.

[146] Wobei sie allerdings vom Begriff des Nationalismus nur in negativem Sinn Gebrauch machten, nämlich als dessen ins Chauvinistische übersteigerte Form, die letztlich den Patriotismus in sein Gegenteil verkehrte.

[147] Aron/Dandieu, Décadence, S. 33ff., Zitat S. 192.

[148] Aron/Dandieu, Décadence, S. 30; zu Maurras vgl. Sérant, Dissidents, S. 281ff.

der Gemeinschaft, die sich aus der wechselseitigen Prägung von Mensch und Umwelt ergab, im fundamentalen Gegensatz zum Begriff der Klasse.

Hingegen sucht man bei Aron und Dandieu vergeblich eine katholisch-gegenrevolutionäre Verschwörungstheorie, wie sie Maurras formuliert hatte. Die Kritik am Parlamentarismus war weitgehend frei von xenophoben und antisemitischen Untertönen. Im Unterschied zu den integralen Nationalisten verdammten die beiden Autoren die Französische Revolution nicht pauschal, sondern differenzierten zwischen der girondinischen Phase, die als „föderalistische" Revolution gefeiert wurde, und der nachfolgenden jakobinisch-zentralistischen Phase, in der alle heutigen Formen der Unterdrückung – von der Demokratie über den Kommunismus bis zum Faschismus – ihren Ausgang genommen hätten[149].

Weiter unterschied sie von Maurras und dessen Adepten, zu denen die Jeune Droite zumindest zu diesem Zeitpunkt zweifellos noch gehörte, daß für sie die patrie nicht mit den Staatsgrenzen deckungsgleich war, sondern sich auf kleinräumige Landschaften bezog. Diese strikte Unterscheidung zwischen Gesamtstaat und regionalem Vaterland war eine verbindliche Sprachregelung des Ordre Nouveau, in der die kritische Distanz gegenüber dem Nationalstaat und seinen jakobinisch-zentralistischen Ursprüngen ihren Ausdruck fand. In dieser Staatsskepsis stimmte der Ordre Nouveau mit den Nationalisten der Jeune Droite überein, allerdings war die personalistische Gruppierung in ihren Konsequenzen wesentlich radikaler: in erheblich größerem Maß sollte die staatliche Souveränität zugunsten weitgehender regionaler Autonomie eingeschränkt werden. Der Staat sollte nicht nur Teile seiner wirtschaftlichen, sondern vor allem einen Großteil seiner politisch-administrativen Macht an die Regionen übertragen[150].

Im *Cancer américain* formulierten Aron und Dandieu noch deutlicher als im vorangegangenen Werk ihre grundsätzlichen Zweifel am wissenschaftlich-technischen Fortschritt, die in eine radikale Kritik am aufklärerischen Rationalismus mündeten. Auch dieses Buch wurde bei der Jeune Droite mit Sympathie aufgenommen. Fabrègues gab den Verfassern darin recht, daß es eine Rückbesinnung der Europäer auf ihre spezifischen Traditionen geben müsse. Doch registrierte er mit Skepsis die Technikfeindschaft, die sich seiner Ansicht nach hinter den Thesen der Theoretiker des Ordre Nouveau verbarg. Für Fabrègues war der technische Fortschritt ein untrennbarer Bestandteil der Kultur, die ihn hervorgebracht hatte. Eine Absage an ihn hatte seiner Ansicht nach einen Rückschritt der Kultur zur Folge[151]. Maulnier hingegen teilte auch diese Skepsis der beiden Autoren. Technischer Fortschritt und Rationalisierung mußten, wenn sie sich verselbständigt hatten, zwangsläufig in maßloser Unterdrückung enden. Auch er sah in der gegenwärtigen Krise das finale Stadium erreicht, in dem es kein Zurück mehr geben konnte, doch fürchtete er, mit dem von Aron und Dandieu verwendeten Begriff der Revolution allzusehr in die Nähe des Ursprungs allen Übels zu geraten: „Denn die Franzö-

[149] Aron/Dandieu, Décadence, S. 157ff.
[150] Ebenda, S. 185ff.
[151] Fabrègues, Le Cancer Américain, in: Réaction, H. 10, 1932, S. 55f. Ähnlich argumentierte auch Vincent, Démisson de l'homme, in: ebenda, S. 24.

sische Revolution war das erste Siegeszeichen der unheilvollen Gesellschaft, die Aron und Dandieu abschaffen wollen."[152]

Mit dem Erscheinen des *Cancer* war auch bei *Europe* deutlich geworden, daß die Kulturkritik der Autoren nicht durch linke Ideologien inspiriert wurde. Seit der Mitte des Jahres 1932 begann sich *Europe* von seinen beiden Mitarbeitern zu distanzieren. Zwar richtete sich der erste öffentliche Angriff Guéhennos primär auf Daniel-Rops, Maxence, Maulnier und Fabrègues, doch waren damit eben die Kreise bezeichnet, in denen auch die beiden *Europe*-Mitarbeiter verkehrten. Dem Chefredakteur der Zeitschrift waren diese Antimarxisten, die den Begriff der Revolution für sich beanspruchten, allmählich suspekt geworden. Sie standen seiner Ansicht nach an der Spitze der „letzten Verteidigungsbewegung der Bourgeoisie, die eine französische nationalsozialistische Bewegung sei"[153].

Nach dem Erscheinen des dritten Buches von Aron und Dandieu, der *Révolution nécessaire* (1933), diesmal beim konservativen Verlag Bernard Grasset, dehnte Guéhenno den Faschismusvorwurf auch auf die beiden Autoren aus. Mehr noch als den Angriff auf die marxistische Orthodoxie verurteilte der Chefredakteur von *Europe* den Hang zum Irrationalismus, den er in dem Werk ausmachte. Der Vorwurf entzündete sich vor allem am sprachlichen Duktus des Werkes. In Formulierungen wie „Schöpfung durch Risiko" und „schöpferischer Bruch", im Kult der Jugend und der Sehnsucht nach „Heroismus" und „Aktion" glaubte Guéhenno eine Dynamik zu erkennen, die leicht über die proklamierten Ziele hinausschießen und in eine geistige Mobilmachung münden konnte: „Aber nehmen wir uns in acht: es handelt sich um dieselbe Verwirrung, die dem italienischen Faschismus, dem deutschen Nationalsozialismus zum Erfolg verholfen hat."[154]

Dieser Faschismusvorwurf war ein geläufiges Thema innerhalb der Linken. Als politischer Kampfbegriff besaß er wenig Präzision, ließ sich darum aber um so leichter auf alle politischen Gegner anwenden. Die heftige Attacke erklärt sich aus der Annäherung des *Europe*-Chefs Guéhenno an kommunistische Positionen. Er war Ende 1932 der Association des écrivains et artistes révolutionnaires (A.E.A.R.) beigetreten, zu einem Zeitpunkt also, als sich die Organisation gerade angeschickt hatte, mit einem Rundschreiben die Mitglieder auf eine gemeinsame Ablehnung des „Faschismus" einzuschwören[155]. Doch zugleich öffnete sich für Aron und Dandieu ein neues Forum bei der Jeune Droite. Mit einem Beitrag für *Réaction* begann die Zusammenarbeit der Gruppierungen im Sommer 1931[156]. Auch wenn die beiden Mitarbeiter des Ordre Nouveau keinen Hehl

152 Maulnier, Crise, S. 215ff., Zitat S. 223; vgl. ders., Après le désastre américain, in: Revue Universelle 55 (1933), H.13, S. 95–99.

153 Guéhenno, La contre-révolution, in: Europe, H. 116, 1932, S. 613–616, Zitat S. 616; vgl. die Replik von Maulnier, Décadence de la critique?, in: Revue française, H. 6, 1932, S. 919–921.

154 Guéhenno, La Jeune France et la Jeune Europe, in: Europe, H. 132, 1933, S. 570–574, Zitat S. 573.

155 Ory/Sirinelli, Intellectuels, S. 96f.; vgl. zur Faschismusdebatte auf der Linken Wippermann, Faschismustheorien, S. 11ff.

156 Aron/Dandieu, Révolution et Religion, in: Réaction, H. 8–9, 1932, S. 6–9. Die Ausgabe erschien zwar erst im Januar 1932, doch war sie schon Mitte 1931 konzipiert worden. Die Verspätung wurde in einer Redaktionsnotiz mit dem Hinweis auf ein gespanntes Verhältnis zum Verlag entschuldigt, was auf finanzielle Schwierigkeiten hindeutet. Das Thema der Ausgabe, „Où est l'Après-guerre?", nimmt direkten Bezug auf die Untersuchung „La fin de l'après-guerre" von Robert Brasillach im August/September 1931 in *Candide*.

aus ihrer Distanz zum Katholizismus machten, so signalisierten sie doch ihre grundsätzliche Bereitschaft zu einer Zusammenarbeit und forderten die jungen Rechten auf, die
Chance zur Erneuerung des Glaubens zu nutzen[157].

Von beiden Seiten mehrten sich im Laufe des Jahres 1932 die Sympathiebekundungen.
In einer Besprechung der Werke von Maulnier, *La crise est dans l'homme*, und von Daniel-Rops, *Le monde sans âme*, bemühte sich Fabrègues, die Gemeinsamkeiten hervorzuheben. „Es kommt darauf an, die lebendige Welt spüren zu lassen, daß die falsche Kultur, die man ihr anbietet – Maschinismus und utilitaristische Wissenschaft – sie schwächt
und tötet."[158] Daniel-Rops bestätigte diese Sichtweise in seinem 1932 erschienenen Werk
Les années tournantes. In einem ausführlichen Bericht über die „Jugend der Epoche" betonte er den Konsens der nonkonformistischen Gruppierungen: „In ihrer Kritik, das
heißt in dem Urteil über die gegenwärtige Zivilisation und die politische Situation in
Frankreich sind die Gruppierungen im wesentlichen mit *Ordre Nouveau* und *Esprit* einer Meinung."[159] In der gleichen Absicht stellte Denis de Rougemont die Zirkel in der
neugegründeten Genfer Zeitschrift *Présences* vor[160]. Aber es blieb nicht bei diesen gegenseitigen Beteuerungen. Seit Ende 1932 entwickelte sich eine rege Zusammenarbeit
zwischen den Gruppierungen. Daniel-Rops und Alexandre Marc vertieften zudem seit
Juli 1933 ihre Kontakte zu Henri Massis. In der *Revue Universelle* veröffentlichte Marc
vorab einen Auszug aus *Jeune Europe*. Darüber hinaus hatte Massis die Absicht, Daniel-
Rops und Marc zusammen mit Maulnier als Redakteure in seinem neugegründeten Wochenblatt *Mil neuf cent trente trois* einzusetzen. Im Oktober erschienen die Beiträge des
Ordre Nouveau auf der Jugendseite, die Maulnier leitete[161].

Im Herbst 1933 schlug Jean de Fabrègues die Einrichtung einer gemeinsamen Stu-
diengruppe vor. Sie sollte sich vor allem mit Lösungen der sozialen Krise befassen, einem
Bereich, in dem Fabrègues eine weitgehende Übereinstimmung mit den Zielen seiner eigenen Gruppierung sah[162].

---

[157] Diese gemeinsame Haltung betonte auch die Redaktion von *Réaction* in der Antwort auf Aron
und Dandieu: „Auch wenn sie aus der entgegengesetzten Richtung kommen, artikulieren sie einen geistigen Protest, der unseren ergänzt und bestärkt." Réponse à MM. Aron et Dandieu, in:
Réaction, H. 11, 1932, S. 34–36, Zitat S. 34.

[158] Fabrègues, La Crise est dans l'âme, in: Réaction, H. 11, 1932, S. 28–33, Zitat S. 30.

[159] Daniel-Rops, Les années tournantes, S. 91ff., Zitat S. 98. Dieses Kapitel erschien auch in der *Revue des Vivants* unter dem Titel: Les aspirations de la jeunesse française, Revue des Vivants, H. 6,
1932, S. 99–110.

[160] Rougemont, Cause commune, Présences, H. 2, 1932, S. 12–15; siehe auch Marc, Primauté de la
Personnalité, in: Plans NS, H. 1, 1932, S. 7; Fabrègues, *Plans*, in: Réaction, H. 12, 1932, S. 61f.
Auch in praktischer Hinsicht hatte die Annäherung Konsequenzen: Fabrègues hatte Daniel-
Rops die Möglichkeit verschafft, *Les années tournantes* (1932) in den Editions du siècle von Gér-
ard de Catalogne zu verlegen.

[161] Marc, Jeune Europe: au pays de la Grande Charte, in: Revue Universelle 54 (1933), H. 7, S. 90–
99; Daniel-Rops, Giovinezza, in: Mil neuf cent..., H. 2, 1933, S. 6; Dupuis/Marc, La France est
jeune, in: ebenda, S. 6; Brief Daniel-Rops' an Gabriel Marcel vom 13.9. *[1933]* Neuilly, BN: Marcel: Don 87.08. Der Brief ist nachträglich fälschlicherweise auf 1934 datiert. Er ist mit Sicherheit
1933 geschrieben worden, da er direkten Bezug nimmt auf den Tod Dandieus am 8. 8. 1933, der
unmittelbar vorausgegangen sein muß.

[162] Brief von Fabrègues an Marc vom Herbst 1933, zitiert bei Lipianski, Ordre Nouveau, S. 83; Les
guêpes, in: Revue du siècle, H. 6, 1933, S. 102.

Cahier de Revendications

Die Aktivitäten der beiden Gruppierungen blieben auch dem Chefredakteur der *Nouvelle Revue Française*, Jean Paulhan, nicht verborgen. Nachdem er Rougemonts Artikel in *Présences* im Juni 1932 gelesen hatte, bot er ihm an, eine Sondernummer der *NRF* mit den Beiträgen der neuen Gruppierungen zusammenzustellen[163]. Im Dezember 1932 erschien der *Cahier de Revendications*, mit dessen Titel Rougemont an die Beschwerdehefte zur Zeit der Einberufung der Generalstände vor dem Ausbruch der Französischen Revolution (*Cahiers de doléances*) anknüpfte.

Zumindest nach außen hin war das Heft eine Demonstration der Einheit. Rougemont war es gelungen, von Dandieu bis Maulnier ein repräsentatives Spektrum der nonkonformistischen Generation zu versammeln. Emmanuel Mounier und Georges Izard vertraten die Gruppe um die Zeitschrift *Esprit*, Philippe Lamour formulierte die Ideen von *Plans*. Um den Ordre Nouveau besser zu plazieren, hatte Rougemont sogar einer Manipulation zugestimmt: Unter dem Namen Combat[164] schrieben ebenfalls Mitarbeiter dieser Gruppierung, die auf diese Weise mit insgesamt drei Artikeln vertreten war.

Sogar die Artikel zweier Anhänger der Kommunistischen Partei und Mitglieder der A.E.A.R., Paul Nizan und Henri Lefebvre, waren in das Heft aufgenommen worden, doch zeigte sich deutlich, wie tief die Gräben zwischen ihnen und den übrigen Mitarbeitern waren. Rougemont nahm sie aus der Einheitsfront ausdrücklich aus, und auch sie richteten ihre Angriffe zuallererst auf die bürgerlichen Intellektuellen, die nicht an der Seite des Proletariats kämpften und damit dem Faschismus den Weg bereiteten[165].

Für die übrigen Autoren schienen tatsächlich die politischen Antagonismen zurückzutreten hinter der Herausforderung durch die Krise, deren Ausmaß ihrer Ansicht nach alle bisherigen Dimensionen sprengte und sich nicht mehr mit den traditionellen Mitteln der Politik lösen ließ. Vielmehr waren die Parteien und deren Ideologien längst selbst ein Teil des in die Krise geratenen Systems, das einer grundlegenden Neuorientierung bedurfte. Zumindest in dieser radikalen Opposition zur bestehenden Ordnung, so betonte Rougemont in seinem Vorwort, herrschte bei den Repräsentanten der verschiedenen Gruppierungen Einigkeit: „Es scheint, daß die Solidarität angesichts der Gefahr zwischen uns eine Gemeinschaft geschaffen hat, die weder Lehrer noch Lehren hätten schaffen können. Eine Gemeinschaft der Ablehnung angesichts des erschütternden Elends einer Epoche, in der alles, was ein Mensch lieben und begehren kann, von seinem lebendigen Ursprung getrennt, entstellt, entfremdet, in sein Gegenteil verkehrt und sabotiert wurde."[166]

---

[163] Rougemont, Journal d'une Epoque, S. 95f. Rougemont und Paulhan standen bereits seit 1926 in Briefkontakt. Nach dem Erscheinen des Rougemont-Artikels „Adieu beau désordre" in der *Revue de Genève* bot Paulhan ihm eine Mitarbeit in der *NRF* an. Kopie des Briefes von Paulhan an Rougemont vom 3.5. 1926 in den Archives Rougemont, Neuchâtel.

[164] Nicht zu verwechseln mit der Zeitschrift von Thierry Maulnier und Jean de Fabrègues 1936–1939.

[165] Lefebvre, Du culte de „l'esprit" au matérialisme dialectique, in: NRF, Dez. 1932, S. 802–805; Nizan, Les conséquences du refus, ebenda, S. 806–811; Rougemont, A prendre ou à tuer, ebenda, S. 838–845.

[166] Rougemont, Cahier de revendications, in: NRF, Dez. 1932, S. 801.

Diese Ausgabe der *NRF* markierte einen ersten Auftakt der Strategie einer Dritten Front, die alle Kräfte der „Erneuerung" versammeln sollte. Zu Recht betont Michel Trebitsch die zentrale Rolle, die dem Ordre Nouveau bei der Initiative zukam. Er irrt jedoch, wenn er darin bereits den Höhepunkt der Sammlungspolitik erreicht sieht[167]. Wie in den folgenden Kapiteln gezeigt werden wird, überdauerte diese Strategie den politischen Wandel. Die Zusammenarbeit mit den Kreisen um *Plans, Mouvements* und *Esprit* sowie die Annäherung an die Jeune Droite waren Ausdruck dieses Bemühens, die verschiedenen Richtungen zusammenzubringen. Der Ordre Nouveau übernahm dabei häufig die Rolle des Koordinators und Vermittlers zwischen den teilweise verfeindeten Gruppierungen. Die Konstruktion eines Kommunikationsnetzes ging zu einem großen Teil auf die Aktivitäten ihrer Mitarbeiter zurück. Diese Flexibilität steht in deutlichem Kontrast zur ideologischen Unnachgiebigkeit des Ordre Nouveau. Aber dieser scheinbare Gegensatz war letztlich die konsequente Umsetzung der personalistischen Philosophie, in der die Verpflichtung zum Handeln und das Gemeinschaftsprinzip zu zentralen Forderungen erhoben wurden.

Intern war der *Cahier de Revendications* Anlaß für zahlreiche Auseinandersetzungen, Rangeleien und Intrigen, die sogar beinahe zur Auflösung des Ordre Nouveau geführt hätten. Diejenigen, die nicht ausgewählt wurden, fühlten sich übergangen. Mitunter völlig zu Recht, wie im Fall der ON-Mitarbeiter Jacques Naville, Pierre-Olivier Lapie, André Poncet und Gabriel Rey: Sie waren von dem Projekt erst gar nicht informiert worden und sollten kurz vor dem Erscheinen der Ausgabe einen Artikel unterzeichnen, den sie überhaupt nicht verfaßt hatten[168]. Auch Daniel-Rops, immerhin „Präsident des Ordre Nouveau", wie er auf seinem Briefkopf hervorhob, war nicht kontaktiert worden, was beinahe zu seinem Austritt geführt hätte[169].

Auch nach dem Erscheinen bot das Heft allerhand Stoff für Beschwerden. Lamour, der seine Sympathien mit dem Kommunismus nicht mehr verhehlte, distanzierte sich öffentlich von seinen ehemaligen Mitarbeitern und konstatierte mit Befremden das Entstehen einer „neuen geistigen Schule, die sich eigenartigerweise als revolutionär und antimarxistisch bezeichnet"[170]. Doch mit seiner Attacke bestätigte er letztlich die Existenz dieser neuen Gemeinschaft. Der schärfste Angriff kam von Nizan, der sich im Namen der A.E.A.R. entschieden von der von ihm so bezeichneten „Einheitsfront" der Nonkonformisten distanzierte. Diese Sammlungsbewegung von Intellektuellen primär kommunistischer Provenienz suchte nach neuen Sympathisanten außerhalb der Partei, die sich gegen den Kapitalismus und den rechten Revisionismus zusammenschlossen[171].

---

[167] Trebitsch, Le front commun, S. 209–227, bes. S. 210f.

[168] Brief Navilles an Rougemont vom 13. 11. 1932; Brief Reys an Rougemont vom 13. 11. 1932, Archives Rougemont: Cahier de Revendications 2, Neuchâtel.

[169] Marc war bereit, auf Lapie und Rey zu verzichten, aber nicht auf Daniel-Rops, vgl. Brief Marcs an Rougemont vom 12. 11. 1932, Archives Rougemont: Cahier de Revendications 2, Neuchâtel. Weitere Spannungen hatte es auch mit *Esprit* und *Plans* gegeben, vgl. den Brief Marcs und Brief Lamours an Rougemont vom 5. 11. 1932, ebenda.

[170] Lamour, Pour dissiper une équivoque, Bulletin Plans, Nr. 1, 1933, S. 15f., Zitat S. 16. In einem Brief an Rougemont gratulierte er diesem jedoch zu seiner Leistung, „diese Bombe in der behäbigen N.R.F. plaziert zu haben", Brief Lamours an Rougemont vom 12. 12. 1932, Archives Rougemont: Cahier de Revendications 2, Neuchâtel.

[171] Ory/Sirinelli, Intellectuels, S. 96f.

Dies erklärt die Heftigkeit, mit der Nizan gegen die Einheitsfront der nonkonformistischen Intellektuellen polemisierte. Und dies ist auch der Grund dafür, daß der Angriff von *Europe* aus geführt wurde, dessen Chefredakteur Guéhenno ebenfalls der A.E.A.R. beigetreten war. „Wir machen nicht mit irgendwem gemeinsame Sache, wir schließen keine Bündnisse, und seien sie auch provisorisch, mit unseren ureigenen Feinden."[172] Diese „ureigene" Feindschaft gründete sich auf dem Faschismusvorwurf, den Nizan gegenüber dem Ordre Nouveau, *Esprit* und der Jeune Droite erhob. In ihren bisherigen Äußerungen sah er erste Ansätze dazu, die geistigen Grundlagen für einen Faschismus nach italienischem und deutschem Vorbild zu schaffen: „Diese Reihe von Attacken, die noch zurückhaltend, widersprüchlich, oberflächlich und insgesamt von äußerst mäßiger Qualität sind, kündigt deutlich das Entstehen einer faschistischen Philosophie in Frankreich an."[173] Damit waren die Fronten zur kommunistischen Linken klar abgesteckt, bevor ein Jahr später die Februarereignisse 1934 der Debatte um einen französischen „Faschismus" entscheidenden Auftrieb gaben.

Union pour la vérité

Die Sondernummer der *NRF* hatte Paul Desjardins, den Organisator der „Union pour la verité", dazu bewogen, den nichtmarxistischen Revolutionären sein Forum zu öffnen. Auch personell gab es zahlreiche Verflechtungen zwischen der Zeitschrift und dem Netzwerk Desjardins', etwa über André Gide, Julien Benda und Jean Schlumberger. Neben den „Sommergeprächen", die Desjardins mit ausgewählten Teilnehmern alljährlich in der Abgeschiedenheit seiner Abtei im burgundischen Pontigny veranstaltete, bildeten die Veranstaltungen der Union einen festen Bestandteil der Pariser Intellektuellenkultur[174].

Unter der Leitung von Daniel-Rops hatten sich am 18. Februar 1933 die Mitarbeiter von *Esprit*, *Ordre Nouveau*, *Réaction* und der *Revue française* versammelt. Deutlich

---

[172] Nizan, Sur un certain front unique, in: Europe, H. 121, 1933, S. 137–146, Zitat S. 138.

[173] Ebenda, S. 140. In seiner Erwiderung betonte Rougemont zu Recht, Nizan habe vorher gewußt, worauf er sich einlasse. Daher seien seine nachträglichen Angriffe unverständlich. Auf die inhaltlichen Vorwürfe ging er allerdings nicht ein und kanzelte sie ebenso pauschal ab, wie sie erhoben wurden: „Aus der Feder eines Pariser Stalinisten zeugt dies eher von dem Wunsch, mit geringem Aufwand den Gegner niederzumachen, als von einer objektiven Beurteilung seiner Lehren." Rougemont, Correspondance (Sur un certain front unique), in: Europe, H. 122, 1933, S. 303f., Zitat S. 304.

[174] Heurgon-Desjardins, Paul Desjardins, S. 45ff., 149ff.; vgl. den Bericht von einem der wenigen deutschen Teilnehmer: Curtius, Pontigny, in: Der Neue Merkur 6 (1922), S. 419–425. Die Veranstaltungen der „Union pour la vérite" blieben für Maulnier und Rougemont auch weiterhin ein wichtiges Forum zur Diskussion und Verbreitung ihrer Ideen. Maulnier nahm am 15. 12. 1934 an der Veranstaltung „André Gide et notre temps" teil. Weitere Teilnehmer waren Fernandez, Gide, Gillouin, Guéhenno, Halévy, Marcel, Maritain, Massis, Mauriac, Guy-Grand, vgl. Union pour la vérité, 1935, H. 7–8, S. 259–323. Am 22. 2. 1936 hielt Rougemont einen Vortrag über den „aristokratischen Humanismus", in: Union pour la vérité, 1936, H. 5–6, S. 391–393. Rougemont war eingeladen zu einem „Sommergespräch" im September 1933, wo er über „Goethe als Vermittler" referierte, in: Union pour la vérité, 1933/1934, H. 3–4, S. 99–110. Am 30. 1. 1937 präsentierte er vor der „Union" die Thesen seines Buches „Penser avec les mains", in: Union pour la vérité, 1937, H. 5–6, S. 241–244.

waren die einleitenden Formulierungen des Vorsitzenden von der vorangegangenen Auseinandersetzung mit den Kommunisten geprägt. Gegen sie versuchte er, den gemeinsamen Standort der versammelten Gruppierungen abzugrenzen. Daniel-Rops räumte zwar ein, es gebe durchaus Sympathien für die Oktoberrevolution (womit er Aron und Dandieu meinte). Diese gingen aber über eine Würdigung der guten Absichten nicht hinaus, „in philosophischer Hinsicht", so Daniel-Rops, „stehen sie dem Kommunismus entschieden feindlich gegenüber"[175]. Er war bemüht, den Begriff der Revolution von seinen kommunistischen Konnotationen zu befreien und ihn damit auch für die Vertreter der Jeune Droite akzeptabel zu machen. In Abgrenzung gegen den historischen Materialismus betonte Daniel-Rops die geistigen Grundlagen der Revolution. Gegen den Primat des Ökonomischen hob er den ethischen Wert der Arbeit als Voraussetzung für die freie Entfaltung der Persönlichkeit hervor. Die Revolution mußte daher „der Persönlichkeit ihre schöpferische Fähigkeiten zurückgeben und damit Ansehen und Größe der Arbeit wiederherstellen"[176]. Ganz offensichtlich fand diese Abgrenzung Anklang bei der Jeune Droite. Maurice Blanchot sprach dem Marxismus jeden revolutionären Charakter ab und bekannte sich zu der von Daniel-Rops proklamierten „geistigen Revolution". Maulnier forderte eine „aristokratische Revolution", worunter der Normalien allerdings keine Wiedereinsetzung des Adels in seine alten Rechte verstand, sondern vielmehr den Herrschaftsanspruch einer selbsternannten Elite. Diese mußte durch die Überwindung der Ideen der Französischen Revolution das Abendland vor dem Untergang bewahren[177].

In einer Redaktionsnotiz über die „Union, Réunion et Désunion pour la Vérité" in *Esprit* schien das Einvernehmen der Gruppen allerdings nicht so groß, wie dies Daniel-Rops in seiner Rede betont hatte. Die Redaktion betonte ausdrücklich, daß in den folgenden Deklarationen die Kluft zwischen der Jeune Droite einerseits, *Esprit* und dem Ordre Nouveau andererseits deutlich geworden sei[178]. Dem Leser der *Revue française* hingegen suggerierten die Beiträge der gleichzeitig erscheinenden Sondernummer über die französische Jugend das beste Einvernehmen zwischen der Jeune Droite und dem Ordre Nouveau[179]. Die Teilnahme des *Esprit*-Kreises wurde nicht einmal erwähnt. In

---

[175] Daniel-Rops, Positions générales, in: Revue française, H. 4, 1933, S. 490–497, Zitat S. 491. Mit den Sympathisanten waren wohl insbesondere Aron und Dandieu gemeint, die sich in ihrem Beitrag auf Ideen von Bakunin, Prouhdhon und Marx beriefen. Ausdrücklich wandten sie sich gegen eine Verurteilung der Russischen Revolution mit der Begründung, daß deren Gegner die Konterrevolution förderten; Aron/Dandieu, Marxisme et révolution, in: ebenda, S. 498–505.
[176] Ebenda, S. 492.
[177] Blanchot, Le Marxisme contre la révolution, in: Revue française, H. 4, 1933, S. 506–517; Maulnier, La révolution aristocratique, in: ebenda, S. 532–548.
[178] Union, Réunion et Désunion pour la vérité, in: Esprit, H. 7, 1933, S. 137.
[179] Die Jeune Droite war vertreten durch Fabrègues, Maulnier, Blanchot, Francis, Maxence; Ordre Nouveau durch Aron, Dandieu, Daniel-Rops, Marc, Dupuis, Jardin. Es handelt sich außer dem schon oben erwähnten Deklaration von Daniel-Rops wohl nicht – wie man aufgrund der Präsentation vermuten könnte – um Beiträge, die bei der Union verlesen wurden. Dazu sind die Artikel erstens zu lang und behandeln zweitens ganz unterschiedliche Themen, die mit dem Ausgangspunkt der Versammlung nicht mehr viel zu tun haben. Dies wird deutlich, wenn man dagegen die Deklaration von Mounier liest: Union, Réunion et Désunion pour la vérité, in: Esprit, H. 7, 1933, S. 137–140. Vgl. dagegen die Beiträge in der *Revue française* von Dupuis, La crise de l'agriculture et la révolution personnaliste, ebenda, S. 549–556; Jardin, Capitalisme et propriété,

der Tat gab es zwischen *Esprit* und der Jeune Droite deutliche Differenzen. Von Anfang an standen sich die beiden extremen Flügel der Gruppen unversöhnlich gegenüber. Georges Izard, der sich als Sympathisant und späterer Anhänger von Bergerys Frontisme auf dem linken aktivistischen Flügel von *Esprit* bewegte, griff schon in der ersten Ausgabe der Zeitschrift Mitarbeiter der Jeune Droite scharf als „falsche Spiritualisten" an[180]. Sofort folgte eine scharfe Replik Maxences in der *Revue française*, der sich über den seiner Ansicht nach hochtrabenden, abstrakten und redundanten Ton der Zeitschrift mokierte[181].

Doch gab es auf beiden Seiten durchaus auch Sympathien füreinander. Unter den Esprit-Mitarbeitern befanden sich auch ehemalige Anhänger der Action française wie Etienne Borne und Maurice de Gandillac. In den *Cahiers* hatten sie und andere künftige Angehörige des *Esprit*-Kreises (Edmond Humeau, Olivier Lacombe) unter der Leitung Maxences überwiegend mit Maurrassianern zusammengearbeitet; auch noch als Mitarbeiter von Mouniers Zeitschrift schrieben Gandillac und Pierre-Henri Simon Beiträge für die *Revue du XXe siècle*[182]. Deren Chefredakteur Jean de Fabrègues bemühte sich ebenfalls um eine Zusammenarbeit mit *Esprit*. Er war bereit, die politischen Differenzen der gemeinsamen, christlich motivierten Zivilisationskritik hintanzustellen und Izard auf diese Weise gegen Mounier auszuspielen. Er erklärte sich völlig solidarisch mit dem vom *Esprit*-Chef verfaßten „Bekenntnis für uns übrige Christen": „Wir sind bereit, alle Bestrebungen, die auf die Verteidigung Frankreichs gegen den Materialismus im Sinne einer Wiedererstehung des geistigen Europas zielen, zu unterstützen, zu stärken und zu verteidigen."[183]

Mounier stand diesen Bemühungen mit wohlwollender Distanz gegenüber. Zustimmend kommentierte er die weniger ideologischen Äußerungen in der *Revue du siècle* und würdigte insbesondere ihre deutliche Distanz zur wirtschaftsliberalen Rechten. Er gab Fabrègues die Gelegenheit, die Ziele seines Zirkels in *Esprit* vorzustellen, und erklärte sich vollkommen einverstanden mit dessen aus dem Katholizismus inspirierter Ablehnung des Kommunismus. Doch letztlich waren seiner Ansicht nach die Gräben zwischen beiden Gruppen unüberwindbar, weil die Prägung der Jeune Droite durch die Ideenwelt der Action française zu stark war[184]. Mounier sah keine Basis für eine Zusammenarbeit.

Die Spannungen zwischen dem Esprit-Kreis und dem Ordre Nouveau bestanden hingegen nicht so sehr in politischen Differenzen, sondern resultierten vielmehr aus der – nicht zuletzt von Maritain geforderten – grundsätzlichen Zurückhaltung von *Esprit* in

---

ebenda, S. 569–572 und Marc, La tyrannie de l'économie libérale et l'anarchie de l'économie dirigée, ebenda, S. 573–585. Claude Chevalley und Denis de Rougemont fehlten in der Reihe der Beiträge in der *Revue française*.

[180] Izard, Révolution pour l'esprit, in: Esprit, H. 1, Okt. 1932, S. 137–141, hier 137; vgl. dazu Loubet del Bayle, Non-conformistes, S. 161ff.

[181] Maxence, Sous le signe de l'Esprit, in: Revue française, H. 6, 1932, S. 955.

[182] Simon, Le droit à la culture. Lettre à la *Revue du siècle*, in: Revue du Siècle, H. 7, 1933, S. 49–53; Gandillac, L'Eglise et le Prince, in: Revue du siècle, H. 9, Jan. 1934, S. 7–10.

[183] Fabrègues, Quelle Révolution?, in: Revue du siècle, H. 1, 1933, S. 46–51, Zitat S. 47; vgl. Mounier, Confession pour nous autres chrétiens, in: Esprit, H. 5, 1933, S. 872–898.

[184] Fabrègues, XXe siècle, in: Esprit, H. 21, 1934, S. 471–475; Mounier, Demain la France, in: Esprit, H. 25, 1934, S. 152–154.

politischen Fragen[185]. Dies wird deutlich, wenn man die Deklarationen Mouniers im *Cahier de Revendications* und bei der Union betrachtet. Er distanzierte sich weitgehend von allen politischen Implikationen, die der Begriff der Revolution enthielt, und wollte ihn primär als religiöse Erneuerung verstanden wissen. Der Chefredakteur von *Esprit* war im Gegensatz zu den Kollegen der beiden anderen Gruppierungen weit davon entfernt, seine Zeitschrift zum Forum umstürzlerischer Aktivitäten zu machen[186].

4. Zusammenfassung

Die Jeune Droite war entstanden als Reaktion auf die Krise der Action française. Die Bewegung von Maurras blieb ein Sammelbecken der vorindustriellen Eliten und Honoratioren. Die Jeune Droite warf ihr vor allem vor, daß sie vom Lager der revolutionären Kräfte nach und nach in das Establishment abgerückt sei und sich weitgehend mit dem republikanischen System arrangiert habe. Die Restauration der Monarchie sei zu einer rhetorischen Floskel geworden. Ihre Lösungen entsprachen aus der Sicht der jungen Intellektuellen nicht mehr den politischen Herausforderungen. Erst die politische, wirtschaftliche und soziale Krise der Republik aber offenbarte das Ausmaß der Erstarrung der Action française, die nach Auffassung der Jeune Droite nicht mehr in der Lage war, auf den Wandel der Situation angemessen zu reagieren und damit den Bedürfnissen nachwachsender Generationen Rechnung zu tragen. Insofern ging es bei der Kritik seitens der Jeune Droite auch um die Suche nach neuen Lösungen aus der aktuellen Krise. Nicht immer führte die kritische Haltung zum offenen Bruch. Die unterschiedlichen Karrieren von Thierry Maulnier und Jean de Fabrègues verdeutlichen dies.

Der Ordre nouveau verdankte seine Entstehung ebenfalls der Diagnose einer fundamentalen Krise. Im Unterschied zur Jeune Droite entstammten die Anhänger keinem bestimmten politischen Milieu, die Zusammensetzung war außerordentlich heterogen. Es gab Sympathisanten verschiedenster Richtungen vom Sozialismus bis hin zur Action française. Eines jedoch vereinte sie: Ihre Ablehnung jeglicher etablierten Partei- und Verbandspolitik und der entschiedene Willen zur radikalen Umgestaltung der bestehenden politischen, wirtschaftlichen und sozialen Verhältnisse. Der Name selbst war bereits Programm. Charakteristisch für den Ordre Nouveau ist die Entwicklung einer eigenen Philosophie unter dem Begriff des Personalismus, der in den dreißiger Jahren zahlreiche Anhänger und verschiedene Interpretatoren fand. Zu den Grundgedanken gehört die Vorstellung, daß jeder Mensch zwar einerseits von seinem sozialen Umfeld geprägt ist, andererseits aber die Pflicht hat, dieses zu verändern. Diese Aufgabe obliegt in erster Linie denjenigen, die in der Stufenfolge der „Personen" den höchsten Rang innehaben: den Intellektuellen und Philosophen. Aus dem Erlebnis einer persönlichen Berufung leiten sie den Anspruch zur Führung ab. Das Ziel des Personalismus ist es, Mensch und Gesellschaft in der permanenten wechselseitigen Auseinandersetzung zu perfektionieren. Es ist daher die Pflicht der Personalisten, gegen Fehlentwicklungen der politischen, wirtschaftlichen und sozialen Ordnung vorzugehen und die Revolution voranzutreiben.

---

[185] Vgl. Mounier, Entretiens VII, 7. 5. 1933, Mounier, Œuvres, S. 529.
[186] Diesen Eindruck bestätigt auch Hellman, Mounier, S. 36.

Beide Gruppierungen stimmten in ihrer Grundsatzkritik überein: Sie gebrauchten ähnliche Formulierungen und trafen dieselbe Tonlage. Ihre Diagnosen der Krisensymptome artikulierten sie in Form einer globalen Zivilisationskritik, die sie mit wiederholten Warnungen vor dem Niedergang der abendländischen Kultur bekräftigten. Was sie vereinte, war der Ablehnung des etablierten Systems: des Kapitalismus, des Republikanismus, der bürgerlichen Gesellschaft. Dabei setzten sie unterschiedliche Schwerpunkte: im Kreis um Fabrègues ging es zunächst um die Restauration des christlichen Abendlandes, die mit der Forderung nach Wiederrichtung der Monarchie verknüpft war. Maulnier und seine Anhänger hingegen schlugen deutlich nationalistische Töne an. Sie diagnostizierten den Niedergang des französischen Einflusses in Europa und setzten sich dafür ein, daß Frankreich wieder seine Führungsrolle in Politik und Kultur übernehmen sollte. Das beherrschende Thema beim Ordre Nouveau hingegen war die zerstörerische Wirkung des Kapitalismus und zentralistischen Republikanismus, dem die Vorstellung einer solidarischen und föderalistischen Neuordnung des Gemeinwesens entgegengesetzt wurde.

Die Kritik an der wirtschaftlichen, politischen und sozialen Ordnung findet eine Ensprechung in der Skepsis gegenüber dem wissenschaftlich-technischen Fortschritt. Jedoch war ihre Ablehnung hier nicht grundsätzlicher Natur. Vielmehr erkannten beide Gruppierungen Technik als Teil der kulturellen Errungenschaften an. Sie war Bestandteil der modernen, arbeitsteiligen Gesellschaft und ermöglichte einen bis dahin unbekannten Lebensstandard. Jedoch warnten beide Gruppierungen vor den Folgen eines ungebrochenen Positivismus, den sie als Ausdruck des kapitalistischen Geistes betrachteten: Technik sollte nicht zum Selbstzweck werden. Die durch den Kapitalismus hervorgerufene Entfremdung der Arbeit wurde mit dem Begriff des „Maschinismus" angeprangert, der Mechanisierung der sozialen, wirtschaftlichen und politischen Beziehungen.

Ähnlich wie bei der Konservativen Revolution in Deutschland handelte es sich bei den Nonkonformisten um lose Zusammenschlüsse. Aufgrund ihrer Ablehnung der Parteienherrschaft und des Parlamentarismus verzichteten sie selbst auf den Aufbau fester Organisationen. Sie entwickelten eine Art subversives Netzwerk informeller Verbindungen. Dazu waren die Zeitschriftenredaktionen die ideale Basis: sie bedurften keiner allzu festen Struktur und boten sich gleichzeitig als Sammelbecken für weitere Sympathisanten an. Auffällige Übereinstimmungen zwischen Nonkonformisten und Konservativer Revolution ergaben sich in der Strategie. Die Bildung einer „Dritten Front", zu der Hans Zehrer aufgerufen hatte, charakterisiert auch die Bestrebungen der Nonkonformisten: Sie setzten sich zum Ziel, quer zu allen politischen Lagern ein Gemeinschaft zu bilden, die die bestehenden Fronten zu überwinden imstande war. Insbesondere der Ordre Nouveau engagierte sich in dieser Hinsicht. Ihm war es in erster Linie zu verdanken, daß die Nonkonformisten zu Beginn der dreißiger Jahre als eine neue Bewegung wahrgenommen wurden.

III. „Europa in Gefahr":
Alte Feinde – neue Verbündete

1. Innere und äußere Bedrohung

Das Ende der Locarno-Ära bildete den eigentlichen Auftakt zur außenpolitischen Betätigung der beiden Gruppierungen. Der Krach an der Wall Street führte zu einer Rückbesinnung auf die nationalen Wirtschafts- und Finanzinteressen in den europäischen Staaten. Seit 1930 verschärfte sich die internationale Konstellation weiter durch die Revisionspolitik der Nachfolger Stresemanns, während sich gleichzeitig der französische Außenminister Briand bemühte, mit seinem Plan einer europäischen Föderation neue Perspektiven der Friedenssicherung zu schaffen[1].

Die Attacken Deutschlands auf die Versailler Friedensordnung verstanden sowohl die Jeune Droite als auch der Ordre Nouveau als einen Angriff auf die Stellung Frankreichs in Europa. So erklärte im Juni 1931 der damalige ON-Vorsitzende Albert de Chauveron die politischen Zielsetzungen Deutschlands in Mitteleuropa zu einer „rein französischen Frage"[2]. Maurice Blanchot, der außenpolitische Spezialist der Jeune Droite, brachte dies auf die prägnante Formulierung: Frankreichs Grenze verlaufe nicht am Rhein, „sondern überall, wo die Grenzen der in Versailles entstandenen Welt verlaufen"[3].

Die Ursachen der internationalen Krise suchten die jungen Intellektuellen hingegen primär in der französischen Außenpolitik und ihrer Verankerung im System der kollektiven Sicherheit. Die offensive deutsche Revisionspolitik war ihrer Ansicht nach nur eine Folge der verfehlten französischen Außenpolitik, derjenigen Poincarés ebenso wie derjenigen Briands. Weder die strikt germanophobe Politik der traditionellen Rechten noch die pazifistische Völkerverständigung der Linken konnte ihrer Ansicht nach einen dauerhaften Frieden garantieren. In dem Maße, in dem sich das französisch-deutsche Verhältnis verschlechterte, wurde es zur Kernfrage der europäischen Friedenskonzepte der beiden Gruppierungen. Auch wenn sich die Entwürfe grundsätzlich unterschieden, so bildete die Verständigung mit dem Nachbarn für beide die Grundlage eines starken Europa. Die innere Schwäche Europas verstärkte zugleich das Gefühl der äußeren Bedrohung. Der Börsenkrach hatte die Abhängigkeit der französischen Finanzmärkte von den USA deutlich spürbar gemacht und stärkte die Kritiker des liberalen Systems. In ihren Augen waren die USA der Inbegriff des entfesselten Kapitalismus in seiner ganzen Inhumanität[4].

Zwischen den USA und der ebenso „materialistischen" Sowjetunion drohte das Abendland vernichtet zu werden, wenn es sich nicht auf seine Stärke und Einheit zurückbesann. Thierry Maulnier fürchtete eine Art vierter polnischer Teilung, diesmal in einem globalen Maßstab: das Schicksal von Europa als ganzem stehe diesmal auf dem

---

[1] Hildebrand, Schlußwort, in: Internationale Beziehungen in der Weltwirtschaftskrise, S. 434ff.; Krüger, Versailles, S. 160; ders., Außenpolitik, S. 523ff.; zum Briand-Plan Boyce, Britain's First No, S. 17–45; Lipgens, Europäische Einigungsidee, S. 46–89, 316–363.

[2] Konferenz vom 6. Juni 1931; Nachlaß Dandieu, BN: Karton 6, Doss. 3.

[3] Blanchot, Le dérèglement de la diplomatie française, in: Revue du XXᵉ siècle, H. 6, 1935, S. 53.

[4] Strauss, Menace in the West, S. 93ff.

Spiel[5]. Eine geistige Abwehrfront gegen den feindlichen „Materialismus" und die Rückbesinnung auf spezifisch abendländische Traditionen sollten die Einheit unter den europäischen Staaten wiederherstellen. Das Leitmotiv „Europa in Gefahr" faßte Jean-Pierre Maxence kurz und prägnant zusammen: „Angesichts des Moskauer Materialismus und des New Yorker Utilitarismus findet Europa sein Heil in den gemeinsamen Bemühungen, den Geist zu bewahren und die Tradition seiner Kultur zu retten."[6]

Die Untersuchung der außenpolitischen Konzeptionen hat ein doppeltes Ziel: Zum einen soll sie es erleichtern, den Standort der beiden Gruppen innerhalb des politischen Spektrums zu bestimmen. Hierzu gehört die Frage nach dem Einfluß traditioneller Stereotypen und die nach der Originalität der entwickelten Perspektiven. Zum anderen soll sie Aufschluß geben über den Stellenwert der Außenpolitik für den ideologischen Standort der Intellektuellen: Gab es einen Primat äußerer oder innerer Faktoren für die Aktivitäten der Gruppierungen? Und vor allem: Welche Rolle spielte dabei der Aufstieg des Nationalsozialismus? Wie in der gesamten Analyse liegt hier der Schwerpunkt auf der Entwicklung und dem Wandel der Einstellungen, die anhand bestimmter Ereignisse und Wendepunkte skizziert werden.

Das deutsche Nachbarland ist in doppelter Hinsicht von Bedeutung: zum einen durch die Rolle Deutschlands im Rahmen der außenpolitischen Entwürfe, zum anderen durch die persönlichen Kontakte. Beide Ebenen bedingen sich wechselseitig: Von der Sicht des Nachbarn hängt die Wahl der Kontakte ab, und diese wiederum erweitern und beeinflussen das Deutschlandbild. In der Forschung sind die Beziehungen der Jeune Droite zu Deutschland bisher vollständig ausgeklammert worden, während es zum Ordre Nouveau bereits materialreiche Arbeiten gibt, die sich allerdings weitgehend auf persönliche Kontakte und Einflüsse konzentrieren[7]. Die Einordnung in den französischen Diskussionszusammenhang wird ermöglicht durch eine Reihe von Untersuchungen über das französische Deutschlandbild, die beinahe das gesamte Spektrum der Parteien, Presse und Persönlichkeiten ausleuchten[8]. In methodischer Hinsicht wegweisend ist dabei der Ansatz von Klaus-Jürgen Müller, der anhand von drei Bewegungen der extremen Rechten die Funktion des Deutschlandbildes im innerfranzösischen Diskussionszusammenhang untersucht[9]. Müller interessiert sich für die Hintergründe der unterschiedlichen Deutschlandbilder und unterscheidet hierbei zwischen einer taktisch und einer

---

[5] Maulnier, Vues sur la politique, in: Revue Française, H. 28, 1931, S. 660.

[6] Maxence, L'Europe en danger, in: Revue française, H. 12, 1931, S. 266.

[7] Hellman/Roy, Le personnalisme, S. 203–215; Roy, Contacts, S. 153 ff.; Coppi, Schulze-Boysen und Marc, S. 168 ff.; Keller, Médiateurs personnalistes, S. 257–273; ders., Personalismen, S. 137 ff.; zu Esprit vgl. Senarclens, L'image, S. 123–145. Dessen Ergebnis fällt allerdings etwas eindimensional aus: „Insgesamt scheint das Deutschlandbild von Esprit weitgehend mit der Geschichte dieser Epoche übereinzustimmen", S. 128; vgl. ferner Keller, Katholische Europakonzeptionen, S. 219–240.

[8] An dieser Stelle seien nur die zentralen Monographien genannt: Micaud, French Right; Weinreis, Liberale oder autoritäre Republik; Michael, The Radicals; vgl. ferner die weitgehend rezeptionsgeschichtlichen Untersuchungen: Taubert, Französische Linke; Kimmel, Der Aufstieg des Nationalsozialismus. An Stelle der nahezu unübersehbaren Zahl von Aufsätzen sei hier auf zwei neuere Erscheinungen verwiesen, die eine bibliographische Orientierung ermöglichen: Entre Locarno et Vichy, Hrsg. Bock, Meyer-Kalkus, Trebitsch, sowie: Deutschland – Frankreich/France Allemagne, Hrsg. Meynesch, Manac'h, Schild.

[9] Jeunesses Patriotes, Feuerkreuzler und Francisme; Müller, Betrachtungen, S. 469–488.

ideologisch motivierten Haltung. Für die Vertreter der traditionellen extremen Rechte war Müller zufolge das Deutschlandbild gekennzeichnet von einer deutlichen Ambiguität. Sie stellten je nach der innenpolitischen Situation entweder die positiven oder die negativen Aspekte heraus. Die Protagonisten einer ideologisch bestimmten Argumentation hingegen hielten unbeirrbar an der deutsch-französischen Verständigung fest. Deutschland war aus dieser Sicht Vorbild für die angestrebte nationale Revolution in Frankreich und zugleich Verbündeter gegen den als die größere Gefahr betrachteten Bolschewismus.

Die außenpolitischen Optionen erlauben es nach Müllers Ansatz, Rückschlüsse auf die innenpolitische Zielsetzung zu ziehen[10]. Allerdings bleibt eine solche Betrachtungsweise einseitig, wenn sie nicht auch die umgekehrte Richtung berücksichtigt. Die ideologischen Motive werden keineswegs aus den außenpolitischen Optionen allein ersichtlich. Die Problematik dieses Ansatzes erscheint in ihrer ganzen Deutlichkeit in der Phase der Radikalisierung seit Ende 1935/Anfang 1936. Müllers Ansatz kann nicht erklären, warum so unterschiedliche Persönlichkeiten wie der Neosozialist Marcel Déat und der rechtsextreme Robert Brasillach sich in ihrem Verständigungswillen mit Deutschland immer mehr annäherten, während ihre Motive weiterhin grundverschieden blieben.

Antibriandismus

Das erste gemeinsame Manifest der Jeune Droite richtete sich gegen das Europa-Memorandum Briands und dessen Bereitschaft zu Konzessionen gegenüber Deutschland. Maxence hatte diese Stellungnahme, die von 202 Intellektuellen unterzeichnet wurde, in der *Revue française* veröffentlicht. In dem „Manifest der jungen ‚wehrfähigen' Intellektuellen gegen die Demission Frankreichs" protestierten die Unterzeichner gegen einen drohenden Krieg, der ihrer Ansicht nach aus der nachgiebigen Haltung Briands gegenüber Deutschland zu folgen schien. „Wir können nicht akzeptieren, daß man uns unter dem Vorwand, ein Werk der Gerechtigkeit mit der Revision der Verträge zu vollenden, in eine Situation bringt, die beinahe unmittelbar zu einer neuen Teilung Polens und wiederholten Angriffen auf unsere Rheingrenze führen wird."[11]

Den unmittelbaren Anlaß dieser Stellungnahme bildete ein Manifest „gegen die Auswüchse des Nationalismus, für Europa und die französisch-deutsche Verständigung", das in der von Jean Luchaire herausgegebenen Jugendzeitschrift *Notre Temps* erschienen war. Diese Zeitschrift, die sich selbst als „Organ der neuen Generationen" präsentierte, war in besonderer Weise dem briandistischen Verständigungsgedanken verpflichtet und

---

[10] So ergiebig die Frage nach der innerfranzösischen Diskussion und den dahinterstehenden ideologischen Motiven ist, so problematisch ist die Absicht Müllers, die unbeirrbaren Sympathisanten für Deutschland als faschistisch zu kennzeichnen. Abgesehen davon, daß der Nachweis sich nicht an Deutschland (was den paradigmatischen Charakter des Nationalsozialismus stillschweigend voraussetzt), sondern zunächst an Italien orientieren sollte, ist gegen eine solche Beweisführung folgender Einwand zu formulieren: Als spezifisch nationale Integrationsideologie muß ein französischer Faschismus gerade den Unterschied, das Besondere betonen.

[11] Manifeste des jeunes intellectuels mobilisables contre la démission de la France, in: Revue française, H. 4, 1931, S. 75. Von der *Revue française* hatten Bardèche, Blond, Brasillach, Francis, Maxence und Maulnier unterzeichnet. *Réaction* war vertreten durch den Herausgeber Fabrègues sowie durch Chenut, Le Marchand, Maudet, Vaast und Vincent.

erhielt für dieses Engagement finanzielle Zuwendungen vom Quai d'Orsai[12]. Die Jeune Droite beanspruchte für sich, den Frieden zu sichern, indem sie den briandistischen Pazifismus bekämpfte. *Réaction*-Herausgeber Jean de Fabrègues forderte einen Frieden der Stärke. Seine Kritik am Völkerbund zielte nicht nur auf dessen Ineffizienz, sondern auf das Prinzip der kollektiven Sicherheit, das die staatliche Souveränität empfindlich berührte: „Aber wir haben gerade gelernt, einen Verzicht auf das Recht, einen Kompromiß aus einem Vorzimmer des Parlaments oder den Gärten der Botschaften nicht als Frieden zu betrachten. [...] Der Friede muß erobert werden, er ist eine siegreiche Wahl des Guten über das Böse, des Wahren über das Falsche, der Mühe über den Verzicht. Gerade dazu ist unsere Zeit am wenigsten fähig."[13]

Die eigentlichen Kriegstreiber waren somit die Pazifisten. Diese Sichtweise ergänzte Maulnier mit dem Hinweis auf den imperialistischen Charakter der liberalen Demokratien. Eine stabile Friedensordnung konnte seiner Ansicht nach nicht auf der Basis von Staaten entstehen, die ihre Verfassung aus den Ideen der Französischen Revolution ableiteten. Denn er sah das demokratische System untrennbar verbunden mit dem jakobinischen Nationalismus, der nach seinem Dafürhalten die Ursache für die kriegerische Haltung der Nationalstaaten war: „Der moderne Nationalismus, der die Rivalität der Völker untereinander begründet und damit jeden einzelnen Bürger belastet, dieser Nationalismus ist das unmittelbare Ergebnis demokratischer Lehren."[14] Neben der entschiedenen Absage an jegliche Konzessionen gegenüber Deutschland rief vor allem die von Briand anvisierte europäische Wirtschaftsgemeinschaft den Widerstand der Jeune Droite gegen dessen Europa-Memorandum hervor. Durch den Wegfall der Zollschranken drohte nach Ansicht von Maulnier ein gewaltiges Ungleichgewicht zu entstehen, das Umwälzungen in einem bisher unbekannten Ausmaß zur Folge habe. Er fürchtete eine Massenmobilisierung in den ärmsten Regionen und sah bereits riesige Ströme von Menschen Europa auf der Suche nach besseren Lebensbedingungen durchqueren[15].

Als Alternative zum Briand-Memorandum sah die Jeune Droite – wiederum in der Tradition der Rechten – eine Stärkung der bilateralen Bündnisse. Ihre Aufmerksamkeit richtete sich insbesondere auf die Nachfolgestaaten des Habsburgerreichs, auf die Deutschland verstärkten Druck ausübte. Mit der Forderung nach Völkerbundgarantien für die nationalen Minderheiten hatte Stresemann bereits 1929 sein Augenmerk auf Mitteleuropa gerichtet. Sein Nachfolger Curtius machte keinen Hehl daraus, daß er die deutschen Minderheiten durch eine Revision der deutschen Ostgrenzen ins Reich eingliedern wollte. Diese Forderungen berührten über den Versailler Vertrag und das

---

[12] In: Notre Temps, H. 73, 1931, Sp. 81–84. Zu den 186 Befürwortern der Politik Briands gehörten so illustre Persönlichkeiten wie Julien Benda, Jean Cocteau, Roger Martin du Gard und Jean Paulhan, aber auch die Ordre Nouveau-Anhänger bzw. -Sympathisanten Daniel-Rops, Georges Roux und Gabriel Marcel, sowie die ehemaligen Radicaux-Sympathisanten und künftigen Doriot-Anhänger Bertrand de Jouvenel und Pierre Drieu la Rochelle. Die Zuwendungen an *Notre Temps* steigerten sich von 1929 monatlich 10 000 FF bis zur Höhe von 100 000 FF seit 1933; Histoire générale de la Presse, S. 488.
[13] Fabrègues, Qu'est-ce que la Paix?, in: Réaction, H. 6, 1931, S. 7, 12.
[14] Maulnier, Vues sur la politique, in: Revue Française, H. 15, 1931, S. 348.
[15] Maulnier, Vues sur la politique, in: Revue Française, H. 24, 1931, S. 564.

Bündnissystem der kleinen Entente insbesondere französische Interessen[16]. Die Londoner Konferenz im April 1932 weckte bei der Jeune Droite die Hoffnung, auf dem Balkan neben dem politischen auch ein wirtschaftliches Gegengewicht zum deutschen Einfluß zu schaffen. Um den deutschen Revisionismus in Schranken zu weisen, mußte Österreich stärker an Frankreich gebunden und der Fortbestand der Staaten in Südosteuropa gesichert werden. Dazu sollten die politischen Bündnisverträge der kleinen Entente um eine ökonomische Allianz erweitert werden, um auf diese Weise die südosteuropäischen Kleinstaaten dem Gravitationsfeld Deutschlands zu entziehen und so das Ungleichgewicht der Kräfte in Europa zu überwinden, das die Jeune Droite dem Vertragswerk von Versailles anlastete[17]. Aus dem Geist der liberalen Demokratien entstanden und durchdrungen vom Gedanken der Selbstbestimmung der Völker, habe es besonders die Nachfolgestaaten des Habsburgerreichs gefährlich geschwächt[18].

Mit dieser Haltung zum Briand-Memorandum bewegte sich die Jeune Droite ganz in dem Rahmen, der ihr durch das Herkunftsmilieu vorgegeben war. Für die extreme Rechte war die staatliche Souveränität sakrosankt, und daher stieß jeder Gedanke an die Einschränkung von Hoheitsrechten auf vehementen Protest[19]. Aus dieser Sicht stellte das Europa-Memorandum den bis dahin größten Angriff auf die nationale Unabhängigkeit dar, sah doch der Plan vor allem in seiner ersten, weiteren Fassung die Schaffung einer supranationalen Institution vor, die dem Nationalstaat wirtschaftliche und politische Entscheidungen abgenommen hätte.

Der Ordre Nouveau teilte weitgehend die ablehnende Haltung der Jeune Droite gegenüber dem Völkerbund. Auch in der Begründung dieser Haltung, ihrer Aversion gegen den demokratischen Charakter der Genfer Institution, stimmte sie mit der extremen Rechten überein[20]. Das Briand-Memorandum stieß beim Ordre Nouveau ebenfalls auf Ablehnung, in diesem Fall aber aus Gründen, die denjenigen der jungen Rechten diametral entgegengesetzt waren: dessen Forderung nach vollständiger Überwindung der nationalstaatlichen Souveränität ging nämlich selbst weit über den Plan des französischen Außenministers hinaus. Diese Haltung bildete sich beim Ordre Nouveau in direkter Auseinandersetzung mit den Kreisen der in der Tradition Briands stehenden Jugend heraus, die sich um die von Luchaire geleitete Zeitschrift *Notre Temps* gruppierte. Alexandre Marc setzte sich seit 1929 entschieden für die europäische Einigung ein und hatte zu diesem Zweck eine eigene Agentur namens „Pax Press" gegründet. Durch sein Engagement kam er in Kontakt mit dem Kreis um Luchaire, der dem Gedanken der Versöhnung zwischen Deutschland und Frankreich verpflichtet war[21].

---

[16] Höpfner, Deutsche Südosteuropapolitik, S. 250ff.; zur französischen Rechten vgl. Micaud, French Right, S. 21ff.
[17] Maulnier, Les faits de la quinzaine, in: Revue Française, H. 11, 1932, S. 435; vgl. Blanchot, Morale et politique, in: Revue du Siècle, H. 2, 1933, S. 64.
[18] Magniez, L'Allemagne, in: Réaction, H. 1, 1930, S. 21f.
[19] Micaud, French Right, S. 22f.
[20] Vgl. Aron/Dandieu, Bergson contre Wilson, in: Revue française, H. 5, 1932, S. 693–702; dies., Décadence, S. 97.
[21] Roy, Marc, S. 52ff. Zwei Mitarbeiter vom Ordre Nouveau gehörten jedoch zum Sympathisantenkreis der Notre Temps-Gruppe: René Dupuis und Daniel-Rops. Vgl. die Beiträge von Dupuis, Patrie, oui. Nation, non!, in: Notre Temps, H. 107, 1931, Sp. 59; ders., Vers une révolution des âmes, in: Notre Temps, H. 119, 1931, Sp. 524–528. Daniel-Rops hatte das Manifest von *Notre*

Marc hat an dem deutsch-französischen Jugendtreffen in Sohlberg im Sommer 1930 teilgenommen, das Jean Luchaire zusammen mit Otto Abetz, einem Zeichenlehrer aus Karlsruhe, organisiert hatte. Unter dem Namen Sohlbergkreis wurden diese Treffen seit-dem zu einer festen Institution für Jugendliche, die in der Verständigung beider Länder die Grundlage für einen europäischen Frieden sahen. Die Hauptakteure des Kreises hiel-ten an dem Versöhnungsgedanken auch nach 1933 noch unbeirrbar fest. Abetz qualifi-zierte sich durch seinen Einsatz für seine späteren Aufgaben als Frankreichreferent der Reichsjugendführung (1934), als Mitarbeiter der Ribbentrop-Dienststelle (1935) und als Deutscher Botschafter in Paris (1940–1944). Das Trauma des Weltkrieges saß bei den französischen Anhängern dieser Politik so tief, daß sie bereit waren, nahezu jeden Preis für eine Verständigung mit Deutschland zu zahlen. Ihr vermeintlicher „Realismus", mit dem sie dem Frieden zu dienen meinten, ließ einen großen Teil von ihnen 1940 zu akti-ven Kollaborateuren werden[22].

Das Scheitern des Briand-Planes und die aggressive deutsche Revisionspolitik läuteten das Ende der Locarno-Ära ein. Während die Notre Temps-Gruppe ungeachtet der wachsenden internationalen Spannungen an dem briandistischen Pazifismus festhielt, vertraten die Anhänger des Ordre Nouveau zunehmend radikalere Positionen. Auf dem folgenden Treffen des Sohlbergkreises im Ardennenstädchen Rethel im August 1931 kam es zum offenen Bruch. Enttäuscht von dem allzu jugendbewegten Charakter des er-sten Lagers und vor allem von dem Mangel an politischen Perspektiven, provozierte Marc einen Eklat, indem er den Versöhnungsgedanken Briands grundsätzlich in Frage stellte. Der *Plans*-Direktor Philippe Lamour sowie Robert Aron, Arnaud Dandieu und Albert de Chauveron vom Ordre Nouveau standen ihm dabei zur Seite[23].

In Rethel traten deutliche Spannungen zwischen den Delegationen beider Länder zu-tage, die insbesondere durch die Repräsentanten nationalistischer Kreise aus Deutsch-land angefacht wurden. Friedrich Bran, der spätere Schriftleiter der von Abetz heraus-gegebenen *Deutsch-französischen Monatshefte*, hielt einen Vortrag über Staatskonzeptio-nen konservativer Revolutionäre, wobei er besonders mit der von Carl Schmitt entwik-

---

Temps „contre les excès du nationalisme, pour l'Europe et pour l'entente franco-allemande" un-terzeichnet; Notre Temps, H. 73, 1931, Sp. 84.

[22] Luchaire pflegte auch weiterhin freundschaftliche Beziehungen mit Abetz und akzeptierte 1935, nachdem die finanzielle Unterstützung durch die französische Regierung wegfiel, auch deutsches Geld zur Fortsetzung von *Notre Temps*. Gleichzeitig näherte er sich auch inhaltlich an die natio-nalsozialistische Programmatik an und spielte in der Kollaboration als Leiter der französischen Presse in der Nordzone eine wichtige Rolle. Er wurde 1946 wegen Zusammenarbeit mit der Ge-stapo hingerichtet, vgl. Wohl, The Generation of 1914, S. 34f.; Abetz, Das offene Problem, S. 26ff. Das für die Memoirenliteratur charakteristische und ebenso verständliche Bedürfnis nach Selbst-legitimation und Rechtfertigung tritt in diesem Werk besonders deutlich hervor. Abetz schrieb seinen Rückblick, in dem er sich mit seiner Rolle in den deutsch-französischen Beziehungen aus-einandersetzte, in einem französischen Gefängnis, in dem er wegen Kollaboration einsaß. Ähnli-ches gilt für die übrigen Erinnerungen ehemaliger Beteiligter, vgl. Epting, Das Schicksal der bri-andistischen Generation, S. 12–38; zum Sohlbergkreis vgl. Tiemann, Jugendbeziehungen, S. 112ff. Eine vergleichbare Entwicklung der französischen Personalisten von der Verständigung zur Kollaboration skizziert Hellmann, Sohlbergkreis, S. 183.

[23] Vgl. zum Kongreß die Sondernummer von Notre Temps, H. 103/104, 1931: Le congrès du Rethel, Sp. 603–662; ferner Weise, Deutsch-französisches Jugendtreffen in Rethel, S. 60–63.

kelten Idee des totalen Staates sympathisierte[24]. Stärker als beim Sohlbergtreffen kamen diesmal auch völkische Stimmen zu Wort, so der spätere Leiter des „Deutsch-französischen Schulaustauschdienstes" Erich Benz, der das „Fehlen einer in den Tiefen des Volkstums verwurzelten Kultur" in Frankreich beklagte[25]. In dieser von nationalen Ressentiments belasteten Atmosphäre sorgte der Auftritt des Ordre Nouveau für Aufsehen, da die Gruppierung den Verständigungsbemühungen der von Luchaire geleiteten französischen Delegation in den Rücken fiel. Alexandre Marc sprach sich strikt gegen eine Revision von Versailles aus und hielt es angesichts der internationalen Spannungen für besser, die Abrüstungsgespräche einzustellen. Die nationalistischen Strömungen in Deutschland hatten seiner Ansicht nach eine Annäherung beider Staaten unmöglich gemacht[26]. Ähnlich wie die Jeune Droite erteilte auch der Ordre Nouveau in der gegenwärtigen Situation den Verständigungsbemühungen eine Absage und forderte eine Politik der Unnachgiebigkeit gegenüber dem Nachbarn jenseits des Rheins. Doch im Unterschied zur extremen Rechten verharrte die Gruppierung nicht bei diesem Rückzug auf einer Politik der nationalen Stärke. Vielmehr sah sie in der föderalistischen Neuordnung Europas die einzige Möglichkeit, einen neuen Krieg zu verhindern, und propagierte zu diesem Zweck den Zusammenschluß der revolutionären europäischen Jugend.

„Auf nach Europa oder auf in den Krieg": Dieser Appell Philippe Lamours wurde angesichts des deutschen Hegemonialstrebens in Mitteleuropa zum programmatischen Leitsatz der außenpolitischen Bestrebungen[27]. Während aber die Pläne Lamours sich auf eine wirtschaftliche und politische Föderation der Donaustaaten beschränkten, zielten die Entwürfe des Ordre Nouveau auf eine Neuordnung Europas. Diese Überlegungen, die René Dupuis in Ansätzen bereits im Sommer 1931 skizzierte, waren weitaus radikaler als die im Briand-Memorandum formulierten Ziele: Anstelle einer Zollunion zielten sie auf die Überwindung des Kapitalismus, anstelle einer Föderation von Staaten plädierten sie für die Auflösung souveräner Nationalstaaten. Dupuis formulierte erstmals den Gedanken einer supranationalen Föderation auf regionaler Basis, die sämtliche Europapläne in ihren Fundamenten erschütterte: „Der ‚souveräne Staat' wurde an dem Tag überflüssig, als die Wirtschaft eine internationale oder vielmehr nationale Realität wurde. Seither ist er ein Instrument zur Unterdrückung des Geistigen durch die weltliche Macht. So hat er das ‚Vaterland' verraten und ist bedrohlich geworden."[28]

Die politischen und juristischen Funktionen der Nationalstaaten sollten weitgehend auf die Regionen (patries) übertragen werden. Als historisch gewachsene Einheiten begründeten sie Dupuis zufolge auch die kulturelle Identität ihrer Einwohner und besaßen daher „eine unantastbare und geheiligte Existenzberechtigung"[29]. Der Nationalstaat als

---

[24] Notre Temps, H. 103/104, 1931, Sp. 612; zu Bran siehe Unteutsch, Dr. Friedrich Bran, S. 87–106.

[25] Benz, Deutsch-französisches Jugendtreffen in Frankreich. Der Kongreß von Rethel, DFR 4 (1931), S. 782–785, Zitat S. 783; vgl. Tiemann, Jugendbeziehungen, S. 123f.

[26] Notre Temps, H. 103/104, 1931, Sp. 615f., 624, 649.

[27] Lamour, Faites l'Europe sinon faites la guerre, in: Plans, H. 6, 1931, S. 13–30.

[28] Dupuis, Le problème de l'Europe et la question de l'Etat, in: Plans, H. 7, 1931, S. 14.

[29] Ebenda, S. 14. Auf dem Kongreß von Rethel war die Frage der nationalen Minderheiten von Walter Reusch von der Gießener „Mittelstelle für Grenzarbeit" unter radikal-revisionistischer Perspektive erläutert worden. Nach dem Treffen von Rethel und wahrscheinlich angeregt durch die dort geführten Diskussionen, wurde die Frage der Minderheiten in Osteuropa zum Thema einer internen Sitzung der ON-Studiengruppe. Danach sollten sich die ethnischen Minderheiten zu

Bezugspunkt der Identität mußte nach Ansicht des Ordre Nouveau ebenso überwunden werden wie eine kapitalistische Wirtschaftsordnung, die den Staaten erst ihren imperialistischen Charakter verlieh. Nachdem die „Nation" an der Aufgabe der Integration gescheitert war, sollte die „Region" diese Funktion übernehmen. Hiermit waren die Grundprinzipien des „integralen Föderalismus" skizziert, der – komplementär zum Personalismus – die politischen Leitlinien des Ordre Nouveau ergänzte und vervollständigte. Er war das europapolitische Pendant zur Strategie der revolutionären Sammlung. Die Bildung einer Dritten Front richtete sich gegen alle Formen traditioneller politischer Herrschaft; sie zielte sowohl auf die Überwindung der Parteien als auch der Nationalstaaten[30]. Vor allem aber dürften diese Überlegungen als Antwort auf den offensiven deutschen Revisionismus formuliert worden sein. Die Pläne einer supranationalen Föderation wandten sich gegen die Idee eines von Deutschland dominiertes Mitteleuropa, die sich östlich des Rheins insbesondere im Denken der extremen Rechten wachsender Beliebtheit erfreute[31].

Antiamerikanismus

Zu Beginn der dreißiger Jahre sahen zahlreiche französische Intellektuelle die Grundfesten der europäischen Kultur vor allem durch die USA bedroht. Durch den Börsenkrach war die wachsende Verflechtung der Alten mit der Neuen Welt dramatisch zu Bewußtsein gekommen. Bereits seit dem Kriegseintritt der USA 1917 gehörte der Antiamerikanismus zu den in Frankreich geläufigen Themen. Der wachsende wirtschaftliche und kulturelle Einfluß der USA in Europa förderte auf der anderen Seite die Abwehrreaktionen der französischen Intellektuellen, die grundsätzliche Zweifel am Modellcharakter der Neuen Welt und dem Kult des industriell-wirtschaftlichen Fortschrittes äußerten. Der Sturz der Aktienkurse am Schwarzen Freitag 1929, der die europäischen Finanzmärkte in den Abgrund mitriß, entfachte eine neue Welle der Ressentiments. Kulturkritische Attacken auf den amerikanischen „Utilitarismus" mischten sich mit der Diagnose einer geistigen Krise, die Europas Niedergang in die Wege geleitet habe[32].

---

kleineren Verwaltungseinheiten (Regionen) zusammenschließen und eine föderale Ordnung im Sinne des „Personalismus" aufbauen. Ein solches Modell sollte die kleineren Nachfolgestaaten des Habsburgerreichs dem deutschen Einfluß entziehen. Zu Rethel vgl. Benz, Deutsch-französisches Jugendtreffen in Frankreich. Der Kongreß von Rethel, in: DFR 4 (1931), S. 785; zu ON vgl. Nachlaß Dandieu, BN: Karton 6, Doss. 3, V: Minorités, Protokoll der Sitzung vom 23. 1. 1932, Teilnehmer: Lapie, Naville, Dandieu, Dupuis, Poncet, Rey, Kuckenbourg.

[30] Vgl. Trebitsch, Front commun, S. 216f. Im Oktober hatten Aron und Marc in einem „Appell an die Jugend" diese Forderungen weiter präzisiert, vgl. Hellman/Roy, Le personnalisme, S. 205, und Roy, Marc, S. 489ff. Daß in diesem bisher unveröffentlichten Manuskript die Leitlinien des integralen Föderalismus erstmals formuliert worden sein sollen, ist allerdings angesichts der bis dahin schon deutlich artikulierten Ansichten nicht nachzuvollziehen.

[31] Vgl. zur Konservativen Revolution Sontheimer, Antidemokratisches Denken, S. 222; Breuer, Anatomie, S. 104ff.; Droz, L'Europe centrale, S. 254ff.; von einem Vertreter des Tatkreises: Wirsing, Zwischeneuropa und die deutsche Zukunft.

[32] Vgl. die Werke von: Valéry, La crise de l'esprit; Guénon, Orient et Occident: Massis, Défense de l'Occident; Strauss, Menace in the West, S. 81ff. Erstmals hat William A. Williams die These vom amerikanischen „Isolationismus" in der Zwischenkriegszeit revidiert und den Blick für die wirtschaftspolitischen Verflechtungen mit Europa frei gemacht: Williams, Legend, S. 1–20; Forschungsüberblick bei Conze, Hegemonie durch Integration, S. 297ff.

Die USA standen innerhalb der Jeune Droite für die Schattenseiten der modernen Industriegesellschaft schlechthin, für die Inhumanität des Kapitalismus in allen Facetten. Mehr noch als die Folgen aber gerieten die Triebkräfte dieser Entwicklung ins Visier der Kritik: Aus der Sicht der Jeune Droite waren dort Rationalismus und Aufklärung in Reinform verwirklicht, weil die Gründungsväter der Neuen Welt in dem Moment den Kontakt mit dem europäischen Mutterland verloren hatten, als diese Ideen in höchstem Ansehen standen. Die Neue Welt war also das mahnende Schreckbild für die Alte: Taylorismus, Vermassung und Verlust der sozialen Bindungen waren die unweigerliche Folge eines ungebrochenen Glaubens an den Fortschritt. Sie drohten in kurzer Zeit auch Europa zu zersetzen, wenn der Siegeszug des Amerikanismus nicht aufgehalten werden konnte[33]. Maxence zufolge erfreute sich der amerikanische Lebensstil bei seinen Landsleuten großer Attraktivität. Die Franzosen waren auf dem besten Wege, die Opfer einer neuen geistigen Kolonisierung zu werden[34]. Fabrègues hielt eine Umkehr bereits für unmöglich: In dem Prozeß gegen Amerika, den er in seiner Zeitschrift eröffnete, saß die Neue Welt auf der Anklagebank: sie hatte die Grundlagen der europäischen Kultur vernichtet. Der Begriff des Menschen selbst in seiner christlich-abendländischen Tradition hatte zu existieren aufgehört[35].

Durch das Hoover-Moratorium vom Juli 1931, das eine einjährige Aussetzung der deutschen Reparationen und der alliierten Kriegsanleihen vorsah, wurde den Franzosen erneut ihre finanzielle Abhängigkeit von den Vereinigten Staaten ins Bewußtsein gerufen. Als auf französischen Widerstand hin Hoover ankündigte, notfalls auch ohne Frankreich zu handeln, machte dies die Handlungsunfähigkeit der Regierung schlagartig deutlich[36]. Maulnier kommentierte das Ereignis mit einer Heftigkeit, die nur noch von dem Gefühl der Ohnmacht übertroffen wurde. Für ihn war das Moratorium „der schlimmste Affront, den uns die Barbaren seit langem zugefügt haben"[37]. Aus seiner Sicht war Europa bereits eine Marionette der USA, die, über die Fäden der Kredite gesteuert, zum willfährigen Instrument der amerikanischen Diplomatie geworden war[38].

Das Bild von der Neuen Welt unterschied sich beim Ordre Nouveau nur in Nuancen von demjenigen der Jeune Droite. Es war durch Aron und Dandieu vor allem in seiner finanziellen und historischen Dimension ausgeleuchtet worden. Für sie hatte die Entwicklung bereits im Weltkrieg ihren Anfang genommen. „Der Weltkrieg hat wie kein anderes Ereignis die ‚Entwurzelung' der französischen Industrie vorangetrieben, indem er sie an internationale Kartelle gebunden und ausgeliefert hat. Er zwang die Industrie, fremde Einflüsse zu übernehmen. Unsere sogenannten Realisten betrachten Frankreich als ein Unternehmen aus Handel oder Industrie und zwingen ihm ein unaufhörlich wachsendes Budget auf."[39]

Das Hoover-Moratorium veranlaßte Aron und Dandieu zur bis dahin schärfsten Polemik, die in Frankreich zu dem Thema erschienen war: *Le cancer américain*. Hinter der

[33] Magniez, U.S.A. ou la mécanisation de l'homme, in: Réaction, H. 3–4, 1930, S. 79–85.
[34] Maxence, L'Amérique intérieure, in: Réaction, H. 3–4, 1930, S. 74–79.
[35] Fabrègues, Procès de l'Amérique, in: Réaction, H. 3–4, 1930, S. 73f.
[36] Vgl. Shamir, Economic Crisis.
[37] Maulnier, Vues sur la politique, in: Revue française, H. 28, 1931, S. 660.
[38] Maulnier, Vues sur la politique, in: Revue française, H. 26, 1931, S. 612.
[39] Aron/Dandieu, Décadence, 1931, S. 40f.

Fassade von Prosperität und Wohlstand verbreite sich eine tödliche Krankheit; gegründet auf ein amoralisches Rationalitätsprinzip, sei sie die Ursache aller negativen Folgen der Industrialisierung: Spekulation, Entfremdung, Taylorismus, Monopolbildung[40]. Um zu solcher Hybris fähig zu sein, mußte sich die Kultur erst von ihren Ursprüngen gelöst haben. Erst dadurch sei es den Amerikanern möglich geworden, die Alte Welt zu beherrschen. Das Hoover-Moratorium war nach Ansicht Arons und Dandieus nur das Ergebnis eines langen Prozesses, in dem die USA durch Presse, Werbung und Kredite Europa unterwandert haben[41]. Den beiden Autoren ging es darum, die irrationalen Motive dieses Denkens sichtbar zu machen. Nach Ansicht von Aron und Dandieu war der Glaube an die Macht der Wirtschaft nichts anderes als eine Ersatzreligion, mit der die Amerikaner die geistigen Grundlagen Europas zersetzten. So scharfsinnig die Kritik an den modernen Mythen der Arbeit und der Produktion war, so problematisch erwiesen sich die Folgerungen aus dieser Erkenntnis. Indem sie die irrationalen Motive der Rationalisierung aufdeckten, stellten sie ihnen ihrerseits die geistigen Werte der europäischen Kultur als unumstößliche Wahrheiten entgegen[42].

Angesichts dieser Bedrohung forderten Aron und Dandieu eine Rückbesinnung auf die kulturellen Wurzeln Europas, als deren Retter die „zwei großen geistigen Weltmächte", Frankreich und Deutschland, auftreten mußten[43]. Denn weitaus größer als die Gefahren, die durch Diktatur und Imperialismus den europäischen Staaten aus sich selbst heraus drohten, sei die Gefahr der Überfremdung durch den Westen, der drohende Verlust der Identität durch die Supermacht[44]. Ähnlich wie die Jeune Droite behauptete der Ordre Nouveau den Vorrang der europäischen Kultur vor der amerikanischen und stimmte damit letztlich in die Parolen von der „Verteidigung des Abendlandes" ein, wie sie seit dem Weltkrieg zum Repertoire der extremen Rechten gehörten[45]. Dieser „europäische Nationalismus" war nur ein scheinbares Paradox: Dahinter stand die Überzeugung, daß Frankreich wie keine andere Nation genuin europäische Werte verkörperte, eine Rettung des Abendlandes also zuerst die Verteidigung Frankreichs erforderte.

2. Deutschland

Die Weimarer Republik

Im Mißtrauen der Jeune Droite gegenüber Deutschland kam eine Haltung zum Ausdruck, die die Gründergeneration der Action française geprägt hatte. Das Bild vom „Erbfeind" war mit der Niederlage von 1871 in die Stereotype der französischen Revan-

---

[40] Ebenda, S. 16ff.
[41] Ebenda, S. 104ff., 135ff.
[42] Vgl. Aron/Dandieu, Cancer, S. 74f.
[43] Ebenda, S. 72.
[44] Ebenda, S. 72ff.
[45] Sirinelli, Intellectuels, S. 50f. Exemplarisch, allerdings mit Stoßrichtung gegen den deutschen Idealismus und dessen „asiatischen" Einfluß, das Werk von Massis, Défense de l'Occident.

chisten eingegangen und bildete die französische Antwort auf die Vorstellung eines deutschen „Sonderweges"[46].

Für die extreme Rechte aus diesem Umfeld war das Deutschlandstereotyp bis hinein in die dreißiger Jahre konstitutiv. So beschrieb Jacques Bainville 1933 in seiner *Histoire de deux peuples continuée jusqu'à Hitler* die Deutschen als herrschsüchtige und barbarische Nation und erblickte in der NS-Diktatur nur die konsequente Emanation des im deutschen „Wesen" angelegten Militarismus und Hegemonialstrebens. Ähnlich sah sich auch Charles Maurras selbst noch 1937 konfrontiert mit einem ‚ewigen Deutschland' – dem Erzfeind der griechisch-lateinischen Kultur, zu deren Rettung er angetreten war[47].

Allerdings unterschieden sich die beiden Kreise um die Zeitschriften *Réaction* und *Revue française* in den Schwerpunkten, die sie in ihrer Argumentation setzten. Die Zeitschrift Jean de Fabrègues' war stärker der christlich motivierten Zivilisationskritik verpflichtet, für sie war dementsprechend die Spaltung der abendländischen Einheit der zentrale Vorwurf an den Nachbarn. Aus dieser Sicht bedeutete die Reformation die Geburtsstunde eines spezifisch deutschen Sonderweges[48]. Dieser „alte germanische Geist" bestimmte seither die deutsche Politik und das Geistesleben. „Dieser Geist, [...] der ein Resultat des Individualismus und des irrationalen Mystizismus ist, hat im Laufe der Geschichte immer wieder seinen partikularistischen, zentrifugalen und zersetzenden Einfluß geltend gemacht."[49] Von Luther über Friedrich den Großen bis zu Bismarck habe sich dieser „Wesenszug" gegen Frankreich und das übrige christliche Abendland gerichtet und strebe nach der Hegemonie über Europa. Magniez warnte davor, die Weimarer Republik als Überwindung dieses Machtstaates anzusehen – das Gegenteil war seiner Ansicht nach der Fall: „Die Gründungsväter der Weimarer Republik können als direkte Erben des Eisernen Kanzlers betrachtet werden." Die Ära der deutsch-französischen Annäherung mußte daher als gefährliche Illusion erscheinen: Stresemann betreibe unter der Maske des Ausgleichs in Wirklichkeit eine Rückkehr zu den Prinzipien des deutschen Imperialismus[50].

Trotz dieser Feindschaft war der Kreis um die Zeitschrift *Réaction* überzeugt, daß nur eine französisch-deutsche Verständigung das Fundament für einen dauerhaften Frieden in Europa bilden konnte. Damit Deutschland in den Schoß der abendländischen Christenheit zurückkehren konnte, mußten die protestantisch-separatistischen Kräfte besiegt werden. Die beiden mächtigsten Nationen Europas sollten gemeinsam in einem „großartigen Zusammenschluß der geistigen Reaktion zur Restauration der Werte, die

[46] Die Vorstellung eines „Sonderweges" stammte aus der deutschen Historiographie nach der Reichsgründung und bezeichnete den ursprünglich positiv verstandenen Weg Deutschlands in die Moderne, vgl. Grebing, Sonderweg, S. 11ff.

[47] Maurras, Devant l'Allemagne éternelle; vgl. auch mit dem Germanisten Vermeil, Doctrinaires de la révolution allemande. Zu Maurras vgl. Fabrègues, Maurras, S. 333ff.; zum Deutschlandbild seit 1871 vgl. Gödde-Baumanns, L'idée des deux Allemagnes, S. 609–619.

[48] Magniez, L'Allemagne, in: Réaction, H. 1, 1930, S. 24; vgl. Verdreil, Actualité de Luther, in: Revue du XXᵉ Siècle, H. 4, 1935, S. 64f.

[49] Magniez, Forces, in: Réaction, H. 2, 1930, S. 48.

[50] Magniez, Forces, in: Réaction, H. 2, 1930, S. 49ff., Zitat S. 53.

beinahe am Ende des 18. Jahrhunderts verlorengegangen wären"[51], die mittelalterliche Ordnung wiederherstellen. Der Gedanke einer Restauration des alten Reiches, der in den Kreisen der Konservativen Revolution einige Anhänger hatte, stieß jedoch auf wenig Gegenliebe. Die französischen Intellektuellen knüpften an ihre eigene nationale Mythologie an, in der das 13. Jahrhundert und die Zeit Ludwigs des Heiligen (IX.) als Inbegriff der vollkommen Harmonie von weltlicher Herrschaft und christlicher Ordnung galten[52].

Einen Sympathisanten ihrer Anschauungen fand der Kreis um *Réaction* in dem Herausgeber der Halbmonatsschrift *Die Zeit (1930–1933)*, Friedrich Wilhelm Foerster. Roger Magniez betonte die gemeinsame Aufgabe der „Verteidigung der romanischen Idee und der westlichen Zivilisation" mit dem Ziel, „das Christentum, das vor vier Jahrhunderten zerstört worden war, wieder zu errichten"[53]. Die Kontakte zu Foerster, dessen Programmatik und Ziele in *Réaction* ausführlich vorgestellt wurden, müssen zunächst verwundern, da er beinahe auf der entgegengesetzten Seite des politischen Spektrums stand. Als einer der bedeutendsten Pädagogen seiner Zeit hatte er sich während des Kaiserreichs als entschiedener Verfechter des Pazifismus hervorgetan und stand am Beginn der Weimarer Republik der USPD nahe[54]. Allerdings verfocht er als deutscher Linker – so paradox das klingen mag – eine Reihe von Ansichten, die von der französischen extremen Rechten mit Zustimmung registriert wurden: Sein Festhalten am Versailler Frieden, seine Kritik an dem seiner Meinung nach in der Republik noch wirkungsmächtigen preußischen Militarismus und seine föderalistischen Friedenspläne fanden die volle Unterstützung der Jeune Droite[55].

Gerade diese Ideen, wegen denen er von der extremen Rechten in Deutschland mit dem Tod bedroht wurde, sicherten ihm die Sympathie der französischen Rechten. Und Foerster kannte die politische Einstellung seiner linksrheinischen Gesprächspartner. Seine föderalistische Gesinnung schloß einen Hang zu autoritären Staatsidealen nicht aus. Seine ganze Bewunderung galt dem italienischen Faschismus als einer gelungenen Synthese des romanischen und katholischen Erbes, während ihm die Weimarer Republik noch 1930 als „ein völlig leerer Begriff, ohne Idee, ohne Sicherheit, ohne eigene, tieferlebte, durchdachte und erprobte Moralität" erschien[56]. Er würdigte die „völkerverbindende, weil lateinische und abendländische Kraft" der Action française, während er nicht müde wurde, die „Ausbreitung der Hakenkreuzpest" zu bekämpfen[57].

51 Magniez, L'Allemagne, in: Réaction, H. 1, 1930, S. 22f. In dieser christlich-gegenrevolutionären Verschwörungstheorie war es die Reformation, die auf die Französische Revolution maßgeblichen Einfluß ausgeübt hat.
52 Ebenda, S. 21; Sudre, Architecture de l'Ordre, in: Réaction, H. 6, 1931, S. 2–6.
53 Magniez, Notes, in: Réaction, H. 3–4, 1930, S. 110.
54 Sein Engagement hatte er unter anderem mit einer dreimonatigen Festungshaft büßen müssen, nachdem er die Rede Wilhelms II. zum Sedantag 1895 kritisiert hatte; Donat, Foerster, S. 179; Kühner, Foerster, S. 171.
55 Magniez, Entretien, in: Réaction, H. 5, 1931, S. 16–21.
56 Foerster, Das ziellose Vaterland, in: Die Zeit, H. 1, 1930, S. 1 und ders., Nationalsozialismus..., Die Zeit, H. 7, 1931, S. 228f.
57 Foerster, Nationalsozialismus, Aktion Francaise [sic] und Faschismus, in: Die Zeit, H. 7, 1931, S. 228; Donat, Foerster, S. 180f., Kühner, Foerster, S. 177ff.

Foersters Bewunderung für die Monarchisten, deren Kultiviertheit aus seiner Sicht im Kontrast zu Hitlers Barbarei besonders positiv hervortrat, trug dazu bei, eine Gesprächsbasis zu schaffen. Besondere Zustimmung aber fand bei den französischen Partnern sein Plan einer föderalistischen Reorganisation Deutschlands. Auch die Redakteure von *Réaction* waren überzeugt davon, daß das Nachbarland nur durch Dezentralisierung von seinem imperialistischen Sonderweg abgebracht und in das katholische Abendland integriert werden konnte. In dieser Hinsicht kamen die Dissidenten den Ansichten Maurras' sehr nahe, für den der einzige Garant eines dauerhaften Friedens die Zerschlagung der deutschen Einheit bildete[58]. Auch dieser Annäherungsversuch war geprägt von der traditionell germanophoben Haltung der extremen Rechten, denn er forderte die Unterwerfung des Nachbarn unter die kulturelle und politische Hegemonie Frankreichs.

Die Redakteure der *Revue française* hingegen gründeten ihre feindliche Haltung gegenüber Deutschland primär auf machtstaatliche Überlegungen. Ihre Furcht vor dem deutschen Nachbarn erhielt neue Nahrung durch das Bekanntwerden des Plans einer deutsch-österreichischen Zollunion im März 1931, der in der Weltöffentlichkeit ein stürmisches Echo entfachte, da ein Erfolg dieser Union die Machtverhältnisse in Europa dramatisch zugunsten Deutschlands zu verschieben drohte. Unmißverständlich war damit deutlich geworden, was Curtius und Bülow von dem Europaplan Briands hielten[59]. In Frankreich weckte das Bekanntwerden der Zollunionspläne zudem die alten Befürchtungen vor einem übermächtigen Nachbarn. Auf der gesamten Rechten stärkte dies die Vorbehalte gegen das System der kollektiven Sicherheit. Die wirtschaftliche Union war nach Ansicht von Maulnier nur die Vorstufe zu dem gefürchteten „Anschluß", der die deutsche Hegemonie in Mitteleuropa endgültig sichern werde. Ein Erfolg der Union kam für ihn dem Scheitern aller Friedensbemühungen gleich[60]. Die Aussicht auf die Nachbarschaft eines Volkes, das doppelt so viele Einwohner wie Frankreich hatte, rührte an das alte Trauma der versiegenden Volkskraft.

Die Entwicklung in Deutschland wurde zum Prüfstein der französischen Friedens- und Sicherheitspolitik. Maulnier wurde nicht müde, die Unvereinbarkeit der nationalen Interessenlagen zu betonen, die aus der Konstellation von Sieger und Besiegtem resultierten. Wenn Frankreich und Deutschland von Frieden redeten, dann bezeichnete das Wort ganz unterschiedliche, ja gegensätzliche Dinge. „Die Franzosen als Sieger sind konservativ. Für sie liegt der Frieden im Status quo. Für die Deutschen als Besiegte kann der Frieden nur in der Verbesserung ihrer Situation bestehen."[61] Deutschland war damit zwangsläufig in der Position des Stärkeren: Es konnte die Wahrung des Friedens mit Forderungen verknüpfen, während Frankreich zu Konzessionen gezwungen war. Maulnier hielt die pazifistischen Überzeugungen Briands für eine gefährliche Illusion; getreu den Maximen der Action française, propagierte er eine Außenpolitik, die von morali-

[58] Magniez, Entretien, in: Réaction, H. 5, 1931, S. 17; vgl. Maurras, Dictionnaire, Stichwort Europe, Bd. 2, S. 17.
[59] Krüger, Außenpolitik, S. 531ff., vgl. Knipping, Deutschland. Frankreich brachte das Zollunionsprojekt schließlich durch wirtschaftlichen und politischen Druck zum Scheitern, noch bevor es auf dem Haager Gerichtshof am 5. 9. 1931 abgelehnt wurde.
[60] Maulnier, Vues sur la politique, in: Revue française, H. 14, 1931, S. 324.
[61] Maulnier, Confusions sur la paix, in: Revue française, H. 9, 1931, S. 199.

schen Erwägungen frei war: Hier galt ausschließlich das Recht des Stärkeren. In dieser Situation erschien die Versailler Ordnung als der letzte Rettungsanker, obwohl Maulnier davon überzeugt war, daß sie die Revisionsgelüste Deutschlands erst angestachelt hatte. „Was man auch immer von einigen Klauseln des Versailler Vertrages denken mag (und es gibt kaum jemanden, der schlechter darüber denkt als ich): In den grundlegenden Elementen seines Territorialstatus garantiert er die Wiederherstellung und nicht die Aufhebung eines Gleichgewichts."[62] Damit befand sich die Jeune Droite in einer Pattsituation: einerseits verurteilte sie die Ordnung, die die deutschen Revisionsforderungen hervorgebracht hatte. Andererseits klammerte sie sich daran, weil es für sie das einzige Instrument war, mit dem Deutschland in die Schranken gewiesen werden konnte. Aus Mangel an Alternativen forderte sie daher entschieden die Aufrechterhaltung des Status quo.

Die Vorbehalte des Ordre Nouveau gegenüber Deutschland ähnelten denjenigen der Jeune Droite: Dem Nachbarn wurden nationalistische Hegemonialpläne unterstellt, die Frankreich bedrohten und daher eine Politik der Unnachgiebigkeit erforderten. Doch begründete der Ordre Nouveau diese Vorbehalte nicht mit einem nationalistischen Klischee vom deutschen „Wesen", sondern lastete sie vielmehr einer Vorstellungsweise an, die in den Ideologien des neunzehnten Jahrhunderts wurzelte und seither die Leitlinien der französischen Politik bestimmte: Parlamentarismus und nationalstaatliche Ordnung, Kapitalismus und Imperialismus. Sowohl der Rückzug auf die nationalistische Politik der extremen Rechten als auch der Versöhnungsgedanke Briands waren nach Ansicht des Ordre Nouveau in diesen Vorstellungen verhaftet. Durch das weitgehende Fehlen nationalistischer Ressentiments, den Gedanken eines supranationalen Föderalismus und die vielfältigen persönlichen Kontakte der Mitarbeiter unterhielt die Gruppierung bis 1933 weitaus intensivere Beziehungen als die Jeune Droite zum Nachbarland, auf die im folgenden ausführlich einzugehen sein wird.

Nach dem Eklat von Rethel mußte die Gruppierung neue Beziehungen aufbauen, um ihre Föderationspläne umzusetzen. Der Sohlbergkreis war offensichtlich nicht das geeignete Forum zur Fortsetzung dieser Art der französisch-deutschen Beziehungen. Allerdings betraf dies vor allem den französischen Partner, Jean Luchaire; die Kontakte zu Otto Abetz hingegen schien dies zunächst nicht zu berühren. Daniel-Rops, der im Unterschied zu den übrigen ON-Mitarbeitern den pazifistischen Ideen des Sohlbergkreises weiterhin nahestand[63], veröffentlichte nach dem Kongreß von Rethel das Vorwort seines Buches *Eléments de notre déstin* in der *Deutsch-französischen Rundschau*, dem wichtigsten deutschen Organ des Sohlbergkreises. In derselben Zeitschrift erschien im Januar 1932 ein Aufruf des französischen Schriftstellers zur Versöhnung beider Länder, die seiner Ansicht nach nur jenseits aller parteipolitischen Standpunkte möglich war[64]. Über die *Deutsch-französische Rundschau* und andere Organe[65] gelang es dem Ordre Nou-

---

[62] Ebenda, S. 200.
[63] Er gehörte zu den Unterzeichnern des briandistischen Manifestes in *Notre Temps*, vgl. oben S. 93f. Fn. 12.
[64] Daniel-Rops, Adieu à une inquiétude, in: DFR 4 (1931), S. 920–930, und ders., Message, DFR 5 (1932), S. 11.
[65] Weitere Beziehungen ergaben sich über die katholische Zeitschrift *Der Gral*, die vom Jesuiten Friedrich Muckermann herausgegeben wurde; vgl. Daniel-Rops, Die neue Generation [Passagen aus *Notre inquiétude*], in: Der Gral 26 (1932), S. 344–347; ders., Die Forderungen der französi-

veau, innerhalb der frankophilen Kreise in Deutschland bekannt zu werden, ohne daß diese Kontakte jedoch zu Beginn des Jahrzehnts bereits erkennbaren Einfluß auf die wechselseitigen Beziehungen gehabt hätten.

Die Begegnung zwischen Harro Schulze-Boysen und Philippe Lamour im Sommer 1931 förderte das Kooperationsbemühen entscheidend. Schulze-Boysen, ein Jurastudent aus dem national-konservativen Großbürgertum, hatte auf einer Reise durch Frankreich im Sommer 1931 zufällig „eine anregende Zeitschrift (ähnlich unserer TAT)" entdeckt: es handelte sich um Lamours *Plans*[66]. Schulze-Boysen befand sich zu diesem Zeitpunkt in einer Phase der politischen Neuorientierung und war durch seine vielfältigen Verbindungen zu Vertretern verschiedener politischer Richtungen eine ideale Vermittlerfigur. Er begann sich zu Beginn der dreißiger Jahre vom Jungdeutschen Orden zu distanzieren, einem Kampfbund, der unter der Führung des charismatischen „Hochmeisters" Arthur Mahraun eine Mischung aus völkischen und sozialreformerischen Ideen vertrat[67]. Gleichzeitig knüpfte Schulze-Boysen zahlreiche neue Kontakte zu Vertretern der Konservativen Revolution. Sehr gute Beziehungen hatte er zum Tatkreis von Hans Zehrer und zu Otto Strasser, dem Führer der Schwarzen Front. Von diesen Verbindungen profitierten auch seine französischen Bekannten, die bei mehreren Aufenthalten in Berlin die Gelegenheit hatten, einige Vertreter dieser Kreise kennenzulernen. Dazu gehörten Ernst Niekisch, Karl Otto Paetel, Richard Scheringer und später in Paris auch Otto Strasser[68].

---

schen Jugend an das Zeitalter, in: Der Gral 26 (1932), S. 920–928; ders., Katholische Geistigkeit in Frankreich und Probleme der Zeit, in: Der Gral 27 (1933), S. 507–510; Demming, Daniel Rops und der intellektuelle Internationalismus Europas, in: Der Gral 26 (1932), S. 539–543; dies., Französische Neuerscheinungen, Der Gral 27 (1933), S. 938; dies., Französischer Revolutionsbegriff, in: Der Gral 28 (1934), S. 211–214; vgl. Gruber, Muckermann, S. 16ff., 189ff. Auch Alexandre Marc stand in persönlichem Kontakt mit der *Gral*-Chefredakteurin Charlotte Demming, darüber hinaus noch mit der Redaktion der *Kant-Studien*, vgl. Roy, Contacts, S. 157ff.

[66] Zur Verwandtschaft von Schulze-Boysen zählten Persönlichkeiten wie die beiden Großonkel Admiral Alfred von Tirpitz und der Soziologe Ferdinand Tönnies. Den Kontakt zu Lamour hat wahrscheinlich der Schriftsteller André Germain vermittelt, als dessen Privatsekretär Schulze-Boysen durch Frankreich reiste, Briefe Schulze-Boysens an die Eltern vom 29.3. 1931, Nr. 70 und 31.7. 1931, Nr. 79 (Zitat), IfZ: ED 335/II, vgl. Coppi, Schulze-Boysen und Marc, S. 168ff., und ders., Schulze-Boysen, S. 19ff.

[67] Coppi, Schulze-Boysen, S. 40ff. In der Phase seines Niedergangs hat sich der Bund sogar für kurze Zeit nach Frankreich orientiert: Tiemann, Der Jungdeutsche Orden, S. 425–456; Mohler, Konservative Revolution, S. 453ff.; Kessler, Der Jungdeutsche Orden, Bd. 1, S. 66ff.; Hornung, Der Jungdeutsche Orden.

[68] Ein „Ordensbruder" Schulze-Boysens, Uttman von Elterlein, vermittelte ihm den persönlichen Kontakt zum Chefredakteur der *Tat*, Hans Zehrer. Kurzfristig erwog Schulze-Boysen sogar eine Mitarbeit, blieb aber schließlich auf Distanz zur Zeitschrift, deren Bedeutung er vor allem in ihrer kritischen Haltung sah; Brief Schulze-Boysens an die Eltern vom 7.12. 1930, Berlin, IfZ: ED 335/I, Nr. 63; Briefe Schulze-Boysens an die Eltern, Anfang 1931, Nr. 66, und vom 21.3. 1931, Nr. 69, IfZ: ED 335/II; zu Strasser vgl. Moreau, Nationalsozialismus von links; Bartsch, Zwischen drei Stühlen; zum Tatkreis vgl. Fritzsche, Politische Romantik; Demant, Von Schleicher zu Springer; Sontheimer, Der Tatkreis, S. 229–260; zu den Kontakten zwischen dem Ordre Nouveau und den Vertretern der Konservativen Revolution vgl. Roy, Marc, S. 31ff. Vergeblich dagegen blieben die Versuche Alexandre Marcs, mit den Mitarbeitern des Tatkreises Ferdinand Fried und Hans Zehrer in persönlichen Kontakt zu treten. Hans Zehrer lehnte dies ausdrücklich ab, wir mir Alexandre Marc in einem Gespräch am 4.12. 1994 berichtete.

Das Interesse Schulze-Boysens an Frankreich entsprang allerdings nicht einer frankophilen Haltung vergleichbar derjenigen Otto Abetz', sondern erwuchs aus der Überzeugung, daß Frankreich das größte Hindernis der deutschen Außenpolitik war. Zu Beginn
der Kontaktaufnahme dachte er daran, seine Verbindungen für eine radikal-revisionisti-
sche Politik zu nutzen. Während seiner Frankreichreise 1931 stand ihm vor allem ein
Ziel vor Augen: „[...] das Reich wird das Herz eines neuen Europa werden."[69] Seine ursprüngliche Absicht zielte auf die Schwächung des westlichen Nachbarn. Aus dieser
Sicht waren die französischen Nonkonformisten zunächst nur ein Instrument zur De-
stabilisierung und damit zur Verwirklichung seiner deutschen Hegemonialpläne.

Schulze-Boysens Sicht der politischen Situation in Deutschland beeinflußte seine
französischen Bekannten nachhaltig. Nach einer Unterredung mit ihm Ende 1931 war
Philippe Lamour von einer bevorstehenden Revolution in Deutschland überzeugt: Die
Weimarer Republik werde den extremistischen Kräften nicht mehr lange widerstehen
können. Ebenso sicher war er sich, daß die Nationalsozialisten an die Macht kommen
werden, allerdings hielt er – wiederum in auffälliger Übereinstimmung mit Schulze-
Boysen – die Herrschaft Hitlers nur für ein Übergangsstadium. Schon bald werde die
Opposition gegen das Regime so stark werden, daß die wirklich revolutionären Kräfte,
nämlich die Bewegungen aus dem Kreis der Konservativen Revolution, zum Zuge kä-
men. An die französische Jugend appellierte Lamour, den Deutschen nachzueifern und
sich ebenfalls gegen das republikanische System zu erheben[70]. In derselben Ausgabe von
Plans erschien das Manifest von Strasser Schwarzer Front, die als die bedeutendste der
deutschen revolutionären Bewegungen vorgestellt wurde. Zugleich aber machten die
französischen Intellektuellen deutlich, daß eine Revolution in Frankreich andere Ziele
haben müßte als in Deutschland. Der straffe Zentralismus von Strassers Staatsideal
mochte für Deutschland angemessen sein, in Frankreich jedoch sollte die neue Ordnung
nach föderalistischen Prinzipien errichtet werden[71].

Bereits vier Monate nach ihrer ersten Bekanntschaft hatten der Ordre Nouveau, *Plans*
und Schulze-Boysen ein Gegenprojekt zum Sohlbergkreis entworfen. In dem Gründungsaufruf zur „Einheitsfront der europäischen Jugend" forderten sie die Überwindung der nationalstaatlichen Souveränität durch eine gemeinsame Revolution gegen Liberalismus und Kapitalismus. Die Basis dieser europaweiten Einigungsbewegung sollte
die deutsch-französische Verständigung bilden[72]. Auf einem ersten gemeinsamen Kon-

---

[69] Weiter hieß es dort: „Ermöglichung auch erfolgreicher kriegerischer Auseinandersetzungen mit
   unseren Gläubigerstaaten durch Schaffung klassenkämpferischer und national zersetzender Minderheiten in den Randstaaten, insbesondere Frankreich." Brief Schulze-Boysens ohne Datum,
   nach dem 3. 9. 1931, Frankreich, IfZ: ED 335/II, Nr. 84; vgl. Brief Schulze-Boysens vom 18. 8.
   1931, Côtes du Nord, IfZ: ED 335/II, Nr. 81.
[70] Vgl. Brief Schulze-Boysens an die Mutter, 10. 12. 1930, Berlin, IfZ: ED 335/I, Nr. 64; Lamour, La
   révolution allemande est commencée, in: Plans, H. 10, 1931, S. 13–23; vgl. auch den Bericht des
   Freundes Schulze-Boysens, von Elterlein, L'Allemagne en 1931, in: Plans, H. 11, 1932, S. 25–32.
[71] Le manifeste du Front Noir d'Otto Strasser, in: Plans, H. 10, 1931, S. 116f.
[72] Vers le front unique de la jeunesse européenne, in: Plans, H. 9, 1931, S. 152–155. Daß Schulze-
   Boysen allerdings auf dem Kongreß von Rethel mit den Ordre Nouveau-Mitarbeitern zusammengekommen sein soll, wie Lipiansky, Ordre Nouveau, S. 14 annimmt, ist ausgeschlossen, da er
   zu dieser Zeit noch mit André Germain unterwegs war, vgl. Brief Schulze-Boysens vom 18. 8.
   1931, Côtes du Nord, IfZ: ED 335/II, Nr. 81. Neben Schulze-Boysen erwähnt der Aufruf auch
   den Namen Otto Abetz'. Doch dürfte dies ohne dessen Zustimmung geschehen sein, denn es ist

greß im Februar 1932 in Frankfurt wollten sie die Grundlagen dieser Zusammenarbeit erörtern. Dies registrierten die Vertreter des Sohlbergkreises als „unausgesprochene Kampfansage" und änderten daraufhin überstürzt die eigenen Planungen. Sie verlegten ihr ursprünglich für einen späteren Zeitpunkt in Aachen geplantes Treffen in das nahe bei Frankfurt gelegene Mainz vor[73].

Wie schon der Appell deutlich gemacht hatte, ging es bei dem Frankfurter Treffen am 7. und 8. Februar primär um die deutsch-französischen Beziehungen. Zwar waren unter den rund hundert Gästen auch Vertreter aus Belgien, der Schweiz, der Tschechoslowakei und Italien anwesend, doch hatten sie nur den Status von Beobachtern. Von den deutschen Teilnehmern stammte ein großer Teil aus dem Umkreis der Konservativen Revolution: Richard Schapke als Vertreter der Schwarzen Front, Fred Schmid, der Führer des bündischen Grauen Korps, Vertreter des von Niekisch gegründeten Widerstandskreises, des Jungnationalen Bundes und des Jungpreußischen Bundes, weiterhin Boris Goldenberg von den Oppositionellen Kommunisten (KPO). Auffälligerweise fehlten Mitarbeiter des Tatkreises. Zu groß waren dessen Vorbehalte gegenüber dem westlichen Nachbarn[74].

Von einer Verständigung waren die Teilnehmer allerdings weit entfernt. Die im Vorspann des *Plans*-Berichts beschworene „heilige Allianz der Jugend" konnte nicht über die Konflikte hinwegtäuschen, die sich zwischen Deutschen und Franzosen, aber auch

---

sehr unwahrscheinlich, daß sich der Mitbegründer des Sohlbergkreises für ein Projekt engagieren ließ, das seinen Zielen derart zuwiderlief. Ähnlich sehen dies Coppi, Schulze-Boysen, S. 62, Anm. 14, und Tiemann, Jugendbeziehungen, S. 127f. Weitere Besprechungen von *Plans*, Ordre Nouveau und Schulze-Boysen fanden im November 1931 in Berlin und im Januar 1932 in Paris statt. Schulze-Boysen profitierte von seinen Kontakten zum Auswärtigen Amt, durch die er sich und seinen Bekannten Freiflüge bei der Lufthansa verschaffen konnte; Brief Schulze-Boysens an den Vater vom 26. 11. 1931, Berlin; Brief Schulze-Boysens an die Mutter, ohne Datum/Ort, IfZ: ED 335/II, Nr. 92/93.

[73] Vgl. Tiemann, Jugendbeziehungen, S. 128f., Zitat S. 128; Coppi, Schulze-Boysen, S. 62ff.; vgl. ferner zum Frankfurter Treffen, allerdings weitgehend Bekanntes referierend: Droz, Non-conformistes, S. 439–449.

[74] Zehrer hatte sich trotz der Vermittlungsversuche Schulze-Boysens geweigert, selbst im privaten Rahmen mit Vertretern vom Ordre Nouveau zusammenzutreffen, Gespräch des Autors mit Marc vom 4. 12. 1994. Zur Haltung der *Tat* gegenüber Frankreich vgl. – c – *[Zehrer]* „Ein Wort an Frankreich", in: Tat 23 (1932), S. 583–585. Ähnlich wie bei den Treffen des Sohlbergkreises bemühte man sich auch in Frankfurt, schon organisatorisch jeglichen offiziellen Eindruck des Treffens zu vermeiden und ihm den Anstrich des Unkonventionellen zu geben. Schon die Wahl einer Jugendherberge als Tagungsort macht dies deutlich. Um formal die Gleichberechtigung aller Teilnehmer zu betonen, gab es keine Redeordnung und keinen Vorsitzenden; die Teilnehmer saßen an einem runden Tisch. Vgl. La Rencontre de Francfort, in: Plans 12, Feb. 1932, S. 118–128, hier S. 119. Der Bericht ist anonym verfaßt, doch der Sprache nach stammt er wahrscheinlich aus der Feder Lamours. Als Vertreter vom Ordre Nouveau waren Alexandre Marc, Denis de Rougemont und Robert Aron anwesend, vgl. Rougemont, Journal d'une Epoque, S. 92. Die Anwesenheit von Aron bestätigt Alexandre Marc, Gespräch vom 4. 12. 1994; NN, Nationalrevolutionäre Kooperation, in: Der Ring 8, 19. 2. 1932, S. 128f., Peer Gynt *[Paetel]*, Lehren des antifaschistischen Kampfes, Die sozialistische Nation, H. 2–3, 1932, S. 3.; NN *[Franz Mariaux]*, Tagung französischer und deutscher Nationalrevolutionäre, in: Deutsche Führerbriefe 5 (1932), S. 2f.; BAK, NL Pechel, Brief Franz Mariaux' an Rudolf Pechel vom 17. 2. 1932 und Manuskript von Mariaux über Frankfurter Treffen, vgl. Coppi, Schulze-Boysen, S. 64.

innerhalb der deutschen Gruppen abzeichneten[75]. Wieder einmal führte eine von einigen
Teilnehmern heraufbeschworene Verschärfung der nationalen Fronten zu einer heftigen
Kontroverse. Ausgelöst wurde sie durch die Vertreter des Grauen Korps, die sich zu
Fürsprechern eines chauvinistischen Nationalismus machten, der sich an „preußischen
Tugenden" orientierte und eine totale Unterordnung des einzelnen unter den nationalen
Gedanken forderte[76]. Diese Stellungnahme veranlaßte Philippe Lamour zu einem länge-
ren Exkurs über die unterschiedliche Herkunft und Tradition des Nationalgedankens.
Er berief sich dabei auf die gängigen Stereotype von deutscher Kultur- und französischer
Staatsnation. In Deutschland sei die Einheit zwar durch die gemeinsame Sprache und
Kultur jahrhundertelang gegeben gewesen, durch die territoriale Zersplitterung aber
habe ihr lange Zeit der staatliche Rahmen gefehlt. Die erst mit der Reichsgründung erreichte Einheit erklärte für ihn den hohen Stellenwert, den die Deutschen ihrer Nation
beimaßen. In Frankreich dagegen war Lamour zufolge das Nationalgefühl tiefer verankert und bedurfte daher nicht mehr der ständigen Selbstvergewisserung. Nicht Kultur
und Sprache bestimmten das Nationalgefühl, sondern die assimilierende Kraft der kollektiven Erinnerung an Frankreichs ruhmreiche Geschichte[77]. Er drückte mit diesen
Überlegungen sein Verständnis für die Andersartigkeit des deutschen Nationalismus
aus, machte aber zugleich die Grenze deutlich, die nicht überschritten werden durfte:
„Wir respektieren nationales Gedankengut, aber wir können die revolutionären Forderungen nicht einem chauvinistischen Gefühl unterordnen."[78]
    Diese Äußerung provozierte die Abreise des Grauen Korps und des Jungpreußischen
Bundes, schuf aber zugleich eine gemeinsame Grundlage für die übrigen Bewegungen,
die sich nach einem versöhnlichen Vortrag von Schulze-Boysen mit der Haltung Lamours solidarisierten. Dennoch endete das Treffen für die Organisatoren enttäuschend.
Man begnügte sich mit unverbindlichen Absichtsbekundungen. Einigen konnte man
sich auf die Kritik an der offiziellen Politik: der Diplomatie des Völkerbundes und der
briandistischen Versöhnungspolitik, des Kapitalismus und der parlamentarischen Demokratie. Da die Teilnehmer sich ausdrücklich von jeglichem Parteienstandpunkt distanzierten, beschränkten sich die Ergebnisse weitgehend auf die affirmativen Bekennt-
nisse zur Revolution und zur gemeinsamen Zusammenarbeit der „europäischen Jugend". Man wolle sich gegenseitig informieren, hieß es, und überlegen, wie eine Zusammenarbeit fortgesetzt werden könne[79].

---

[75] La Rencontre de Francfort, in: Plans 12, Feb. 1932, S. 119.

[76] Ebenda, S. 123.

[77] Ebenda, S. 124f.; vgl. zum Vergleich die Überlegungen bei Birnbaum, „La France aux Français",
S. 300ff.; Alter, Nationalismus, S. 19ff.

[78] La Rencontre de Francfort, in: Plans 12, Feb. 1932, S. 125.

[79] Schulze-Boysen war insbesondere über die deutsche Delegation enttäuscht: „es waren fast lauter
jugendbewegte leute da, die nicht viel sachkenntnis hatten." (Kleinschreibung im Original) Brief
Schulze-Boysens an die Mutter, Februar 1932, IfZ: ED 335/II, Nr. 95. Ähnlich urteilte Alexandre
Marc über das Treffen. Was ihn bei den deutschen Teilnehmern erheblich befremdete, war deren
augenscheinliche Homosexualität. Diesen Eindruck dürfte vor allem die in den Kreisen der bündischen Bewegungen stark verbreitete Männerbundideologie vermittelt haben; Roy, Marc, S. 30,
dies bestätigte mir Marc im Gespräch vom 4. 12. 1994; vgl. Breuer, Anatomie, S. 40ff.; Mohler,
Konservative Revolution, Bd. 1, S. 158f.; ihren deutlichsten Ausdruck hat die Lehre vom Män-
nerbund bei Hans Blüher gefunden, der ihm ein dreibändiges Werk widmete, Die Rolle der Ero-
tik in der männlichen Gesellschaft, 2 Bde., Jena 1917/1919; siehe auch Gisselbrecht, Hans Blüher,

Unübersehbar ging die Initiative für die Verständigung von Frankreich aus. In *Plans* wurde eifrig für die Zusammenarbeit geworben und ausführlich über den Kongreß berichtet. Im März schließlich erklärte *Plans*, über ein deutsches Organ namens *Gegner* zu verfügen. Schulze-Boysen war Anfang des Monats Chefredakteur dieser Zeitschrift geworden, die von dem Schriftsteller Franz Jung herausgegeben wurde[80]. Doch dort erschien über den Kongreß nur eine kurze, anonyme Notiz in sehr distanziertem Ton: „Das Treffen sollte lediglich einer ersten Fühlungnahme dienen und war organisiert von der Zeitschrift Plans."[81] Kein Hinweis deutete an, daß Schulze-Boysen selbst den Kongreß mit organisiert hatte.

Die distanzierte Haltung des Chefredakteurs des *Gegner* war nicht zuletzt eine Folge der feindlichen Stimmung, die ihm für sein Engagement aus den Kreisen der Konservativen Revolution entgegenschlug. Den Nachbarn im Westen verteufelten sie als Repräsentanten der verhaßten Versailler Ordnung und des Liberalismus. Insbesondere die Kreise der sogenannten „Nationalbolschewisten", die ein Bündnis der beiden „proletarischen Nationen" Deutschland und Rußland gegen den „kapitalistischen Westen" anvisierten, standen einer Annäherung an den „Erbfeind" ablehnend gegenüber. Karl Otto Paetel interessierte sich für eine Zusammenarbeit mit Frankreich nur dann, wenn Deutschland von den Fesseln des Versailler Vertrages befreit werde[82]. Ernst Niekisch sah in dem Treffen nur einen weiteren Versuch, über den Europagedanken das französische Hegemonialstreben zu verwirklichen. Seiner Ansicht nach hatten sich die deutschen Teilnehmer zu Handlangern dieser Bestrebungen machen lassen: „[E]s wäre eine lohnende Aufgabe, aufzudecken, wie manche deutsche nationalrevolutionäre Gruppe inzwischen dieser neuen Form von Paneuropäerei auf den Leim gekrochen ist."[83] Der Jungkonservative Franz Mariaux, der an dem Treffen teilgenommen hatte, versuchte vergeblich, den Herausgeber der *Deutschen Rundschau*, Rudolf Pechel, davon zu überzeugen, daß sich eine Zusammenarbeit mit den französischen Bewegungen lohne, „und sei es nur, weil sie und ihre Publikationsorgane offenbar diejenigen sind, die dem Versailler Vertrag gegenüber ein Maß von Kritik einnehmen, wie es auch dem deutschen Standpunkt entspricht"[84]. Doch Pechel weigerte sich, über das Treffen zu berichten.

Die weitere Zusammenarbeit zwischen dem *Gegner* und *Plans* – Ordre Nouveau kam schließlich ganz zum Erliegen, nachdem Schulze-Boysen im Mai die Herausgabe der finanziell ruinierten Zeitschrift übernommen hatte und auf die Unterstützung des Grauen

---

S. 391–399.

[80] Franz Jung schrieb in seinen Erinnerungen: „Aus der Verbindung Plan *[sic]* – Gegner über Le Corbusier – Delaisi sind die französischen Bauprojekte und Verträge mit den deutschen Bauhütten entstanden." Jung, Der Weg nach unten, S. 372. Aus dem Kontakt zwischen *Gegner* und *Plans* ging die Le Corbusier-Siedlung in Marseille hervor. Auch der äußere Festungsgürtel von Paris – ein Projekt, das den Bau ganzer Städte zur Folge gehabt hätte – sollte mit Hilfe des Genossenschaftsverbandes erbaut werden – ein Vorhaben, das von deutschen Baufirmen schließlich vereitelt worden sei, ebenda, S. 373ff.

[81] Plans in Frankfurt, in: Gegner, H. 4/5, 1932, S. 13.

[82] Peer Gynt *[Paetel]*, Lehren des antifaschistischen Kampfes, in: Die sozialistische Nation, H. 2–3, 1932, S. 3; zu Paetel vgl. Mohler, Konservative Revolution, Bd. 1, S. 470.

[83] Niekisch, Spiel ums Ganze, in: Widerstand, H. 7, April 1932, S. 97–101, Zitat S. 100; vgl. Schulze-Boysen, Gegner, H. 9, 1932, S. 13.

[84] BAK, NL Pechel, Bericht Mariaux' über das Frankfurter Treffen.

Korps angewiesen war[85]. Während der Frankfurter Kongreß in Deutschland nahezu folgenlos blieb, weckte er bei den französischen Teilnehmern ein deutliches Interesse an den Bewegungen im Nachbarland – insbesondere an den Kreisen der Konservativen Revolution, die Schulze-Boysen seinen französischen Bekannten nähergebracht hatte. Marc sah im Tatkreis von Hans Zehrer eine Erneuerungsbewegung, die für eine „Wiedergeburt des germanischen Schicksals" kämpfte und damit ähnliche Ziele verband, wie sie der Ordre Nouveau für Frankreich verfolgte[86]. Zwar erschien ihm das vom Tatkreis propagierte Ideal eines „Volksstaates" als ein Begriff von „typisch deutscher" Nebelhaftigkeit, doch sah er darin einen den eigenen Ansätzen vergleichbaren Versuch, den gesellschaftlichen Konsens wiederherzustellen.

Besonders den Wirtschaftstheoretiker des Kreises, Ferdinand Fried, schätzte Marc als Autor des Buchs über das *Ende des Kapitalismus*, in dem er den Niedergang des Liberalismus im Zusammenhang mit dem Scheitern der kapitalistischen Marktwirtschaft analysierte[87]. Den Gedanken, daß eine geistige Krise die wirtschaftliche Misere verursacht habe, wie er vom Ordre Nouveau formuliert worden war, fand Marc auch in den Schriften des Tatkreises wieder. Marc sah sich auch bestätigt in seiner Ablehnung der marxistischen Theorie, insbesondere in der Bewertung der Rolle des Proletariats. Auch die „Revolutionäre von rechts", wie sie sich nannten, sahen darin nur die Ablösung der alten (bürgerlichen) durch eine neue Klassengesellschaft[88].

Doch zu Beginn des Jahres 1933 veränderte sich die wohlwollende Haltung gegenüber der *Tat*. Diese Wandlung hängt zusammen mit der wachsenden Sympathie Zehrers für die Staatsstreichpläne des Reichswehrministers Schleicher. Noch im Oktober 1932 hatte Marc die extrem reservierte Haltung des Tatkreises gegenüber Hitler hervorgehoben und betont, daß eine nationalsozialistische Herrschaft nicht das Ziel der deutschen Revolution sei. Auch Marc teilte die Einschätzung Schulze-Boysens, daß Hitler allenfalls vorübergehend die Macht an sich reißen könne[89]. Nach den Erfolgen der NSDAP bei den Reichstagswahlen im Juli 1932 waren allerdings die Vorbehalte des Tatkreises gegenüber den Braunhemden geschwunden. Zehrer sah den Sieg der extremen Rechten nun als unabwendbar an und sprach sich nach dem Rücktritt der Regierung Papen im Novem-

---

[85] Longueville, Allemagne, in: Plans NS, H. 1, 1932, S. 30. Zu Schulze-Boysens Arbeit beim *Gegner* vgl. Brief an die Mutter, Februar 1932, IfZ: ED 335/II, Nr. 95; zum *Gegner* unter Schulze-Boysen Coppi, Schulze-Boysen, S. 65ff.; Dupeux, „Nationalbolschewismus", S. 383ff.; ferner auf sehr dünner Quellenbasis und ohne Einblick in die übergreifenden Zusammenhänge: Bahar, Sozialrevolutionärer Nationalismus; Schulz, Gegner. Der *Gegner* wurde in Paris bei der Buchhandlung Corti verkauft, wie einer Anzeige in *Plans* NS, H. 1, 1932 zu entnehmen war. *Plans* wurde offenbar vom Deko-Verlag vertrieben, vgl. die Anzeige im Gegner, H. 4/5, 1932, S. 13. Nach Hellman/ Roy, Personnalisme, S. 206, handelt es sich bei Jean Longueville, der in der neuen Serie von *Plans* regelmäßig über Deutschland berichtete, um das Pseudonym von Schulze-Boysen. Dagegen schließe ich mich den Vorbehalten von Hans Coppi an, wonach diese Artikel weder im Stil noch im Inhalt mit den Artikeln Schulze-Boysens im *Gegner* übereinstimmen; Coppi, Schulze-Boysen, S. 66, Anm. 34.

[86] Marc schrieb diesen Artikel noch unter seinem Familiennamen Lipiansky, Pour un communisme national. La revue *Die Tat*, in: Revue d'Allemagne, H. 60, 1932, S. 849–867, Zitat S. 850; vgl. Dupuis, Les partis révolutionnaires allemands et le virus libéral, in: Plans NS, H. 3, Juni 1932, S. 15.

[87] Frz. Übersetzung: La Fin du capitalisme.

[88] Marc, communisme national, S. 858ff.

[89] Ebenda, S. 850, 865.

ber für eine „Revolution von oben", für ein Kabinett des Reichswehrministers Schleicher unter Beteiligung von Hindenburg und Hitler, aus[90]. Nach Ansicht Marcs hatte sich der Tatkreis durch diese Annäherung an die Macht kompromittiert und seine ursprünglich revolutionären Ziele verraten. Er distanzierte sich von diesem Schritt, bewahrte aber eine kritische Sympathie für die Bewegung[91].

Im Februar 1933 brachte *Esprit* eine Sondernummer über die Situation in Deutschland heraus, die die Chancen der Verständigung auslotete. Auf die Ernennung Hitlers zum Reichskanzler gingen die Autoren jedoch noch nicht ein. Schulze-Boysen und Alexandre Marc propagierten dort noch einmal den Zusammenschluß der revolutionären Jugend beider Länder. Beide Autoren waren sich darin einig, daß der Niedergang der Weimarer Republik das deutlichste Anzeichen einer allgemeinen Krise des liberalen Systems war, daß sich in Deutschland also nur eine Entwicklung zuspitzte, von der in Kürze alle Demokratien betroffen sein würden[92]. Daraus erwuchs das Interesse des Ordre Nouveau an den Ereignissen in Deutschland. Wenn Alexandre Marc die Krise auf einen Generationenkonflikt zuspitzte, so sah er in beiden Ländern jugendliche Bewegungen am Werk, die sich gegen die Generation ihrer Väter auflehnten. Seiner Ansicht nach gab es in Deutschland bereits keine liberal gesinnte Jugend mehr. Er unterschied zwischen denjenigen, die sich im Rahmen der extremen Parteien, KPD und NSDAP, engagierten, und denjenigen Kräften, die er in Parallele zu den französischen Bewegungen als „Nonkonformisten" bezeichnete[93]: Unter ihnen hob er besonders die ihm wohlbekannten Kreise der Konservativen Revolution – mit Ausnahme des Tatkreises – hervor: Schwarze Front (Strasser), Der Vorkämpfer (Hans Ebeling), *Widerstand* (Niekisch), Wehrwolf (Fritz Kloppe) und *Gegner* (Schulze-Boysen). Er würdigte ihren Kampf gegen das Parteiensystem und attestierte ihnen einen entschiedenen Willen zur Revolution. Doch seiner Ansicht nach waren diese Bestrebungen in einer Sackgasse angelangt. Keine von ihnen hatte konstruktive Vorschläge, daher drohten sie trotz ihres jugendlichen Elans in den Bahnen

---

[90] Zehrer, Die Etappe Papen, in: Tat 23 (1932), S. 625–634; vgl. Fritzsche, Politische Romantik, S. 277ff.; Sontheimer, Der Tatkreis, S. 249f.

[91] Dupuis/Marc, Jeune Europe, S. 101. Diese Passage stammte wahrscheinlich von Marc, da er die Situation in Deutschland am besten kannte. Das von mir verwendete Exemplar dieses Werkes stammt aus der Bibliothek von Ernst-Robert Curtius, heute UB Bonn, und trägt eine Widmung der beiden Autoren an den Romanisten; vgl. Marc, *Die Tat, son échec*, in: Mouvements, H. 4, 1933.

[92] Marc, Jeunesse allemande, in: Esprit, H. 5, 1933, S. 723–730; Schulze-Boysen, Lettre ouverte d'un jeune allemand à la France, ebenda, S. 731–734; Raymond Aron [nicht verwandt mit Robert Aron], der den dritten Artikel beisteuerte, bezog hingegen den Standpunkt des „engagierten Beobachters": Aron, Lettre ouverte d'un jeune Français à l'Allemagne, ebenda, S. 735–743. Seiner Ansicht nach war in einer solchermaßen ideologisch aufgeheizten Atmosphäre keine Verständigung möglich. Realistische Chancen für einen Dialog sah er nur in der Abwendung von den nationalen Stereotypen und den generalisierenden Urteilen, die die Debatte beherrschten. Der *normalien* und ehemalige Kommilitone des *Esprit*-Direktors Mounier beschäftigte sich als Stipendiat des deutschen Akademikerhauses in Berlin ebenfalls intensiv mit den Problemen der französisch-deutschen Verständigung. Er veröffentlichte seine Beiträge zu diesem Zeitpunkt vor allem in *Europe*, vgl. Raymond Aron, Nouvelles Perspectives Allemandes, in: Europe, H. 110, 1932, S. 295–305; ders., Allemagne Juin 1932, in: Europe, H. 115, 1932, S. 489–498; ders., Ferdinand Fried – La Fin du Capitalisme, in: Europe, H. 120, 1932, S. 647f.; vgl. den Rückblick in: ders., Erkenntnis und Verantwortung, S. 89f.

[93] Marc, Jeunesse allemande, in: Esprit, H. 5, Feb. 1933, S. 725.

der etablierten Politik zu landen. Nur den *Gegner* nahm Marc ausdrücklich von dieser Kritik aus.

Die Zeitschrift, die seit August 1932 mit dem Untertitel „für neue Einheit" erschien, begann sich unter der Leitung von Schulze-Boysen für Vertreter verschiedener politischer Richtungen zu öffnen. Zwar blieb die Zeitschrift weiterhin dem „linken Flügel" der Konservativen Revolution, den sogenannten nationalbolschewistischen Bewegungen, wohlgesinnt (Paetel, Niekisch, Strasser), doch entwickelte sie sich allmählich zu einem Sammelbecken für unorthodoxe Strömungen aus allen politischen Lagern; neben Jungdeutschen, Bündischen und jungen Nationalsozialisten trafen sich bei den Versammlungen des *Gegner* auch Vertreter des sozialistischen Studentenbundes und Anhänger der Kommunisten. Daß auch sie keine festgelegte Ideologie vertraten, spielte, wie Marc glaubte, angesichts der charismatischen Führungspersönlichkeit nur eine eher untergeordnete Rolle: „Männer wie Harro Schulze-Boysen stehen für diese revolutionäre Gemeinschaft, die allein alle Hindernisse überwinden kann."[94] Ähnlich wie der *Gegner* in Deutschland sollte der Ordre Nouveau in Frankreich zum Sammelbecken aller antiliberalen und revolutionären Kreise werden. Man gab sich der Hoffnung hin, daß von dem bevorstehenden Zusammenbruch der Weimarer Republik entscheidende Impulse für das eigene Land ausgingen. Zwar standen die Zeichen für einen Aufbruch in Frankreich noch weniger günstig als in Deutschland, dafür aber glaubte der Ordre Nouveau, besser auf die unvermeidliche Revolution vorbereitet zu sein. In dem Bemühen um eine Verständigung mit dem Nachbarn, dessen Initiative von Frankreich ausging, trat der Gedanke der Nation deutlich hinter der Hoffnung auf den Zusammenschluß in einer übergreifenden revolutionären Gemeinschaft zurück. Noch glaubten die Anführer vom Ordre Nouveau, ihre Ziele zusammen mit den Bewegungen in Deutschland verwirklichen zu können.

In den Kreisen der Konservativen Revolution fand dieses Bestreben kein Echo. Zu sehr war dort der Antiliberalismus mit dem Haß auf Frankreich verknüpft. Schulze-Boysen, der sich durch seine persönlichen Kontakte zum Anhänger der Verständigung zwischen den revolutionären Gruppierungen in Frankreich und Deutschland entwickelte, bildet hierin eine bezeichnende Ausnahme. Dessen Annäherung an den Ordre Nouveau war nur möglich durch die Preisgabe des radikalen Revisionismus, der die Vorstellungen der Konservativen Revolutionäre beherrschte und den er Mitte 1931 noch selbst teilte[95].

---

[94] Ebenda, S. 727ff., Zitat S. 730; vgl. ders., Les Adversaires, in: Revue d'Allemagne, H. 66, 1933, S. 292–310. Zum *Gegner* siehe Coppi, Schulze-Boysen, S. 88ff. Marc stand Otto Strasser ablehnend gegenüber, da er zu weit von seiner eigenen, personalistischen Konzeption entfernt war. Er verurteilte dessen aggressiven Nationalismus und „biologischen Mystizismus", S. 728. Auch die sakrale Überhöhung des Staates als einer „Kathedrale", wie Strasser sie forderte, lehnte der Ordre Nouveau entschieden ab, vgl. Scrutator [Marc], De Genève à Londres, in: Mouvements, H. 10, 1933.

[95] Das gleichzeitige Zurücktreten nationalistischer Töne im *Gegner* seit 1932 läßt diesen Wandel als durchaus glaubwürdig erscheinen; vgl. Coppi, Schulze-Boysen, S. 91.

Der Nationalsozialismus

Die Ernennung Hitlers zum Reichskanzler bildete aus der Perspektive der Zeitgenossen nicht den entscheidenden Einschnitt, als den man sie rückblickend betrachten muß. Sie erschien vielmehr als ein weiterer, aber noch nicht definitiver Schritt zum Sieg des Nationalsozialismus. Frankreich erreichte die Nachricht von der Machtergreifung Hitlers in einer Zeit, als es mit einer eigenen Regierungs- und Finanzkrise beschäftigt war und daher den Ereignissen beim Nachbarn nicht die volle Aufmerksamkeit widmete. Bei der Action Française und der traditionellen Rechten sah man Hitler noch im festen Griff des Kabinetts der „nationalen Konzentration". Während die beunruhigten Radikalen und Sozialisten Vergleiche mit Italien und sogar mit der Sowjetunion zogen, erschien bei der Rechten das Dritte Reich nur als eine gewöhnliche Fortsetzung des Zweiten, des Kaiserreichs. Ähnlich wie schon nach den Septemberwahlen von 1930 hielt man hier die nationalsozialistische Außenpolitik nur für eine deutlichere Formulierung der schon von den konservativen Nationalisten angestrebten Hegemonie[96].

Dementsprechend bedachte die Jeune Droite Hitlers Ernennung zum Reichskanzler mit abwartendem Schweigen. Erst nach den Reichstagswahlen im März nahmen die französischen Beobachter zu den Ereignissen in Deutschland Stellung. In diesen ersten Deutungsversuchen wird das Bedürfnis deutlich, den Nationalsozialismus nicht allein aus den Berichten der Presse zu erfassen, sondern seine programmatisch-weltanschaulichen Ziele kennenzulernen. Diese Bemühungen stießen insofern auf ernsthafte Informationsprobleme, als zu diesem Zeitpunkt keine nationalsozialistischen Texte (mit Ausnahme des Parteiprogramms von 1920) in Übersetzung vorlagen – eine französische Ausgabe von „Mein Kampf" sollte erst im folgenden Jahr erscheinen[97]. Daher behalfen sie sich mit dem Rückgriff auf Texte aus dem Umkreis der Konservativen Revolution: Oswald Spengler, Moeller van den Bruck, Ernst von Salomon und Ernst-Günther Gründel wurden als „Ersatz" für die fehlenden Schriften der Nationalsozialisten gelesen[98]. Vor allem aber erschien aus der Perspektive der Zeitgenossen der Nationalsozialismus als Teil einer umfassenden Erneuerungsbewegung, die sich von der Konservativen Revolution nicht unterscheiden ließ. Anfang der dreißiger Jahre war die Anhängerschaft der NSDAP tatsächlich außerordentlich jung im Vergleich zu den konkurrierenden Parteien[99].

---

[96] Kimmel, Aufstieg, S. 131ff.

[97] Und zwar in einer „entschärften" Version, in der die frankreichfeindlichen Passagen weitgehend getilgt waren: Hitler, Mon combat, Nouvelles Editions latines, 1934; zum Parteiprogramm vgl. Kimmel, Aufstieg, S. 19. Im Januar 1934 veröffentlichte *Esprit* eine kommentierte Version der 25 Punkte des nationalsozialistischen Parteiprogramms von 1920: Meves, Les vingt-cinq points d'Adolphe Hitler, in: Esprit, H. 16, 1934, S. 640–650.

[98] Die meisten Werke dieser Autoren waren Anfang der dreißiger Jahre in französischer Übersetzung erschienen: Spengler, Le déclin de l'occident, 2 Bde., Paris 1931; Gründel, La mission de la jeune génération, Paris 1933; Salomon, Les Réprouvés, Paris 1931; Moeller van den Bruck, Le Troisième Reich, Paris 1933.

[99] Kater, Generationskonflikt, S. 231.

In Anlehnung an Spenglers *Untergang des Abendlandes* sah Roger Magniez den „faustischen Geist"[100] als spezifisch deutsches Genie, dessen sektiererisches, gegen den westlichen Universalismus gerichtetes Wesen die Jahrhunderte überdauert und allen politischen Wirren getrotzt habe. Im Nationalsozialismus hatte es Magniez zufolge auch die ihm gemäße politische Herrschaftsform gefunden. „Der große Umbruch hat das ewige Deutschland nicht zerstören können. Es besteht weiter, das Hitlerregime ist nur dessen jüngster und perfektester Ausdruck."[101] Es ist bezeichnend, daß mit dem „großen Umbruch" nicht die Machtergreifung gemeint war, sondern die Revolution von 1918/19: diese erschien als fundamentale Bedrohung des „ewigen Deutschland", nicht die Ernennung Hitlers zum Reichskanzler! Aus der Perspektive der französischen Rechten war der 30. Januar 1933 nicht der Beginn einer – gegen den Willen der Mehrheit vollzogenen – Machtergreifung. Die Konsolidierung des nationalsozialistischen Machtstaates wurde als Durchsetzung einer für Deutschland „adäquaten" Herrschaftsform angesehen, die auf der Zustimmung des deutschen Volkes beruhte. Diese Ansicht schien durch die scheinlegale Taktik der Machtergreifung bestätigt zu werden[102], doch paßte sie vor allem ins ideologische Konzept der französischen extremen Rechten. Sie stimmte überein mit den Stereotypen eines spezifisch deutschen „Wesens", das in der Form des Nationalsozialismus erstmals sein wahres Antlitz offenbarte.

Der Sieg Hitlers bedeutete das Ende der Illusionen vom „guten Deutschland", wie Maxence triumphierend feststellte. Durch den Untergang der Republik sahen sich die jungen Rechten in ihrer Auffassung vom „germanischen Wesen" (Blanchot) bestätigt und waren überzeugt, daß mit Hitlerdeutschland der Nachbar sein wahres Antlitz endlich gezeigt habe[103]. Aber die Bewertung dieses deutschen „Wesens" hatte sich grundlegend gewandelt: „Das Hitlerregime ist weder absurder, häßlicher noch lächerlicher als unser eigenes Regime. Es besitzt ganz offensichtlich mehr Würde, *Geistigkeit* und Größe."[104] Diese Wendung aus der Feder Maulniers, des Anhängers der Action française, klingt zunächst erstaunlich. Sie stellte jedoch keinen Einzelfall dar, sondern kennzeichnete vielmehr einen grundlegenden Wandel in der Einstellung der Jeune Droite zu Deutschland. Selbst das heikle Thema Versailler Vertrag wurde in einem versöhnlicheren Ton besprochen. Zwar blieb die territoriale Ordnung des Vertrages weiterhin unantastbar, doch äußerte Maxence erstmals Verständnis für die vehemente Ablehnung des Vertrages durch Deutschland und kritisierte die „grundlegende Heuchelei im Geist des Ver-

---

[100] Magniez, Les Origines romantiques de l'hitlérisme, in: Revue du Siècle, H. 1, 1933, S. 93. Magniez erwähnt in dieser Passage Spenglers Werk zwar nicht, aber der Begriff stammt daher und der Kontext legt dies nahe. Das Werk war 1931 ins Französische übersetzt worden; vgl. Laporte, Kulturkampf, in: Revue française, H. 3, 1933, S. 422–429, Maxence, Jeunesse, in: Revue française, H. 4, 1933, S. 593.

[101] Magniez, Les Origines romantiques de l'hitlérisme, in: Revue du Siècle, H. 1, 1933, S. 94. Differenzierter und weniger geradlinig sah Jacques-Marie Thomas das Verhältnis von Romantik und Nationalsozialismus in seiner Buchbesprechung von Ricarda Huchs Arbeit über die „Deutsche Romantik"; Thomas, Romantisme allemand, in: Revue du Siècle, H. 5, 1933, S. 81–83.

[102] Vgl. Frei, Führerstaat, S. 38ff.; Hildebrand, Das Dritte Reich, S. 1ff.

[103] Maxence, La jeunesse française devant l'Allemagne, in: Revue du Siècle, H. 2, 1933, S. 9; vgl. ders., Jeunesse française, in: Revue française, H. 4, 1933, S. 594; Blanchot, Démocratie, in: Revue du XXᵉ Siècle, H. 4, 1935, S. 57.

[104] Maulnier, La jeunesse française, in: Revue du Siècle, H. 2, 1933, S. 11.

trages"[105]. Aus zwei Gründen forderte der Vertrag seiner Ansicht nach zu Recht den Widerstand der Deutschen heraus: zum einen durch die moralisierende Kriegsschuldklausel, zum anderen durch Höhe und Dauer der Reparationszahlungen[106].

Dieser Wandel lag in einem Dilemma begründet, mit dem sich die gesamte extreme Rechte seit dem Machtantritt Hitlers konfrontiert sah: ihre beiden Hauptfeinde, die Sowjetunion und Deutschland, waren in einen unversöhnlichen Gegensatz geraten. Die beiden Mächte, die sich aus der Sicht der Royalisten im Separatfrieden von Brest-Litowsk 1917 gegen Frankreich verbündet hatten, traten nun als ideologische Kontrahenten gegeneinander an. Damit hatte die für das Denken der Action française charakteristische Kopplung von Antibolschewismus und Antigermanismus ihre Grundlage verloren; mit ihr gerieten die außenpolitischen Maximen des integralen Nationalismus ins Wanken[107].

Dieser Zwiespalt verschärfte sich bei der Jeune Droite noch durch einen generationsspezifischen Konflikt. Die deutschlandfeindliche Haltung entsprach weniger dem eigenen Erfahrungshorizont der jüngeren Sympathisanten als vielmehr demjenigen der durch das geistige Klima des Revanchismus geprägten Gründergeneration der Action française. In der Bereitschaft der Jeune Droite, die feindliche Haltung gegenüber Deutschland aufzugeben, manifestierte sich somit auch eine Kritik an den einstigen Vorbildern in der Action française, die gedanklich den Krieg nicht überwunden hatten und selbst zu einer konservativen Kraft geworden waren[108]. Indem sie den Nationalsozialismus als eine Erneuerungsbewegung begriffen, machten sie zugleich deutlich, wie sehr sie einen vergleichbaren Aufbruch im eigenen Land vermißten. Kennzeichnend für diese Haltung ist eine Formulierung von Maulnier bereits anläßlich der Wahl des Reichspräsidenten im März 1932: „Alle konservativen Kräfte setzen auf Hindenburg, alle lebendigen Kräfte der jungen Rechten unterstützen und erwarten Hitler."[109] Diese Kritik war ein unmißverständlicher Wink an diejenige Kraft im eigenen Land, die selbst den Anspruch auf Führung der Jugend erhoben hatte: an die Action française.

Unmittelbar nach dem Wahlsieg der Nationalsozialisten veröffentlichte Maxence eine Besprechung des Buches von Ernst Günther Gründel über die „Sendung der jungen Generation". Nach Auffassung Gründels, der dem Tatkreis nahestand, mußte der Nationalsozialismus als Teil einer umfassenden Revolte verstanden werden, deren Ideen dem Kriegserlebnis und der Jugendbewegung entstammten[110]. Mit Bedauern konstatierte Maxence das Fehlen einer vergleichbaren Aufbruchstimmung in Frankreich. Zwar registrierte er zugleich die gewachsene außenpolitische Bedrohung, doch gibt es keinen Hinweis darauf, daß er darin eine qualitativ neue Dimension der revisionistischen Politik zu erkennen vermochte. Vielmehr begrüßte er die Dynamik der inneren Erneuerung

---

[105] Maxence, Jeunesse française, in: Revue française, H. 4, 1933, S. 589; vgl. ders., La jeunesse française devant l'Allemagne, in: Revue du Siècle, H. 2, 1933, S. 10.

[106] Ernste Zweifel an dem Sinn übermäßiger Reparationen dürften ihm spätestens nach dem Hoover-Moratorium gekommen sein, durch das Frankreich seine Abhängigkeit von den USA deutlich zu spüren bekam.

[107] Vgl. Sérant, Dissidents, S. 279f.

[108] Vgl. zur Krise der AF Kapitel II dieser Arbeit.

[109] Maulnier, Les faits de la quinzaine, in: Revue française, H. 9, 1932, S. 354.

[110] Gründel, Die Sendung der jungen Generation, S. 420ff.

als das zentrale Ereignis und sah darin eine Aufforderung zum Dialog mit Deutschland. Maxence kam zu dem Ergebnis: „Diese Vitalität mag gefährlich sein, dieser Heroismus bedrohlich, dieser Wille zum Leben und zum Erneuern der sozialen Ordnung gefährlich. [...] Aber man kann nicht die düstere Größe dieser Bestrebungen leugnen."[111]

Das Buch von Gründel nahm auch Thierry Maulnier zum Anlaß einer Auseinandersetzung mit dem Nachbarland. Er betonte allerdings deutlicher die grundsätzlichen Unterschiede der nationalen Mentalitäten beider Länder, die er anhand der nationalsozialistischen Rassenlehre verdeutlichte. Sie bildete seiner Ansicht nach das zentrale Element der nationalsozialistischen Ideologie. Für Maulnier war der Nationalsozialismus die konsequente Folge der verspäteten deutschen Nationsbildung: die Nationalsozialisten versuchten auf diese Weise, in kurzer Zeit die politische Einheit nachzuholen, die in Frankreich im Laufe eines jahrhundertelangen Prozesses gewachsen war. Den deutschen Nationalismus begriff er als ein Mittel zum Zweck, als eine vordergründige Konstruktion, die den Kerngedanken der Rassenlehre kaschieren sollte. Die Höherwertigkeit der „Grande Nation", die ihre Legitimation in der Vergangenheit fand, stand für ihn außer Frage[112].

In seinen ideologischen Fundamenten blieb der Jeune Droite das Nachbarland nach wie vor fremd. Aber in den Tugenden, die das nationalsozialistische Regime zu verkörpern schien, stellte es eine bisher unbekannte Herausforderung für Frankreich dar, wie Maulnier in Übereinstimmung mit Maxence feststellte. In dem Vorwort, das Maulnier für die 1933 erschienene Übersetzung von Moeller van den Brucks Drittem Reich verfaßte, stellte er den Konservativen Revolutionär als Theoretiker des Nationalsozialismus vor. Er begrüßte Moeller als den Propheten des neuen deutschen Heroismus, eines tragischen Bewußtseins und einer neuen Tapferkeit, der die Geburt eines neuen Menschentypus ankündige, den Maulnier „Erzfeind" nannte[113]. An diesem Feind mußte sich Frankreich messen, an ihm konnte es sich aufrichten oder mußte untergehen: „Wenn es sich als wahr erweisen würde, daß Frankreich unfähig ist, allein aus eigener Kraft, aus seiner Kultur und der Vitalität seines Blutes zu leben, wenn es nur durch den Schutz internationaler Organisationen, die alle Angriffe fernhalten, existieren könnte, dann wäre es an der Zeit, daß Frankreich unterginge."[114]

Nur ein starkes Frankreich könne sich gegenüber Deutschland behaupten. Die Voraussetzung dafür war – wie das Beispiel Deutschlands lehrte – ein Umsturz des republikanischen Systems, das verantwortlich für den nationalen Niedergang sei. „Ein Frankreich, das vor einer personalistischen und antimarxistischen Revolution steht, stieße in Deutschland auf deutliche Resonanz. Man würde dort sein Verständnis für die Erfordernisse der gegenwärtigen Weltlage schätzen. Und man würde sich von seiner Aufrichtigkeit und Stärke überzeugen können. Man würde ihm dann nicht mehr, man kann ihm

---

[111] Maxence, Jeunesses, in: Revue française, H. 3, 1933, S. 419–421, Zitat S. 420.
[112] Maulnier, Conditions d'un reveil des jeunes Français, in: Action Française 30. 3. 1933, S. 3.
[113] Maulnier, Vorwort zu Moeller van den Bruck, Le Troisième Reich, S. 10. Auf deutsch ist das Werk zuerst 1923 in Berlin erschienen. Die französische Ausgabe erschien, wie auch die Revue française, bei Redier.
[114] Maulnier, Vorwort, ebenda, S. 11.

dann nicht mehr die demokratischen und liberalen Irrtümer ankreiden."[115] Der Sieg der Nationalsozialisten bedeutete also nicht, daß die Jeune Droite nun ihre Ressentiments und die Vorstellungen von einem „deutschen Wesen" verwarf. Vielmehr war ihre Haltung bestimmt von dem Hervortreten einer starken Ambiguität: Auf der einen Seite blieb Deutschland der gefährlichste Feind, eine Bedrohung für den europäischen Frieden und in vielerlei Hinsicht dem westlichen Denken fremd. Auf der anderen Seite aber traten die vorbildlichen Züge des neuen Regimes deutlich hervor: seine antikapitalistische Programmatik, die jugendliche Dynamik und die Politik der Stärke. Die Jeune Droite schätzte abstrakte militärische Tugenden wie Heroismus, Opferbereitschaft, Männlichkeit und Disziplin – genau die Tugenden, die von den Nationalsozialisten so sehr kultiviert wurden[116]. Das Dritte Reich war somit Erbfeind und Vorbild zugleich.

Den Dialog suchte die Jeune Droite auch im persönlichen Umgang mit den Vertretern des neuen Regimes. Schon seit Ende 1933 war die Kontaktaufnahme von Otto Abetz forciert worden, der sich für eine engere Bindung der Deutschen Studentenschaft an die Pariser Bewegungen und Intellektuellenzirkel einsetzte. Die Deutsche Studentenschaft konkurrierte mit dem Nationalsozialistischen deutschen Studentenbund (NStB) um die Vorherrschaft im studentischen Milieu. Kurz nach den Märzwahlen 1933 hatte sich die Deutsche Studentenschaft eine neue Verfassung nach dem Führerprinzip gegeben und mit der spektakulären Aktion wider den undeutschen Geist, der Bücherverbrennung im Mai 1933, ihre treue Ergebenheit gegenüber der nationalsozialistischen Doktrin bewiesen[117]. Durch die Vermittlung der Deutschen Botschaft in Paris hatte sie Mitte 1934 Kontakte mit der Jeune Droite geknüpft, die über den Leiter der Auslandsabteilung der Reichsjugendführung Karl Nabersberg, dem Vorgesetzten des seit Sommer des Jahres zum Frankreichreferenten ernannten Abetz, liefen[118].

Diese Verständigung führte Thierry Maulnier am 31. Mai 1935 nach Berlin, wo er in der alten Aula der Universität einen Vortrag über „Die Krise des Humanismus" hielt[119]. In seinem Vortrag forderte Maulnier die jungen Generationen in Deutschland und

[115] Maxence, La jeunesse française devant l'Allemagne, in: Revue du siècle, H.2, 1933, S.10. Erst seit 1934, als sich die Fronten zwischen Esprit, Ordre Nouveau und der Jeune Droite verhärtet hatten, gebrauchte letztere den Begriff des Personalismus zunehmend mit kritischen Untertönen.
[116] Wette, La propagande nazie, S.244.
[117] Thalmann, Cercle Sohlberg, S.74f.; zur Deutschen Studentenschaft, insbesondere zu den starken antisemitischen Strömungen, vgl. Grüttner, Studenten im Dritten Reich, S.295ff.; Jarausch, Deutsche Studenten, S.165ff.; Kater, Studenten, S.33ff.
[118] PA/AA Botschaft Paris, 1050/1 Sohlbergkreis. Johannes Maass, Hauptamt für Aufklärung und Werbung der Deutschen Studentenschaft, Berlin. Bericht vom 10.7.1934, S.3f. und 7; sowie Bundesarchiv Außenstelle Zehlendorf: SSO Otto Abetz; zu Nabersberg siehe Jacobsen, Außenpolitik, S.100.
[119] Neben den Vertretern der Deutschen Studentenschaft unter Reichsschaftsführer Feickert waren der Rektor der Universität, Vertreter des Erziehungsministeriums und der Leiter des französischen Akademikerhauses, Robert Jourdan, anwesend; vgl. Karl Korn, Humanismus als Tugend, in: Berliner Tageblatt 257, 1.6.1935. Korn war von dem Vertreter der jungen Rechten so angetan, daß er ihn um einen Nietzsche-Artikel bat: Maulnier, Nietzsche und die französische Jugend, in: Berliner Tageblatt 11.8.1935, Beilage, S.1; vgl. Korn, Lange Lehrzeit, S.237f. Zu einem Empfang am nächsten Tag (1.6.) waren Joachim von Ribbentrop, Rudolf Hess, Otto Abetz und die Witwe Moeller van den Brucks eingeladen; Staatsarchiv Würzburg RSF I 30 g 130/2, Einladungsschreiben.

Frankreich zur Zusammenarbeit auf. Maulnier betonte, daß beide Seiten voneinander lernen müßten: die östliche Wertschätzung „von Blut, Boden und Lebenskraft"[120] sollte mit dem westlichem Rationalismus versöhnt werden. Als Ziel sollten Maulnier zufolge die Wertegrundlagen der europäischen Kultur, die durch Aufklärung und Revolution verschüttet worden waren, wieder Gültigkeit erlangen. „Den Humanismus wiederzubeleben, das bedeutet das Wiederbeleben des Zusammenhanges von Denken und Leben in der abendländischen Kultur. Damit bei dieser Restauration unsere beiden Länder, Frankreich und Deutschland, ihre herausragende Aufgabe wahrnehmen können, fordere ich sie auf, wie ich bereits meine Landsleute aufgefordert habe, an das zu glauben, was die Größe ihrer Bestimmung ausmacht: an die Kraft und den Einfluß des Geistes."[121]

Der offizielle Rahmen der Veranstaltung erforderte offenbar solchermaßen „Geistreich-Undeutliches", wie der damalige Mitarbeiter des *Berliner Tageblatts*, Karl Korn, den Vortrag charakterisierte[122]. Mit Rücksicht auf die deutschen Gastgeber, zum Teil wohl auch durch Zensur, waren Reizthemen wie der Rassismus nicht zur Sprache gekommen[123]. Aber abgesehen von allgemeinen Willensbekundungen konnte der Vortrag von Maulnier nicht als besonders entgegenkommend verstanden werden. Mit der Forderung nach Restauration des „Humanismus" in der abendländischen Kultur formulierte

---

[120] Der französische Originaltext der Rede liegt im Staatsarchiv Würzburg RSF I 30 g 130/2, Zitat S. 8.

[121] Ebenda, S. 9. Eine deutsche Übersetzung findet sich im PA/AA Botschaft Paris 1051/4 Studentenangelegenheiten. Dort sind auch Hinweise auf die Planung einer weiteren Veranstaltung in Paris, die vom Comité de rapprochement franco-allemand unter Robert d'Harcourt und von Berlin aus durch André Germain, mit dem Schulze-Boysen im Sommer durch Frankreich gereist war und der nach der Machtergreifung ein entschiedener Sympathisant der Nationalsozialisten geworden war, organisiert werden sollte. Offensichtlich scheiterte die Folgeveranstaltung an der Frage der Finanzierung: PA/AA Botschaft Paris, 1051/4, Studentenangelegenheiten, Bericht Feickert an das Auswärtige Amt, Abschrift 29. 6. 1935. Das Auswärtige Amt forderte, daß diesmal das Treffen vom französischen *Comité* bezahlt werden sollte, da der Berliner Vortrag von der Deutschen Studentenschaft finanziert worden war, vgl. ebenda, Bericht vom 14. 8. 1935. Der *Comité de rapprochement* war hervorgegangen aus dem Treffen des Sohlbergkreises in Rethel 1931, vgl. Weise, Deutsch-französisches Jugendtreffen in Rethel, S. 62. Über die weitere Tätigkeit dieses Komitees ist nichts zu erfahren, möglicherweise ist es in dem von Abetz im November 1935 gegründeten Comité France-Allemagne aufgegangen, zu deren Direktorium René Michel L'Hopital, Ernest Fourneau, Gustave Bonvoisin, Fernand de Brinon, Georges Scapini sowie die beiden Frontkämpferführer Jean Goy und Henri Pichot gehörten; Abetz, Das offene Problem, S. 60ff.; vgl. Kupferman, Diplomatie parallèle, S. 516f.; Tiemann, Jugendbeziehungen, S. 271; Prost, Anciens combattants, Bd. 1, S. 195. Dieses Komitee ist wiederum nicht zu verwechseln mit dem Comité de la jeunesse française pour le rapprochement franco-allemand unter der Leitung von Bertrand de Jouvenel; vgl. DFM 1935, H. 2, S. 124. Zu André Germains Kontakten mit den Nationalsozialisten vgl. IfZ ED 335/II, Brief Schulze-Boysens an die Mutter, ohne Datum/Ort, Ende 1931, Nr. 93 und Brief an die Eltern vom 17. 11. 1933, Nr. 149.

[122] Korn, Lange Lehrzeit, S. 237.

[123] Noch kurz zuvor, bei einem Vortrag des Groupe du XXᵉ siècle am 19. 2. 1935, hatte er den Rassismus zum wiederholten Mal als der französischen Geisteshaltung völlig fremd abgelehnt; Maulnier, Dernière chance de la liberté, in: Revue du XXᵉ Siècle, H. 5, 1935, S. 8. Nach Einschätzung Schulze-Boysens, der Maulnier bei dieser Gelegenheit getroffen hatte, war der Vortrag erheblich zensiert worden; Brief Schulze-Boysens an Chevalley, Genf, 24. 8. 1935. Eine Kopie des Briefes hat mir Hans Coppi zur Verfügung gestellt.

Maulnier in kaum verschlüsselter Form ein französisches Ideal als gemeinsames Ziel der
Verständigung. Deutlicher hatte er dies an anderer Stelle ausgedrückt. In der *Revue française* hatte er den Nationalsozialisten vorgeworfen, den Menschen auf seine Funktion in
der Gemeinschaft zu reduzieren. Nach Ansicht Maulniers widersprach es den Grundprinzipien der westlichen Kultur, daß die Nationalsozialisten ähnlich wie der Bolschewismus und mehr noch als der italienische Faschismus die totale Unterordnung des einzelnen unter die Herrschaft des Staates forderten. Er kam zu dem Schluß: „[Z]wischen
ihnen und dem Humanismus gilt es zu wählen."[124]

Schulze-Boysen hatte auch nach der Machtergreifung seine Arbeit beim *Gegner* fortgesetzt, obwohl er wußte, daß die Nationalsozialisten die erste Gelegenheit wahrnehmen würden, um gegen ihn vorzugehen. Ungeachtet der Drohungen schürte Schulze-
Boysen die Opposition gegen die NS-Herrschaft und hielt an der Hoffnung einer „dritten Front" aus den revolutionären Kräften aller Lager fest, bis die SS am 26. April 1933
auf brutale Weise den Gegnerkreis zerschlug[125]. An eine offene politische Betätigung
war unter diesen Bedingungen nicht mehr zu denken. Beruflich wählte er den Weg der
äußeren Anpassung und begann im April 1934 seine Laufbahn beim Reichsluftfahrtmi-
nisterium. Seine Kontakte zum Ordre Nouveau, die er nach der Zerschlagung des *Gegner* hatte unterbrechen müssen, versuchte er spätestens Ende 1933 wieder aufzunehmen.
Er wandte sich in der Folgezeit direkt oder über Mittelspersonen immer wieder an seine
französischen Freunde. Durch seine Hilfe fanden zwei seiner Bekannten, die emigrieren
mußten, in Paris eine erste Anlaufstelle: Robert Jungk und Eugen Meves vermittelte er
an seine französischen Bekannten[126].

Vor allem über Chevalley liefen nach der Machtergreifung die Verbindungen zu
Schulze-Boysen. Mindestens zwei Gelegenheiten nutzte Chevalley, um bei Reisen nach
Deutschland den ehemaligen Herausgeber des *Gegner* zu treffen. Mitte 1934 hatte er
Schulze-Boysen in Berlin besucht, offenbar um die Zusammenarbeit wieder zu aktivie-
ren. Schulze-Boysen hatte ihm von seiner Absicht berichtet, Gruppen nach dem Vorbild
des Ordre Nouveau in Deutschland zu installieren[127]. Er verschaffte Chevalley auch die
Gelegenheit, die Ideen der Gruppierung auf zwei Konferenzen in Berlin und in Göttin-

[124] Maulnier, La révolution aristocratique, in: Revue française, H. 4, 1933, S. 532–548, Zitat S. 538.
[125] Angehörige des SS-„Hilfskommandos Henze" drangen in die *Gegner*-Redaktion ein und ver-
hafteten die dort versammelten Teilnehmer einer öffentlichen Diskussion. Schulze-Boysen
wurde zusammen mit einem anderen Mitarbeiter, Henry Erlanger, tagelang in einem SS-Keller
in Charlottenburg gefangengehalten und gefoltert. Als die Mutter Schulze-Boysens ihren Sohn
durch Intervention beim Berliner Polizeipräsidenten freibekam, war Erlanger bereits tot; Coppi,
Schulze-Boysen, S. 126ff.
[126] Jungk stammte aus der jüdischen Jugendbewegung und hatte – fasziniert von der Persönlichkeit
Schulze-Boysens – an den Treffen des *Gegner* teilgenommen. Wahrscheinlich durch die Vermittlung von Marc war er zum *Esprit*-Kreis gestoßen, vgl. *Gegner*-Kreis, S. 15f.; Coppi,
Schulze-Boysen, S. 96. Auch Meves, der sich Marc gegenüber als linker Schriftsteller vorstellte,
hatte sich auf Empfehlung Schulze-Boysens an ihn gewandt, der ihn wiederum an *Esprit* vermittelte; Brief Meves' an Marc, Paris, 3. 11. 1933. Diesen Brief hat mir Hans Coppi freundlicher-
weise zur Verfügung gestellt.
[127] Marc, von Chevalley unterrichtet, schrieb von „verschiedenen Ordre Nouveau-Gruppierungen
oder ähnlichen Bewegungen"; Brief Marcs an Rougemont, 28. 6. *[1934]*, Archives Neuchâtel:
L'Ordre Nouveau, Correspondance. Der Brief ist nachträglich auf 1936 datiert, doch alle dort
erwähnten Anknüpfungspunkte beziehen sich ausschließlich auf 1934.

gen vorzustellen. Chevalley berichtete über die Konzeption des Arbeitsdienstes und die Garantie des Existenzminimums[128].

Da Schulze-Boysen damit rechnete, von der Gestapo überwacht zu werden, konnte er nur in persönlichen Gesprächen oder vom Ausland aus offen über seine Aktivitäten berichten. So nahm er während seiner Reisen in die Schweiz im Sommer 1934 und 1935 Kontakt mit dem Ordre Nouveau auf[129]. Wäre der Brief, den er von Genf aus an Chevalley geschrieben hatte, in die Hände der Gestapo gefallen, so hätte dies zu seiner sofortigen Verhaftung geführt. Schulze-Boysen machte aus seiner Abneigung gegen das Regime keinen Hehl und berichtete Chevalley von dem wachsenden Widerstand gegenüber dem Nationalsozialismus. Er selbst nahm, wie er betonte, an diesen Aktivitäten regen Anteil. Er arbeitete unter einem Pseudonym in der Zeitschrift „Wille zum Reich" mit, deren Redaktion sich aus bündischen und nationalbolschewistischen Kreisen um Paetel zusammensetzte. Die Redaktion bemühte sich Schulze-Boysen zufolge, innerhalb des sehr geringen Spielraums die Möglichkeiten zur Unterwanderung der Presse auszunutzen. Stärker denn je bekannte er sich zu den Ideen des Ordre Nouveau, die er dort verbreiten wollte, und hob hervor, daß sie in Deutschland immer mehr Anhänger gewännen. Zugleich warnte er seine französischen Freunde, Verbindungen zu offiziellen Kreisen in Deutschland aufzunehmen: von offizieller Seite bestehe ein reges Interesse an der Gruppierung, doch versuche sie nur, die Kontakte für propagandistische Zwecke zu nutzen[130].

Während sich Schulze-Boysen nach der Machtergreifung verstärkt um eine Kooperation mit Gleichgesinnten in Frankreich bemühte, verhielten sich die Mitarbeiter des Ordre Nouveau eher zurückhaltend. Nach wie vor waren sie zwar daran interessiert, die persönlichen Beziehungen aufrechtzuerhalten, doch von einer öffentlichen Zusammenarbeit wollten sie nach 1933 nichts mehr wissen. Über das Schicksal der Bewegungen, denen der Ordre Nouveau eine entscheidende Bedeutung für die Zukunft Deutschlands prophezeit hatte, erfuhr der Leser der Zeitschrift nach der Machtergreifung nichts mehr: die ganze Aufmerksamkeit galt nun dem Nationalsozialismus. Angesichts der wachsenden deutschlandfeindlichen Stimmung insbesondere durch die Wiedereinführung der allgemeinen Wehrpflicht im März 1935 konnten sich alle Beziehungen nach Deutschland nur als kompromittierend erweisen. Mit dieser Begründung lehnte Marc den Vorschlag Schulze-Boysens ab, beim *Ordre Nouveau* mitzuarbeiten. Auch bat er seinen deutschen Bekannten, nicht über den vom Ordre Nouveau konzipierten Arbeitsdienst in *Wille zum Reich* zu berichten[131].

---

[128] Die Konferenzen sind von Hellman/Roy fälschlicherweise auf Januar 1934 datiert: Personnalisme, S. 208. Sie waren sicherlich Anfang 1935, wie aus der Besprechung von Bielstein hervorgeht, Ordre Nouveau, in: Der Deutsche Student, April 1935, S. 269f.

[129] Im Sommer 1934 nahm er an der Sommerschule des Weltverbandes für Völkerbundfragen teil. Im Sommer 1935 unternahm er noch eine private Reise nach Genf; Coppi, Schulze-Boysen, S. 144.

[130] Brief Schulze-Boysens an Chevalley, Genf, 24. 8. 1935; zu Schulze-Boysens Mitarbeit bei *Wille zum Reich* siehe Coppi, Schulze-Boysen, S. 161ff. Aus dem Brief geht hervor, daß Schulze-Boysen Kontakt zu Denis de Rougemont aufgenommen hat, dessen Elternhaus im nahegelegenen Kanton Neuchâtel lag. Im folgenden Jahr ist es ihm nicht gelungen, Rougemont zu treffen, wie er bedauernd an Chevalley schrieb.

[131] Coppi, Schulze-Boysen, S. 170.

Ganz offensichtlich hatte sich das Verhältnis seit 1933 umgekehrt: Schulze-Boysen suchte Unterstützung und Informationen für seine Aktivitäten gegen das Regime. Nach der Machtergreifung war er es, der die Initiative ergriff und sich verstärkt um eine Zusammenarbeit bemühte. Von seinen ursprünglichen radikalrevisionistischen Motiven hatte er sich vollständig distanziert und bekannte sich zu den Ideen der Personalisten, die ihm, wie er gegenüber Chevalley betonte, wichtige Anregungen für eine Alternative zur nationalsozialistischen Herrschaft gaben[132].

Die Mitarbeiter des Ordre Nouveau hingegen trugen der gewandelten Situation Rechnung, indem sie den Dialog auf einer freundschaftlich-persönlichen Ebene aufrechterhielten, aber jeden öffentlichen Hinweis darauf unterdrückten. Mit der Machtergreifung war aus der Sicht des Ordre Nouveau die deutsch-französische Zusammenarbeit vorläufig gescheitert, so daß sie die Pläne einer länderübergreifenden revolutionären Front nicht mehr mit derselben Energie weiterverfolgten. Zwar gab es noch einen Versuch, diese Front mit einer englischen Gruppierung, dem New Britain, zu verwirklichen, doch fehlte es ganz offensichtlich an dem Willen zur Durchsetzung[133]. Ganz offen sprach aus dem Bericht über einen gemeinsamen Kongreß im November 1934 der mangelnde Enthusiasmus für eine internationale Zusammenarbeit. Der Ordre Nouveau betonte zwar, weiterhin der Idee einer föderalistischen Organisation Europas verpflichtet zu bleiben, jedoch sei vorläufig nicht an eine Verwirklichung dieser Pläne zu denken: „Getreu diesen Prinzipien arbeiten wir zukünftig jeder für sich an der Verwirklichung dieser menschlichen Ordnung."[134]

Schulze-Boysens Warnung an den Ordre Nouveau vor Kontakten mit dem offiziellen Deutschland gründete sich auf das wachsende Interesse, das man ihm als Mittelsperson zu der französischen Gruppierung von seiten der Ribbentrop-Dienststelle und der Deutschen Studentenschaft entgegenbrachte[135]. Zu welchen Zwecken der Ordre Nouveau eingespannt zu werden drohte, hatte er kurz nach der Machtergreifung selbst erfahren. Im Mai 1933 nahm Marc das Angebot an, in der *Deutsch-französischen Rundschau* die Ideen seiner Gruppierung dem deutschen Publikum ausführlich darzustellen[136]. In einer Einführung zu seinem Artikel wurde der Ordre Nouveau als Teil der revolutionären französischen Jugend vorgestellt, zu der auch die Jeune Droite, Mouniers *Esprit* und die Troisième force von Izard gezählt wurden. Dem Autor Ove Hegedüs ging es vor allem darum, den „tiefen Eindruck" hervorzuheben, den der Aufstieg des Nationalsozialismus auf die Bewegungen in Frankreich hinterlassen habe: „Sie fürchten einen Leerlauf der großen Organisationen und suchen im Sinne des deutschen Führerprinzips nach einer starken Persönlichkeit."[137]

---

[132] Brief Schulze-Boysens an Chevalley, Genf, 24.8.1935.
[133] Ankündigung in ON, H. 14, 1934, S. II.
[134] Ordre Nouveau, Par-dessus les frontières, in: ON, H. 15, 1934, S. 1f., Zitat S. 2.
[135] Zur Deutschen Studentenschaft vgl. Brief Schulze-Boysens an Chevalley, Genf, 24.8.1935. Im April 1934 trat ein Mitarbeiter Ribbentrops, Kirchhoff, an Schulze-Boysen heran, um Genaueres über den Ordre Nouveau zu erfahren, IfZ: ED 335/II, Brief Schulze-Boysens an den Vater vom 13.4.1934, Berlin, Nr. 174. Vgl. Kupferman, Diplomatie parallèle, S. 507–527.
[136] Marc, Vers un ordre nouveau, in: DFR 6 (1933), S. 354–361.
[137] Hegedüs, Aufbruch – auch in Frankreich, in: DFR 6 (1933), S. 344–354, Zitate S. 351/354.

Dieser offensichtliche Versuch der Vereinnahmung hielt die Mitarbeiter des Ordre Nouveau jedoch nicht davon ab, in Paris weiterhin Beziehungen zu offiziellen Vertretern des Regimes zu pflegen. Eine Rekonstruktion dieser Kontakte ist in den meisten Fällen unmöglich, da es sich meist um informelle Zusammenkünfte handelte[138]. Eine Ausnahme bildet die Einladung der Deutschen Botschaft Mitte 1934, bei der Mitglieder des ON-Direktionskomitees, der Chef des Front commun, Bergery, und ein Vertreter der rechtsextremen Nationalkommunisten mit Vertretern der Deutschen Studentenschaft zusammenkamen. Dieses Treffen hatten Pierre Drieu La Rochelle und Jean Luchaire, beides gute Bekannte von Abetz, vermittelt[139].

Zudem freundete sich Jardin 1936 mit einem Mitarbeiter von Abetz, Ernst Achenbach, an, mit dem er auch noch während der deutschen Besatzungszeit gute Kontakte pflegte. Mit Abetz selbst traf er bei den Konferenzen des „Rive Gauche"-Kreises zusammen, die zu einem Treffpunkt zwischen Nationalsozialisten und künftigen Kollaborateuren wurden[140]. Rougemont stand mit einem Mitarbeiter des Sohlbergkreises, Karl Epting, in Verbindung. Dieser war nach der Machtergreifung Leiter der Pariser Zweigstelle des Deutschen Akademischen Austauschdienstes (DAAD) geworden und hatte Rougemont Anfang 1935 eine Lektoratsstelle in Frankfurt angeboten. Die Version Rougemonts, wonach es sich um ein „zufälliges Angebot" handelte, als Ergebnis „einer Begegnung an einem schönen Juliabend im [Café] Deux-Magots"[141], erscheint nicht plausibel. Rougemont hatte sich bereits Anfang des Jahres um die Lektoratsstelle beworben, die er zum Wintersemester 1935 antreten sollte. Erhalten hat er sie aufgrund der massiven Intervention Eptings beim Kultusministerium[142]. Nur Alexandre Marc, der Abetz seit dem Sohlbergtreffen persönlich gut kannte und ihm auch die Bekanntschaft mit Mounier vermittelt hatte, brach jeglichen Umgang mit ihm ab, nachdem er von dessen Berufung in die Ribbentrop-Dienststelle Anfang 1935 erfahren hatte. Er wollte nicht durch Kontakte mit den Nationalsozialisten kompromittiert werden[143].

---

[138] Nach Angaben des ON-Mitarbeiters Pierre Prévost waren es insbesondere Chevalley und Robert Aron, die diese Beziehungen aufrechterhielten; Hellman/Roy, Personnalisme, S. 209.

[139] PA/AA, Botschaft Paris, Sohlbergkreis 1050/1. Erwähnt werden Rougemont, Daniel-Rops, Dupuis, Marc und Ardouint, d. i. Jardin. Zum Bekanntenkreis von Abetz vgl. dessen Stellungnahme im Laufe eines Disziplinarverfahrens gegen ihn am SS-Gericht München, 8. 12. 1937, BA AZ: SSO Otto Abetz; zu den Nationalkommunisten vgl. Wirsching, Tradition contre-révolutionnaire, S. 245–253.

[140] Assouline, Eminence, S. 54; vgl. Lottman, Rive gauche, S. 135f.

[141] Rougemont, Journal d'Allemagne, S. 9.

[142] In den Unterlagen zu den Berufungsverhandlungen, die im Universitätsarchiv Frankfurt, Personalakte Rougemont, liegen, taucht der Name Abetz nicht auf. Aus ihnen geht allerdings hervor, daß Epting sich spätestens seit dem 7. 2. 1935 für die Berufung Rougemonts eingesetzt hatte, wobei ihm eine schriftliche Bewerbung von Rougemont vorgelegen hatte. Zu Epting vgl. Laitenberger, Akademischer Austausch, S. 129; Pellissier, L'antenne parisienne, S. 273–285. Inwieweit sich Abetz persönlich für die Berufung von Rougemont eingesetzt hat, bleibt fraglich, denn es gibt außer von Rougemont selbst keinen Hinweis darauf. Rougemont erwähnt Abetz' Vermittlerfunktion nur in der zweiten Auflage seines Journal d'Allemagne, wiederabgedruckt im Journal d'une Époque, nicht aber in der ersten Fassung von 1938, vgl. Rougemont, Journal d'une Époque, S. 278f.

[143] Hellman/Roy, Personnalisme, S. 209 und Gespräch mit Marc vom 4. 12. 1994. Marc hebt hervor, daß er keinerlei Kontakt mehr mit Abetz aufgenommen hat und ihn auch bat, ihm nicht mehr zu schreiben, da ihn das kompromittieren könnte. Die Hilfsangebote von Abetz während des Vi-

Abetz wiederum blieb der Gruppierung stets gewogen und bemühte sich weiterhin um eine Zusammenarbeit. In den *Deutsch-französischen Monatsheften,* die 1934 die *Deutsch-französische Rundschau* abgelöst hatten, beobachtete man aufmerksam die Entwicklung der antiliberalen Bewegungen im westlichen Nachbarland[144]. Mounier erhielt die Gelegenheit, dem deutschen Publikum die Ideen des „Personalismus" vorzustellen[145]. Im folgenden Jahr würdigten Martin Hieronimi und Hugo Rheiner den „Personalismus als geistige Erneuerungsbewegung"[146]. Und noch 1939 hob ein ehemaliger Anhänger des Ordre Nouveau die Übereinstimmungen zwischen dem Personalismus und der Philosophie Martin Heideggers hervor[147]. Wesentlich subtiler in der Vorgehensweise verfolgte Abetz ein ähnliches Ziel, wie es schon Hegedüs in der *Rundschau* unverblümt zur Sprache gebracht hatte: den deutschen Lesern die französischen Gruppierungen und Intellektuellenzirkel näherzubringen und zugleich diese stärker an das nationalsozialistische Regime zu binden[148]. Diesen Einfluß direkt nachzuweisen, ist in den meisten Fällen jedoch unmöglich. Weder beriefen sich die Mitarbeiter des Ordre Nouveau ausdrücklich auf ihn und sein Umfeld, noch läßt sich ein wesentlicher, positiver Wandel in der Einstellung zu Hitlerdeutschland erkennen. Allerdings bedeutet auch schon die grundsätzliche Bereitschaft zum Dialog, daß die meisten Mitarbeiter das Regime zumindest zu Beginn nicht rundweg ablehnten. Die folgende Analyse liefert weitere Belege für diesen Befund.

Auch beim *Ordre Nouveau* blieb der 30. Januar unkommentiert; erst im Mai, nachdem Hitlers Kanzlerschaft durch die Märzwahlen „legitimiert" war, legte man sich Rechenschaft ab über die gewandelte Situation. Das Forum dafür bot diesmal nicht die Zeitschrift *Esprit,* mit der sich gerade zu diesem Zeitpunkt eine rege Zusammenarbeit entwickelte, sondern die *Revue du Siècle* mit einer Sondernummer über die „französische Jugend und Deutschland". Auch inhaltlich hatten sich die Standpunkte des Ordre Nouveau und der Jeune Droite angenähert. Gemeinsam begrüßten die Redakteure des *Ordre Nouveau* die Herrschaft der Nationalsozialisten als einen Sieg der jugendlichen

---

chy-Regimes lehnte Marc ebenfalls ab. Marc betont aber, daß sich Abetz auch als deutscher Botschafter stets loyal zu den ehemaligen Mitarbeitern vom Ordre Nouveau verhalten habe. Zu Abetz' Arbeit in der Ribbentrop-Dienststelle vgl. Jacobsen, Außenpolitik, S. 270ff.; vgl. zu den Beziehungen Mounier – Abetz: Hellman, Mounier, S. 133ff.

[144] Abetz, Französischer Nationalismus, in: DFM 2 (1934), S. 23–26. Er würdigte das von Maxence, Maulnier und Francis den Toten des Februaraufstands gewidmete Werk *Demain la France,* S. 24f.; vgl. zu den DFM: Abetz, Das offene Problem, S. 60ff., vgl. zum deutschen Frankreichbild Müller, Die deutsche öffentliche Meinung, S. 30ff.

[145] Mounier, Was ist der Personalismus?, in: DFM 3 (1936), S. 368–373.

[146] Hieronimi/Rheiner, Der Personalismus, eine geistige Erneuerungsbewegung in Frankreich, in: DFM 4 (1937), S. 58–63.

[147] Gardère, Das Gesetz der deutsch-französischen Beziehungen, in: DFM 6 (1939), S. 10. Er hatte von 1936 bis 1937 bei Ordre Nouveau mitgearbeitet.

[148] Vgl. die Stellungnahme von Abetz vom 8. 12. 1937 am SS-Disziplinargericht München, BA Außenstelle Zehlendorf: SSO Otto Abetz. Auch Paul Distelbarth beobachtete den Ordre Nouveau sehr genau und würdigte die Gruppierung 1938 in einer der wenigen zeitgenössischen Darstellungen über die französischen Intellektuellenzirkel als Erneuerungsbewegung. Ähnlich wie Abetz begrüßte er den Willen zur Verständigung mit Deutschland. Seine Sympathie erwuchs jedoch nicht aus nationalsozialistischem Hegemonialstreben, sondern vielmehr aus der Einsicht in die Notwendigkeit der Überwindung nationaler Ressentiments, Distelbarth, Neues Werden in Frankreich.

Kräfte über die alte, parlamentarisch-liberale Ordnung. Im Licht dieser Aufbruchstimmung jenseits des Rheins erschien Denis de Rougemont die französische Dritte Republik als „Herrschaft geschwätziger Greise"[149]. Der Moment war gekommen, wo sich auch die französische Jugend auf die revolutionäre Tradition des eigenen Landes besinnen mußte: „Ebenso wie die deutsche Jugend versucht hat, in der germanischen Tradition die Quelle der Erneuerung zu finden, so wollen wir aus der authentischen Tradition Frankreichs die Prinzipien einer Neuen Ordnung schöpfen, bei der es sich um eine spezifisch französische und damit eine allgemein menschliche Ordnung handelt."[150]

Deutlich wiesen Marc und Chevalley auf die universalistische Dimension der französischen Kulturidee hin: verwurzelt in der humanistisch-abendländischen Tradition mußte sie zum Vorbild für die übrigen Erneuerungsbewegungen in Europa werden. An diesem Maßstab gemessen, war die „deutsche Revolution" ebenso gescheitert wie zuvor die russische und die italienische. Ein Staat, der seine Identität auf die Rassenlehre gründete, konnte demnach nicht Teil der europäischen Kultur sein[151]. Die „heroische Aufgabe" der französischen Jugend bestand nach Ansicht Arons und Dandieus gerade darin, mit der Erneuerung Frankreichs auch ein Vorbild für die Erneuerung Europas zu geben[152]. Damit brachte der Ordre Nouveau ein neues Argument in die Diskussion, mit dem sich die Gruppierung von ihren Plänen der französisch-deutschen Zusammenarbeit distanzierte und sich an die nationalen Stereotype der Jeune Droite annäherte, die von der Höherwertigkeit der „französisch-universalistischen" gegenüber der „germanisch-separatistischen" Kulturidee überzeugt war. Zugleich ließen sich aber einige Aspekte des Nationalsozialismus wirksam zur Kritik an der Dritten Republik instrumentalisieren. So kennzeichnete auch die Argumentation des Ordre Nouveau eine starke Ambiguität.

„Herr Kanzler, wir glauben aufrichtig, daß Deutschland mit Ihnen das Beste erreicht oder erreichen kann."[153] Im Namen der französischen Jugend wandten sich Daniel-Rops und Marc öffentlich an den „Führer der deutschen Jugend"[154]. Dieser *Lettre à Hitler* war gewissermaßen ein Angebot zur Wiederaufnahme des Gesprächs, das der Ordre Nouveau in Frankfurt mit den Vertretern der revolutionären Bewegungen in Deutschland begonnen hatte. Zehn Monate nach der Machtergreifung zeugte dies zudem vom Versuch, eine erste Bilanz der nationalsozialistischen Herrschaft zu ziehen. Die Autoren stellten den „nationalsozialistischen Erfolgen" ungefähr gleichgewichtig die „nationalsozialistischen Niederlagen" gegenüber.

Eine gemeinsame Basis zur Verständigung sahen sie in der Absage Hitlers an die Ära der Versöhnungspolitik unter Briand und Stresemann, und den Völkerbund, „das Genfer Monster". Sie begrüßten Deutschlands Austritt aus dem Völkerbund „als einzige

---

[149] Rougemont, La jeunesse française devant l'Allemagne, in: Revue du Siècle, H. 2, 1933, S. 7. Ähnlich war der Tenor der Stellungnahmen von Marc, Chevalley, Aron, Dandieu und Daniel-Rops.

[150] Marc/Chevalley, Jeunesse, in: Revue du siècle, H. 2, 1933, S. 4.

[151] Marc, Allemagne, in: ON, H. 1, 1933, S. 16; vgl. Aron/Dandieu, Jeunesse, in: Revue du Siècle, H. 2, 1933, S. 5–7.

[152] Aron/Dandieu, Jeunesse, in: Revue du Siècle, H. 2, 1933, S. 6.

[153] Lettre à Hitler, in: ON, H. 5, 1933, S. 4. Vgl. bereits eine ähnliche Argumentation bei Marc, Hitler ou la Révolution manquée, in: ON, H. 2, 1933, S. 29f.

[154] Lettre à Hitler, in: ON, H. 5, 1933, S. 4. Erst 1956 lüftete Marc das Geheimnis der Autorschaft in einem Interview mit Ganne, Qu'as-tu fait de ta jeunesse?, S. 8.

wahrhaft friedliebende (nicht pazifistische) Geste seit dem Krieg"[155]. Marc und Daniel-Rops bescheinigten dem Nationalsozialismus eine „authentische Größe" durch seinen Appell an Tugenden wie „Heroismus, Opferbereitschaft und Entsagung"[156]. Auch seine feindliche Haltung gegenüber der liberalen Demokratie wurde mit Zustimmung registriert, doch glaubten die beiden Autoren, daß Hitler hier noch radikaler sein sollte. „Wie Sie sind wir Antiparlamentarier, aber wir sind es noch entschiedener als Sie."[157] Ebenso begrüßte der Ordre Nouveau die im Parteiprogramm formulierte antikapitalistische Programmatik: die Kampfansage an Großindustrie und Hochfinanz, die Verstaatlichung der Trusts und die Reform der Agrarverfassung. Ansätze dieser Reformen sahen sie in der nationalsozialistischen Politik bereits verwirklicht: in den Beschäftigungsprogrammen, in den sogenannten Ehestandsdarlehen und in der (zumindest propagandistischen) Aufwertung der Landwirtschaft durch das Erbhofgesetz und den „Reichsnährstand".

Auch die „Wiederherstellung der Disziplin" durch Hitler begrüßten Daniel-Rops und Marc als Maßnahmen gegen den angeblichen Verfall der Sitten. Sie gingen sogar so weit, die Zensur zu legitimieren als eine – freilich unzureichende – Maßnahme gegen die bürgerliche Dekadenz: „Wir sind der Überzeugung, daß Sie mit der Errichtung der Zensur noch nicht genug getan haben. Es reicht nicht aus, Bücher, Filme und Theaterstücke zu verbieten, die das Bewußtsein von Tausenden vergiften können. Es geht nicht darum, künstliche Barrieren zu schaffen, sondern das Leben in seiner Gesamtheit wiederherzustellen."[158] Diese Bemerkung macht deutlich, welchen Wert der Ordre Nouveau der freien Meinungsäußerung zumaß – ganz zu schweigen von der Absicht, nicht die Folgen, sondern die Ursachen des moralischen Verfalls zu bekämpfen, was sowohl die Utopie eines irdischen Paradieses als auch die Vorstellung einer geistigen Gleichschaltung beinhalten konnte.

Während sich die Zustimmung in erster Linie auf den dynamischen Charakter des Nationalsozialismus und einige, auch vom Ordre Nouveau vertretene programmatische Ansätze bezog, stieß deren Umsetzung auf entschiedene Kritik: „Ein Abgrund trennt uns voneinander."[159] Der Hauptvorwurf richtete sich gegen die mangelnde Radikalität der „Revolution" in Deutschland. Hitler bekämpfe das liberal-parlamentarische System, ohne ihm ein wirklich neues Ideal entgegenzusetzen. Scharf griffen die beiden Autoren den Rassegedanken an. Statt der pseudowissenschaftlichen Wahnideen der „kleinen Gobineaus in Braunhemden" betonten Marc und Daniel-Rops die historische Prägung des Menschen durch „das geistige und physische Klima eines Landes"[160]. Sie sahen in den „Kräften des Blutes [...] eine unbestreitbare Macht" für die Bindung an das Vaterland, doch rechtfertige dies in keiner Weise den übersteigerten Nationalismus, den die Nationalsozialisten aus ihrem Rassismus herleiteten[161]. Daniel-Rops und Marc leugneten

---

[155] Ebenda, S. 23ff., Zitate S. 23 und S. 4.
[156] Ebenda, S. 10ff., Zitat S. 13; vgl. Frei, Führerstaat, S. 86ff.; Broszat, Staat Hitlers, S. 173ff.
[157] Lettre, S. 9.
[158] Ebenda, S. 13.
[159] Ebenda, S. 14.
[160] Ebenda, Zitate S. 20/12.
[161] Ebenda, S. 20.

nicht die Notwendigkeit der Nation, doch beruhte sie ihrer Ansicht nach nur auf einer gemeinsamen Kulturidee und begründete keinerlei machtstaatliche Ansprüche. Die beiden Autoren befürchteten einen Rückfall des Nationalsozialismus in die Bahnen der alten Politik. Hitler hatte ihrer Ansicht nach Materialismus und Imperialismus nicht vollständig überwunden; Daniel-Rops und Marc lasteten Hitler zudem an, daß das nationalsozialistische Regime auch noch die Praktiken der Massendemokratie legitimierte: „Sie haben eine parlamentarische Oligarchie liquidiert, um sie durch eine cäsaristische Demokratie zu ersetzen. Sie sind ein Demokrat, Herr Hitler, der letzte der Demokraten."[162] Gerade das Scheitern der „Revolution" vergrößerte nach dem Dafürhalten der Autoren die Gefahr eines Krieges. Die großen Versprechungen drohten, in einem System der Repression und der Inhumanität zu verschwinden, das schließlich seine inneren Konflikte nach außen verlagern und damit Europa in einen Krieg verwickeln werde. Die Autoren glaubten, daß es noch nicht zu spät sei. Frankreich könne Hitler zu Verhandlungen zwingen, jedoch nur, wenn es seinerseits seine unfähige Regierung stürze und sich seiner politischen Verantwortung für Europa bewußt werde[163].

Der „Brief an Hitler" sorgte für heftige Diskussionen im Umfeld der Gruppierung. Gabriel Marcel, Mitbegründer und Sympathisant des Ordre Nouveau, warf den Autoren vor, mit diesem Schritt das eigene Land zu schwächen, woraufhin Daniel-Rops erwiderte, daß sie genau dies beabsichtigt hätten: „Ich bestreite, daß eine Regierung das Recht hat, Frankreich zu repräsentieren, deren selbstmörderische Untätigkeit zum Krieg führt, den meine Generation austragen muß."[164] Auch andere wohlgesonnene Leser übten scharfe Kritik. Ein Sympathisant sagte sich daraufhin vom Ordre Nouveau los: „Sie fordern eine Neue Ordnung, sie sind Faschisten. Und zwar Faschisten der übelsten Art, nämlich kulturelle Faschisten."[165]

Der „Brief" belastete auch das Verhältnis zu den Mitarbeitern von *Esprit*. In deutlicher Weise distanzierte sich Emmanuel Mounier von den Äußerungen der beiden Autoren zum Hitlerregime, denen er vorwarf, den Parolen des Diktators auf den Leim gegangen zu sein und die sozialrevolutionäre Programmatik nicht als taktisches Blendwerk entlarvt zu haben, das die Massen der Arbeiterschaft mobilisieren solle. Letztlich verteidige Hitler hinter der Fassade der revolutionären Rhetorik den Kapitalismus[166]. Marc

---

[162] Ebenda, S. 17.

[163] Ebenda, S. 22ff.

[164] Brief Daniel-Rops' an Gabriel Marcel vom 20. Nov. 1933, BN: Don 87.08. Daniel-Rops betonte ausdrücklich, daß sämtliche in der Ausgabe genannten Mitarbeiter die Äußerungen des *Lettre* unterstützten. Auch die Zustimmung des Marschalls Lyautey führte er zu seiner Verteidigung ins Feld. Offenbar wußte Marcel, wer die Autoren dieser Ausgabe waren. Seine Vorwürfe richtete er insbesondere gegen Alexandre Marc, was zu einer ernsthaften Verstimmung führte; Brief Marcs an Marcel vom 29. Dez. 1933, ebenda; Daniel-Rops verkehrte regelmäßig in dem Salon des Marschalls; vgl. Badouï, Dautry, S. 131ff.

[165] Maurice Braun an Ordre Nouveau, Paris, ohne Datum, Archives Denis de Rougemont, Neuchâtel.

[166] Mounier, Prise de position, in: Esprit, H. 16, 1934, S. 533–540, bes. S. 535; vgl. Kimmel, Aufstieg, S. 45, 139ff.; Wippermann, Faschismustheorien, S. 32f. In ihren Grundansichten waren sich die beiden Bewegungen wesentlich näher, als sie sich eingestanden. Mounier würdigte ebenso wie der Ordre Nouveau die „faschistischen" Tugenden des nationalen Erwachens, der Reinigung, den Kult der Jugend und der Dynamik, die Sympathie für Ordnung, Disziplin und Autorität, der Ordre Nouveau hingegen verurteilte ebenfalls den Kapitalismus und den chauvinistischen

stellte daraufhin seine Mitarbeit bei *Esprit* ein. (Daniel-Rops hatte ohnehin dort nicht regelmäßig mitgearbeitet.) Das Bemühen um ein ausgewogenes Urteil über den Nationalsozialismus setzte die Bereitschaft zu einer konstruktiven Auseinandersetzung mit dem Nationalsozialismus voraus. Zudem lief die Argumentation des „Briefes" auf eine Unterscheidung zwischen den „guten" Absichten und der „schlechten" Realisierung hinaus – damit beschränkte sich die Kritik großenteils auf sekundäre Faktoren, während die dahinterstehenden Motive durchaus Anerkennung fanden.

Doch mit der zunehmenden Konsolidierung der nationalsozialistischen Herrschaft gewannen die negativen Seiten an Gewicht. In einer Nachschrift zum „Brief an Hitler", abgefaßt unter dem Eindruck der Saarabstimmung vom Januar 1935, neigte sich die Bilanz deutlich zum Negativen. Die Entscheidung der Saarländer sei nicht als Option für den Staat Hitlers zu verstehen, sondern vielmehr als Bekenntnis zur deutschen Tradition. An der Eingliederung des Saarlandes ins Reich erwies sich aus der Sicht der Autoren die Absurdität des nationalsozialistischen Rassismus: „Was haben die Saarländer mit der blonden und blauäugigen nordischen Rasse zu tun?"[167] Auch die übrigen revolutionären Parolen hatten sich nach Ansicht des Ordre Nouveau als pure Propaganda erwiesen. Hinter der antikapitalistischen Programmatik war immer deutlicher die Verflechtung von (Rüstungs-)Industrie, Kapital und Politik hervorgetreten. Die Lage der Industriearbeiter hatte sich, wie Daniel-Rops und Marc feststellen mußten, mit der Gleichschaltung der Gewerkschaften und ihrem zwangsweisen Zusammenschluß in der „Deutschen Arbeitsfront" nicht verbessert. Ihrer Ansicht nach bestand der eigentliche Zweck dieser Maßnahme in der Stärkung der zentralistischen Struktur des Staates. Nur die Landwirtschaftspolitik, die die Bauern stärker an die Scholle binde, würdigten sie als einen eindeutigen Erfolg der Nationalsozialisten.

Zwar mischten sich seit 1935 deutlicher kritische Züge in das Bild des Diktators, doch blieb die charakteristische Ambiguität des Urteils bestehen. Noch nach der Wiedereinführung der Wehrpflicht in Deutschland würdigte Daniel-Rops das „außerordentliche Verdienst Hitlers", der desorientierten Jugend eine neue Bestimmung gegeben zu haben[168].

Nationalismus. Mounier schrieb an Nicolai Berdjajew: „Die Bewegung orientiert sich offen an einem gegen die Arbeiter gerichteten Faschismus und an einer kleinbürgerlichen Technokratie, die wir nicht unterstützen können." Brief Mouniers an Berdjajew vom 15. 2. 1934, fälschlicherweise auf 1936 datiert, in: Mounier, Œuvres, Bd. 4, S. 580, vgl. Hellman, Mounier, S. 80f. und S. 286, Anmerkung 39; Rougemont nannte diese Beurteilung, die ihm erst mit der Veröffentlichung bekannt wurde, „ein ungerechtfertigtes Fehlurteil". Er betont, daß es zwischen den beiden Bewegungen dadurch nicht zum definitiven Bruch gekommen sei; Rougemont, Alexandre Marc, S. 58f., anders Loubet del Bayle, Non-conformistes, S. 177.

[167] NN, Post-scriptum à la lettre à Hitler, in: ON, H. 18, 1935, S. 30–32, Zitat S. 31. Mehrfach verurteilte der Ordre Nouveau den Rassismus, vgl. Chevalley, Destin de l'Etat ou Mission de la France, in: ON, H. 11, 1934, S. 9f.; ders., Distinctions Nécessaires, in: ON, H. 25, 1935, S. 4f.
[168] Daniel-Rops, Jeunesse allemande et jeunesse française, in: Sept, H. 65, 1935, S. 8f., Zitat S. 8.

3. Zusammenfassung

Die ersten konkreten politischen Stellungnahmen der beiden Gruppierungen befaßten sich mit der Zuspitzung der außenpolitischen Situation. Die offensive deutsche Revisionspolitik und Briands Europa-Memorandum nährten die Furcht vor einem von Deutschland dominierten Mitteleuropa und der Verschiebung des europäischen Gleichgewichts zu Lasten Frankreichs. In dieser Situation geriet die Versailler Friedensordnung ins Visier der Kritik. Das Vertragswerk galt als Produkt des Liberalismus. Aus diesem Geist heraus, der für die Entfesselung des Nationalismus und Kapitalismus verantwortlich gemacht wurde, konnte unmöglich eine dauerhafte stabile Ordnung entstehen. Die Haltung gegenüber dem Versailler Vertrag war jedoch geprägt von einer gewissen Ambivalenz, da sich die Gruppierungen gleichzeitig an die Regelungen des Vertragswerkes klammerten. Sie boten vorläufig die einzige Handhabe, um den deutschen Revisionismus einzudämmen. In der Besorgnis über das Wiedererstarken Deutschlands und der Kritik an der mangelnden Entschlossenheit der französischen Außenpolitik stimmten die Jeune Droite und der Ordre Nouveau überein. Die Lösungen konnten jedoch gegensätzlicher kaum sein: die Rückkehr zur traditionellen germanophoben Großmachtpolitik und die Schaffung einer supranationalen Föderation auf Basis der Regionen.

Das Insistieren auf die Höherwertigkeit der europäischen Kultur verbanden die Nonkonformisten mit einem radikalen Antiamerikanismus. Die USA standen als mahnendes Beispiel für die Folgen eines blinden Glaubens an die Ideen des Fortschritts und des Rationalismus. In der Verengung auf den reinen Utilitarismus seien die menschlichen Beziehungen auf die rein materiellen Bedürfnisse reduziert worden. Der Kapitalismus in Reinform führe zum Totalverlust der sozialen Bindungen und der Verantwortung. Von zwei Seiten, dem revisionistischen Deutschland und dem liberalen Amerika, sahen die Nonkonformisten ihr eigenes Land und mit ihm die europäische Kultur, als deren Hüter sich die Intellektuellen betrachteten, bedroht. Als selbsternannte Retter des Abendlandes warnten sie vor dessen kulturellem und politischem Niedergang.

Eine vergleichbare Haltung nahmen die Intellektuellen der Konservativen Revolution in Deutschland ein. Auch dort prägte das Gefühl der Bedrohung und Umklammerung die gesamte Argumentationshaltung. Im Osten der „asiatische" Bolschewismus und im Westen Frankreich als Inkarnation des Liberalismus. In der Argumentation wird allerdings an dieser Stelle ein zentraler Unterschied deutlich: Die Konservativen Revolutionäre verstanden den Liberalismus immer in erster Linie als einen externen Gegner. Der Kampf gegen ihn war also ein Kampf gegen nationsfremde Ideen. In Frankreich dagegen richtete er sich unmittelbar gegen die eigenen Wurzeln und stellte daher eine existentielle Bedrohung der nationalen Identität dar. Diese Konstellation prägte das Selbstverständnis der Intellektuellen in beiden Ländern stark. Die Konservativen Revolutionäre in Deutschland standen immer in entschiedener Abwehrhaltung zu allen „westlichen Ideen", deren Konsequenzen für Deutschland im „Diktat von Versailles" sichtbar geworden waren. Ihre Pläne zielten daher auf die Überwindung und Unterwerfung des westlichen Nachbarn. Die französischen Intellektuellen dagegen betrachteten ihr Land als das Mutterland der europäischen Kultur. In ihre Vision von der Rettung des Abendlandes mischten sich charismatisches Sendungsbewußtsein und der Glaube an den Universalismus der französischen Kulturidee.

Bewegung kam in die Vorstellung der Bedrohung aus West und Ost mit dem Niedergang der Weimarer Republik. Besonders deutlich wird dies bei der Jeune Droite, die von der germanophoben Haltung der Action française geprägt war. Mit dem Erstarken der Konservativen Revolution und dem Siegeszug des Nationalsozialismus änderte sich diese Einstellung. Eine starke Ambiguität bestimmte fortan das Bild von Deutschland. Je nach politischer Zielsetzung schwankten die Intellektuellen zwischen Bewunderung und Furcht. Einerseits blieb Deutschland weiterhin „Erbfeind", in seinem „Wesen" dem französischen Nachbarn grundsätzlich fremd und feindlich gesinnt. Auf der anderen Seite aber wurde es zum positiven Vorbild. Die Jeune Droite richtete den Blick nach Osten, um den Franzosen ein Beispiel für den dynamischen Aufbruch vor Augen zu führen. In der Kritik am liberalen System entdeckten sie Übereinstimmungen mit den eigenen Ansichten. Insbesondere bewunderten sie die Überwindung der Republik und die Mobilisierung nationaler Ideen.

Diese „Bewunderung" für den Nachbarn zielte jedoch immer auf die Lage im eigenen Land. Nur ein starkes Frankreich konnte sich gegen einen so mächtigen Gegner behaupten. Je mehr Erfolgsnachrichten vom östlichen Ufer des Rheins herüberdrangen, desto dringlicher wurden sie verknüpft mit Forderungen nach einer Umgestaltung des eigenen Landes. Beim Ordre Nouveau fehlten die antigermanischen Ressentiments nahezu vollständig. Es gab dort sogar ausgesprochene Sympathien für den deutschen Nachbarn. Doch ebenso wie bei der Jeune Droite beobachtete man die extremistischen Kreise insbesondere der Konservativen Revolution mit großer Aufmerksamkeit. Eine wesentlich größere Rolle für das Deutschlandbild des Ordre Nouveau spielten die persönlichen Beziehungen. Durch ihre Sprachkenntnisse hatten die Anhänger einen größeren Spielraum bei der Wahl der Kontakte. Die Gruppierung war nicht wie die Jeune Droite weitgehend auf offizielle Kanäle beschränkt. Sie konnte ihre Informationen leichter und aus verschiedenen Quellen beziehen. Man setzte sich zum Ziel, eine europaweite Front der revolutionären Bewegungen zu schaffen, was jedoch bereits daran scheiterte, daß die unterschiedlichen Gruppierungen nicht auf ein gemeinsames Vorgehen eingeschworen werden konnten. Entscheidend für die Beurteilung der politischen Situation in Deutschland war vor allem der Kontakt zu Schulze-Boysen. Durch ihn verfügte die Gruppierung über eine genaue Kenntnis der unterschiedlichen Strömungen in Deutschland. Dies hinderte den Ordre Nouveau jedoch nicht daran, sich auch nach der Machtergreifung um die Pflege guter Beziehungen zu bemühen und dem Nationalsozialismus in seinen Ansätzen positive Seiten abzugewinnen.

IV. Neue Bündnisse:
Februar 1934 bis Oktober 1935

1. Die Ereignisse des Februar 1934

Die Schüsse am 6. Februar 1934 auf der Place de la Concorde schreckten die jungen Intellektuellen in ihren Redaktionsstuben auf. An dem Marsch auf das Palais Bourbon hatten sich die Anhänger des Ordre Nouveau und der Jeune Droite zwar nicht beteiligt, doch markierte dieser Tag für die Gruppierungen eine wichtige Zäsur. Das Ereignis veränderte nachhaltig das politische Klima in Frankreich und polarisierte die öffentliche Auseinandersetzung: Die Rechte sah darin den aufrichtigen Protest betrogener Bürger gegen die korrupte Regierung, für die Linke hingegen manifestierte sich darin der Versuch eines „faschistischen" Umsturzes, dessen Drahtzieher die Führer der Ligen waren. In der Folge mobilisierten beide Lager ihre Anhänger, die mit Aufmärschen, Demonstrationen und Streiks die politische Agitation auf die Straße verlagerten.

Der Stavisky-Skandal, der den Aufmarsch ausgelöst hatte, war eine vergleichsweise geringfügige Affäre. Doch der mysteriöse Tod des betrügerischen Finanzberaters Stavisky verschärfte die Agitation gegen die regierenden Radikalen, von denen zahlreiche Abgeordnete in Geschäfte mit ihm verwickelt waren. Besonders die rechte Presse prangerte die Korruption und Handlungsunfähigkeit der Radikalen an und erneuerte ihre Attacken gegen die Republik. Die Agitation offenbarte das ganze Ausmaß der angestauten Unzufriedenheit. Sie wurde noch angefacht durch die Entlassung des Pariser Polizeichefs Chiappe, der den militanten Rechten nahestand und von der Linken für den Tod Staviskys verantwortlich gemacht wurde. Die Unruhen erreichten ihren Höhepunkt mit dem Protest von Hunderttausenden Bürgern, die dem Aufruf der Ligen folgten und am Abend des sechsten Februar gegen das Palais Bourbon, den Sitz der Kammer, vorrückten. Es kam zu Auseinandersetzungen mit Polizei und Sicherheitskräften, bei Schußwechseln wurden 14 Demonstranten getötet und etwa zweitausend verletzt. Der Führer der Feuerkreuzler, Oberst de La Rocque, blies im letzten Moment zum Rückzug und verhinderte damit den Sturm auf das Parlament. Als Reaktion auf dieses blutige Ende der Demonstration trat am nächsten Tag das Kabinett Daladier, von der bürgerlichen Presse als „Regierung der Mörder" bezeichnet, zurück. Es war das erste Mal in der Geschichte der Dritten Republik, daß eine Regierung dem Druck der Straße hatte weichen müssen[1].

Von der Linken wurde dieser Marsch auf das Palais Bourbon als Versuch eines „faschistischen" Staatsstreichs interpretiert und damit den Ligen ein organisierter Umsturzversuch unterstellt. Diese Sichtweise ist durch das Quellenmaterial weitgehend revidiert worden. Es gab keine Koordination unter den Anführern der Bewegungen, und die meisten Demonstranten trieb eher die Unzufriedenheit mit der Regierung als der Kampf gegen die Republik auf die Straße. Im Unterschied zu diesen Motiven aber boten die Programme der Ligen durchaus Anhaltspunkte für eine Orientierung, die sich nicht

---

[1] Vgl. Borne/Dubief, Crise, S. 104ff.

mehr eindeutig in die autoritär-nationalistische Tradition einreihen ließ, sondern die nach Ansicht einiger Historiker durchaus Merkmale faschistischer Bewegungen trug[2].

Nach diesem Ereignis begann die Linke, ihre Kräfte unter dem Banner des „Antifaschismus" zu koordinieren. Der Anstoß ging von der Basis der Kommunisten, Sozialisten und Gewerkschaften aus. Streiks und Demonstrationen leiteten die Sammlungspolitik ein, die 1936 zum Sieg der Volksfront führen sollte. Dies war nur möglich durch ein Abrücken von der von der Komintern ausgegebenen Parole vom Kampf „Klasse gegen Klasse". Erst durch die Preisgabe der „Sozialfaschismus-These" haben die französischen Kommunisten die Möglichkeit für die Zusammenarbeit mit den Sozialisten und bürgerlichen Linken geschaffen – eine Strategie, die auf dem VII. Weltkongreß der Komintern im Sommer 1935 von Dimitroff legitimiert wurde. Das öffnete den Weg für einen effektiven Aktionspakt der französischen Kommunisten mit den Sozialisten und bürgerlichen Linken zum Kampf gegen den „Faschismus"[3].

Die Ereignisse hatten den Blick auf die Gefahr eines spezifisch französischen Faschismus gelenkt und diesem Thema eine breite Resonanz verschafft mit der Folge, daß die Unterscheidung von Freund und Feind sich beinahe ausschließlich über die Haltung zum „Faschismus" ergab und die politischen Auseinandersetzungen polarisierte. Seitdem verlagerte sich der Schwerpunkt des politischen Kampfes auf die Straße: die Aufmärsche der Ligen beantwortete die Linke mit Demonstrationen und Streiks, gegen die Bewegungen der extremen Rechten formierte sich in zunehmenden Maße eine organisierte Arbeiterschaft. Beide Seiten reagierten auf die Handlungsunfähigkeit der Regierung mit außerparlamentarischer Agitation.

2. Isolation oder Aufbruch?

Für Loubet del Bayle bildet der Februar 1934 die entscheidende Zäsur in der Geschichte der Nonkonformisten. Die Ereignisse auf der Place de la Concorde hätten abrupt das Ende der Zusammenarbeit zwischen den Nonkonformisten eingeleitet und den Willen zum Aufbruch in den Bahnen bestehender Bewegungen und Parteien kanalisiert. Daran ist richtig, daß sich die Beziehungen seitdem deutlich abkühlten. Um seine These zu untermauern, erwähnt er den Streit zwischen dem Ordre Nouveau und *Esprit* über den „Brief an Hitler", die Abrechnung der *Revue du siècle* mit dem Titel „Nos adversaires et nos voisins" und die Nummer „Nous voulons" der Zeitschrift *Ordre Nouveau*[4]. Es stimmt, daß die erwähnten Artikel zur schärferen Akzentuierung der Differenzen beige-

---

[2] Zu den Ereignissen vgl. die Quellensammlung: Le 6 février 1934, Hrsg. Berstein. Zur Faschismusdebatte: Soucy, Second Wave, S. 30ff.; ders., Das Wesen des Faschismus, S. 68ff.; ders., French Fascism and the Croix de Feu, S. 159–188; Irvine, Fascism in France, S. 271–295; Dobry, Février 1934, S. 511–533; Nolte, Die faschistischen Bewegungen, S. 290ff.; Sternhell, Ni droite, S. 25ff. Die genannten Arbeiten richten sich insbesondere gegen den Ansatz der französischen Zeitgeschichtsschreibung, wie er von René Rémond und seinen Schülern vertreten wird.

[3] Jackson, Popular Front, S. 36ff.; Lefranc, Histoire du Front populaire, S. 13ff.; Wippermann, Faschismustheorien, S. 17ff.

[4] Mounier, Prise de position, in: Esprit, H. 16, 1934, S. 533–540; ders., Réponse à *l'Ordre Nouveau*, in: Esprit, H. 19, 1934, S. 199–203; Revue du siècle, H. 10: „Nos adversaires et nos voisins", 1934; ON, H. 9: „Nous voulons", 1934, S. 1–32.

tragen haben, die insbesondere die Gräben zwischen der Jeune Droite einerseits und *Esprit* und dem Ordre Nouveau andererseits vertieft haben, doch kam es zwischen keiner der drei Gruppierungen zum definitiven Bruch. Dem widerspricht schon der Befund, daß auch nach den Februarereignissen die wechselseitige Mitarbeit in den Zeitschriften fortgesetzt wurde[5].

Das von ihm – in Anschluß an Emmanuel Mounier – gebrauchte Bild der Diaspora, in der sich die Gruppierungen seit Anfang 1934 befunden hätten, vermittelt einen falschen Eindruck[6]. Er folgt hier – wie die meisten französischen Historiker aus dem Umkreis des Institut d'Etudes Politiques – dem von Jean Touchard vorgegebenen Interpretationsrahmen, wonach der „Geist der dreißiger Jahre" durch die Faschismusdebatte überlagert und von der metapolitischen Ebene in diejenige der politischen Parteikämpfe zurückgedrängt wurde[7]. Dieser Ansicht möchte ich entschieden widersprechen, und zwar in doppelter Hinsicht. Zunächst zum Kreis um *Esprit*: Wie die folgenden Kapitel deutlich machen, verfolgten deren Mitarbeiter weiterhin den Gedanken einer Revision überkommener Parteistandpunkte, wie sie in der Formel „weder rechts noch links" ihren Ausdruck gefunden hat. Die Debatten lagen auch in der Folgezeit quer zu den politischen Auseinandersetzungen und lassen sich allenfalls vorübergehend auf die Konfrontation zwischen Volksfront-„Antifaschismus" und Ligen-„Faschismus" reduzieren.

Der Begriff der Diaspora suggeriert zudem, daß sich die Gruppierungen in die Isolation manövriert hätten. Dies ist aber mit Sicherheit nicht der Fall gewesen. Sie haben im Gegenteil seit 1934 ihre Beziehungen vervielfacht und somit ihre Anfangsphase als isolierte Intellektuellenzirkel überwunden. Sogar das Deutsche Nachrichtenbüro begann sich für die nonkonformistischen Kreise zu interessieren. In einem von ihm angeforderten Bericht der Deutschen Botschaft in Paris vom August 1934 rechnete man die Mitarbeiter von *Ordre Nouveau, Esprit* und der *Revue du siècle* zu den „geistig einflußreichen Gruppen", deren Auftreten als ein „Gradmesser der geistigen Gärung" gewertet wurde[8]. In der Tat ist die Phase seit Februar 1934 bestimmt durch eine mitunter hektische Aktivität bei der Suche nach neuen Verbündeten, bei der sich der Ordre Nouveau und die Jeune Droite in verschiedene Richtungen orientierten: Der Kreis der jungen und ehemaligen Maurrassianer näherte sich wieder verstärkt seinem Herkunftsmilieu in der extremen Rechten an, während der Ordre Nouveau nach einem kurzen „Flirt" mit den Feuerkreuzlern eine Zusammenarbeit mit den Dissidenten aus dem linken Lager anvisierte.

---

[5] Nur einige Beispiele: Rougemont, Jeunesse déracinée, in: Revue du XXᵉ siècle, H. 1, 1934, S. 16–18; Fabrègues, XXᵉ siècle, in: Esprit, H. 21, 1934, S. 471–475; Maulnier, Les fautes de la droite, in: ON, H. 42, 1938, S. 2–6. Über die Fehlinterpretation des Verhältnisses Ordre Nouveau–*Esprit* vgl. Rougemont, Alexandre Marc, S. 51–69.

[6] Loubet del Bayle, Non-conformistes, S. 177.

[7] Touchard, L'esprit des années trente, hier S. 108ff.; der Standpunkt Trebitschs unterscheidet sich allenfalls in Nuancen von dem Loubet del Bayles, vgl. Trebitsch, Le front commun, S. 221; die Marc-Biographie von Roy endet 1934. Diese Fixierung auf die frühen dreißiger Jahre kennzeichnet auch die Fabrègues-Biographie von Véronique Auzèpy-Chavagnac. In dieser Arbeit, die den Anspruch erhebt, die Zwischenkriegszeit zu behandeln, nimmt die entscheidende zweite Hälfte der dreißiger Jahre nicht einmal ein Zehntel der Darstellung ein; Auzèpy-Chavagnac, Fabrègues, hier S. 455–494.

[8] PA/AA Botschaft Paris, 2144/4 Presseabteilung, 4. Jugendbewegung 1934–1938: Bericht über die französische Jugend vom August 1934. Auch Thomas S. Eliot begann sich für die Nonkonformisten zu interessieren: Eliot, A Commentary, in: The Criterion, April 1934, S. 451–454.

Keineswegs jedoch fanden die Gruppierungen damit endgültig in ihre traditionellen politischen Lager zurück, vielmehr überkreuzten sich ihre Wege noch mehrfach. Die Sammlungsbestrebungen, zu denen der *Cahier de Revendications* einen ersten Auftakt bildete, wiederholten sich in unterschiedlichen Konstellationen.

„Vielleicht war dies das erste Mal, daß wir den Eindruck hatten, direkt von äußeren Ereignissen betroffen zu sein, die Konsequenzen zu erleben und sie ihrem Universum aus gedrucktem Papier zu entreißen", notierte Brasillach über die Ereignisse des Februar[9]. Deutlich läßt sich in den Äußerungen der Jeune Droite das Bemühen erkennen, die Toten der Place de la Concorde zu Märtyrern zu stilisieren. Für Jacques Reynaud waren sie von der demokratisch-freimaurerischen Staatsmacht heimtückisch niedergemetzelt worden. Der Aufmarsch, so der Mitherausgeber der *Revue du Siècle,* sei weit mehr als ein Zeichen der Unzufriedenheit mit der Regierung, er richte sich vielmehr grundsätzlich gegen den Parlamentarismus, gegen sechzig Jahre laizistischer und antinationaler Politik[10]. Jean de Fabrègues sah das Scheitern des Umsturzes in dem Mangel an präzisen Ideen begründet und rief die Anführer der Ligen dazu auf, den Blick auf die konstruktiven Erneuerungsversuche zu richten. Er bot ihnen an, seine Zeitschrift zum intellektuellen Zentrum eines neuen Umsturzes zu machen, und forderte sie zugleich auf, bis zur Entwicklung klarer Ziele die Agitation auf der Straße einzudämmen[11].

Weniger zurückhaltend war der Kreis der ehemaligen *Revue française.* Als Antwort auf den gescheiterten Putsch hatten Robert Francis, Thierry Maulnier und Jean-Pierre Maxence ihr Werk *Demain la France* verfaßt, das sie den Toten des 6. Februar als den „ersten Zeugen der kommenden Revolution" widmeten[12]. Nie zuvor hatten sie sich so ausführlich mit begrifflichen Problemen wie Nation, Staat und Europa befaßt. Bisher hatten sie ihre Vorstellungen, ähnlich wie Maurras selbst, niemals als zusammenhängendes System präsentiert, wohl um damit dem Ideologievorwurf zu entgehen, den sie ihren Gegnern so gerne machten. Wenn sie nun von dieser Praxis abwichen, so möglicherweise deshalb, weil die Februarereignisse sie davon überzeugt hatten, daß es notwendig war, dem diffusen Protest in Zukunft klare Ziele voranzustellen.

Ungewöhnlich war auch der charismatische und aggressive Charakter des Nationalismus, der hier erstmals in aller Deutlichkeit zum Vorschein kam. Italien und Deutschland boten zwar Beispiele für die nationale Revolution, die die Jeune Droite in Frankreich anstrebte. Aber die Autoren beanspruchten für Frankreich den Rang des *primus inter pares:* die französische Nation besaß als historisch gewachsene Einheit eine höhere Legitimation als ihre Nachbarländer. „Frankreich ist der Grundtypus und das Modell aller Nationen."[13] Aus diesem Bewußtsein der Überlegenheit, gepaart mit einem zivilisatorischen Sendungsbewußtsein, folgerten die jungen Rechten das Recht und die Pflicht Frankreichs, seinen alten Führungsanspruch wieder zu erheben, um „die Rolle der Führer- und Leitnation, und um es genau zu sagen, der Hegemonialmacht"[14] wieder einzu-

---

[9] Brasillach, Notre avant-guerre, in: ders., Œuvres complètes, Bd. 6, S. 138.

[10] Reynaud, C'est une Révolution, in: Revue du siècle, H. 10, 1934, S. 2.

[11] Fabrègues, Nos adversaires et nos voisins, in: Revue du siècle, H. 10, 1934, S. 3; ders., L'Ordre Nouveau et nous, ebenda, S. 46–52, hier 46f.

[12] Francis/Maulnier/Maxence, Demain la France, S. 1.

[13] Ebenda, S. 102.

[14] Ebenda, S. 123.

nehmen. Die jungen Revolutionäre verkündeten die Größe der französischen Nation mit einem ähnlichen Sendungsbewußtsein wie hundertfünfzig Jahre zuvor die Jakobiner, deren Ideologie sie radikal ablehnten. Ihnen warfen sie vor, zu Totengräbern des lebendigen französischen Nationalismus geworden zu sein. Die Französische Revolution hatte ihrer Ansicht nach mit dem Siegeszug der republikanischen Ideologie den Niedergang Frankreichs und Europas erst eingeleitet. Liberaler Kapitalismus und stalinistischer Totalitarismus hatten gleichermaßen ihren Ursprung im Geist von 1789. Die nationale Revolution mußte daher alle Formen dieser Ideologie beseitigen und an die Tradition des vorrevolutionären Nationalismus anknüpfen[15].

Auch die Mitarbeiter des Ordre Nouveau erwiesen den Toten ihre Reverenz. Sie widmeten ihnen die Februarausgabe der Zeitschrift mit dem Thema „Französische Werte": „In dem Moment, wo die Franzosen nach langer Zeit ihr Leben in einer Geste der Verzweiflung und des Abscheus geopfert haben, halten wir es für besonders dringend, sich auf die wahren französischen Werte zu besinnen. [...] Wir setzen unsere Arbeit fort und hoffen, daß sich künftig das Blutvergießen in improvisierten Vorläufern der notwendigen Revolution vermeiden läßt."[16] Einen gewaltsamen Umsturz lehnten die Mitarbeiter des Ordre Nouveau entschieden ab. Für sie war der Blutzoll dieser Revolte vielmehr das Indiz für ihre mangelhafte Vorbereitung, die sie den Anführern des Aufstandes vorwarfen[17]. Nach Ansicht des Ordre Nouveau hatten die Chefs der Ligen in unverantwortlicher Weise das Leben ihrer Anhänger aufs Spiel gesetzt. Doch den Einsatz und die Opferbereitschaft der Demonstranten würdigten sie als aufrichtige Geste der Verzweiflung und der Auflehnung, der bisher lediglich die positiven Ziele fehlten. Diese versprach der Ordre Nouveau zu liefern.

Deutlicher als bisher mischten sich nationale Töne in die Debatte, wobei die Argumentation von dem Bemühen gekennzeichnet war, der „Weder-noch"-Position treu zu bleiben. In diesem Fall bedeutete dies die Ablehnung des jakobinischen und des integralen Nationalismus. Die von Aron und Dandieu in der Décadence skizzierte Theorie der „zwei Frankreich" spitzten die Mitarbeiter in der Februarausgabe von Ordre Nouveau auf den Gegensatz von Staat und Nation zu: der offizielle, zentralistisch-bürokratische Machtstaat unterdrücke das „wirkliche" Frankreich der Vaterländer, das durch ein geistiges Band lebendiger Traditionen zusammengehalten werde. Andererseits waren die Feinde der Nation nicht wie bei der Action française die Einwanderer im rechtlichen oder ethnischen Sinne, sondern vielmehr alle diejenigen Ausländer und Franzosen, die eine „geistige Assimilation" verweigerten: die Nation wurde zu einer rein kulturellen Größe, was ihre Bedeutung keineswegs verringerte. Vielmehr trat an die Stelle des ethnischen Unterscheidungskriteriums ein sprachlich-ideologisches. Die Nation war das Ergebnis eines langen Zivilisationsprozesses, deren Erbe sich vor allem in der Sprache und Literatur manifestierte. Nach Ansicht Alexandre Marcs hatte jeder Franzose nicht nur das Recht, sondern die Pflicht, sich dies anzueignen, andernfalls blieb er ein Fremder.

---

[15] Ebenda, S. 128ff.
[16] ON 8, Feb. 1934, S. 1.
[17] Die Anwendung von physischer Gewalt hatten Aron und Dandieu schon in der Révolution nécessaire, S. IXf., abgelehnt.

Die Größe der Nation garantierte dabei die Entfaltungsmöglichkeiten der Menschen: „Die Nation muß stark sein, damit der Mensch groß sein kann."[18]

Deutlich wird in diesen Äußerungen das Bemühen um begriffliche Abgrenzung von den beiden großen Schulen des französischen Nationalismus: sowohl in der republikanischen Tradition als auch bei den Monarchisten der Action française sah man den Begriff der Nation zu machtstaatlichen Zwecken mißbraucht. Die Berechtigung der Existenz der Nation leitete der Ordre Nouveau aus der Bedeutung der französischen Kultur ab. Mit dem Hinweis auf die universale Gültigkeit dieser Kultur wurde der Führungsanspruch Frankreichs begründet. Robert Aron hat diese Vorstellung formuliert, indem er einen alten Topos auf charakteristische Weise abwandelte: „Jeder Mensch hat zwei Vaterländer, das seine und das des Personalismus, das wir aufs neue mit dem Boden und dem Vaterland Frankreich zur Übereinstimmung zu bringen versuchen."[19]

3. Antikapitalismus und Rassemblement-Idee

Die Februarunruhen trafen das Land in einer Phase der langjährigen Depression. Um die wirtschaftliche Schwäche zu bekämpfen, betrieb man eine konsequente Deflationspolitik. Auch nach dem Februar 1934 versuchten die Regierungen, auf diese Weise die Wirtschaft anzukurbeln – doch ohne Erfolg: ein Wandel war bis zum Sieg der Volksfront nicht in Sicht[20]. Arbeitslosigkeit und Krise verschärften die sozialen Spannungen und drängten zu einem entschiedenen Wandel in der Wirtschafts- und Sozialpolitik, der jedoch paradoxerweise die politische Stabilität der Republik am meisten bedrohte.

Die Bildung der Volksfront läßt sich mit Hoffmanns Strukturmodell als ein Versuch beschreiben, die republikanische Synthese mit der Koalition der Linksparteien neu zu formieren, um auf diese Weise die Blockade der gesellschaftspolitischen Modernisierung aufzuheben und einen neuen Konsens zu erzielen. Doch die Sammlungsbewegung im Zeichen des „Antifaschismus" mobilisierte zugleich ihre Gegner auf der Linken und der Rechten und verschaffte den extremistischen Bewegungen erheblichen Zulauf[21]. Ebenso wie die Volksfront zielten auch alle anderen Sammlungsprogramme auf Versöhnung von Arbeitern, Bauern und Mittelschichten. Die antikapitalistische Programmatik hatte Konjunktur: bei der extremen Rechten verbreitete sich die Einsicht, daß die nationale Einheit nur durch die Überwindung der Klassengegensätze erreicht werden konnte. Seit 1934 läßt sich ein deutlicher Schub an sozialer Programmatik bei Ligen wie den Feuerkreuzlern und der Solidarité française wahrnehmen. Vielfach blieben diese Überlegungen jedoch mit den Vorstellungen eines hierarchischen Korporativsystems und paternalistischer Wohltätigkeit autoritären Denkmustern verhaftet[22].

Insbesondere auf der Linken erhielt die Debatte neue Impulse durch den „Plan du Travail" des belgischen Sozialisten Hendrik de Man, der die Überwindung des liberalen

---

[18] Marc, Tradition renouée, in: ON, H. 8, 1934, S. 1ff., Zitat S. 6.
[19] Aron, Liberté, in: ON, H. 8, 1934, S. 10.
[20] Kuisel, Capitalism, S. 93–96.
[21] Vgl. Hoffmann, Paradoxes, S. 26ff.
[22] Zur SF vgl. das Programm von Dez. 1935, abgedruckt bei Machefer, Ligues, S. 42–44, vgl. Soucy, Second Wave, S. 87ff., zu den Feuerkreuzlern ebenda, S. 175ff.

Kapitalismus versprach. In der Folge entwickelten auch der Dachverband der Gewerkschaften Confédération générale du travail (C.G.T.), die Neosozialisten und einige Intellektuellenzirkel eigene Pläne, mit denen sie alternative Sammlungsprogramme zur Volksfront vorstellten[23].

Die wirtschaftspolitischen Vorstellungen der Jeune Droite waren von ihrer Herkunft aus dem Milieu der Action française geprägt und der Tradition des korporatistischen Paternalismus verpflichtet. Deutlich kam in den Verlautbarungen die Vorstellung zum Ausdruck, daß soziale Gerechtigkeit sich weniger durch ein klar umrissenes wirtschaftliches und soziales Reformprogramm als vielmehr durch die Verteidigung „naturgegebener" Ordnungen wie Familie und Nation erreichen ließ[24]. Der Kreis um die *Revue du Siècle* setzte sich für eine korporatistische Ordnung ein, die nichts anderes als eine Neuauflage der Ideen von René de La Tour du Pin war. Dessen hundertsten Geburtstag feierte die Zeitschrift 1934 in einer Sondernummer mit einem entschiedenen Bekenntnis zum paternalistischen Korporatismus – eine Haltung, die angesichts der engen personellen Verflechtung der Gruppierung mit dem mittelständischen Unternehmerverband der Union des Corporations Françaises (U.C.F.) und seinem intellektuellen Zentrum, dem „Cercle de La Tour du Pin", nicht verwundern kann[25].

Die jungen Rechten sahen sich besonders dem Vorwurf ausgesetzt, gemeinsame Sache mit der wirtschaftsliberalen Rechten zu machen – ein Vorwurf, den sie mit Hinweis auf die Nähe zum faschistischen Korporativsystem zu entkräften versuchten. Beide, so betonte Jacques Saint-Germain, seien „zutiefst antikapitalistisch und revolutionär"[26]. Beide bekämpften seiner Ansicht nach wirkungsvoll jegliche Art von Finanzspekulation. Nur sie könnten das Recht des Menschen auf Arbeit verwirklichen, das in einer liberalen Wirtschaftsordnung den Kapitalinteressen geopfert werde. Einen grundsätzlichen Unterschied zwischen der Schule La Tour du Pins und dem faschistischen Korporatismus sah Saint-Germain nur in der Rolle des Staates: Einen direkten Einfluß des Staates auf die Genossenschaften lehnte er ab. Er legte vielmehr Wert auf den spontanen, freiwilligen Charakter der Organisation, in der der Staat nur die Rolle einer obersten Kontrollinstanz innehaben sollte. Die Verwaltung sollte weitgehend dezentralisiert werden. Das Genossenschaftsmodell wollte man auf alle Bereiche der Gesellschaft ausdehnen. Die Berufsstände sollten neben den wirtschaftlichen auch politisch-administrative

---

[23] Brender, Kollaboration, S. 43ff.; zu Bergerys Frontisme vgl. Burrin, Dérive, S. 117ff.; Kuisel, Capitalism, S. 98ff.; Biard, Le socialisme.

[24] Fabrègues, Nécessité de s'engager, in: Revue du XXᵉ siècle, H. 1, 1934, S. 38.

[25] Pour le centenaire de la Tour du Pin, in: Revue du siècle, H. 11/12, 1934 mit Beiträgen unter anderem von Fabrègues, Magniez und Saint-Germain. Fabrègues selbst war Ende der zwanziger Jahre als Redner bei den Konferenzen des Verbandes aufgetreten und pflegte den Kontakt weiterhin in den dreißiger Jahren. Fabrègues, Maulnier und Roger Magniez hatten leitende Funktionen im „Cercle La Tour du Pin" inne, dem ideologischen Zentrum des U.C.F.; Magniez schrieb zudem regelmäßig für das Verbandsorgan *La Production française*. Zu Fabrègues vgl. AN F7 13 983, Bericht vom 24. 5. 1936; Auzèpy-Chavagnac, Fabrègues, S. 210, 256ff., 324. Magniez war 1931 Präsident des Cercle La Tour du Pin, wie aus seinen regelmäßigen Beiträgen für *La Production française* hervorgeht, für die er zumindest bis 1934 regelmäßig schrieb, vgl. den Untersuchungsbericht vom März 1934, APP Ba 1893; zu Maulnier vgl. AN F7 13 983/14, Bericht vom Mai 1936.

[26] Saint-Germain, Vers la corporation, in: Revue du XXᵉ siècle, H. 1, 1934, S. 50.

Funktionen wahrnehmen. An die Stelle der gewählten Körperschaften in Stadt, Provinz und Parlament traten die berufsständischen Interessenvertretungen[27].

Die gläubigen Katholiken unter den jungen Rechten bemühten sich, ihre Glaubensgenossen auf national-antirepublikanische Ziele einzuschwören. Schärfer als sonst griff Fabrègues all diejenigen Strömungen des Katholizismus an, die nicht in der gleichen radikalen Weise wie die Jeune Droite die Demokratie bekämpften und für die Ligen eintraten. Seine Angriffe richteten sich gegen Jacques Maritain ebenso wie gegen die Zeitschriften *Esprit*, die von den Jesuiten herausgegebene *La vie intellectuelle* und das Anfang 1934 von den Dominikanern in Juvisy gegründete Wochenblatt *Sept*. Die ablehnende Haltung dieser Sprachrohre des Katholizismus gegenüber den Ligen war für Fabrègues ein deutliches Zeichen für deren Mangel an engagiertem Patriotismus[28].

Gleichzeitig verstärkte die Jeune Droite ihre Verbindungen zum Thronprätendenten, dem Grafen von Paris. Mit Beifall wurde dessen Initiative aufgenommen, mit dem Ende 1934 gegründeten *Courrier Royal* ein Sammelbecken der royalistischen Kräfte in Frankreich zu schaffen[29]. Die Initiative des Grafen war eine Reaktion auf den Mißerfolg des Februaraufstandes, für den er die Action française maßgeblich verantwortlich machte. Seine Zeitschrift sollte das verwirklichen, wozu sich die Bewegung von Maurras außerstande gezeigt hatte: die Aktivitäten aller Gruppierungen der extremen Rechten zu vereinigen. Getreu dem auf jeder Titelseite proklamierten Motto „die Monarchie ist keine Partei" vermied der *Courrier* weitgehend polarisierende Polemik: Inhaltlich distanzierte sich der Graf von dem Mittelschichts-Elitenkult der Action française-Intellektuellen und appellierte ausdrücklich auch an Arbeiter und Bauern. Die Zeitschrift beteiligte sich nicht an den heftigen antisemitischen Kampagnen der extremen Rechten, zollte aber andererseits der Action française stets gebührenden Respekt[30].

Es ist wahrscheinlich, daß ein großer Teil der Jeune Droite von Anfang an das Unternehmen des Grafen unterstützte. Seit Oktober 1935, als die Anonymität der Autoren nach und nach aufgehoben wurde, kann der Mitarbeiterkreis namentlich festgemacht werden: Maulnier, Fabrègues, Saint-Germain und Héritier hatten sich bald eigene Kolumnen erobert[31]. Das Blatt verzeichnete innerhalb kurzer Zeit einen beachtlichen Erfolg, konnte seit September 1935 sogar wöchentlich erscheinen und entwickelte sich bald zu einer ernsten Konkurrenz der *Action française*, die dies in einer deutlichen Abwanderungsbewegung der Leser zu spüren bekam[32].

---

[27] Saint-Germain, Vers la corporation, in: Revue du XXᵉ siècle, H. 2, 1934, S. 57–61.

[28] Fabrègues, Où sont les catholiques français?, in: Revue du XXᵉ siècle, H. 6, 1935, S. 4–9; eine noch schärfere Kritik an *Esprit* findet sich bei Maulnier, Note sur la revue „Esprit", ebenda, S. 10–12.

[29] Fabrègues/Francis/Maxence/Maulnier, Une politique vivante, in: Revue du XXᵉ siècle, H. 3, 1935, S. 3–7.

[30] Weber, Action Française, S. 405f.

[31] Von den Anhängern der Jeune Droite arbeiteten folgende für den *Courrier Royal:* Jean Baudry, Jean de Fabrègues, Jean Héritier, Jean Loisy, Thierry Maulnier, Jean Saillenfest, Jacques Saint-Germain, Emile Vaast. Dies hinderte jedoch Maulnier nicht daran, weiterhin regelmäßig für die *Action française* zu schreiben.

[32] Darüber hinaus strich der Graf Anfang 1936 sämtliche finanzielle Unterstützung für die *Action française*, AN F7 12 964, Bericht vom 11. 3. 1936.

Thierry Maulnier, Jean-Pierre Maxence und Robert Francis begnügten sich nicht mit diesen Absichtsbekundungen, sie engagierten sich vielmehr direkt in den Reihen einer Bewegung, über deren faschistischen Charakter sich die Historiker einig sind: der Solidarité Française, einer Liga, die ihren Willen zum Staatsstreich bei der Feier ihres zweijährigen Bestehens vollmundig mit dem Motto bekräftigte: „1789: Französische Revolution – 1935: Nationale Revolution"[33]. In ihrer Programmatik stand die Bewegung der Action française sehr nahe: der Ruf nach einem starken Staat paarte sich auch hier mit Fremdenfeindlichkeit und Antisemitismus. Nach dem Tod ihres Mäzens François Coty 1934 machte sich die Liga unter Jean Renaud die Forderungen zu eigen, die die Action Française in früheren Zeiten einmal erhoben hatte: eine kompromißlose antiparlamentarische Haltung und den Willen zum Umsturz, den die Royalisten mit ihrer Annäherung an die parlamentarische Rechte aufgegeben hatten[34]. Zur Durchsetzung ihrer Ziele verfügte die Solidarité über eine paramilitärisch organisierte Kampftruppe, die besonders in der Pariser Region aktiv war. Ihre mit blauen Hemden uniformierten Anhänger rekrutierte sie vorwiegend aus dem kleinbürgerlichen Milieu[35].

Ähnlich wie die übrigen Ligen profitierte die Bewegung vom Stavisky-Skandal und verzeichnete seit Anfang 1934 einen bedeutenden Zulauf. Ihre Größe ist in der älteren Forschung häufig stark unterschätzt worden. Die Pariser Sûreté bezifferte die Zahl ihrer Anhänger Mitte Februar auf 158 000 bis 180 000 – weitaus mehr, als die Feuerkreuzler zum gleichen Zeitpunkt hatten[36].

In ihrem Werk *Demain la France* hatten sich die drei Autoren stark den Positionen angenähert, die auch die Solidarité vertrat. Das Buch liest sich wie ein Entwurf der Leitlinien, mit denen Jean Renaud 1935 die Abkehr vom reformistischen Kurs unter Coty

---

[33] APP Ba 1960, Abschrift eines Plakates der Veranstaltung in der Salle Wagram am 6.5.1935. Als Redner trat neben Jean Renaud, Charles Vioud, Louis Mouilliseaux, Jacques Fromentin auch Maxence auf. Dies ist der erste Beleg von Maxences Aktivität in den Reihen der SF. Der genaue Zeitpunkt des Beitritts läßt sich weder bei ihm noch bei Maulnier und Francis bestimmen. Maulnier und Francis tauchten spätestens im Oktober bzw. November 1935 in den Reihen der SF auf, vgl. Aron, Vapeurs d'huile, in: Bulletin ON, Nr. 6, 15.11.1935, S. 2 (Maxence, Francis, Maulnier) und APP Ba 1960, Bericht vom 11.10.1935 (Maulnier).

[34] Im Unterschied zu Coty, der seiner Taktik noch den Anschein von Legaliät gab, machte Renaud keinen Hehl aus seinen Absichten eines Staatsstreichs; Soucy, French Fascism. The Second Wave, S. 87.

[35] Wenn es darum ging, Präsenz auf der Straße zu demonstrieren, mußten im Zweifelsfall auch ideologische Motive zurückstehen. Die SF rekrutierte nämlich auch im Milieu der maghrebinischen Einwanderer. Sie wurden mit Geld und Vergünstigungen bewogen, in den Reihen der Solidarité zu marschieren; Soucy, Second Wave, S. 59ff. Spätestens seit Mitte 1935 waren die Pariser Straßen beinahe täglich Schauplatz von Übergriffen der Bewegung gegen die jüdische Bevölkerung; APP Ba 1812, Briefe von Bernard Lecache, L.I.C.A., an den Polizeipräfekten vom 26.9.1935 und 14.9.1938 sowie Bericht vom 23.9.1938.

[36] AN F7 13238, Bericht vom 12.2.1934, weitere 80 000 waren mit ihren Beitragszahlungen in Verzug; vgl. Soucy, Second Wave, S. 63. Diese Zahlen müssen – wie bei allen übrigen Ligen auch – relativiert werden. Nur ein kleiner Teil von ihnen war auch wirklich aktiv. Serge Berstein schätzt die Zahl der SF-Truppen bei dem Aufmarsch am sechsten Februar auf 1 500; Berstein, Le 6 février, S. 160. Rémond, Droites, S. 207 bezifferte die Gesamtzahl der Anhänger noch auf maximal 10 000.

und die Hinwendung zu einem genuin faschistischen Kurs proklamierte[37]. Der Staatschef sollte nach dem Willen von Francis, Maxence und Maulnier nahezu uneingeschränkte Vollmachten genießen und weitgehend unabhängig von demokratischen Legitimationsverfahren sein. Dabei war es den drei Autoren gleichgültig, wie sie ausdrücklich betonten, ob ein Prinz oder ein anderer Herrscher die Geschicke dieses Staates leitete. Es kam ihnen vielmehr darauf an, das parlamentarische Repräsentativsystem zu bekämpfen und dem Staatsoberhaupt völlige Unabhängigkeit von den Volksvertretern zu gewähren[38]. Damit sprachen sie zum erstenmal offen aus, was den Monarchisten aus dem Umkreis der Action française schon lange unterstellt wurde, nämlich daß es ihnen nicht so sehr um die Restauration der Monarchie ging, die Person des Thronprätendenten in Wahrheit nebensächlich war. Die gegenrevolutionäre Rhetorik war nicht wörtlich gemeint. Mit der „Restauration der Monarchie" wollten sie keineswegs Königtum und Adel in ihre alten Rechte einsetzen und die erblichen Privilegien wiederherstellen. Anstelle einer landständischen forderten sie eine berufsständische Vertretung. Die Anknüpfung an die Verhältnisse vor 1789 war vor allem funktional zu verstehen: als Wendung gegen die Republik und Ruf nach autoritärer Herrschaft.

Getreu dem Leitsatz von Maurras, „Oben die Autorität, unten die Freiheiten"[39], setzten sich die Autoren für eine starke politische Zentralgewalt ein, die den Bürgern die „Last" der Politik abnehmen sollte. Darüber hinaus machten sie sich zu Anwälten der Dezentralisierung – ein altes Thema der Action française im Kampf gegen den republikanischen Zentralismus, das nach dem Weltkrieg weitgehend in Vergessenheit geraten war. Ähnliche Forderungen machte sich Jean Renaud in seinem Programm von 1935 zu eigen. So versprach die Solidarité das zu erfüllen, was die Action française einmal gefordert hatte[40].

Maulnier, Maxence und Francis plädierten für den Abbau der Bürokratie und für einen Rückzug des Staates aus der Wirtschafts- und Sozialpolitik. In diesen Bereichen wollten sie der regionalen und kommunalen Verwaltung weitgehende Freiheiten überlassen. Schiffahrt und Eisenbahn sollten privatisiert werden, der Post- und Telephondienst in private Hände übergehen, wobei dem Staat lediglich eine Kontrollfunktion zukommen sollte. Dem Entwurf zufolge übernahmen die Berufsgenossenschaften die Verantwortung für die Sozialversicherungen. Obendrein beabsichtigten sie auch, das Erziehungswesen dem staatlich-laizistischen Einfluß zu entziehen: Ein wirksameres Programm zum Abbau des Wohlfahrtsstaates ließ sich kaum entwerfen.

Vom Antikapitalismus, den sie so vehement proklamierten, bleibt bei näherer Betrachtung wenig Substanz. Die Kritik der drei Autoren richtete sich ausschließlich gegen das Finanzkapital, die „anonyme" Macht der Banken und der Aktiengesellschaften, während das Privateigentum unantastbar blieb und der Grundbesitz geradezu als Voraussetzung einer „nicht-entfremdeten" Existenz galt. Sie versprachen, die Konzentration der Wirtschafts- und Finanzmacht zu bekämpfen und sich für die Belange der Bauern, Arbeiter sowie des kleinen und mittleren Bürgertums einzusetzen. „In Zukunft

---

[37] Soucy, Second Wave, S. 84ff.; zum Wandel der SF nach dem Tod von Coty vgl. Müller, Ambition, S. 238f.

[38] Demain la France, S. 269.

[39] Maurras, Enquête sur la monarchie, S. 552.

[40] Vgl. Soucy, Second Wave, S. 89.

wird nicht Mensch gegen Mensch und Klasse gegen Klasse kämpfen, sondern Volk gegen Regime."[41] Abgesehen von diesen rhetorischen Appellen an den nationalen Konsens
fehlten greifbare Forderungen für Arbeiter und Bauern. Die Mischung aus politischem
Autoritarismus und wirtschaftlichem Freiraum bot vielmehr attraktive Rahmenbedingungen für Selbständige und mittelständische Unternehmer. Mit diesen Forderungen
entpuppten sich die jungen Rechten entgegen ihren Bekundungen als Wirtschaftsliberale
der alten Schule, die staatlichen Eingriffen weitgehend mißtrauisch gegenüberstanden
und die an die Selbstregulierung des Marktes glaubten[42].

Mit einem ähnlichen Programm umwarb die Solidarité française nach dem Tod ihres
Mäzens François Coty im Juli 1934 auch die dynamischen Berufsgruppen des neuen
Mittelstandes, Angestellte, mittelständische Unternehmer und Manager, die sich in
wachsendem Maße in den Führungskadern der Bewegung engagierten, während zugleich ihre Anhängerschaft in den kleinbürgerlichen Kreisen zurückging. Unter der
Führung von Jean Renaud gewannen auch die Intellektuellen der Jeune Droite an Einfluß in der Bewegung, die nun zunehmend radikale Umsturzpläne propagierte[43].

Nach den Februarereignissen vervielfachte der Ordre Nouveau innerhalb weniger
Wochen seine Aktivitäten und suchte Kontakte zu benachbarten Gruppierungen. Ein
neues Forum wurde ins Leben gerufen: der Februar-Club, der nach den Vorstellungen
des Ordre Nouveau weiteren Umsturzversuchen zum Erfolg verhelfen sollte: „Damit
sie erfolgreich sind, brauchen sie, was den Februartagen gefehlt hat: eine taktische Vorbereitung, ein Ziel, eine Doktrin."[44] Neben dem Ordre Nouveau versammelten sich dort
ehemalige Mitarbeiter von *Plans*, darunter Le Corbusier, die Nouvelles Equipes von
Christian Pineau, einem Gewerkschaftler mit korporatistisch-antiparlamentarischen Interessen, die Action publique von Jacques Arthuys, der zusammen mit Georges Valois
den Faisceau gegründet hatte, und der 1933 gegründete Front national-syndicaliste von
Pierre Andreu und Jean Le Marchand. Le Marchand, der die Action française 1930 verlassen hatte, unterhielt Kontakte zu den ehemaligen Mitarbeitern der *Réaction*. Andreu
war ein Anhänger des revolutionären Syndikalismus aus der Schule Georges Sorels und
näherte sich von dieser Seite der extremen Rechten[45]. In seinen programmatischen Zielen orientiert sich der Club an der Ideologie des Ordre Nouveau. Er stand prinzipiell
allen Sympathisanten offen, jedoch unter der Voraussetzung, daß sie dessen personalistische und föderalistische Ziele akzeptierten[46]. Offensichtlich aber waren die Interessen

---

[41] Demain la France, S. 448.
[42] Ebenda, S. 176ff., 192ff.
[43] Soucy, Second Wave, S. 62, 87; Müller, Ambition, S. 238f.; vgl. zur Karriere von Maxence innerhalb der SF: APP Ba 1960, Bericht vom 1. 7. 1935: Assistent beim 4. Korporatistenkongreß der
SF; ebenda, Bericht vom 9. 11. 1935: Mitglied des SF-Direktionskomitees.
[44] Club de Février, in: ON 10, April 1934, S. II, derselbe Aufruf auch in: Lutte des Jeunes 5,
25. 3. 1934, S. 1.
[45] Andreus Interesse für wirtschaftliche Fragen hatte Georges Valois geweckt. Andreu gehörte zu
den Mitarbeitern von *Esprit (1934)*, *Lutte des Jeunes (1934)*, anschließend ging er zum *Homme
Nouveau (1935)* und wechselte 1936 in das Lager der extremen Rechten, schrieb für *Combat* und
Doriots Zeitschrift *Emancipation Nationale*; Andreu, Rouge, S. 66ff. Vgl. ders., Revoltés, S. 48.
Le Marchand gehörte zur AF-Studentenbewegung, war 1930 ausgetreten und hatte das *Réaction*-
Manifest unterzeichnet; vgl. APP Ba 1895, Bericht vom 1. 3. 1930.
[46] NN, Des Jeunes fondent le Club de Février, in: Lutte des Jeunes, H. 6, 1934, S. 1; vgl. Andreu,
Rouge, S. 92; ders., Revoltés, S. 47f.

der Gruppen zu verschieden, um einen dauerhaften Zusammenhalt zu garantieren. Nur mit den von Christian Pineau geleiteten Nouvelles Equipes setzte der Ordre Nouveau die Zusammenarbeit in verschiedenen syndikalistischen Kreisen fort und entwickelte vor allem auf wirtschaftspolitischem Gebiet eine gemeinsame Zielsetzung[47].

Der Ordre Nouveau gründete darüber hinaus eine eigene Ligue d'action, die über ein eigenes Organ mit dem Titel *Nous voulons* verfügte. Doch abgesehen von einigen Konferenzen ist von den Aktivitäten dieser Organisation nichts bekanntgeworden. Das Verbandsorgan mußte nach wenigen Nummern sein Erscheinen wieder einstellen, und bereits im Juni des Jahres beklagte Marc die Agonie der Liga. Dennoch hatten diese Versuche, die Basis der Gruppierung zu erweitern, einen gewissen Erfolg. Sie brachten dem Ordre Nouveau einige neue Mitarbeiter und Sympathisanten, die – Robert Aron zufolge – vom kommunistischen Arbeitermilieu bis hinein in die Kreise der Parlamentarier reichten[48].

Durch diese Aktivitäten veränderte sich die Struktur und personelle Zusammensetzung. Gründungsmitglieder wie Jean Jardin, Daniel-Rops, aber auch Alexandre Marc schrieben seither seltener. In diesen Fällen dürften berufliche und finanzielle Gründe den Ausschlag gegeben haben. Marc und Daniel-Rops arbeiteten seit Anfang 1934 für das von den Dominikanern in Juvisy herausgegebene Wochenblatt *Sept*, das mit einer durchschnittlichen Auflage von 50 – 60 000 Exemplaren bald zur einflußreichsten katholischen Zeitschrift wurde[49]. Darüber hinaus leitete Daniel-Rops seit 1937 die Reihe *Présences* im Verlag Plon. Jardin widmete sich verstärkt seiner Karriere bei der französischen Eisenbahngesellschaft[50], und auch Denis de Rougemont mußte seine Mitarbeit

---

[47] Pineau schrieb – unter dem Pseudonym Boland – für *Ordre Nouveau* und später für das von Aron herausgegebene Blatt *A nous la Liberté*. Auch in den *Nouveaux Cahiers* arbeiteten die Mitarbeiter beider Bewegungen wieder zusammen. Vgl. Brief Arons an Rougemont, 2. 6. *[1934]*; Brief Marcs an Rougemont, 29. 6. *[1934]* (Pseudonym Boland). Der Brief ist fälschlicherweise nachträglich auf 1936 datiert, Archives Rougemont, Neuchâtel, Ordre Nouveau, Correspondance; vgl. die Ankündigung einer öffentlichen Veranstaltung im Quartier Latin, Salle des Hautes Etudes am 24. 4. 1934, in: Lutte des Jeunes 9, 21. 4. 1934, S. 2.

[48] Jacques Dalbon, ein Cousin von Robert Aron, Jacques Lassaigne und Emile Pillias schrieben für *Ordre Nouveau*, René-Philippe Millet wurde Geschäftsführer des *Bulletin ON*, vgl. die Namen des Direktionskomitees der Liga in ON 9, März 1934, S. III; Ordre Nouveau, Ou nous en sommes, in: ON, H. 14, 1934, S. III. Auch einige frühere Mitarbeiter der Bewegung wie Gabriel Rey und Jacques Naville tauchten in der Liga wieder auf: Briefe Arons an Rougemont vom 2. 6. *[1934]* und Marcs an Rougemont vom 29. 6. *[1934]*, Archives Rougemont, Neuchâtel, Ordre Nouveau: Correspondance; vgl. Andreu, Rouge, S. 92. Im Renault-Werk in Puteaux hatte die Bewegung einen Kreis von kommunistischen Arbeitern für ihre Ideen interessieren können; Brief Arons an Rougemont vom 27. 4. 1934, Archives Rougemont, Neuchâtel, Ordre Nouveau: Correspondance.

[49] Coutrot, *Sept*, S. 69. Marc war an der Gründung des Blattes mit beteiligt, vgl. Brief Marcs an Rougemont vom 26. 1. *[1934]*, Archives Rougemont, Neuchâtel, Ordre Nouveau: Correspondance. Marc veröffentlichte dort unter dem Pseudonym Scrutator eine politische Wochenchronik und die Presseschau, auch Daniel-Rops verfügte über eine regelmäßig erscheinende Kolumne.

[50] Er war Privatsekretär des Direktors Raoul Dautry; Brief Marcs an Rougemont, 29. 6. *[1934]*, Archives Rougemont, Neuchâtel, Ordre Nouveau, Correspondance; vgl. Assouline, Eminence grise, S. 31; Badouï, Dautry, S. 175f.

während seines Lektorats in Frankfurt 1935–1936 einschränken. An ihre Stelle traten zahlreiche neue, meist jüngere Mitarbeiter. Xavier de Lignac, ein Absolvent von Sciences Politiques, leitete zusammen mit Mireille Dandieu, der Schwester Arnauds, das Sekretariat der Zeitschrift[51]. Mit dem Zustrom neuer Mitarbeiter wie Pierre Prévost[52], Albert und Louis Ollivier[53] veränderten sich auch die inhaltlichen Schwerpunkte. Unter ihrem Einfluß rückte die Gruppierung von den stark ideologisch orientierten Debatten ab und orientierte sich eher an tagespolitischen Themen. Insbesondere die Wirtschaftspolitik geriet seitdem mehr ins Blickfeld. Die neuen Anhänger sympathisierten mit syndikalistischen Ideen, lehnten jedoch den reformistischen Kurs der C.G.T. entschieden ab[54].

Ihre Bereitschaft zur Beteiligung an einem neuerlichen Umsturz, soweit er mit einem konstruktiven Erneuerungsprogramm verbunden war, hatten die Mitarbeiter des Ordre Nouveau unmittelbar nach dem Februaraufstand bekundet. Kurze Zeit später schien sich tatsächlich eine Zusammenarbeit mit den Feuerkreuzlern anzubahnen. Zwei Mitarbeiter des Ordre Nouveau, Robert Loustau und Robert Gibrat, waren nach den Februarereignissen in die Bewegung des Oberst François de la Rocque eingetreten[55]. Auch die Stellungnahmen weiterer Mitarbeiter zeugten von einer kritischen Sympathie für die Feuerkreuzler. René Dupuis nahm die Bewegung von seiner Kritik an den übrigen Ligen ausdrücklich aus: Während Francisme, Solidarité française und Bergerys Front commun den Kampf der Parteien um Anhänger nur mit anderen, gewalttätigen Mitteln fortsetzten, versprächen die Feuerkreuzler ein konstruktives Sammlungsprogramm, das das Gemeinwohl im Blick habe. Dupuis würdigte diese Absicht, doch kritisierte er das Fehlen einer schlüssigen Doktrin. Er verdeutlichte die Widersprüche und dogmatische Schwäche von La Rocques Werk *Service Public* und betonte, daß eine Sammlungsbewegung nur mit dem Programm des Personalismus erfolgreich sein könne[56]. Robert Aron schätzte an der Bewegung besonders ihre Feindschaft zum Parlamentarismus und sah in ihr sogar „den Kern und die Konzeption des zukünftigen Frankreich"[57].

Über den faschistischen Charakter der Feuerkreuzler gibt es kontroverse Ansichten. Die französische Zeitgeschichtsforschung schließt sich der These René Rémonds an, nach der die Bewegung zu stark in der Tradition der extremen Rechten verwurzelt war,

---

[51] Archives Rougemont, Neuchâtel: ON: pièces diverses. Protokoll einer Organisationssitzung bei Aron vom 20. 4. 1936; vgl. Ganne, Qu'as-tu fait de ta jeunesse?, S. 8.

[52] Er war Angestellter in einer Fabrik in Straßburg; vgl. Prévost, Lettre, in: Lutte des Jeunes, H. 16, 1934, S. 3; zusammen mit Chevalley und Lignac pflegte er Kontakt mit Georges Bataille und besuchte regelmäßig die Veranstaltungen des Collège de sociologie; Prévost, Rencontres, S. 11–35.

[53] Sie waren möglicherweise über die Vermittlung von Daniel Halévy, in dessen Salon sich regelmäßig Aron, Rougemont und Marc trafen, zu Ordre Nouveau gestoßen; vgl. Aron, De Gaulle, S. 42; Rougemont, Journal d'une Epoque, S. 365.

[54] Lignac, Syndicalisme, Socialisme et Révolution, in: ON, H. 34, 1936, S. 23–29; A. Ollivier, L'émancipation des travailleurs, in: ON, H. 41, 1937, S. 18–23.

[55] Aron hat den Kontakt der beiden zu ON vermittelt: Aron, Fragments, S. 105; Pucheu, Ma vie, S. 72; Andreu, Révoltés, S. 41.

[56] De Cultures *[Dupuis]*, Bilan de Février, in: ON, H. 18, 1935, S. 1ff.

[57] Aron, Dictature de la Liberté, S. 228. Das Werk wurde zwischen April 1934 und Juli 1935 verfaßt.

um die den faschistischen Bewegungen eigene Dynamik zu entwickeln[58]. Mit Recht betonen hingegen William Irvine und Robert Soucy, daß die Gräben zwischen der traditionellen Rechten und faschistischen Bewegungen nicht so tief waren, wie dies die Anhänger der Rémond-These behaupten. Vielmehr sehen sie gerade im Bonapartismus den Nährboden für einen spezifisch französischen Faschismus. Ein Beleg für diese Ansicht ist die erhebliche Fluktuation zwischen den Feuerkreuzlern und Anhängern anderer, auch von Rémond als faschistisch eingestufter Ligen wie dem Francisme und der Solidarité française. Soucy sieht im Kult des Militarismus und dem militanten Antikommunismus der Feuerkreuzler durchaus radikale und dynamische Züge, die über die traditionelle Rechte hinausweisen[59]. Als Anführer des Februaraufstandes waren sie die Hauptfeinde der „antifaschistischen" Propaganda der Volksfront-Bewegung. Bei der Linken waren sie vor allem deshalb gefürchtet, weil sie in kürzester Zeit eine große Anzahl von Anhängern mobilisieren konnten und bei den Aufmärschen gerne ihre paramilitärische Macht zur Schau stellten. Nicht zuletzt ihr großer Zulauf nährte die Furcht vor einem faschistischen Putsch. Innerhalb von eineinhalb Jahren nach den Februarereignissen hatte die Liga ihre Anhängerzahl versechsfacht. Im Juli 1935 waren es rund 240 000[60].

Auch Oberst de La Rocque war an einer Zusammenarbeit mit dem Ordre Nouveau interessiert. Einige Zeit hatte er erwogen, die Gruppierung zum geistigen Führungsstab seiner Feuerkreuzler zu machen. Doch bei einer persönlichen Unterredung traten die Diskrepanzen deutlich zutage: Beide Seiten beschuldigten sich gegenseitig der Arroganz und Unnachgiebigkeit. Als La Rocque seine Anhängerzahlen in die Waagschale warf, konterte Aron: „Die Gasversorgung hat mehr Abonnenten."[61] Doch auch nach dieser gescheiterten Verständigung blieb der Ordre Nouveau den Feuerkreuzlern gewogen. Rougemont verteidigte sie gegen den Vorwurf des Faschismus und warf der Volksfront vor, ihre ganze Sammlungspolitik auf einem konstruierten Feindbild aufzubauen. Rougemont sah in dem „braven Oberst" vielmehr einen Vertreter jener Konservativen, deren Wertvorstellungen sich von denjenigen der Faschisten grundlegend unterschieden: „Wertvorstellungen von ‚Familienvätern', wiederbelebte bürgerliche Moral, in Wahrheit sind wir weit entfernt von jeder Art von sogenanntem verborgenen oder offen bekunde-

---

[58] Das Verhalten La Rocques am 6. Februar hatte Rémond zufolge deutlich gemacht, daß der Anführer der Liga vor der Übernahme der Macht im entscheidenden Augenblick zurückschreckte. Auch Nolte spricht ihr das „faschistische Minimum" ab und bescheinigt ihr mangelnde Radikalität in Ideologie und Praxis. La Rocque distanzierte sich von der aggressiven politischen Praxis eines Mussolini und Hitler. Die Aufmärsche der Feuerkreuzler hatten eher das Ziel, die kommunistischen Revolutionäre einzuschüchtern, als selbst die Macht zu ergreifen. La Rocques Vorstellungen kamen einem autoritären Staatsideal näher als einem faschistischen; Rémond, Droites, S. 206ff.; Machefer, Ligues, S. 32; Milza, Fascisme français, S. 133; Nolte, Die faschistischen Bewegungen, S. 294.

[59] Auch die eher moderate Feindschaft zum Parlamentarismus war nach Ansicht Soucys eher von taktischen Erwägungen bestimmt. Im Unterschied zu den meisten übrigen Ligen waren jedoch antisemitische Ressentiments bei den Feuerkreuzlern kaum zu vernehmen. Zumindest in den dreißiger Jahren verurteilte La Rocque den nationalsozialistischen Rassismus ausdrücklich und nahm Juden in die Reihen seiner Bewegung auf; Soucy, French Fascism and the Croix de Feu, S. 165ff.; Irvine, Fascism in France, S. 278f.

[60] Allein in der Pariser Region hatten sie 30- bis 35 000 Anhänger, APP Ba 1901, Bericht vom 10. 7. 1935; Soucy nennt 228 000 im August 1935: Croix de Feu, S. 159.

[61] Aron, Fragments, S. 108; Gespräch mit Alexandre Marc am 4. 12. 1994.

ten Faschismus."[62] Aber dieses Festhalten an den Werten der bürgerlichen Rechten verhinderte vorläufig die Zusammenarbeit mit dem Ordre Nouveau. Ein neuer Annäherungsversuch war damit nicht ausgeschlossen, aber an die Bedingung geknüpft, daß die Feuerkreuzler ihren paternalistischen Kosmos verließen und sich linken Sozialreformen öffneten.

Mit den Beiträgen zur Planwirtschaft hat sich der Ordre Nouveau an einer Debatte beteiligt, die vor allem auf der Linken in den Jahren 1934 und 1935 lebhaftes Interesse fand. Ausgelöst wurde sie durch den Plan der Arbeit des belgischen Sozialisten Hendrik de Man, dessen Überlegungen im November 1933 in Frankreich bekannt wurden und der wirtschaftspolitischen Diskussion maßgebliche neue Impulse gaben. Die Unruhen des Februar hatten diesen Überlegungen weitere Aktualität verliehen, da die Protagonisten die Planwirtschaft als Mittel der politischen Stabilisierung betrachteten. In der Folge entwickelten zahlreiche Gruppierungen der Linken, darunter die Neosozialisten, der Front social, die C.G.T. und die Gruppe des 9. Juli, ein planwirtschaftliches System. In Anlehnung an den „Plan de Man", wie der „Plan van de Arbed" in Frankreich auch genannt wurde, forderten die französischen „Planisten" eine gemischte Wirtschaft, die noch einen Rest von freiem Kräftespiel erlaubte, in der zugleich aber die Autorität des Staates über die Wirtschaft gesichert war. Darin unterschied sich dieses System grundsätzlich von dem sowjetischen, das die Marktwirtschaft vollkommen unterband. Der „Plan de Man" lieferte erstmals das theoretische Fundament für eine Strukturreform des liberalen Kapitalismus, die nicht in einen staatlich dirigierten Sozialismus mündete[63]. Die Debatte um den Plan setzte bei der sozialistischen Linken zugleich vollkommen neue Akzente: Nicht mehr der Kampf, sondern die Versöhnung der Klassen bildete das oberste Ziel der Politik. Die Anhänger des Plans waren somit zu einer prinzipiellen Revision sozialistischer Maximen bereit. Höchste Priorität hatte nicht mehr die Klasse, sondern die Nation.

Unter dem Einfluß Robert Gibrats und Robert Loustaus, zwei Anhängern der Feuerkreuzler, nahm der Entwurf des Ordre Nouveau konkrete Formen an. Die beiden Polytechniker hatten ihre wirtschaftspolitischen Kenntnisse in der Auseinandersetzung mit den neoliberalen und sozialistischen Reformern des Studienkreises X-crise vertieft. Nach dem Vorbild des belgischen Plans ging auch derjenige des Ordre Nouveau von zwei Wirtschaftssektoren aus: der Kontrolle des Plans sollten alle Bereiche in Industrie und Landwirtschaft unterworfen sein, die für die Grundversorgung mit Kleidung, Möbeln, Nahrung und Wohnungsbau zuständig waren. Für alle anderen Güter galten die Gesetze der freien Marktwirtschaft[64].

Damit aber waren die Gemeinsamkeiten bereits erschöpft. Anders als die übrigen Pläne sollte derjenige des Ordre Nouveau an die Ablösung der parlamentarischen Herrschaft gekoppelt sein. Die Gruppierung sah in dem Plan kein vorübergehendes Mittel der Krisenbewältigung, sondern vielmehr ein dauerhaftes Instrument der Wirtschaftskontrolle. Den Charakter des belgischen Plans kritisierte die Gruppierung: für sie war die Planwirtschaft kein bloßes Korrekturinstrument, sondern die Voraussetzung für

---

[62] Rougemont, Où en est la France? in: ON, H. 24, 1935, S. 1ff., Zitate S. 1 und S. 3.
[63] Dodge, Beyond Marxism, S. 136, Nachdruck des Plans der Arbeit S. 232–236.
[64] Vgl. Brun, Technocrates, S. 33ff.; Gibrat/Loustau, Economie libre et économie planée, in: ON, H. 10, 1934, S. 6f.; Hélisse, Le plan de Man, in: ON, H. 22/23, 1935, S. 37–42.

eine dauerhafte Abkehr von Kapitalismus und parlamentarischer Demokratie. Charakteristisch für diese Sichtweise ist ein weiteres Element, das in den meisten anderen planwirtschaftlichen Konzepten fehlt oder zurücktritt: Die Produktion in der kontrollierten Zone sollte nicht nur die Grundbedürfnisse decken, sondern die Grundlage des wirtschaftlichen Wachstums bilden[65]. Somit war die Planwirtschaft beim Ordre Nouveau auch weit mehr als nur ein Instrument der Kontrolle, sie diente vielmehr der Effizienzsteigerung der Volkswirtschaft.

Diese Form der gemischten Planwirtschaft und die antikapitalistische Programmatik zielten – ähnlich wie bei der Jeune Droite – nicht auf Enteignung und Verstaatlichung, sondern nur auf die Zerschlagung der „parasitärer Organismen": der Aktiengesellschaften, Großbanken und Börsen[66]. Privateigentum hingegen sahen die Mitarbeiter des Ordre Nouveau als Voraussetzung einer menschenwürdigen Existenz an. Ausdrücklich betonte der Ordre Nouveau daher das Leistungsprinzip, das dem Arbeitnehmer eine Beteiligung an den Früchten seiner Arbeit versprach und ihn auf diese Weise in die unternehmerische Verantwortung einband. Der Status des Lohnempfängers sollte zugunsten einer flexiblen, am Gewinn des Unternehmens orientierten Bezahlung aufgegeben werden. Die nötigen Leistungsanreize schuf die Beteiligung des Arbeitnehmers am Produktivvermögen. Neben der größeren Eigenverantwortung hatte dieses Modell auch die stärkere Bindung des Arbeitnehmers an die Zukunft des Unternehmens zur Folge[67]. Ein weiterer Neuansatz, der auf die Ideen des Bergbauingenieurs Loustau zurückging, war die Umgestaltung der Unternehmensführung, die man durch eine Art Unternehmensvorstand ersetzen wollte, in dem die Arbeiter und Techniker gemeinschaftlich mit dem Unternehmer die Führung des Betriebes übernehmen und auch eine Mitspracherecht bei der Schlichtung von Arbeitskonflikten haben sollten[68].

Innerhalb der Planwirtschaft erhielt auch der Arbeitsdienst einen neuen Stellenwert. Ursprünglich gedacht als flexibles Instrument zur gleichmäßigen Verteilung der Lasten der „nichtqualifizierten" Arbeit, gewann er nun entscheidende Bedeutung für die Erfüllung des Plans. Neben dem Gedanken der sozialen Gerechtigkeit enthielt er eine klare wirtschaftliche Zielsetzung: Jeder Bürger sollte seinen Beitrag von maximal 18 Monaten leisten, um ein Anrecht auf sein Existenzminimum zu erwerben und darüber hinaus die Volkswirtschaft zu stärken[69]. In diesem Fall sind die Mitarbeiter des Ordre Nouveau nicht bei der Planung geblieben, sondern haben selbst ein Beispiel dafür gegeben, wie der Arbeitsdienst verwirklicht werden konnte: Im Sommer 1935 haben sie Fließbandarbeiter in vier Fabriken in Beauvais und Paris für zwei Wochen von ihrer Tätigkeit abgelöst, damit diese in den Genuß eines bezahlten Urlaubs kamen, der ihnen bis dahin ebensowenig zustand wie eine auf vierzig Wochenstunden beschränkte Arbeitszeit. Dieses Experiment war gedacht als „praktischer Beweis, daß eine wirkliche Solidarität zwischen

---

[65] Marc, Conditions de tout plan, in: ON, H. 22/23, 1935, S. 6.

[66] Nous voulons, in: ON, H. 9, 1934, S. 16.

[67] Ebenda, S. 21ff.

[68] Loustau, Un exemple concret: la mine, in: ON, H. 7, 1934, S. 25–32; Dupuis/Marc, Corporation, in: ON, H. 10, 1934, S. 17f.

[69] Gibrat, L'organisation du Service Civil, in: ON, H. 7, 1934, S. 17–24; Nous voulons, in: ON, H. 9, 1934, S. 18; A. und L. Ollivier, La valeur morale du travail, in: ON, H. 20, 1935, S. 8–12; vgl. Aron/Dandieu, Révolution nécessaire, S. 251.

den Klassen in Zukunft an die Stelle des Klassenkampfes treten kann"[70]. Deutlich trat hier der zentrale Gedanke der Solidargemeinschaft hervor, der die gesamte planwirtschaftliche Diskussion bestimmte. Ziel des Arbeitsdienstes sollte es künftig sein, alle Grundbedürfnisse wie Essen, Kleidung, Wohnen auf diese Weise abzudecken.

Es fanden sich genug Freiwillige, um insgesamt vierzig Arbeitern einen bezahlten Urlaub zu ermöglichen. Dieses Experiment wurde von seiten der Arbeiter ebenso positiv aufgenommen wie von den Arbeitgebern[71]. Das Eintreten für die Planwirtschaft ließ sich mit der angestrebten föderalistischen Ordnung, die auf spontanen kommunalen Zusammenschlüssen beruhen sollte, nur schwer vereinbaren[72]. Auch wenn der Wille aufrichtig war, die Macht des Staats soweit wie möglich einzuschränken, so trug doch die Planwirtschaft unweigerlich dazu bei, dessen Macht zu stärken. Wie läßt sich die Forderung nach einem „schlanken" Staat mit seiner Planungskompetenz in allen zentralen Bereichen der Wirtschaft vereinbaren? Der Gedanke einer Revolution von unten mit weitgehender Selbstverwaltung der Kommunen und Regionen stand in deutlichem Widerspruch zu den planwirtschaftlichen Zielen, die den nationalen Interessen den Vorrang gaben. Dies um so mehr, als für die Zusammensetzung des Wirtschaftsrates ebenso wie für die des ihm gleichgestellten Verwaltungsrates weitgehend das Prinzip der Kooptation, also der Selbstrekrutierung, galt, so daß er keiner effektiven Kontrolle von unten unterlag. Über dem Wirtschaftsrat stand nur der höchste Rat (conseil suprême), der seine Mitglieder völlig frei ernennen konnte. Seine Aufgabe war es, alle Organe der Föderation zu kontrollieren und Streitigkeiten zwischen ihnen zu schlichten. Als oberster Wächter besaß er eine normative Autorität, die es ihm erlaubte, die Staatsziele zu bestimmen[73]. Darüber hinaus besaß der höchste Rat die „direkte und souveräne Entscheidungsbefugnis in allen Konflikten über Grundprinzipien und lebenswichtige Interessen der Föderation"[74]. Er war also eine Art oberstes Verfassungsgericht, ausgestattet mit den höchsten Befugnissen der Exekutive. Demokratische Verfahren waren hingegen nur an der Basis zugelassen: Die kommunalen Räte wurden zum Teil direkt von allen Bewohnern einer Kommune gewählt (andererseits wiederum durch Kooptation bestimmt). Nur als unmittelbare und direkte Form hatte der Begriff der Demokratie einen Sinn – als Beispiel nannte Rougemont an anderer Stelle die kleinen Landgemeinden seiner Schweizer Heimat[75].

Es bleibt zumindest fraglich, wie weit eine solche Verfassung in der Praxis föderalistisch sein konnte, die von unten fast keine Kontrollmöglichkeiten bot und in der eine quasi-absolutistische Instanz wie der höchste Rat das verbindliche Interpretationsmonopol für alle Normen- und Instanzenkonflikte besaß. Wer kontrolliert schließlich die höchste Instanz, wo es keine Gewaltenteilung und keine demokratische Legitimation

---

[70] Ordre Nouveau, La relève du travail, in: ON, H. 20, 1935, S. 2.

[71] Aron, Notre expérience de service civil, in: Bulletin ON, Nr. 5, 15. 10. 1935, S. 4.

[72] Chevalley/Glady [Marc], La mort des Partis, in: ON, H. 4, 1933, S. 19–27, S. 24.

[73] Marc, L'état sans majuscule, in: ON, H. 14, 1934, S. 32; Rougemont, Qu'est-ce que l'autorité?, in: ON, H. 31, 1936, S. 1–5.

[74] Eine Skizze der politischen und wirtschaftlichen Organisation findet sich in ON, H. 9, 1934, S. Iff. Zitat S. VII, wieder abgedruckt in Aron, Dictature, S. 264ff.

[75] Rougemont, Plébiscite et démocratie, in: ON, H. 30, 1936, S. 21–25, hier S. 23. Als Größenordnung nannte er „einige Tausend" Bürger.

mehr gibt? Rougemont gab darauf eine eindeutige Antwort: Diese Elite werde nur von ihrem eigenen Gewissen kontrolliert. In seinem 1934 erschienenen Werk *Politique de la Personne* legitimierte Rougemont den Herrschaftsanspruch einer neuen, von personalistischen Ideen durchdrungenen Führungsgruppe. Ihren Anspruch auf Autorität bezog sie aus einer persönlichen Berufung durch Gott, die Rougemont aus der kalvinistischen Lehre ableitete. Diese Elite hatte damit das Recht, ihre Ziele auch gegen den Willen der Mehrheit durchzusetzen: „[...] das lebendige Zentrum eines Landes liegt nicht in einer Organisation, die Zwang ausübt. Es sollte vielmehr in jedem mündigen Bürger selbst liegen, auch wenn es sich – wie dies der Fall ist – um eine Minderheit handelte."[76]

4. Faschistischer Korporatismus

Ein Wirtschaftswissenschaftler bezeichnete 1934 etwas vorschnell das zwanzigste Jahrhundert als „Jahrhundert des Korporatismus", charakterisierte damit aber zutreffend den Stellenwert der Debatte in der Zwischenkriegszeit[77]. Bevor der Korporatismus durch seine autoritären Varianten diskreditiert wurde, besaßen die Ideen nicht nur bei zahlreichen konservativen, sondern auch bei sozialreformerischen Wirtschafts- und Gesellschaftstheoretikern große Anziehungskraft. Die Vereinnahmung genossenschaftlicher Ideen durch die diktatorischen Systeme hat die Sicht auf die weniger autoritären Varianten des Korporatismus lange Zeit verstellt. Erst mit der Diskussion um den „Neokorporatismus" Mitte der siebziger Jahre konnte der Begriff von seinem pejorativen Beiklang teilweise befreit werden und der Blick für die Vielfalt der Ansätze frei werden, die aus der Einsicht in die begrenzte Fähigkeit der Selbstregulierung des Kapitalismus entstanden sind[78].

Zweifellos hatte Italien mit der Einführung des Korporativsystems in der *Carta del lavoro* 1927 eine Pionierrolle übernommen. Am italienischen Modell orientierten sich insbesondere diejenigen Länder, für die der Faschismus auch als politisches System zum Vorbild wurde, so Portugal unter Salazar und Österreich unter Dollfuß. Aber Papst Pius XI. hatte in der Sozialenzyklika *Quadragesimo Anno* (1931) das Prinzip der berufsständischen Organisation auch für die Katholiken als verbindliche Sozialordnung verkündet. So konnte es nicht verwundern, daß nach den Lateranverträgen zumindest nach außen hin der Eindruck der Verständigung zwischen Staat und Kirche über die Grundprinzipien der Gesellschafts- und Wirtschaftspolitik entstehen konnte[79].

Gerade die inneren Reformen des italienischen Nachbarn beobachtete die nonkonformistische Generation mit großer Aufmerksamkeit, bevor der Abessinienkrieg die impe-

---

[76] Rougemont, Politique, S. 22 (Zitat), 64; zum Begriff der *vocation* bei Rougemont vgl. Ackermann, A la recherche, S. 427ff.

[77] Manoïlesco, Le siècle du corporatisme.

[78] Werner Abelshauser diagnostiziert für die deutsche Entwicklung im Industriezeitalter das Nebeneinander von autoritär ständestaatlichen und postliberalen Richtungen im deutschen Korporatismus; Abelshauser, Freiheitlicher Korporatismus, S. 148f. und ders., The First Post-Liberal Nation, S. 285–318; noch ganz im pejorativen Sinn gebraucht Mayer-Tasch den Begriff: Mayer-Tasch, Korporativismus und Autoritarismus.

[79] Zur Sozialenzyklika vgl. Monzel, Katholische Kirche, S. 268–282.

rialistische Seite der Diktatur offenbarte. Nicht nur die Jeune Droite verglich ihren von der katholischen Soziallehre inspirierten Korporatismus mit der Verwirklichung des Systems jenseits der Alpen, auch für den Ordre Nouveau besaß der italienische Weg aus dem Kapitalismus intellektuelle Anziehungskraft. Zwar war die Haltung der Gruppierung von einer kritischen Distanz bestimmt, doch gab es ein deutliches Interesse an einem Dialog. Robert Aron gehörte neben den Mitarbeitern der neosozialistischen Zeitschrift *Homme Nouveau,* Pierre Andreu, Paul Marion und Georges Roditi, zu den Organisatoren einer Informationsveranstaltung über den faschistischen Korporatismus im Mai 1935. Mit ihnen kam eine ganze Reihe von Vertretern der nonkonformistischen Intellektuellenzirkel nach Rom: Mounier, Ulmann, Galey für *Esprit,* Dupuis und Chevalley für den Ordre Nouveau, Georges Viance als Vertreter des katholischen Korporatismus, Achille Bouxin für die Landfront (Front paysan), Pierre Ganivet, der Herausgeber der syndikalistischen Zeitschrift *Homme réel,* Pierre Gimon für die Jeunesses Patriotes und Fabrègues für die Jeune Droite.

Vier Tage lang hatten sie dort als Gäste des faschistischen Kulturinstituts die Gelegenheit, mit namhaften Vertretern aus Politik, Wirtschaft und Wissenschaft zu diskutieren. Zur italienischen Delegation gehörten Giuseppe Bottai, einer der wichtigsten innenpolitischen Berater Mussolinis und Theoretiker des Korporativsystems, Razza, der Minister der Korporationen, Landwirtschaftsminister Rossoni, der Philosoph Ugo Spirito sowie Robert Michels und Hubert Lagardelle[80].

Ganz offensichtlich bestätigte dieses Treffen bereits vorher bestehende Abneigungen und Sympathien – aber die direkte Auseinandersetzung mit den Vertretern des faschistischen Korporatismus verstärkte die unterschiedlichen Ansichten innerhalb der französischen Delegation. Zum Schluß standen sich Bewunderer und Gegner des faschistischen Korporatismus in scharfen Frontlinien gegenüber. Zur ersten Fraktion gehörten die Jeune Droite, vertreten durch Fabrègues, und die Neosozialisten des *Homme Nouveau* (Andreu, Roditi, Marion). Paul Marion sah die einzige Lösung der gegenwärtigen Krise in einem starken Staat, der seiner Ansicht nach nur durch die Einführung des Korporativsystems verwirklicht werden konnte. Er verwarf entschieden die Idee des Klassenkampfes. Das italienische Experiment der Versöhnung der Klassen war Marion zufolge geglückt, doch betonte er zugleich, daß Frankreich aufgrund anderer nationaler Gegebenheiten seinen eigenen Weg finden müsse[81]. Auch Pierre Andreu vertiefte in der Folge seine Kontakte nach Italien und wurde ein ausgesprochener Bewunderer des faschistischen Systems[82].

Fabrègues gab zwar keine Stellungnahme zu dem Kongreß ab, doch bekundete er weiterhin grundsätzliche Sympathie für den Korporatismus. Seine Argumentation bewegte sich auf der Linie, wie er sie zuvor in der *Revue du siècle* entwickelt hatte: Autorität und Hierarchie bildeten die gemeinsamen Grundpfeiler der Ideen La Tour du Pins und des italienischen Systems. Bei letzterem mißbilligte er zwar die Omnipräsenz des Staates,

[80] Vgl. zu den Teilnehmern Mounier, Entretiens, Œuvres, Bd. 4, S. 570; ders., Esprit au congrès franco-italien sur la corporation, in: Esprit, H. 33, 1935, S. 474–480; Ganivet, Un congrès d'études corporatives à Rome, in: Homme réel, H. 19, 1935, S. 22; Millet, Jeunes Français et jeunes Italiens I, in: Le Temps 11. 6. 1935, S. 6; Andreu, Révoltés, S. 48, 65.
[81] Millet, Jeunes Français et jeunes Italiens II, in: Le Temps 20. 6. 1935, S. 8.
[82] Andreu, Rouge, S. 96ff.

doch relativierte er sie durch den Hinweis auf den gemeinsamen Feind, den liberalen Kapitalismus[83].

Der Ordre Nouveau distanzierte sich nach dem Kongreß in aller Schärfe von diesen Sympathisanten des italienischen Systems, denen man „fehlende Einsicht und unzulänglichen Charakter" vorwarf[84]. Unter dem Eindruck der Debatten in Rom wurde die Gruppierung – ähnlich wie die Vertreter des *Homme réel* und von *Esprit* – zur erklärten Gegnerin des faschistischen Korporatismus und letztlich des Korporativsystems überhaupt. Die Auseinandersetzung mit dem faschistischen System fiel zwar sachlicher als der Angriff gegen die französischen Kollegen aus, doch auch hier kam der Ordre Nouveau zu deutlichen Schlußfolgerungen: Mussolini habe es nicht vermocht, den Kapitalismus zu überwinden. Nach Ansicht Arons bestand zwischen den Korporationen und einem nach kapitalistischen Maßstäben geführten Großunternehmen nur ein gradueller Unterschied. Dem Faschismus war es Aron zufolge nicht gelungen, die enge Verflechtung von Staat und Wirtschaft zu lösen[85]. Gegenüber Mussolinis Berater Bottai gab er deutlich zu verstehen, daß der staatliche Einfluß einen freiheitlichen Korporatismus verhindere. Aron kritisierte die alles beherrschende Stellung des faschistischen Großrats, dessen Einfluß auf die Kammer der Korporationen und die Gewerkschaften nahezu unbeschränkt war. In die gleiche Richtung ging die Kritik von *Esprit,* wobei die Zeitschrift sich deutlicher um Verständnis für das italienische Projekt bemühte. Die Vertreter des *Homme réel,* die an dem Plan der französischen Gewerkschaft C.G.T. mitarbeiteten, ließen sich hingegen wenig von den römischen Absichtsbekundungen beeindrucken. Ganivet bezweifelte nicht so sehr die guten Absichten der italienischen Delegation als vielmehr ihren tatsächlichen Einfluß in einem System, das auf Zensur und Unterdrückung angewiesen war[86].

5. Die Sammlungsbewegung der Dissidenten

Seit dem Sommer 1935 nahmen die Pläne zu einer größeren Sammlungsbewegung verschiedener Organisationen der Linken und der Rechten konkrete Form an. Auch der Ordre Nouveau und *Esprit* beteiligten sich daran. Gegenüber Chevalley betonte Marc

---

[83] Fabrègues, Indépendance, in: Combat, H. 2, 1936, S. 21; ders., Où sont vos principes?, in: Combat, H. 4, 1936, S. 53f.

[84] Ordre Nouveau, De la trahison, in: ON, H. 21, 1935, S. III; vgl. auch die Kritik Chevalleys, Un congrès à Rome, in: Bulletin ON, Nr. 3, 15. 6. 1935, S. 4.

[85] Aron, Aspects du fascisme, in: ON, H. 18, 1935, S. 21–25. Diese Äußerungen waren das Ergebnis einer Vorbesprechung mit der italienischen Delegation. Vgl. auch Scrutator *[Marc],* Les sept jours, in: Sept, H. 50, 1935, S. 2. Der Ordre Nouveau gebrauchte zwar auch den Begriff der Korporation, doch in einem Sinn, der mit den Korporatismus-Modellen nichts zu tun hat und sich vielmehr mit dem Begriff des Unternehmens deckte, vgl. Dupuis/Marc, Corporation, in: ON, H. 10, 1934, S. 8–28, hier S. 10f.; „Nous voulons", in: ON, H. 9, 1934, S. 23.

[86] NN, *Esprit* au congrès franco-italien sur la corporation, in: Esprit, H. 33, 1935, S. 474–480; Aron, Fausses sorties, in: ON, H. 21, 1935, S. 20f.; Ganivet, Un congrès d'études corporatives à Rome, in: Homme réel, H. 19, 1935, S. 22; Millet, Jeunes Français et jeunes Italiens II, in: Le Temps 20. 6. 1935, S. 8. Das Gespräch Arons mit Bottai wird bei Ganivet erwähnt.

die Notwendigkeit, den strikten „Weder rechts noch links"-Kurs aufrechtzuerhalten, um zu einem Forum für die Dissidenten aller politischen Lager werden zu können[87].

Insbesondere die planwirtschaftliche Debatte ermöglichte es, die unterschiedlichen Standpunkte zu überwinden und das gemeinsame nationale Interesse in den Vordergrund zu stellen. Zunächst war die Initiative von den Dissidenten der linken Parteien ausgegangen: dem Front social unter der Führung von Bergery, den Neosozialisten unter Déat und den ehemaligen Kommunisten unter der Leitung des Bürgermeisters von Saint-Denis, Jacques Doriot[88]. Sie erhielten im Juli des Jahres Zulauf von rechts durch die Nationalvolontäre (Volontaires Nationaux), die mit La Rocque gebrochen und sich von den Feuerkreuzlern getrennt hatten[89]. Die Spaltung innerhalb der Feuerkreuzler war die Folge eines Richtungsstreits zwischen dem Oberst und einem Führer der Nationalvolontäre, Bertrand de Maud'hui. Letzterer hatte Ende Juni 1935 Kontakt zu Bergery aufgenommen und sich kurze Zeit später von la Rocque losgesagt. Mit ihm verließ ein großer Teil der Führung der Nationalvolontäre die Bewegung. Die Mehrheit dieser Dissidenten war nach dem 6. Februar den Feuerkreuzlern beigetreten und hatte keine ausgesprochen rechtsextreme Vergangenheit[90]. Darunter waren auch die Anhänger des Ordre Nouveau, Loustau und Gibrat, die inzwischen eine Zusammenarbeit mit *Esprit* anvisierten[91]. Das Projekt wurde von verschiedenen Seiten propagandistisch unterstützt. Der neosozialistische Kreis um den *Homme nouveau* beteiligte sich an den Verhandlungen. Mit der Parole „Sammlung oder Bürgerkrieg" setzte sich auch Georges Izard, ein Mitgründer von *Esprit* und Chef der Troisième Force, für die Sammlung ein. Seit Juli verfügte die Sammlungsbewegung über ein eigenes Wochenblatt *Révolution*, in dem sich zahlreiche Intellektuelle der extremen Linken und Rechten für die Idee warben[92].

Seit dem Herbst 1935 schließlich beteiligte sich der Ordre Nouveau zusammen mit *Esprit* an den Plänen. Im Oktober hatten sich die beiden Gruppen zu einer Aussprache getroffen, anschließend bekundete Mounier in der Novemberausgabe von *Esprit* seine Bereitschaft zur konstruktiven Mitarbeit. Mounier, der dem Ordre Nouveau ein Abdriften nach rechts vorgeworfen hatte, bemühte sich, die Differenzen auf Unterschiede des Temperaments zu reduzieren, und eröffnete in seiner Zeitschrift die Diskussion über eine „dritte Kraft", die die Leitlinien einer gemeinsamen Politik erarbeiten sollte. Er plädierte für eine Sammlung auf der Grundlage des „Plans des 9. Juli", den eine Gruppe junger Intellektueller von den Jeunesses Patriotes bis zu den Neosozialisten unter der Leitung von Jules Romains entworfen hatte. Die weiteren Beiträge dieser Debatte stammten von Loustau, der seine Gründe für den Bruch mit La Rocque erläuterte, und

---

[87] Brief Marcs an Chevalley vom Juli 1935, zitiert bei Lipiansky, Ordre Nouveau, S. 85.

[88] Burrin, Dérive, S. 160ff.; Soucy, Second Wave, S. 209ff.

[89] Nach einem Bericht der Sûreté vom 10. 7. 1935 bildeten die Nationalvolontäre mit 60 000 Anhängern die dritte Gruppe nach den eigentlichen Frontkämpfern, den Croix de feu et Briscards mit 100 000 und dem Regroupement national mit 80 000 Anhängern, APP Ba 1901.

[90] AN F7 13 241/3, Berichte vom 11. 7. 1935 und 12. 7. 1935; B. de Jouvenel, Ce que La Rocque m'a dit, in: Vu, H. 378, 1935, S. 778f.; B. de Jouvenel/Boegner, Scission chez les Croix de Feu, in: Vu, H. 383, 1935, S. 974–976; Burrin, Dérive, S. 190f.

[91] Mounier, Œuvres, Bd. 4, S. 576.

[92] Homme Nouveau, H. 17, 1935, S. 3; Burrin, Dérive, S. 193f.

von Aron, der die Ideen des Ordre Nouveau als Basis einer Sammlungsbewegung vorstellte[93].

In der Zeitschrift *Ordre Nouveau* setzte sich Rougemont für das Projekt ein. Er sah in
den Äußerungen der abtrünnigen Nationalvolontäre ebenso wie in den jüngsten Bekun-
dungen Bergerys und Doriots konstruktive Ansätze für eine Zusammenarbeit. Alle diese
Bewegungen verurteilten seiner Ansicht nach den Stalinismus ebenso wie die Diktaturen
Mussolinis und Hitlers. Gemeinsam suchten sie einen spezifisch französischen Weg zur
Überwindung des liberalen Systems. Rougemont machte jedoch zur Bedingung einer gemeinsamen Aktion, daß sich die Bewegungen den personalistischen Ideen verschrieben.
„Es ist Zeit, diesen Truppen eine gemeinsame *konstruktive* Richtung zu geben, ein Pro-
gramm, das sie den Unternehmungen des Herrn Wendel[94] ebenso wie denen des Herrn
Litwinow[95] entgegensetzen können. Auf diese Weise läßt sich die personalistische Lehre in
die Tat umsetzen, und die französische Jugend geht Europa mit gutem Beispiel voran."[96]

In diese Gruppe wollte er auch die sogenannten „Grünhemden" der Landfront mit
einbeziehen. Diese Bewegung war unter der Führung Dorgères (eigentlich Henri d'Hal-
louin) in den Ruf einer militanten Interessenvertretung der kleinen und mittleren Landwirte gegen den Agrarkapitalismus gekommen. Ungeachtet der rechtsextremen Tendenzen der Landfront betrachtete man beim Ordre Nouveau ihren Einsatz für die Interessen der Landbevölkerung mit großer Sympathie. Rougemont sah in der Aktivität der
Front die „Keime eines föderalistischen Bewußtseins" angelegt. Sogar eine direkte Zusammenarbeit zwischen Landfront und dem Ordre Nouveau kam zustande: Achille
Bouxin, der als Vertreter der Front an dem Korporatistenkongreß in Rom teilgenommen hatte, fungierte als Korrespondent für Agrarfragen bei *Ordre Nouveau*[97].

---

[93] Mounier wollte jedoch die Jeune Droite ausschließen, die nach seiner Ansicht zu sehr in das
Fahrwasser der alten wirtschaftsliberalen Rechten geraten war; Mounier, Faisons le point, in:
Esprit, H. 38, 1935, S. 275–281; Aron, Le point de vue de l'Ordre Nouveau, ebenda, S. 281–289;
Loustau, Les raisons d'une rupture, ebenda, S. 289–293; Entretiens VIII vom 24. 10. 1935, Mou-
nier, Œuvres, Bd. 4, S. 576.

[94] François de Wendel, Präsident des Comité des Forges, im Aufsichtsrat der Banque de France,
Abgeordneter der Fédération républicaine, finanzierte die Jeunesses Patriotes und unterhielt
enge Beziehungen zu La Rocque und Doriot; vgl. Jeanney, François de Wendel, S. 485f., 564,
567ff.

[95] Litwinow, eigentlich Maksim Maksimowitsch Wallach, sowjetischer Volkskommissar für Auswärtige Angelegenheiten.

[96] Rougemont, Où en est la France?, in: ON, H. 24, 1935, S. 7.

[97] Ebenda; A[chille] B[ouxin], Action paysanne, in: Bulletin ON, Nr. 1, 15. 4. 1935, S. 2; Scrutator
[Marc], Les sept jours, in: Sept, H. 59, 1935, S. 2. Die Landfront war im Juli 1934 aus dem Zusammenschluß einer Reihe von Agrarbewegungen hervorgegangen: der Entente paysanne du Sud-
Ouest von Edmond Jacquet, Berufsverbänden und Interessenvertretungen wie dem Parti Agraire
und der Défense Paysanne von Dorgères. Zu den Delegierten der Landfront, die später zum
Front National Paysan umgetauft wurde, gehörte auch Dorgères, der in verschiedenen Kreisen
der extremen Rechten aktiv war und Anfang 1936 beim Comité National de Vigilance de la Jeunesse contre la guerre auftauchte; AN F7 13 983, 14, Bericht vom Mai 1936. In der Bewertung der
Bewegung sind die Fronten diesmal vertauscht. Soucy betont, die Landfront habe keinen ausgesprochen faschistischen Charakter entwickelt. Ory und Machefer hingegen sehen in dem diktatorischen Programm und in der beabsichtigten Massenmobilisierung durchaus Merkmale einer
faschistischen Bewegung; Soucy, Second Wave, S. 43ff.; Machefer, Ligues, S. 28ff.; Ory, Le Dorgérisme, S. 168–190, bes. S. 185f.

Marc und Daniel-Rops unterstützten die Sammlungsbewegung von der Zeitschrift *Sept* aus. Sie gehörten zu den regelmäßigen Mitarbeitern des von den Dominikanern herausgegebenen Blattes und versuchten auf diese Weise, die Katholiken für das Projekt zu gewinnen. Den gemeinsamen Ansatzpunkt dieser Bestrebungen sah Marc in der Suche nach einer neuen Wirtschaftsordnung, die planwirtschaftliche, aber keine diktatorischen Züge trug. Er befürwortete insbesondere den Plan der dissidenten Nationalvolontäre, der seiner Ansicht nach den Prinzipien der katholischen Soziallehre vollkommen entsprach, und rief dazu auf, die ideologischen Gräben mit dem Blick auf das gemeinsame Ziel zu überwinden, „um ihrem Land die Vorstellung von Größe, Gerechtigkeit und Wohltätigkeit zurückzugeben"[98]. Daniel-Rops betonte die gemeinsame Aufgabe in der Suche nach sozialer Gerechtigkeit, die nur mit dem Umsturz des parlamentarischen Systems verwirklicht werden konnte. Besonders begrüßte er die Abkehr Jacques Doriots vom Kommunismus und dessen Besinnung auf die nationalen Traditionen des Sozialismus. Er ermahnte ihn allerdings, zum Zeichen seiner Aufrichtigkeit auch die Feindschaft zum Christentum zu begraben[99].

Trotz dieser Bemühungen kam die Gemeinschaftsfront nicht zustande. Die Verständigungsversuche endeten im Winter 1935 in einer Sackgasse, ohne daß es allerdings zum offenen Bruch gekommen wäre. Dennoch blieb das Unternehmen nicht ohne Folgen: prominente Verfechter der Sammlungsidee wie die ehemaligen Radikalen Pierre Drieu la Rochelle und Bertrand de Jouvenel schlossen sich der Doriot-Bewegung an, ebenso zahlreiche dissidente Nationalvolontäre, die dem Beispiel ihres Anführers Maud'hui folgten. Unter ihnen war auch Robert Loustau, der innerhalb kurzer Zeit zum wichtigen Theoretiker der Bewegung aufstieg und einen Sitz im Zentralkomitee des Parti Populaire Français (PPF) innehatte, den Doriot 1936 gegründet hatte. Im November 1936 verkündete er auf dem Nationalkongreß des PPF in Saint-Denis die programmatischen Leitsätze der Sozial- und Wirtschaftspolitik der Partei[100].

Weiterhin nahmen die Hauptakteure des Rassemblement, Bergery, Déat und Doriot, bis zu den Wahlen der Volksfront im Mai 1936 sehr ähnliche Haltungen ein: in dem Urteil über die Volksfront, in ihrer Haltung gegenüber den Sanktionen gegen Italien und der Bewertung der Remilitarisierung des Rheinlands[101]. Welchen Standpunkt der Ordre Nouveau in diesen Fragen einnahm, wird im folgenden Kapitel zu untersuchen sein. Festzuhalten bleibt, daß sowohl der Versuch, eine Sammlungsbewegung auf breiter Basis zu organisieren, als auch sein Scheitern Vorgänge von großer Aussagekraft für die politische Situation Mitte der dreißiger Jahre waren. Sie zeugen von dem Bemühen einer wachsenden Zahl von Dissidenten, die blockierte Modernisierung durch wirtschaftspolitische Strukturreformen zu überwinden und eine neue „Synthese" zu formulieren. Ihr Scheitern lag

---

[98] Scrutator *[Marc]*, Les sept jours, in: Sept, H. 83, 1935, S. 2.

[99] Daniel-Rops, Union? Regroupement?, in: Sept, H. 89, 1935, S. 16 (Zitat); ders., Communisme National?, in: Sept, H. 94, 1935, S. 16.

[100] APP Ba 1946, Bericht vom 10. 11. 1936; vgl. seine Artikel in der Parteizeitung *Emancipation Nationale* seit April 1937; dort hat Loustau sein für den Ordre Nouveau entwickeltes Wirtschafts- und Sozialprogramm vorgestellt, das der neuen Mittelschicht aus Angestellten und Technikern eine vermittelnde Rolle bei der Schlichtung von Konflikten zwischen Arbeitgebern und Arbeitnehmern zuwies, vgl. Wolf, Doriot, S. 123f.

[101] Burrin, Dérive, S. 196.

zu einem großen Teil in dem Unvermögen der Bewegungen begründet, sich auf eine einheitliche Strategie zu einigen. Schon an der Frage, ob die Synthese auf der Grundlage der
parlamentarischen Demokratie basieren sollte oder nicht, schieden sich die Geister. Déat,
Doriot und Bergery glaubten, auf dem Weg der Reform ihr Ziel erreichen zu können,
während für die Nationalvolontäre und den Ordre Nouveau ein Umbau nicht möglich
war, ohne gleichzeitig die Prinzipien des Parlamentarismus mit in Frage zu stellen[102]. Der
Erfolg der Volksfront machte deutlich, daß eine Sammlungspolitik der Linksparteien im
Zeichen des „Antifaschismus" zu diesem Zeitpunkt mehr überzeugte.

Die Jeune Droite stand diesen Bestrebungen von Anfang an distanziert gegenüber.
Selbst Maulnier, der gewisse Sympathien für den „Plan des 9. Juli" geäußert hatte, sah in
der Planwirtschaft nur einen vergeblichen Versuch, Kapitalismus und Sozialismus zu
versöhnen. In einer ausführlichen Auseinandersetzung mit den Thesen Hendrik de
Mans nach dem Erscheinen der *Idée socialiste* 1935 formulierte er seine grundsätzlichen
Bedenken gegen die Planwirtschaft. Er glaubte, daß mit wirtschaftlichen Strukturreformen nur ein fauler Kompromiß erreicht, keinesfalls aber das liberale System selbst überwunden werden könne. Die ganze Debatte wurde seiner Ansicht nach auf der falschen
Ebene geführt. Sie zementierte den Primat der Wirtschaft über die Politik und damit den
Sieg der liberalen Bourgeoisie über das Gemeinwohl. Nur in einer radikalen Umkehr,
das heißt in der politischen Entmachtung der Bourgeoisie und der Unterwerfung der
wirtschaftlichen Interessen unter den Primat der Politik, konnte Maulnier zufolge die
Ordnung wiederhergestellt werden[103].

Diese Argumentation liest sich wie eine Variation des alten Leitmotivs der Action
française: „zuerst die Politik". Aber dies sollte nicht darüber hinwegtäuschen, daß sich
die Jeune Droite mittlerweile von den traditionellen Themen der Bewegung deutlich
entfernt hatte. Eine charakteristische Verschiebung kennzeichnet die Phase seit 1934:
Der Maßstab nationaler Größe war nicht mehr die Außenpolitik. An ihrer Stelle rückte
die Frage nach einer stabilen Sozialordnung ins Zentrum des Interesses[104]. Die Versöhnung von Mittelschichten und Arbeitern im Zeichen des „Antikapitalismus" war die
Voraussetzung zur Wiederherstellung der nationalen Einheit. Revisionistische Linke
und Rechte bemühten sich von verschiedenen Seiten um dasselbe Ziel, hier trafen sich
„Planismus"- und Korporatismus-Debatten. Auf der Suche nach dem sozialen Konsens
war die Jeune Droite dem gegnerischen Lager auf halbem Weg entgegengekommen.

6. Zusammenfassung

Die Februarereignisse des Jahres 1934 gaben in Frankreich das Signal zum Aufbruch.
Für die jungen Intellektuellen schien die Zeit reif für einen Umsturz im eigenen Land.
Mit wachsender Aufmerksamkeit beobachteten sie die innere Entwicklung des Landes

---

[102] Die grundsätzlich antidemokratische Haltung von La Rocque hat Soucy überzeugend belegt.
Dies gilt gleichermaßen für die paramilitärisch organisierten Nationalvolontäre; Soucy, Second
Wave, S. 158ff., 109f.
[103] Maulnier, Mythes socialistes, S. 167ff.; ders., Le plan du 9 juillet, in: Mil neuf cent trente quatre,
H. 46, 1934, S. 2; ders., Faiseurs de Plans, in: Courrier Royal, H. 16, 1935, S. 5.
[104] Vgl. Hoffmann, Decline or Renewal, S. 418f.

und schmiedeten Pläne für einen Staatsstreich. Keineswegs läßt sich die These von einer Isolation der Gruppierungen aufrechterhalten. Sicherlich markierten die Februarereignisse eine deutliche Zäsur. Fortan stand die Auseinandersetzung um den französischen Faschismus und die Sammlungsbewegung der Linken im Zentrum des Interesses. Doch bedeutete dies nicht das Ende der nonkonformistischen Aufbruchsversuche. Im Gegenteil: Die bis dahin sehr allgemeine und globale Zivilisationskritik erhielt auf einmal konkrete Nahrung. Der Aufmarsch auf der Place de la Concorde hatte deutlich gemacht, daß sich Menschen für Umsturzpläne mobilisieren ließen. Dazu mußten sie allerdings sehr viel konkreter formuliert werden. Und es bedurfte weitreichender Allianzen, um die nötige Schlagkraft zu erlangen. Noch mehr taktische Kompromisse als bisher waren nötig.

Bei der Formulierung der konkreten Staatsentwürfe traten die unterschiedlichen politischen Milieus deutlich zutage. Die Jeune Droite plädierte für einen hierarchischen Staatsaufbau mit starker Exekutive auf der Basis eines Korporativsystems. Die Errungenschaften des Wohlfahrtsstaates wie die Sozialversicherungen sollten soweit wie möglich wieder in privatwirtschaftliche Hände übergehen. Insgesamt handelte es sich um ein wirtschaftsliberales Programm mit korporativen Elementen und einer autoritären Staatsverfassung. Umgekehrt der Ansatz des Ordre Nouveau: er zielte auf die vollständige Überwindung der Legislativorgane und des traditionellen Verwaltungsapparates. Die Gesellschaft sollte sich zukünftig auf kommunaler und regionaler Ebene selbst organisieren. In der Wirtschaftspolitik hingegen sollte der Staat zentrale Kompetenzen besitzen. Mit dem Arbeitsdienst existierte zudem ein Mittel, das Plansoll in zentralen Wirtschaftssektoren zu erfüllen und jedem Bürger eine soziale Absicherung zu garantieren. Eine scheinbare Freiheit im politischen Bereich stand einer starken Reglementierung des wirtschaftlichen Lebens gegenüber. Immerhin gab es sehr fortschrittliche Ansätze wie die Mitbeteiligung der Arbeitnehmer am Produktivvermögen des Unternehmens. Doch wie frei konnte ein Gemeinwesen sein, in dem es außer auf kommunaler Ebene keine demokratischen Wahlen gab, in dem ein zentrales Gremium über die Einhaltung der Staatsziele wachte und diese notfalls direkt durchsetzen konnte?

So unterschiedlich die beiden Entwürfe waren, gab es doch charakteristische Übereinstimmungen. In beiden Fällen war die oberste Staatsführung nicht demokratisch legitimiert. Dezentrale oder föderale Strukturen milderten zwar den Zugriff der Zentralgewalt, doch blieb das ganze System auf eine selbsternannte Elite zugeschnitten. Beide Entwürfe propagierten die Versöhnung von Mittelschichten und Arbeitern im Zeichen des Antikapitalismus. Das Ziel war die Überwindung der Klassengegensätze und die Wiederherstellung der nationalen Einheit. Nach dem Zerfall der „republikanischen Synthese" zwischen Mittelschichten und Bourgeoisie suchten sie nach einer neuen Basis für den gesellschaftlichen und politischen Konsens. Dieser bestand in der Versöhnung von Arbeitern und Mittelschichten. Sie richteten sich ausdrücklich gegen das liberale Bürgertum, das nach Ansicht der Nonkonformisten jegliche Reformen blockiert hatte. Ausgelöst wurde diese Entwicklung durch den Richtungswechsel der Kommunisten, die in der Öffentlichkeit den Klassenkampfparolen abgeschworen hatten. Das Beispiel machte Schule in den zahlreichen Sammlungsbewegungen, die sich als Alternative zur Volksfront formierten. Beide Gruppierungen näherten sich dieser Thematik von unterschiedlichen Seiten. Die Jeune Droite untermauerte ihren Nationalismus deutlich stärker mit sozial- und wirtschaftspolitischen Argumenten. Auf der anderen Seite gerieten die planwirtschaftlichen Überlegungen des Ordre Nouveau immer deutlicher unter den Primat der Wiederherstellung der nationalen Einheit. Die Pläne einer internationalen Verständigung traten dementsprechend in den Hintergrund.

In jedem Fall setzten die beiden Gruppierungen ihre Strategie einer „Dritten Front" fort und suchten neue Verbündete. Wesentlich stärker als bisher bekannt war, engagierten sich die Anhänger der Jeune Droite und des Ordre Nouveau in den Kreisen extremistischer Ligen und Sammlungsbewegungen. Sie zögerten nicht, mit Bewegungen zu kooperieren, die in der zeitgenössischen Debatte wie auch in der späteren Geschichtsschreibung als faschistisch bezeichnet wurden.

V. Jahre der Entscheidung: Ende 1935 bis 1939

1. Radikalisierung und Neopazifismus

Mehrere Ereignisse haben dazu beigetragen, den republikanischen Konsens seit Ende 1935 zu untergraben und die Fronten weiter zu polarisieren. Hatte nach dem Aufstand des Februar 1934 die Volksfront-Bewegung ihre Sammlungspolitik unter dem Banner des „Antifaschismus" betrieben, so begannen sich deren Gegner nun im Zeichen des „Antibolschewismus" zu formieren. Die Phase des Wahlkampfes vor dem Mai 1936 war durch erbitterte Konflikte geprägt, die sich am Abessinienkrieg, am französisch-russischen Beistandspakt und an der Remilitarisierung des Rheinlandes entzündeten. Durch diese Debatten gerieten die Befürworter und Gegner der Volksfront immer mehr in den Sog der ideologischen Auseinandersetzung zwischen Kommunismus und Faschismus bzw. Nationalsozialismus. Die eigentlich außenpolitischen Konflikte wurden dabei auf den innerfranzösischen Gegner projiziert und in einem ideologischen Bürgerkrieg ausgetragen.

Das Schlagwort des Neopazifismus bezeichnet die außenpolitische Haltung der Volksfrontgegner. Dieser neue, ideologisch motivierte Pazifismus der Rechten unterschied sich von dem sozialistischen und bürgerlich-humanitären Pazifismus durch seine Feindschaft zum Bolschewismus und der daraus erwachsenden Verständigungsbereitschaft mit den Diktatoren Mussolini und Hitler[1]. Das innenpolitische Pendant fand seinen schlagenden Ausdruck in der Formel „Lieber Hitler als Blum", mit der sich die Wendung zur Kollaborationsideologie in den Kreisen der extremen Rechten vollzog[2]. Die zentralen Themen dieses Bürgerkrieges waren bereits vor der Ernennung Léon Blums zum Ministerpräsidenten der Volksfront im Juni 1936 entwickelt. Zunächst geht es daher um die Konflikte, in denen sich die ideologischen Fronten herausbildeten, und den Standort, den die Jeune Droite und der Ordre Nouveau innerhalb des Radikalisierungsprozesses einnahmen.

Anhand von drei Ereignissen soll diese Entwicklung untersucht werden:

1. Der Abessinienkrieg zerstörte den außenpolitischen Konsens der Rechten: Die Extremisten distanzierten sich von dem Verbündeten England und setzten sich für die Bindung Frankreichs an Italien ein.

2. Die Debatten um die Ratifizierung des französisch-russischen Beistandspaktes im März 1936 bildeten den zweiten Schritt in der Neuorientierung der extremen Rechten: erstmals war ihre Entscheidung gegen die Sowjetunion unmittelbar an eine Option für das Dritte Reich geknüpft.

3. Diese Position wurde in der unmittelbar darauf folgenden Remilitarisierung des Rheinlandes noch bestärkt: Frankreich mußte nach Ansicht der extremen Rechten einen Krieg mit Deutschland um jeden Preis verhindern.

---

[1] Vgl. hier und im folgenden Micaud, French Right, S. 51ff. Vaïsse, Der Pazifismus, S. 590–616; Ingram, The Politics of Dissent.
[2] Rémond, L'image de l'Allemagne, S. 12. Vgl. Wirsching, Kollaborationsideologie, S. 55ff.

Der Abessinienkrieg

Mit der italienischen Offensive in Abessinien im Oktober 1935 gerieten Italien und
Großbritannien in einen unerbittlichen Gegensatz. Die strategisch wichtige Position
Großbritanniens am Suez-Kanal stand auf dem Spiel. Da Abessinien einen Sitz im Völkerbund hatte, konnte es das System der kollektiven Sicherheit in Gang setzen und – mit
Unterstützung der Briten – Sanktionen gegen den Aggressor erwirken. Während die
französische Linke die Sanktionspolitik vorbehaltlos unterstützte, ging auf der Rechten
der außenpolitische Konsens zu Bruch, der mit dem Abkommen von Stresa (April 1935)
konkrete Formen angenommen hatte. Das gegen Deutschland gerichtete Bündnis von
Italien, England und Frankreich war an dem Interessengegensatz im Mittelmeer zerbro-
chen[3]. Die Rechte spaltete sich in einen pro-britischen und eine pro-italienischen Flügel.
Die traditionellen Nationalisten um Henri de Kerillis unterstützten die Sanktionspolitik
und schlossen sich damit dem politischen Gegner auf der Linken an, während ein großer
Teil der extremen Rechten vorbehaltlos die italienische Aggression verteidigte[4].

Die Jeune Droite ergriff sofort die Position der von der Action française angeführten
pro-italienischen Minderheit. Jean-Pierre Maxence gab der Konflikt Anlaß zu einem vehementen Bekenntnis zur „lateinischen Schwester". Auf einer Versammlung des franzö-
sisch-italienischen Komitees im September 1935 beschwor er die Schicksalsgemeinschaft
beider Länder: „[...] unsere gemeinsame Bestimmung ist es, die tausendjährige Vergangenheit und die römische Tradition zu retten". Er rief seine Landsleute auf, sich von
England zu distanzieren und sich Mussolinis „Revolution" zum Vorbild zu nehmen[5].
Dieses Bekenntnis fügte sich nahtlos in das von der Action française vertretene Konzept
der „lateinischen Gemeinschaft" ein. Aus dieser Sicht hatten Italien und Frankreich das
Erbe der griechisch-lateinischen Antike angetreten und konnten für sich in Anspruch
nehmen, die Bewahrer der universalen Prinzipien der abendländischen Kultur zu sein[6].
Eine Isolation oder Schwächung Italiens kam somit einem Angriff auf die Fundamente
dieser Kultur gleich. Mit dem Hinweis auf die Verteidigung des europäischen Erbes legitimierte die Jeune Droite die Machtpolitik Mussolinis.

Maulnier begrüßte den Abessinienkrieg als zivilisatorische Mission Italiens gegenüber
dem „barbarischen" afrikanischen Staat. In der *Action Française* betonte er, die Abessi-
nier sollten froh sein, daß ihnen auf diese Weise Kultur beigebracht werde. Er schloß mit
der zynischen Bemerkung an die Adresse der Sanktionsbefürworter: moralische Fragen
hätten in den Hintergrund zu treten, wenn es um den Fortbestand der europäischen
Kultur gehe: „[...] auch wenn die Ziele der Eroberung, die vor unseren Augen stattfin-
det, rein materielle und wirtschaftliche Gründe haben, so dient sie letztendlich dem
Wohl der gesamten Menschheit."[7]

---

[3] Höhne, Neuorientierung, S. 221ff., zur extremen Rechten siehe auch Micaud, French Right,
S. 34ff.
[4] Höhne, Neuorientierung, S. 229; Micaud, French Right, S. 83.
[5] AN F7 12 960 „Notes Jean", Bericht vom 11. Sept. 1935.
[6] Vgl. Sérant, Dissidents, S. 290–294.
[7] Maulnier, Les intellectuels juges de la civilisation, in: Action Française 24. 10. 1935, S. 3; ganz ähnlich seine Haltung im *Courrier Royal:* „Eine Intervention im Konflikt zwischen Italien und
Äthiopien würde in der gegenwärtigen Situation einen Krieg entfesseln oder vorbereiten und damit die stärksten Traditionen und männlichsten Tugenden unserer Zivilisation aufs Spiel setzen",

Zudem warf Maulnier den Briten Heuchelei vor. Unter dem Deckmantel der moralischen Entrüstung würde ein kaltblütiger Zynismus die Entscheidung für Sanktionen bestimmen. In Wahrheit wollten die Briten Italien nur daran hindern, ein eigenes Kolonial-
reich aufzubauen, das zur Konkurrenz des Empire werden könne. Nach außen hin würden die Sanktionen als ehrlicher Pazifismus verkauft, während sie tatsächlich nur den eigenen Interessen dienten, für die England sogar einen Krieg in Kauf nehme[8]. Hiermit
war ein zentrales Thema angesprochen, das die Argumentation der pro-italienischen
Fraktion bestimmte: die Sanktionen kamen ihrer Ansicht nach einer Kriegserklärung
gleich. Die Engländer und alle, die auf ihrer Seite standen, waren die eigentlichen Brand-
stifter. Die politischen Fronten schienen verkehrt zu sein: die Linke und mit ihr die pro-
britische Minderheit der Rechten wurden der Kriegstreiberei beschuldigt, während die
extreme Rechte plötzlich eine „pazifistische" Position vertrat.

Mit dieser Haltung lag die Jeune Droite ganz auf der Linie der im Umkreis der Action
française und ihrer Satelliten *Gringoire, Je suis partout* und *Candide* vertretenen Position[9]. Die extreme Rechte demonstrierte ihre Geschlossenheit in einem Manifest Henri
Massis' „Für die Verteidigung des Abendlandes", das auch die Unterschriften von Brasillach, Fabrègues, Francis, Maxence und Maulnier trug. Darin wurde Italiens Kolonialkrieg mit der Begründung gerechtfertigt, es gelte den kommunistischen Einfluß in Europa zurückzudrängen. Der „Sanktionskrieg" war nach Ansicht der Unterzeichner ein
kurzsichtiges und gefährliches Unterfangen, weil er Europa zugunsten des Bolschewismus schwächte. Der Völkerbund als Symbol der verhaßten Nachkriegsordnung und als
Garant der kollektiven Sicherheit bewies in den Augen der extremen Rechten einmal
mehr seine gefährliche Tendenz, Eigennutz und Zwietracht zu fördern und Konflikte zu
entfachen statt sie einzudämmen[10].

In dieser Situation traten die Differenzen zwischen den verschiedenen Gruppierungen
der Rechten in den Hintergrund. Die Jeune Droite schloß sich den Veranstaltungen des
Front National an, der sich aus den Ligen der Jeunesses Patriotes, der Solidarité française, der Action française und des Francisme gebildet hatte. Maulnier marschierte bei
den Demonstrationen des Front National gegen die Völkerbundsanktionen mit[11]. Die
Skrupel des Esprit-Kreises, der im Namen derselben christlich-abendländischen Kultur
den brutalen Kolonialkrieg verurteilt hatte, tat die Jeune Droite als kleinlich ab: die
Bruchlinie zwischen Anhängern und Gegnern des Kolonialkrieges verlief somit inner-

---

in: Courrier Royal 15, 12. 10. 1935, S. 1. Zu diesem Zeitpunkt konnte er noch nicht wissen, daß
diese „Kultur" auf äußerst brutale Weise „vermittelt" wurde, nämlich mit Giftgas- und Bomben-
angriffen gegen die Zivilbevölkerung. Die Berichterstattung über die Kriegführung wurde am
4. Oktober 1935 vom Propagandaministerium untersagt. Doch auch später hat sich Maulnier
nicht von der Grausamkeit der Kolonisatoren distanziert; vgl. Baer, Test Case, S. 18.

[8] Maulnier, L'opinion mondiale mystifiée, in: Combat, H. 1, 1936, S. 5f., vgl. Maulnier, Les trois
grandes Démocraties, in: Combat, H. 18, 1937, S. 117.

[9] Micaud, French Right, S. 56f.; vgl. Milza, Fascisme italien, S. 221ff.

[10] *[Massis]*, Un manifeste d'intellectuels français pour la défense de l'Occident. Das Manifest ist am
4. 10. 1935 gleichzeitig in *Le Temps*, S. 2f. und in der *Action française*, S. 1f. erschienen. Die Liste
in der AF enthält mehr Namen; vgl. Sirinelli, Intellectuels et passions françaises, S. 92ff.

[11] AN F7 13 983/ 14, Bericht vom Mai 1936; auch Maxence unterstützte die Aktivitäten der Front,
F7 12 965, Bericht vom 25. 3. 1936.

halb der nonkonformistischen Generation, sogar innerhalb des katholischen Lagers. Die politischen Präferenzen waren stärker als die gemeinsame Glaubensgrundlage[12]. Angesichts der Bedrohung durch die Sowjetunion mahnte Fabrègues zur Geschlossenheit. Stalin wartete seiner Ansicht nach nur auf ein Zeichen der Schwäche, um Europa zu unterwerfen. Aus seiner Sicht nahm dieser Konflikt die Dimensionen eines Glaubenskrieges zwischen christlichem Abendland und heidnischem Materialismus an: „Ein totaler Krieg wird die Folge sein, in den die ganze westliche Zivilisation hineingezogen zu werden droht, in dem vor allem Frankreich alles zu verlieren hat. [...] In dem Moment, wo die kommunistische Revolution den Westen mit ihrem entfesselten Materialismus bedroht, ist nicht mehr nur das bloße Leben in Gefahr, sondern die geistige Bestimmung unseres Landes. Der totale Krieg im Westen bringt uns morgen den Bolschewismus."[13] Diese Stellungnahme macht die ideologischen Dimensionen des Konfliktes deutlich. Der Bolschewismus war aus der Sicht der Jeune Droite eine fremde Macht aus dem fernen Asien, die den europäischen Kulturkreis auszulöschen drohte. Der Kolonialkrieg Italiens erschien angesichts dieser Gefahr als legitime Verteidigung der christlich-abendländischen Wertegemeinschaft.

Besondere Bedeutung hatte der Konflikt, weil er die Weichen für künftige Entscheidungen stellte und das „große Schisma" der Rechten zwischen den Anhängern einer traditionell an England orientierten Diplomatie und den Neopazifisten einleitete, die für Konzessionen gegenüber dem Diktator eintraten. Leichtfertig hatte die extreme Rechte auf den wichtigsten traditionellen Verbündeten Frankreichs verzichtet. Mit der rückhaltlosen Anerkennung der faschistischen Aggression stellten die extremen Rechten zumindest indirekt auch einen Freibrief für die territorialen Machtansprüche Hitlerdeutschlands aus[14]. Wie eng die Option für Italien mit derjenigen für Deutschland verbunden war, wird am Fall der Solidarité française besonders deutlich. Mit dem Ausbruch des Abessinienkonfliktes hatte Jean Renaud gleichzeitig eine nahezu vollständige Kehrtwende seiner Politik gegenüber Deutschland vollzogen. Hatte die Solidarité bis dahin eine strikt germanophobe Haltung eingenommen, so sprach sich Renaud nun für eine Allianz zwischen Frankreich, Italien und Deutschland gegen England und Rußland aus. Es ist auffällig, daß er seine Ansicht genau zu dem Zeitpunkt änderte, als Maxence sich im Direktionskomitee der Liga zu profilieren begann. Zudem lassen sich deutliche Parallelen in der Argumentation feststellen. Ähnlich wie Maxence bereits 1933 in der *Revue française* begründete Renaud seine Haltung mit der Notwendigkeit einer starken und stabilen Regierung in Frankreich. Hitler zu imitieren, bedeute zu verhindern, daß er Frankreich unterwerfen könne. Auch die Funktion Deutschlands als antibolschewisti-

---

[12] Vgl. „Manifeste pour la justice et la paix", in: Esprit, H. 38, 1935, S. 306–309, 307; auch die Polemik Pierre-Henri Simons gegen das Massis-Manifest: Petite note sur la vocation intellectuelle, in: ebenda, S. 303–306; Anfang 1936 waren die verschiedenen Vertreter des politischen Katholizismus auf Einladung der Dominikaner in Juvisy zusammengetroffen, um über den Abessinienkrieg zu diskutieren. In der Sache gab es allerdings keine Annäherung. Den Vorsitz hatte Gabriel Marcel, mit dabei waren Maulnier, Fabrègues, Maritain und Vertreter des Esprit-Kreises; vgl. Coutrot, Sept, S. 53; Rémond, Les catholiques, S. 94ff.; Fabrègues, Indépendance?, in: Combat, H. 2, 1936, S. 20.

[13] Fabrègues, La politique métaphysique n'est pas la politique chrétienne, in: Combat, H. 1, 1936, S. 6f.

[14] Höhne, Neuorientierung, S. 230f., Micaud, French Right, S. 61f., 64.

scher Schutzwall, auf die Renaud Wert legte, hatte Maxence schon zwei Jahre zuvor erkannt[15].

Im Unterschied zur Jeune Droite distanzierte sich der Ordre Nouveau ausdrücklich und entschieden von der italienischen Aggression. Schon lange vor dem Beginn des Krieges hatte der Ordre Nouveau sich gegen jegliche Form von Kolonialismus ausgesprochen, weniger aus moralischen Gründen als vielmehr aus wirtschaftlichen. Dieses Expansionsstreben, so hatte Jacques Dalbon erläutert, sei die unvermeidliche Folge des Kapitalismus auf der Suche nach neuen Märkten[16]. Diesen Vorwurf richtete der Ordre Nouveau nun an Mussolini, der beschuldigt wurde, den liberalen Kapitalismus nicht entschieden genug bekämpft zu haben. Die gewaltsame Expansion stellte sich somit für den Ordre Nouveau als unausweichliche Folge einer wirtschaftlichen Zwangslage dar. Die Beherrschung des Mittelmeeres sei für den Diktator der Ausweg aus dem Bevölkerungsüberschuß und der wirtschaftlichen Misere, die sich noch durch die Aufrüstung verschärft habe. Diese Entwicklung lag nach Ansicht der Gruppierung in der Logik des kapitalistischen Staates, die in die kriegerische Konfrontation münde. „Die Rückkehr zum Angriffskrieg ist nichts anderes als die Rückkehr zum einfachsten Mittel. Krieg ist keineswegs ein unabwendbares Übel. Er ist auch kein heroischer Weg, der geeignet wäre, dekadenten Völkern ihre Lebenskraft zurückzugeben. Er ist lediglich ein anderer Ausdruck des Niedergangs."[17]

Diese Stellungnahme, verbunden mit der Forderung nach einer föderalistischen Neuordnung Europas, zeigt deutlich den Einfluß sozialistischer Lehren aus der Schule Proudhons, die Arnaud Dandieu der Gruppierung vermittelt hatte[18]. Indem aber die Gründe für den Krieg ausschließlich dem kapitalistischen System angelastet wurden, negierte der Ordre Nouveau die Unterschiede zwischen liberalen Demokratien und diktatorischen Systemen. In der Tat verglich das Redaktionskomitee in einer Stellungnahme die zentralistische Politik Frankreichs gegenüber dem Elsaß mit der faschistischen Kolonisation Afrikas[19]. Aus dieser Perspektive mußte die Sanktionspolitik des Völkerbundes eine bloße Farce darstellen, ein scheinheiliges Disziplinierungsinstrument von Staaten, die derselben Logik unterworfen waren, sich jedoch noch nicht in einer vergleichbaren wirtschaftlichen Zwangslage befanden. Marc konstatierte: „Das Europa des Völkerbundes führt ebenso sicher zum Krieg wie das Europa der Faschisten."[20]

Aus diesem Grund verurteilte der Ordre Nouveau nicht nur den Neopazifismus der extremen Rechten, sondern er distanzierte sich auch von den Sanktionsbefürwortern des Esprit-Kreises. Die Konsequenz der Interpretation, die der Ordre Nouveau dem Kon-

---

[15] Zu Renaud vgl. Soucy, Second Wave, S. 80ff.; zu Maxence vgl. APP Ba 1960, Bericht vom 9.11. 1935.
[16] Dalbon, Les Colonies, le Capitalisme et l'Etat, in: ON, H. 2, 1933, S. 24–27.
[17] Dupuis, Pourquoi la guerre?, in: ON, H. 26, 1935, S. 1–10, Zitat S. 9; ähnlich Marc, L'Etat contre les Nations, in: ON, H. 27, 1936, S. 1–15, hier S. 3ff., und J. Chevalley/Dupuis, Le fascisme à bout de souffle, in: ON, H. 36, 1936, S. 14–20, hier S. 19f.
[18] Dupuis, Où en est l'Europe, in: ON, H. 24, 1935, S. 10; eine Sondernummer der Zeitschrift war ausschließlich diesem Thema gewidmet: „Par-dessus les frontières… vers le fédéralisme!", in: ON, H. 15, 1934; zum Einfluß Proudhons auf die Theorien des Ordre Nouveau vgl. Voyenne, Histoire de l'idée fédéraliste, Bd. 3, S. 159ff.
[19] Ordre Nouveau, De l'Ethiopie à l'Alsace, in: ON, H. 27, 1936, S. II.
[20] Marc, L'Etat contre les Nations, in: ON, H. 27, 1936, S. 11.

flikt zugrunde legte, war ein Verzicht auf jegliche Parteinahme: „Weder Italien noch England". Ohne eine grundsätzliche Überwindung des Kapitalismus und mit ihm des nationalstaatlichen Prinzips konnte nach Ansicht des Ordre Nouveau ein Krieg auf Dauer nicht verhindert werden. Als einziger Ausweg bot sich für Alexandre Marc eine „föderalistische Revolution" in Frankreich an, die den übrigen europäischen Staaten als Vorbild dienen sollte[21].

Italien wurde für den Ordre Nouveau zum warnenden Beispiel für die Außenpolitik eines autoritären Nationalstaats, mit dem zugleich die Schwäche des internationalen Systems der Friedenssicherung offenbar wurde. Ähnlich wie bei der extremen Rechten war das Urteil über Italien mit dem Blick auf Deutschland gefällt worden. Spätestens in zwei oder drei Jahren, so prophezeite Marc Anfang 1936, befände sich Deutschland in einer ähnlichen Situation wie Italien. Die Rüstungsindustrie, gegenwärtig noch der Motor der wirtschaftlichen Entwicklung in Deutschland, führe langfristig in den volkswirtschaftlichen Ruin, der nur durch Expansion aufgehalten werden könne. Wer das Verhalten Mussolinis legitimiere, der gebe auch Deutschland einen Freibrief für dessen Ausgreifen in Mitteleuropa[22]. Doch die Ansichten innerhalb der Gruppierung waren keineswegs so einhellig, wie dies in der Zeitschrift demonstriert wurde. In *Sept* bezog Daniel-Rops, der sich in *Ordre Nouveau* zu dem Konflikt nicht geäußert hatte, eine durchaus konträre Position. Er bescheinigte nämlich Italien grundsätzlich ein Recht auf koloniale Expansion. Er war sich darüber im klaren, daß er dieses Recht konsequenterweise dann auch Deutschland zugestehen mußte – in der Gewißheit, daß sich dessen Drang nach Osten richten werde. Er machte deutlich, daß ein Frieden in Europa vor allem davon abhänge, ob es Frankreich gelinge, sich mit Deutschland zu verständigen. Dafür war er bereit, die Bündnisverpflichtungen der kleinen Entente für nichtig zu erklären und die östlichen Verbündeten Frankreichs ihrem Schicksal zu überlassen[23].

In einem Punkt allerdings war sich der Ordre Nouveau mit der Jeune Droite einig: in der Furcht vor den fatalen Konsequenzen eines europäischen Krieges, „der für Jahrhunderte unseren Kontinent ruinieren und zweifellos das Ende unserer westlichen Zivilisation bedeuten würde"[24]. Diese Haltung erwuchs jedoch noch nicht aus einer einseitigen Furcht vor der Sowjetunion, wie sie für die extreme Rechte charakteristisch war, sondern richtete sich gegen die beiden großen „materialistischen" Blöcke, die sich das Abendland unterwerfen wollten. Für Dupuis gab es zwei Möglichkeiten: „der Kolonisation Europas durch die Asiaten oder vielleicht durch die Amerikaner"[25].

Angesichts dieser unerfreulichen Perspektive und der geringen Aussicht auf eine revolutionäre Lösung steuerte der Ordre Nouveau letztlich auf einen Kompromiß zu, der demjenigen der linken Dissidenten ähnelte. Bergery, Déat und Doriot hatten ebenfalls die Aggression Italiens verurteilt, waren jedoch Zugeständnissen an Italien nicht prinzipiell abgeneigt. Sie lehnten militärische Sanktionen ab und plädierten für eine Verhand-

---

[21] Ebenda, S. 12ff.; vgl. Dupuis, Où en est l'Europe, in: ON, H. 24, 1935, S. 10ff.

[22] Marc, L'Etat contre les Nations, in: ON, H. 27, 1936, S. 8; ders. *[Scrutator]*, Les sept jours, in: Sept, H. 85, 1935, S. 2.

[23] Daniel-Rops, France–Allemagne, in: Sept, H. 101, 1936, S. 20.

[24] Dupuis, Où en est l'Europe, in: ON, H. 24, 1935, S. 11.

[25] Ebenda.

lungslösung[26]. Auch sie kritisierten in erster Linie die kapitalistischen Ursprünge des Imperialismus und neigten auf diese Weise zur gleichen Überbewertung wirtschaftlicher Faktoren wie der Ordre Nouveau. Die Übereinstimmung ihrer Sichtweisen zeigte sich schließlich darin, daß sowohl Marc als auch Doriot das Argument des italienischen Bevölkerungsüberschusses ernst nahmen und darin den unmittelbaren Anlaß für die Expansion sahen[27].

Der französisch-russische Beistandspakt

Die Ratifizierung des französisch-russischen Beistandspaktes Anfang 1936 stieß im Parlament und in der Öffentlichkeit auf einen bis dahin nicht gekannten Widerstand. Kaum ein Jahr zuvor, beim Abschluß des Paktes im Mai 1935, war er von Politikern und Presse noch überwiegend positiv bewertet worden. Die Verpflichtung zum gegenseitigen militärischen Beistand entsprach damals den Sicherheitsinteressen der meisten Franzosen, die sich durch die Aufrüstung und die Wiedereinführung der Wehrpflicht in Deutschland bedroht fühlten[28].

Doch mit den Erfolgen der Volksfront hatte sich das politische Klima deutlich gewandelt. Nach wochenlangen zermürbenden Verhandlungen wurde der Pakt am 27. Februar 1936 schließlich mit einer schwachen Mehrheit von Sozialisten und Radikalen ratifiziert. Ein Großteil der traditionellen Rechten um Henri de Kerillis und Louis Marin hatte inzwischen seine Meinung grundlegend geändert: für sie war der Pakt nur mehr ein Mittel Stalins, um einen Kreuzzug gegen den „Faschismus" zu führen, für den Frankreich seine Truppen liefern sollte[29]. Die Sowjetunion erschien selbst dem traditionell deutschfeindlichen Lager zumindest gleichermaßen bedrohlich wie der Nachbar jenseits des Rheins. Offensichtlich war dieser Umschwung ein Reflex auf die inzwischen deutlich veränderte innenpolitische Situation. Die Radikalen hatten auf ihrem Parteitag im Oktober 1935 ihre Bereitschaft zum Bruch mit der Nationalen Union signalisiert und ein Bündnis nicht nur mit den Sozialisten, sondern auch mit den Kommunisten anvisiert. Als sie Anfang 1936 unter Protest aus der Regierung Lavals ausschieden, war unübersehbar geworden, daß sie an der Seite der Volksfront in die Wahlen gehen und diese auch gewinnen würden[30].

Unter diesen veränderten Vorzeichen drohte nach Auffassung der Rechten der Pakt eine ganz andere Bedeutung zu erhalten: Eine Volksfrontregierung mit Beteiligung der Kommunisten konnte – so fürchtete die Rechte – den Pakt in eine militärische Allianz umwandeln. Nachdem schon der Abessinienkrieg die einheitliche Haltung der Rechten unterminiert hatte, markierte die Ratifizierung des Beistandspaktes das offizielle Ende der Front gegen Deutschland und den Beginn des „großen Schismas". Nur ein harter Kern der traditionellen Nationalisten um Paul Reynaud blieb seiner germanophoben Haltung treu und stimmte für den Pakt mit der Sowjetunion. Doch war diese Gruppe innerhalb der Rechten isoliert und sah sich einer Mehrheit gegenüber, die den Pakt ab-

---

[26] Burrin, Dérive, S. 205ff.
[27] Ebenda, S. 207; Marc, Etat, in: ON, H. 27, 1936, S. 2f.
[28] Scott, Alliance, S. 246ff.
[29] Ebenda, S. 264f.
[30] Jackson, Popular Front, S. 49; Lefranc, Histoire, S. 98ff.

lehnte und zumindest eine abwägende Haltung gegenüber Deutschland einnahm. Innerhalb der Gegner des Paktes lassen sich zwei verschiedene Haltungen unterscheiden, die hier nach der Typologie Charles Micauds „bedingte" und „resignierte" Nationalisten genannt werden. Die bedingten Nationalisten lehnten Zugeständnisse an die Sowjetunion und an Deutschland gleichermaßen ab. Ihre jeweilige Haltung war bestimmt vom Abwägen zwischen „brauner" und „roter" Gefahr. Ein Großteil der gemäßigten Rechten gehörte zu dieser Gruppe, die ein Gegengewicht gegen den Expansionsdrang Deutschlands durch die Wiederbelebung der Stresa-Front erreichen wollte.

Die resignierten Nationalisten – nach Micaud die extreme Rechte einschließlich der Action française – sahen in Deutschland primär einen Schutzwall vor dem Bolschewismus. Als radikale Feinde der Sowjetunion wollten sie Deutschland im Osten gewähren lassen, um selbst von einem möglichen Krieg zu profitieren – was im Zweifelsfall auch die Preisgabe der Sicherheitsgarantien für die Staaten der kleinen Entente bedeutete. Mit dem Widerstand gegen den Pakt hat ein Großteil der Rechten die Appeasementpolitik gegenüber Deutschland eingeleitet[31].

Zugleich erhielt das Lager der resignierten Nationalisten Verstärkung von links: Jacques Doriot orientierte sich seit 1936 immer deutlicher zur extremen Rechten und plädierte, in der Hoffnung, auf diese Weise den gefährlichen Nachbarn zähmen zu können, für eine deutsch-französische Verständigung. Dagegen unterstützten Bergery und Déat den Beistandspakt mit Vorbehalten. Keinesfalls durfte er in eine militärische Allianz verwandelt werden, die zur Einkreisung Deutschlands führte. Vielmehr erhofften auch sie sich eine Rückkehr des Nachbarn an den Verhandlungstisch[32].

Die Jeune Droite, die seit Anfang des Jahres 1936 über ein neues Organ mit dem Titel *Combat* verfügte, nahm die Ratifizierung mit Entrüstung auf. Sie machte die Hoffnungen auf die Orientierung Deutschlands nach Osten zunichte und weckte die Befürchtung, daß sich die Feindschaft nun auf den Nachbarn im Westen richten werde. Die Herausgeber Fabrègues und Maulnier nannten die Allianz „einen Pakt, der die gesamte französische Jugend bald einem unvermeidbaren Massaker preisgibt"[33]. Der Pakt war aus der Sicht der Jeune Droite nur ein geschickter Schachzug der Sowjetunion mit dem Ziel, die europäischen Staaten untereinander in einen Krieg zu verwickeln. Aus ihrer Sicht handelte es sich um ein Bündnis zwischen Staaten mit vollkommen gegensätzlichen Interessen. Blanchot betonte, das einzige Interesse Frankreichs sei die Bewahrung des Status quo, während die Sowjetunion sich Europa unterwerfen wolle. Blanchot fürchtete, daß die Sowjets mit der Allianz nur das Ziel verfolgten, Frankreich in eine Art Stellvertreterkrieg mit Deutschland zu verwickeln, um auf diese Weise Europa zu schwächen[34].

Die jungen Rechten machten keinen Hehl aus ihrer Ansicht, daß Stalin im Vergleich mit Hitler der gefährlichere Feind war, und bekannten sich mit aller Deutlichkeit zu einer Haltung, die sie als resignierte Nationalisten auswies: Das Dritte Reich bildete den

---

[31] Vgl. Micaud, French Right, S. 70ff.

[32] Burrin, Dérive, S. 207ff.

[33] Combat, La Dictature de l'infamie, in: Combat, H. 3, 1936, S. 35f. Auch innerhalb der Jeune Droite läßt sich der Klimawechsel deutlich ablesen; vgl. die Reaktion auf den Abschluß des Paktes im Mai 1935: Blanchot, Le dérèglement de la politique française, in: Revue du XXe siècle, H. 6, 1935, S. 57.

[34] Blanchot, La guerre pour rien, in: Combat, H. 3, 1936, S. 42.

wirksamsten Schutzwall gegen den Bolschewismus. In der Folge ließen sie keine Gelegenheit aus, um die Gefährlichkeit der Kommunisten und den kurzsichtigen Eigennutz
der übrigen Volksfront-Anhänger anzuprangern. „Wir dürfen nie vergessen, daß unsere
Radikalen das Leben von Millionen Landsleuten für die kommunistische Wahlallianz
aufs Spiel setzen, unsere Kapitalisten für die Hoffnung auf Aufträge aus der Sowjetunion."[35]

Die kommunistische Weltrevolution war aus der Sicht der Jeune Droite nichts anderes
als ein neues Vehikel des alten russischen Hegemonialstrebens, das sich immer schon gegen Europa richtete. „Es gibt eine bolschewistische Gefahr, aber die wahre Gefahr ist der
Panslavismus, dem die Lehre von Marx und Engels neue Form und Gewalt gegeben hat.
Nichts entkommt dem Zwang der Gegebenheiten. Revolutionen wandeln und beruhi-
gen sich: Unter den äußerlichen Wandlungen bleibt das neue Rußland trotz allem das
ewige Rußland."[36] Mit diesen Stellungnahmen blieb die Jeune Droite in dem Interpretationsrahmen, der durch ihr Herkunftsmilieu vorgegeben war und folgerichtig aus der
Haltung zum Abessinienkrieg entwickelt werden konnte[37].

Hatte der Ordre Nouveau den Abessinienkrieg zum mahnenden Beispiel des kapitalistischen Imperialismus erhoben, so vollzog die Gruppierung mit ihrer Haltung zur französisch-russischen Allianz einen deutlichen Stellungswechsel und fand sich auf der Seite
der neopazifistischen Rechten wieder: „Dient die russische Allianz unserer Sicherheit?
Wer das glaubt, muß so dumm sein wie ein Leser des Echo de Paris oder hörig wie ein
Kommunist. [...] Stalin denkt nur daran, Frankreich als Schutzschild zu gebrauchen."[38]

Mit dieser Stellungnahme schloß sich Alexandre Marc der Auffassung an, daß die Allianz nur ein Mittel Stalins sei, um Frankreich in einen Krieg mit Deutschland zu verwik-
keln. Aber nicht nur Marc, der durch seine persönlichen Erlebnisse mit dem Kommunismus geprägt war[39], vertrat diese Ansicht. Denis de Rougemont hatte bereits vor der Bildung der Volksfront die Sympathisanten des Kommunismus der geistigen Abdankung
bezichtigt und ihnen eine defätistische Haltung vorgeworfen[40]. Die Situation erschien
nun um so bedrohlicher, als diese Haltung nicht mehr nur einige Schriftsteller betraf,
sondern eine Bewegung, die alle Aussicht auf den Wahlsieg hatte. Robert Aron griff das
zentrale Thema der Volksfront, den Kampf gegen den „Faschismus", auf, und kehrte es
in bezeichnender Weise um. Die Gefahr eines französischen Faschismus drohe der
Volksfront vielmehr aus ihren eigenen Reihen: „Diese Fremdenlegion des Kommunismus wird beim ersten Fanfarenstoß – ohne es selbst zu bemerken – Fremdenlegion des
Faschismus."[41]

Angesichts der sowjetischen Bedrohung galt der Nationalsozialismus eindeutig als
das geringere Übel. Ausdrücklich räumte Marc dies ein: „Von allen Kriegstreibern und

---

[35] Combat, La Dictature de l'infamie, in: Combat, H. 3, 1936, S. 36.
[36] Saillenfest, Tamerlan 1936?, in: Combat, H. 3, 1936, S. 43; vgl. Fabrègues, Où sont vos principes?,
in: Combat, H. 4, 1936, S. 54.; Wirsching, Kollaborationsideologie, S. 41f.
[37] Vgl. Micaud, French Right, S. 72f.
[38] Marc, Mériter la paix, in: ON, H. 33, 1936, S. 29–34, Zitat S. 30.
[39] Er war während der Oktoberrevolution in Moskau wegen konterrevolutionärer Tätigkeit festgenommen worden und nur durch einen Zufall der Hinrichtung entkommen; Rougemont, Journal
d'une Epoque, S. 93.
[40] Rougemont, La Légion étrangère soviétique, in: ON, H. 2, 1933, S. 19–23, Zitat S. 19.
[41] Aron, Ecrivains révolutionnaires?, in: ON, H. 29, 1936, S. 7–9, Zitat S. 9.

Pazifisten ist Stalin mit Sicherheit der gefährlichste."[42] Stalin gefährlicher als Hitler, die Volksfront als Marionette Rußlands, der Bolschewismus als außereuropäische Macht – mit dieser Einschätzung schloß sich der Ordre Nouveau dem Lager der resignierten Nationalisten an. Ein Krieg mit Deutschland mußte auf jeden Fall verhindert werden, da dieser die Weltherrschaft des Kommunismus bedeutete. Damit akzeptierte der Ordre Nouveau auch die Rolle des Dritten Reiches als Bollwerk gegen den Bolschewismus. Allerdings distanzierte sich der Ordre Nouveau weiterhin von der eindeutigen Option für Italien und trat vielmehr für einen Ausgleich der Großmächte ein. Jegliche weitere Polarisierung der Großmächte mußte vermieden werden, da sie die Position Europas schwächte. Nach Ansicht Alexandre Marcs aber konnte Frankreich in der gegenwärtigen Lage zu diesem Ausgleich nur dadurch beitragen, daß es sich jeder Initiative enthielt[43].

Diese Haltung lief letztlich auf einen Isolationismus hinaus, der für die Gruppierung seitdem bestimmend sein sollte. In dieser Situation war die Bewahrung des Friedens vor allem von der Rückbesinnung auf die Stärke des eigenen Landes abhängig. Wer sich, wie Léon Blum und Gaston Bergery, in einem solchen Moment für Abrüstung einsetze, begehe Verrat an seinem eigenen Land, betonte Alexandre Marc. Während sich ein großer Teil der Franzosen noch hinter der Maginot-Linie in Sicherheit wähnte, machte die Gruppierung auf Schwächen dieses Verteidigungssystems aufmerksam und forderte konkrete Schritte einer Heeresreform. Angeregt durch das Werk Charles de Gaulles über die Berufsarmee und durch persönliche Gespräche mit dem Autor, setzten sich die Mitarbeiter des Ordre Nouveau für die Umgestaltung der Wehrpflichtigenarmee in eine mobile und schlagkräftige Berufsarmee ein. Mit diesem Engagement gehörte die Gruppierung zu dem kleinen Kreis derjenigen, die bereits Mitte der dreißiger Jahre auf diese entscheidenden Schwächen hinwiesen. Gerade die extreme Rechte, die mit ihrer säbelrasselnden Rhetorik gerne nationale Stärke demonstrierte, erwies sich als ausgesprochen blind für die tatsächlichen Schwächen der militärischen Verteidigung, die sich 1940 als fatal erweisen sollten. Die Ideen de Gaulles fanden außer beim Ordre Nouveau auch im Milieu der nonkonformistischen Linken Gehör[44].

[42] Marc, Mériter la paix, in: ON, H. 33, 1936, S. 29–34, Zitat S. 30.

[43] Ebenda, S. 31ff.; ders. [Scrutator], Les sept jours, in: Sept, H. 113, 1936, S. 2. Mit einer ähnlichen Argumentation hatte Doriot, der zu diesem Zeitpunkt noch nicht in das Lager der extremen Rechten eingeschwenkt war, bereits die Sanktionen gegen Italien verurteilt. Eine Isolation Italiens würde es in die Arme Deutschlands treiben und damit dessen Revisionspolitik erst anstacheln; Burrin, Dérive, S. 207.

[44] Ebenda, S. 32. Das Projekt der Armeereform, das de Gaulle erstmals 1934 in seinem Werk Vers l'armée de metier formuliert hatte, wurde vom Ordre Nouveau entschieden unterstützt. Mit de Gaulle waren die Mitarbeiter der Gruppierung im Salon Daniel Halévys zusammengekommen; Aron, de Gaulle, S. 42; Rougemont, Journal d'une Epoque, S. 365. Darüber hinaus verfügte die Bewegung auch über langjährige Kontakte zu Emile Mayer, einem Bekannten und Kollegen de Gaulles; Brief Marcs an Sabine Aron vom 10.10.1984, Archives Rougemont, Neuchâtel, Correspondance. Vgl. die Artikel Emile Mayers in Plans und ON, Le danger aéro-chimique, in: Plans, H. 6, 1931, S. 115–120; ders., La défense du territoire français, in: Bulletin ON, Nr. 11, 1936, S. 4; Aron, L'armée dans la nation, in: ON, H. 26, 1935, S. 26–37. Zur Unterstützung des Projektes der Armeereform im Parlament vgl. Burrin, Dérive, S. 258f. und Brender, Kollaboration, S. 59; zur militärstrategischen Debatte vgl. Mysyrowicz, Anatomie d'une défaite, S. 201ff., 245ff.

Die Remilitarisierung des Rheinlands

Die Ratifizierung des französisch-russischen Beistandspaktes im Februar 1936 nutzte Hitler als vordergründigen Anlaß, um den Vertrag von Locarno zu brechen und das Rheinland zu remilitarisieren. Hitler konnte darauf bauen, daß der Pakt nicht nur bei den Garantiemächten Großbritannien und Italien als Attacke auf die Abmachungen von Locarno angesehen wurde, sondern auch bei einem großen Teil der Franzosen selbst. Mit ihrer Agitation gegen den Pakt hatte die französische Rechte dem Diktator die Argumente bereitgestellt, mit denen er seine Aggression begründen konnte. Hitler brauchte nur noch das zu tun, was die Gegner des Paktes in ihren Schreckensprognosen prophezeit hatten. Zudem konnte Hitler als selbststilisierter „Retter vor dem Bolschewismus" nicht mit der Sympathie, aber zumindest mit der Duldung dieser Aggression bei den Feinden der Volksfront rechnen[45].

Nach dem Einmarsch deutscher Truppen in das Rheinland trat die Jeune Droite die Flucht nach vorn an. Sie nahm die internationale Entrüstung über die deutsche Aggression zum Anlaß, von einer Verschwörung gegen das Dritte Reich zu sprechen. Alle Arten von „Vaterlandsverrätern" hatten sich nach Ansicht Maurice Blanchots zusammengefunden, um gegen Hitler Krieg zu führen: „Der Clan von alten Pazifisten, Revolutionären und emigrierten Juden ist zu allem bereit, um Hitler zu bekämpfen und gegen die Diktaturen vorzugehen. Neben der deutschen Ideologie gibt es eine weitere, die hartnäckig den Frieden durch ihre verkehrten Ansichten bedroht, Illusionen verbreitet und gegenwärtig Risiken vervielfacht. Das ist die Genfer Ideologie."[46]

Wieder einmal kehrte die Jeune Droite in bezeichnender Weise den Vorwurf der Kriegstreiberei um. Deutschland erschien als das Opfer der Politik des verhaßten Völkerbundes. Unter dem Deckmantel des Pazifismus kaschiere die „Genfer Ideologie" gerade das Gegenteil: einen ideologisch motivierten Krieg im Namen der Moral. Das System der kollektiven Sicherheit war Blanchot zufolge nichts anderes als die institutionalisierte Doktrin der liberalen Demokratien zur Durchsetzung ihres Hegemonialstrebens. Hitlers Coup mußte aus dieser Sicht als die unvermeidliche Folge dieser Art von Diplomatie begriffen werden, der sich Frankreich verschrieben hatte. Keinesfalls kamen daher Sanktionen gegen Deutschland in Frage, da sie die Kriegsgefahr noch gesteigert hätten. Mit der Forderung nach einer „realistischen" Diplomatie unterstrich Blanchot die Allianz mit Italien als Alternative zum Völkerbundsystem der kollektiven Sicherheit. Eine Bündnis mit der „lateinischen Schwester", so unterstellte er, habe es Frankreich ermöglicht, Hitler ohne Kriegsgefahr am Bruch des Vertrages von Locarno zu hindern[47].

Die Remilitarisierung des Rheinlands veranlaßte Brasillach zu einer grundsätzlichen Abrechnung mit der Versailler Nachkriegsordnung, die angeblich die Ursache von Frankreichs außenpolitischem Niedergang war: „der wirtschaftliche Irrsinn und Ruin, der Skandal der Reparationen, das Wiedererstarken Deutschlands, der langsame Abstieg Frankreichs auf den Rang eines Balkanstaats, die Machtergreifung Hitlers, der Niedergang der Vereinten Nationen"[48]. Folgerichtig interpretierte Brasillach, der hier erstmals

---

[45] Vgl. Wendt, Großdeutschland, S. 108, Jacobsen, Außenpolitik, S. 416ff.
[46] Blanchot, Après le coup de force germanique, in: Combat, H. 4, 1936, S. 59.
[47] Ebenda; vgl. Micaud, French Right, S. 97.
[48] Brasillach, La machine à botter les culs, in: Combat, H. 9, 1936, S. 151.

als politischer Journalist hervortrat, den deutschen Revisionismus als berechtigte Reaktion auf den Kriegsschuldartikel. Diese Schuldzuweisung war in seinen Augen der „moralische" Irrtum von Versailles. Frankreich sei mit seinen eigenen Mitteln geschlagen worden: im Namen der Moral beanspruche nun Deutschland das Recht auf Revision der Grenzen und auf Kolonien[49]. Trotz der neopazifistischen Attitüde blieb die Argumentation der Jeune Droite von einer Ambiguität geprägt: Auf der einen Seite rechtfertigte sie den Revisionismus des Dritten Reiches, um daran das Scheitern der französischen Außenpolitik zu demonstrieren. Auf der anderen Seite übersah sie nicht, daß das europäische Gleichgewicht bedroht war und insbesondere die nationalen Interessen Frankreichs verletzt wurden.

Der Ordre Nouveau zeigte sich von dem Einmarsch deutscher Truppen in das Rheinland wenig überrascht. Ohne Bedauern konstatierte René Dupuis, daß Hitler mit seinem Coup dem Versailler System endgültig den Todesstoß versetzt habe[50]. Und Alexandre Marc sah ähnlich wie Brasillach das Ereignis als eine notwendige Folge der Politik der kollektiven Sicherheit, die Deutschland in der internationalen Staatengemeinschaft isoliert habe: von dem Austritt Deutschlands aus dem Völkerbund über die Wiedereinführung der Wehrpflicht bis hin zum Abschluß des französisch-russischen Beistandspaktes: „Die unvermeidliche Folge dieser Reihe von ,Reaktionen'."[51] Unüberhörbar war auch hier der Tenor, der Nachbar habe nur auf eine äußere Bedrohung reagiert. Marc verknüpfte die „Ursachen", nämlich die verfehlte Politik des Völkerbundes und Frankreichs, mit den jeweiligen „unvermeidlichen Folgen", Deutschlands Aufrüstung und der Rheinlandbesetzung. Jedoch schenkte er den Friedensparolen Hitlers keinen Glauben, sondern war fest davon überzeugt, daß der Führer bei der nächsten Gelegenheit wieder die Konfrontation suchen werde. Letztlich konnte also nur ein starkes Frankreich den Diktator in seine Schranken weisen[52]. Seine kritische Distanz zum Nationalsozialismus veranlaßte ihn auch, den Kontakt zu Otto Abetz abzubrechen, nachdem dieser zum Frankreichbeauftragten der Ribbentrop-Dienststelle ernannt worden war[53].

Doch gab es innerhalb der Gruppierung offensichtlich unterschiedliche Ansichten über die Aufrichtigkeit von Hitler. Dies wurde auf einer Konferenz deutlich, die einige Ordre Nouveau-Anhänger unter der Leitung Daniel-Rops' veranstalteten. Kennzeichnend für den Charakter dieser Konferenz war die Teilnahme von François Berge, der als aktives Mitglied des Sohlbergkreises für eine Politik der Verständigung mit Deutschland eintrat, die der Ordre Nouveau zu Beginn des Jahrzehnts entschieden bekämpft hatte. Nachdem es in Rethel 1931 zum Bruch zwischen dem Ordre Nouveau und dem Notre Temps-Kreis um Luchaire gekommen war, hatte Berge, der sich ebenfalls zu personalistischen Ideen bekannte, die französische Delegation des Sohlbergkreises auf dem Main-

[49] Brasillach, Morale, in: Combat, H. 13, 1936, S. 36; vgl. zur Politisierung und Radikalisierung von Brasillach durch den Aufstieg der Volksfront ders., Génération, S. 163; Hilary A. Footitt hebt indessen die Prägung durch den spanischen Bürgerkrieg hervor: Footit, Robert Brasillach, S. 123–137.

[50] Dupuis, Le Mois, in: Bulletin ON, Nr. 11, 1. 5. 1936, S. 1.

[51] Scrutator [Marc], Les sept jours, in: Sept, H. 107, 1936, S. 2.

[52] Ebenda; vgl. ders., L'Etat contre les Nations, in: ON, H. 27, 1936, S. 8.

[53] Gespräch mit Marc vom 4. 12. 1994; zu Abetz vgl. Jacobsen, Außenpolitik, S. 252ff.; Abetz, Das offene Problem, S. 41ff.

zer Treffen im März 1932 geleitet – jener Veranstaltung also, die als Reaktion auf den Frankfurter *Plans*-Kongreß organisiert worden war. Er verfügte seitdem über gute Kontakte zur Deutsch-Französischen Gesellschaft, der auch Otto Abetz angehörte, und arbeitete bei den *Deutsch-französischen Monatsheften* mit[54]. Dieses gemeinsame Auftreten der ehemaligen Gegner kann nur als Geste der Versöhnung interpretiert werden. Einhellig verurteilten die Redner das Versagen der französischen Politiker und sahen insbesondere bei ihnen die Schuld für das Scheitern der deutsch-französischen Verständigung. René Dupuis zufolge hatte sich Frankreich nun in die paradoxe Situation hineinmanövriert, daß es, um den Frieden zu wahren, eigentlich Krieg führen müsse.

Eine entschieden prodeutsche Position vertraten Berge und Daniel-Rops. Berge betonte, daß auch nach diesem Vorstoß Hitlers in den Westen Frankreich nicht ernsthaft gefährdet sei. Hitlers Expansionsdrang richte sich weiterhin nach Osten. Die Franzosen sollten sich durch anderslautende Passagen in *Mein Kampf* nicht beunruhigen lassen: dieses Werk sei durch die historischen Umstände seiner Entstehung während der Ruhrbesetzung von antifranzösischen Ressentiments geprägt. Die wirklichen Feinde der Nationalsozialisten aber seien Habsburger, Juden und Bolschewisten. Dieser Haltung schloß sich Daniel-Rops an. Unerschütterlich hielt er an seiner Überzeugung von der Notwendigkeit einer deutsch-französischen Verständigung fest. Er verstieg sich zu der Behauptung, daß das Dritte Reich „gerechter und menschlicher" als das Kaiserreich unter Wilhelm II sei. Die Situation für Verhandlungen zwischen beiden Ländern erschien somit günstiger als vor dem Krieg. Daniel-Rops betonte sogar den aufrichtigen Friedenswillen des Diktators: „Meiner Ansicht nach könnte man dem deutschen Kanzler, dem es um den Frieden zwischen unseren Ländern geht, zum Beispiel sagen, daß sich das gegenwärtige Problem nicht in London, Berlin oder am Quai d'Orsay lösen läßt. Es geht vielmehr darum, die Menschen aus den künstlichen und mörderischen Zwängen überholter Institutionen zu befreien und neue Institutionen zu schaffen, die die freie Entfaltung jedes einzelnen innerhalb seiner Bindungen an Boden, Familie und Beruf ermöglichen."[55] Daniel-Rops glaubte also offensichtlich nicht nur an eine Verständigung, sondern darüber hinaus auch an die Möglichkeit, eine grundsätzliche Übereinkunft zwischen Nationalsozialisten und Personalisten zu erzielen. Dieses Bekenntnis entsprach der bereits im „Brief an Hitler" formulierten Überzeugung. Zugleich kam der Ordre Nouveau auf diese Weise den Bemühungen von Abetz entgegen, der in den *Deutsch-französischen Monatsheften* den geistigen Austausch zwischen Personalisten und Nationalsozialisten förderte. In den Jahren 1936 und 1937 mehrten sich die Versuche, den Per-

---

[54] Die ON-Konferenz wurde in *L'Œuvre* angekündigt und fand am 20. 3. 1936 im *Musée Social* statt. Neben Daniel-Rops und Berge sprachen noch Robert Aron, Claude Chevalley, Jean Jardin, Xavier de Lignac und René Dupuis, AN F7 12965, Bericht vom 21. 3. 1936; vgl. Ordre Nouveau, Mission ou Démission de la France, Paris 1936. François Berge arbeitete auch in den *Deutsch-französischen Monatsheften* mit, die vom Comité France–Allemagne und seinem deutschen Pendant herausgegeben wurden, zu dem auch Otto Abetz gehörte; Berge, Die Ursprünge Frankreichs und die Entwicklung des nationalen Gedankens, in: DFM 3 (1936), S. 326–331; ders., Les Germains en France, in: DFM 4 (1937), S. 198–201. In diesem Artikel bekannte er sich zum „Personalismus"; siehe auch Abetz, Das offene Problem, S. 60ff. Zu François Berge vgl. auch Tiemann, Jugendbeziehungen, S. 129.

[55] AN F7 12965, Bericht vom 21. 3. 1936.

sonalismus als eine „geistige Erneuerungsbewegung" zu präsentieren und auf diese Weise die Parallelen zu Deutschland herauszustellen[56].

Abgesehen von diesen Differenzen in der Bewertung der Verläßlichkeit Hitlers und der Aufrichtigkeit seiner Friedensbekundungen, stimmten Daniel-Rops und Alexandre Marc in ihrer neopazifistischen Grundposition überein. Mit der extremen Rechten teilten sie die Ansicht, daß das Dritte Reich eine zentrale Rolle bei der Verteidigung des Abendlandes vor der bolschewistischen Gefahr spiele. Von den Dissidenten der Linken unterschied sich der Ordre Nouveau durch die entschiedene Ablehnung des Parlamentarismus und seines außenpolitischen Pendants, des Genfer Systems der kollektiven Sicherheit. Bergery, Déat und Doriot nahmen zwar eine ebenso feindliche Haltung gegenüber der Sowjetunion ein und forderten eine Politik der nationalen Stärke, doch hielten sie an der Auffassung fest, daß eine Reform des Staates im Rahmen des Parlamentarismus und eine Lösung des internationalen Konfliktes innerhalb des Völkerbundes möglich sei[57].

2. Revolutionärer Nationalismus: Jeune Droite

Combat

Im Januar 1936, zu dem Zeitpunkt, als die Volksfront ihr erstes und einziges Wahlprogramm veröffentlichte, brachten Fabrègues und Maulnier die erste Ausgabe ihrer neuen Zeitschrift mit dem programmatischen Titel Combat heraus[58]. Daß sich diese Kampfansage vor allem gegen die Volksfront richten würde, machte das Manifest deutlich: „Das schreckliche Wort ‚Sammlung' hat vor einigen Jahrzehnten einen schlechten Kompromiß zwischen übergeordneten Werten und politischen Interessen bezeichnet. Heutzutage sammeln sich wieder Intellektuelle in Parteien, das heißt, sie vergessen ihre eigentli-

---

[56] Dazu war es Abetz gelungen, einen Beitrag von Emmanuel Mounier zu bekommen, Was ist der Personalismus?, in: DFM 3 (1936), S. 368–373; Rheiner/Hieronimi, Der Personalismus, eine geistige Erneuerungsbewegung in Frankreich, in: DFM 4 (1937), S. 58–63. Rougemont, um dessen Werk „Penser avec les mains" es in der Besprechung von Hieronimi und Rheiner unter anderem ging, betonte in einem Leserbrief, daß die Unterschiede zwischen Nationalsozialisten und Personalisten in dem Begriff der „Person" lägen, die nur bei letzteren Wirklichkeit werde. Ausdrücklich hob er aber hervor, daß es in der Jugend beider Länder Gemeinsamkeiten gebe, die mindestens ebenso bedeutend seien wie die Verschiedenheiten, in: DFM 4 (1937), S. 120.

[57] Vgl. Burrin, Dérive, S. 212ff.

[58] Zur Entwicklung der Jeune Droite seit 1936 gibt es zwei kürzere Abhandlungen: Leroy/Roche, Ecrivains, S. 61–72 und Leroy, Combat, S. 122–134; beide bleiben weitgehend an der Oberfläche und liefern keinerlei Informationen über Verbindungen und Hintergründe. Aus dieser Sicht bleibt die Zeitschrift in der Tradition der Action Française und zeichnet sich allenfalls durch ihren stärker ideologischen Charakter aus. Auch die Frage des Faschismus wird angesprochen, jedoch mit dem Hinweis auf die kritische Distanz zum Nationalsozialismus sogleich abgetan; vgl. ferner die von Verzerrungen nicht ganz freie Darstellung des ehemaligen Combat-Mitarbeiters Andreu, Revoltés, S. 121ff. Der überwiegende Teil der Mitarbeiter war bereits zuvor in den Kreisen der Jeune Droite aktiv gewesen: Paul Amandry, Maurice Blanchot, Jean de Fabrègues, Hugues Favart, Robert Francis, Jean Loisy, Charles Mauban, Thierry Maulnier, Jean-Pierre Maxence, Marcel Noël, Claude Roy, Jean Saillenfest, Jacques-Marie Thomas, Emile Vaast, René Vincent.

che Aufgabe und werden zu Parteianhängern. [...] Unparteilichkeit und Sammlung, Idealismus und Materialismus sind für uns Zeichen eines Niedergangs der Intelligenz, der gleichen Machtlosigkeit gegenüber der Realität."[59]

Das Manifest kehrte Bendas Intellektuellenkritik in programmatischer Weise um: nicht die nationalistischen Intellektuellen, sondern die linken Intellektuellen wurden der Pflichtvergessenheit bezichtigt: Sie hätten auf ihren Führungsanspruch verzichtet und sich selbst zu Mitläufern degradiert. Diese Polemik richtete sich insbesondere an die Adresse der verschiedenen Intellektuellenvereinigungen, die im Kampf gegen den „Faschismus" die Sammlungsbewegung der Volksfront unterstützt hatten: die Association des écrivains et artistes révolutionnaires (A.E.A.R.), das von Henri Barbusse ins Leben gerufene Comité de lutte contre la guerre et le fascisme, besser bekannt als Comité Amsterdam-Pleyel und das Comité de vigilance des intellectuels antifascistes (C.V.I.A.).[60]

Von den beiden Herausgebern prägte vor allem Maulnier den Charakter der Zeitschrift. Zusammen mit seinen Kollegen aus der ehemaligen Revue française, Maxence, Brasillach, Blond[61] und Blanchot, bestimmte er den für eine Monatszeitschrift ungewöhnlichen aggressiven Stil: Scharfe Polemik verdrängte den weltanschaulich-kulturkritischen Ton, der bis dahin insbesondere in den von Fabrègues geleiteten Zeitschriften herrschte. Auch die neuen Mitarbeiter kamen aus dem Umfeld der extremen Rechten und unterhielten meistens schon längere Zeit Kontakte zur Jeune Droite. Mit Louis Salleron hatten Fabrègues und Maxence bereits 1924 in der Gazette française zusammengearbeitet. Er war ein Spezialist des agrarischen Korporatismus und wurde 1937 Professor für Wirtschaftspolitik am Pariser Institut Catholique. Als Chefredakteur des Courrier Royal stand er ohnehin in ständigem Kontakt mit den Redakteuren der Jeune Droite, die in der Zeitschrift des Grafen von Paris mitarbeiteten[62]. Ein weiterer Experte für Korporatismus war André Monconduit, der an einem Pariser Jesuitenkolleg unterrichtete[63]. Mit Pierre Andreu und Jean Le Marchand stießen die beiden Begründer des Front national-syndicaliste zum Redaktionsteam. Die Verbindung hatte Le Marchand hergestellt, der zusammen mit Fabrègues und Vincent zu den 1930 ausgeschiedenen AF-Anhängern gehörte und das Réaction-Manifest unterzeichnet hatte. Er leitete das Sekretariat des Combat.

Ähnlich wie die Vorgängerzeitschriften befand sich der Combat in einer prekären finanziellen Situation. Es gab keine Kapitaleinlage, die Sicherheit gewährt hätte, so daß die Zeitschrift anfangs nur mit dem Kredit des Druckers und durch Spenden existieren konnte. Die Mitarbeiter erhielten ebenso wie bei den übrigen Zeitschriften kein Honorar, sondern steuerten im Gegenteil noch Geld bei[64]. Doch trotz dieser Situation und der

---

[59] Combat, Manifeste, in: Combat, H. 1, Jan. 1936, S. 3. Nach Angaben des Combat-Mitarbeiters Pierre Andreu hat Maulnier das namentlich nicht gekennzeichnete Manifest verfaßt: Andreu, Revoltés, S. 121.

[60] Vgl. Maxence, Après la peur, l'insulte, in: Combat, H. 3, 1936, S. 41; Ory/Sirinelli, Intellectuels, S. 96ff.; Lefranc, Histoire, S. 41ff., 45ff.

[61] Brasillach und Blond verfügten über gute Beziehungen zur Action française und arbeiteten für Candide und Je suis partout; vgl. Brassié, Brasillach, S. 47; Dioudonnat, Rédacteurs, S. 21, 23f.

[62] Zu Salleron vgl. Auzèpy-Chavagnac, Fabrègues, S. 108, 465; beim Courrier Royal arbeiteten mit: Fabrègues, Loisy, Mauban, Maulnier, Roy, Saillenfest, Vaast.

[63] Vgl. Auzèpy-Chavagnac, Fabrègues, S. 465.

[64] Vgl. Combat, La quatrième année, in: Combat, H. 31, 1939, S. 4.

problematischen Wirtschaftslage gelang es den Mitarbeitern, unterstützt durch Spenden von Sympathisanten, die Zeitschrift bis zum Juli 1939 zu publizieren[65]. Nach einem Jahr waren 1051 Abonnements des *Combat* in 42 Städten Frankreichs verkauft worden. 2 000 wurden anvisiert für das Jahr 1937[66]. Wenn man ähnlich wie bei den übrigen Zeitschriften dieser Größenordnung davon ausgeht, daß ungefähr die Hälfte der Exemplare frei verkauft wurde, so dürfte die Auflage zwischen 2 000 und 4 000 Stück betragen haben.

Der Kampf gegen die Volksfront erforderte nach Ansicht Blanchots den Einsatz von Gewalt. Einzig auf diese Weise glaubte er, das Volk aus seiner „Verblendung" befreien und zum Widerstand gegen eine Regierung bewegen zu können, die in seinen Augen für eine vollständige Blockade aller Reformen verantwortlich war. Unter dem Titel „Terrorismus, der Weg zum öffentlichen Wohl" schrieb er: „Es ist notwendig, daß diese Revolution gewalttätig ist, weil man mit zurückhaltenden Maßnahmen einem so abgestumpften Volk wie dem unseren keine Kräfte und Leidenschaften für eine Erneuerung entlockt. Man rüttelt es nur mit blutigen Erschütterungen auf, mit einem Sturm, der alles umstürzt."[67]

Der Sieg der Volksfront bestärkte den Kreis der *Combat*-Mitarbeiter in der radikalen Opposition gegen alle gemäßigten Kräfte. Maulnier sah die einzige Möglichkeit, die tiefen politischen Gräben zu überwinden, in einer „nationalrevolutionären" Bewegung, die die antikapitalistischen Gewerkschaftskreise mit den nationalistischen Kräften vereinigte[68]. Die radikale Kritik am Parlamentarismus richtete sich in zunehmendem Maße auch gegen die traditionelle Rechte. Maulnier und Brasillach legten ihr gleichermaßen wie der Linken den Niedergang der Nation zur Last. Aus der Sicht der Jeune Droite führte jedes Bekenntnis zur Demokratie unweigerlich zu Kapitalismus und Klassenkampf. Der einzige Unterschied zwischen der bürgerlichen Linken und Rechten bestand darin, daß die einen auf der Seite der Arbeiter, die anderen auf der Seite der Patrons dieses Prinzip unterstützten.

Ein Wandel zeichnete sich jedoch in der Strategie ab: die Jeune Droite eröffnete nun die Offensive und versuchte, den Gegner auf seinem eigenen Terrain, der Wirtschafts- und Sozialpolitik, zu schlagen. Maulnier bedauerte, daß man der Linken schon viel zu lange diese Fragen überlassen habe. Jetzt sei es die Aufgabe der nationalen Rechten, sich dieser Themen zu bemächtigen und deutlich zu machen, daß nicht der Kampf der Klassen gegeneinander, sondern deren Versöhnung das Ziel der Politik sein müsse[69]. Anlaß für diesen Strategiewechsel war der enorme Zulauf, den sowohl die Kommunisten als auch die Gewerkschaftsbewegung in den Jahren der Volksfront verzeichneten. Die Mitgliederzahl der C.G.T. wuchs innerhalb weniger Monate nach der Wiedervereinigung mit der kommunistischen C.G.T.U. im März 1936 von 785 000 auf rund vier Millionen. Die Kommunisten gewannen zudem rasch an Einfluß in den wichtigsten Sektoren: der

---

[65] Vgl. Combat, Appel, in: Combat, H. 26, 1938, S. 4. Neben den seit 1937 steigenden Papierpreisen machten auch die Inflation und die höheren Kosten des Vertriebes den Zeitschriften zu schaffen, Combat, La quatrième année, in: Combat, H. 31, 1939, S. 4; vgl. Histoire générale de la presse française, Bd. 3, S. 456.
[66] Combat, La quatrième année, in: Combat, H. 31, 1939, S. 4.
[67] Blanchot, Le Terrorisme, méthode de salut public, in: Combat, H. 7, 1936, S. 106.
[68] Maulnier, Le seul combat possible, in: Combat, H. 6, 1936, S. 85f.; vgl. ders., A la recherche de l'Etat nouveau, Revue Universelle 66 (1936), H. 9, S. 368f.
[69] Brasillach, Lettre aux cocus de la droite, in: Combat, H. 3, 1936, S. 36; Maulnier, Les Conservateurs, in: Combat, H. 5, 1936, S. 67f.

Holz-, Bau- und Chemiebranche[70]. Die Strategie der „erhobenen Hand" hatte sich bei den Volksfrontwahlen als erfolgreich erwiesen: Die Kommunisten hatten ihr Ergebnis im Vergleich zu den Wahlen von 1932 verdoppelt und damit sogar die Radikalen an Stimmen übertroffen[71].

Die Streiks nach der Bildung des Volksfrontkabinetts im Juni 1936 boten die willkommene Gelegenheit, die Arbeiterbewegung gegen die Regierung auszuspielen. Sie waren schon durch ihr Ausmaß ein neuartiges Phänomen in der französischen Geschichte: auf dem Höhepunkt des Arbeitskampfes im Juni wurden 1,8 Millionen Streikende registriert, eine bis dahin nicht erreichte Größenordnung. Ungewöhnlich war auch ihr überwiegend spontaner Charakter, weitgehend unabhängig von den Kommunisten und der Gewerkschaft C.G.T., vor allem in Betrieben mit geringer gewerkschaftlicher Organisation wie der Metall-, Textil- und Nahrungsmittelbranche. Sie beschränkten sich zudem nicht auf Arbeitsniederlegung, sondern bedienten sich zum Entsetzen der Patrons erstmals in großem Umfang der Fabrikbesetzungen, um Aussperrungen zu verhindern[72].

Im Unterschied zur traditionellen Rechten, die die Interessen der Arbeitgeber bedroht glaubte, begrüßte der *Combat* die Streiks[73]. Das weitgehende Fehlen gewerkschaftlicher Initiative bot die Gelegenheit, die Streiks als Ausdruck des „aufrichtigen" Protests der Arbeiter zu werten. Brasillach sah darin einen spontanen Aufstand gegen die Volksfront, die gerade im Matignon-Abkommen (so benannt nach dem Sitz des Ministerpräsidenten) einen ersten Anlauf zur Durchsetzung lange geforderter Sozialreformen unternommen hatte[74]. Die *Combat*-Redakteure setzten alles daran, den Keil zwischen Arbeiterschaft und Volksfront tiefer zu treiben. Die Maßnahmen des Abkommens, darunter die Einführung der 40-Stundenwoche und des bezahlten Urlaubs, gaben sie als einen schwachen Kompromiß aus, der auf Kosten der Arbeiter und der kleinen Patrons geschlossen worden sei. Die nach dem Matignon-Abkommen ausgehandelten Branchentarifverträge, in denen die Unternehmerverbände verlorenes Terrain wieder wettmachen konnten, prangerte Blanchot als Verrat am Wahlprogramm der Volksfront an: profitiert hätten wiederum nur die Kapitalisten und der Staat, eine wirkliche Sozialreform sei ausgeblieben. Während Blum außenpolitisch im Schlepptau der Internationale gefangen sei, mache er in der Wirtschaftspolitik gemeinsame Sache mit den Unternehmern. „Schöne Union, heilige Allianz, diese Verbindung von sowjetischen, jüdischen und kapitalistischen Interessen. Alle antinationalen und antisozialen Kräfte werden hier bedient."[75]

Comité National de Vigilance

Die Volksfront hatte ihre Sammlungspolitik unter dem Banner des „Antifaschismus" betrieben und bekämpfte damit insbesondere die rechtsextremen Ligen. Unmittelbar nach seinem Regierungsantritt löste Léon Blum gemäß seinem Wahlversprechen diese

---

[70] Vgl. Prost, La C.G.T., S. 37, 152ff.
[71] Racine/Bodin, Parti communiste, S. 209.
[72] Borne/Dubief, Crise, S. 149ff.; Jackson, Popular Front, S. 87ff.; Lefranc, Histoire, S. 142ff.
[73] Ähnlich reagierten auch die extremen Nationalisten von *JSP*, die ihre Kampagne seit 1936 über die Mittelschichten und die Landbevölkerung hinaus auf die Arbeiter ausdehnten; vgl. Dioudonnat, Je suis partout, S. 245.
[74] Brasillach, Blum, in: Combat, H. 6, S. 89, ähnlich Maxence, Histoire, S. 358.
[75] Blanchot, Terrorisme, in: Combat, H. 7, S. 106; vgl. Borne/Dubief, Crise, S. 154f.

Organisationen auf. Einzig La Rocque gelang es, von dem Verbot zu profitieren. Er gab vor, die Spielregeln des Parlamentarismus zu akzeptieren, und wandelte seine Feuer-kreuzler in den Parti Social Français (PSF) um[76]. Der Kampf gegen die Ligen betraf un-mittelbar auch eine Reihe von Aktivisten der Jeune Droite, die sich in der Action fran-çaise und der Solidarité française engagierten: Brasillach, Maulnier, Maxence. Die Liga der Action française, die Camelots du Roi, war bereits im Februar 1936 verboten wor-den, nachdem einige ihrer Anhänger beinahe den Chef der Volksfront gelyncht hätten. Bei der Beerdigung Jacques Bainvilles, einem der einflußreichsten Denker der Action française, am 13. Februar trafen die Teilnehmer des Trauerzuges auf Léon Blum, der zu-fällig ihren Weg kreuzte. Sie zerrten ihn aus seinem Auto und begannen ihn zu verprü-geln. Der Führer der Volksfront konnte schwerverletzt entkommen, nachdem ihm ei-nige Arbeiter zur Hilfe geeilt waren, die an einer Baustelle in der Nähe arbeiteten[77].

Die Action française war somit als erste rechtsextreme Bewegung ihrer Massenorgani-sation beraubt. Dieser Schlag hielt Maurras und seine Getreuen nicht davon ab, weiter gegen die Volksfront zu hetzen. Im Gegenteil konzentrierten sich die Angriffe nun noch mehr auf die Person Léon Blums und schürten antisemitische Ressentiments. Von den Übergriffen der aufgelösten Camelots waren die Juden noch stärker betroffen als Kom-munisten und Sozialisten[78]. Die Folgen dieses Verbots bekamen die beiden *Combat*-Mitarbeiter Brasillach und Maulnier unmittelbar zu spüren. Sie sollten als Redner bei ei-ner Veranstaltung der aufgelösten Camelots auftreten, die unter dem Deckmantel des In-stituts AF im Mai 1936 stattfinden sollte. Doch der Präfekt verbot das Treffen, nachdem bekanntgeworden war, daß die Action française einen Saal für 2 500 Personen gemietet hatte. Dies war eine Größenordnung, die noch nie zuvor eine Veranstaltung des Instituts erreicht hatte, wohl aber die Treffen der Camelots[79].

Als Reaktion auf die Auflösung der Camelots gründete ein Teil der Aktivisten der ex-tremen Rechten mit Zustimmung Maurras' Anfang März ein „Nationales Wächterko-mitee der Jugend gegen den Krieg" (Comité national de Vigilance de la Jeunesse contre la guerre). Den Vorsitz hatten Thierry Maulnier und Jean Pierre Maxence zusammen mit Louis Darquier de Pellepoix, dem Präsident der „Vereinigung der Opfer des 6. Februar 1934" (Association des blessés et victimes du 6 Février 1934), Dorgères, dem Chef der Landfront, sowie Robert Castille und Henri Charbonneau. Von der Zeitschrift *Combat* arbeiteten auch Jean Saillenfest, Kléber Haedens und Claude Roy mit[80].

Mehrere Aktivisten des nationalen Wächterkomitees hatten bereits die Kampagnen gegen den Juraprofessor Gaston Jèze angeführt. Zur „Affäre Jèze" kam es durch die Agi-tation der extremen Rechten gegen den Professor an der juristischen Fakultät der Sor-bonne, der jüdischer Herkunft und Berater der abessinischen Regierung beim Völker-bund war. Zu Beginn des Jahres 1936 störten die Studenten seine Vorlesungen mit

---

[76] Soucy, Second Wave, S. 112f.
[77] Weber, Action française, S. 365ff.
[78] AN F7 13 983/6, Bericht vom 20. 5. 1936.
[79] Die Versammlung sollte am 18. 5. 1936 in Magic-City stattfinden. Die beiden Organisatoren wa-ren Pujo und Castille, AN F7 13 983/6, Berichte vom 15. 5. 1936 und 20. 5. 1936; APP Ba 1895, Schreiben des Direktors der Police Judicaire an den Procureur de la République vom 19. 5. 1936.
[80] Zu Saillenfest: AN F7 12 965, Berichte vom 27. 3. 1936 und 28. 3. 1936; zu Haedens und Roy vgl. Charbonneau, Mémoires, S. 178f.

Sprechchören, Streiks und Rauchbomben, woraufhin die Fakultät zeitweise geschlossen werden mußte. Innerhalb kurzer Zeit hatten die Unruhen das gesamte Quartier Latin erfaßt. Ein Großteil der Demonstranten gegen Jèze und späteren Anhänger des nationalen Wächterkomitees stammte aus den Fakultäten, in denen es ein traditionell starkes rechtsextremes Milieu gab. Neben der juristischen Fakultät waren dies vor allem die Ecole libre des Sciences Politiques, die Literaturwissenschaftler der Sorbonne und die medizinische Fakultät. Auch der Organisationsgrad der Studenten war hoch. Mehr als die Hälfte der Studenten, die bei einer Demonstration am 11. Februar festgenommen wurden, gehörte einer der folgenden Bewegungen an: Feuerkreuzler, Action française, Jeunesses Patriotes und Solidarité française[81].

Aus dem Organisationskreis der rechtsextremen Studenten formierte sich das nationale Wächterkomitee. Zu den aktivsten Mitgliedern gehörte Robert Castille, Anwalt und Generalsekretär der Studentenorganisation der Action française, der der Polizei mehrfach wegen Raubes, Körperverletzung und Waffenbesitzes aufgefallen war[82]. Der Literaturstudent Henri Charbonneau, der der Polizei bereits mehrfach durch seine rechte Agitation aufgefallen war, beteiligte sich ebenfalls häufig an den Demonstrationen gegen Jèze[83]. Maxence leitete zu diesem Zeitpunkt die Studentenorganisation der Solidarité française[84].

Die vom nationalen Wächterkomitee vertretenen Positionen entsprachen weitgehend der neopazifistischen Haltung der gesamten extremen Rechten. Wiederholt beschworen die Redner die Kriegsgefahr, die ihrem Land durch die Politik der Linken drohe: durch die Sanktionen gegenüber Italien, den Beistandspakt mit Rußland und das diplomatische Versagen Frankreichs gegenüber Deutschland. Nur eine Politik der nationalen Stärke konnte ihrer Ansicht nach die Stellung Frankreichs in Europa wiederherstellen und so einen dauerhaften Frieden garantieren[85]. Doch das Komitee verschonte auch das eigene Lager nicht von scharfer Kritik. Durch seine unerbittlich antiparlamentarische Haltung geriet es immer mehr in Konflikt mit den Ligen, die sich an die bürgerliche Rechte der Nationalen Union annäherten. Maxence trat im März von allen seinen Ämtern in der Solidarité française zurück, überzeugt davon, daß auch mit den Ligen der Umsturz nicht zu erreichen sei. Das Komitee wurde immer mehr zu einem Sammelbecken für radikal aktionistische Randgruppen[86].

Der Leser des *Combat* erfuhr nichts über die Aktivitäten seiner Redakteure in dem Komitee, was insofern erstaunlich ist, als die Zeitschrift sonst über alle Konferenzen ih-

---

[81] Vgl. zum Verlauf der Affäre die Berichte in ANF 17 24 604, Dossier personnel Gaston Jèze. Affaire Jèze. Zu den Demonstranten gegen Jèze gehörte auch der Student der Rechts- und Politikwissenschaften François Mitterrand, der bei den Nationalvolontären La Rocques organisiert war; vgl. Peán, Jeunesse, S. 25ff., 43ff.

[82] Castille hatte unter anderem den Führer der demokratischen Katholiken Marc Sangnier tätlich angegriffen, vgl. AN F7 13 983/14, Bericht vom Mai 1936.

[83] AN F17 24 604, Bericht vom 29. 2. 1936; AN F7 13 983/14, Bericht vom Mai 1936.

[84] AN F17 24 604, Berichte vom 11. 2. 1936 und 29. 2. 1936; auch Maulnier war dort Ende Februar als Redner aufgetreten.

[85] Vgl. AN F7 12 965, Berichte vom 27. 3. 1936 und 28. 3. 1936; APP Ba 1896, Bericht vom 24. 4. 1936.

[86] AN F7 12 965, Bericht vom 23. 3. 1936; vgl. Maxence, Histoire, S. 323; Charbonneau, Mémoires, S. 179.

rer Mitarbeiter informierte und die inhaltlichen Positionen weitgehend übereinstimmten. Auch *Combat* verteidigte die Position des Neopazifismus und polemisierte unerbittlich gegen die bürgerliche Rechte. Ebenfalls richtete sich die Zeitschrift an die nationalistischen Studenten und Absolventen der Hochschulen[87]. Doch diese wachsende Radikalisierung eines Teils der Jeune Droite stieß innerhalb der Zeitschrift auf Widerstand. Jean de Fabrègues beklagte sich in einem Brief an Maulnier über die Entwicklung des *Combat* zu einem polarisierenden Kampfblatt und erinnerte ihn an die gemeinsamen Ziele, die im Gründungsmanifest der Zeitschrift formuliert worden waren. Nach Ansicht Fabrègues' verengte sich der Adressatenkreis der Zeitschrift immer mehr auf eine kleine, extrem radikale Klientel, während die ursprüngliche Absicht gewesen sei, ein intellektuelles Forum der Rechten zu schaffen, das auch Feuerkreuzler und katholische Arbeiter erreichte[88].

Insurgé – Sprachrohr der Cagoule?

Eine Spaltung der Jeune Droite konnte dadurch verhindert werden, daß der aktivistische Flügel Anfang 1937 ein eigenes Wochenblatt kreierte: *Insurgé. Politique et social.* Das Blatt gewann innerhalb der Presse der extremen Rechten schnell ein eigenes Profil durch seinen äußerst aggressiven Ton, populistische Vereinfachungen und schärfste Hetzkampagnen gegen Juden und Kommunisten. Ein Großteil der Redakteure stammte vom *Combat* und war vorher im nationalen Wächterkomitee aktiv gewesen: die beiden Herausgeber Maulnier und Maxence ebenso wie Jean Saillenfest, Kléber Haedens, Claude Roy und Robert Castille[89]. Zahlreiche weitere *Combat*-Mitarbeiter schrieben ebenfalls für den *Insurgé:* Dominique Aury[90], Maurice Blanchot, Robert Francis, François Gravier und Jean Loisy. Gerade wegen dieser engen personellen Verflechtung legten beide Zeitschriften Wert darauf, ihre völlige Unabhängigkeit voneinander und von Dritten zu betonen. Im Fall des *Insurgé* hatten diese Beteuerungen aber noch einen weiteren Hintergrund. Die Zeitschrift dementierte damit das Gerücht, daß sie durch Geheimfonds aus den Kreisen der extremen Rechten unterstützt werde[91]. Bestätigt wurde der Verdacht erst in den sechziger Jahren durch Henri Martin, einen ehemaligen Camelot, der 1930 aus der Action française ausgeschlossen wurde und einer der Drahtzieher der Geheimorganisation Cagoule war. Er versicherte, daß der *Insurgé* direkt von dieser Geheimorganisation finanziert worden sei[92]. Bei der Cagoule – ihr richtiger, aber weniger

---

[87] Vgl. AN F7 13 983/14, Bericht vom 26. 5. 1936.

[88] Ausdrücklich nannte er neben Maulnier selbst auch Maxence als Adressaten seiner Kritik; Brief Fabrègues' an Maulnier, o. D., Ende 1936, reproduziert bei Auzèpy-Chavagnac, Fabrègues, Annexe 63; vgl. ebenda, S. 467ff.

[89] Maxence hat sich daraufhin endgültig von *Combat* getrennt, während Maulnier weiterhin beide Zeitschriften leitete.

[90] Eigentlich Anne Desclos, Dozentin für Kunst der Pariser Abteilung der Columbia-Universität, später bekannt geworden als Pauline Réage, Autorin der „Geschichte der O."; vgl. Auzèpy-Chavagnac, Fabrègues, S. 466; vgl. Sirinelli, Génération, S. 95.

[91] Insurgé, A nos camarades, in: Insurgé, H. 2, 1937, S. 1; Fabrègues/Maulnier, Combat – Insurgé, in: Combat, H. 12, 1937, S. II.

[92] Aufgezeichnetes Gespräch mit Martin, abgedruckt bei Péan, Docteur, S. 96–99, hier S. 97; das Geld dürfte von Lemaigre-Dubreuil, dem Inhaber der Ölfabrik Lesieur, gekommen sein; vgl.

bekannter Name lautete Organisme spécial d'action régulatrice nationale (O.S.A.R.N.) – handelte es sich um eine Abspaltung der Action française, die weniger durch eine spezifische Ideologie als vielmehr durch Terroranschläge und Attentate hervortrat: unter anderem gingen die Ermordung des kommunistischen Finanzberaters Boris Navachine und des Antifaschisten Carlo Roselli auf ihr Konto. Zu ihr gehörte auch die Geheimorganisation aus Kreisen der hohen Militärs mit dem Namen Réseaux Corvignolles[93].

Es wäre verfehlt, sämtliche Mitarbeiter des *Insurgé* als Aktivisten der Cagoule zu verdächtigen. Die einen arbeiteten für die Öffentlichkeit, die anderen im Untergrund: diese Tätigkeiten schließen einander aus. Dennoch läßt sich eine Mittelsperson zwischen den beiden Kreisen ausmachen: Henri Charbonneau, einer der Aktivisten des nationalen Wächterkomitees, knüpfte 1937 Kontakte zu Eugène Deloncle von der Leitung der Cagoule und wurde während dessen Haft 1938 sein Privatsekretär[94]. Zumindest die Herausgeber der Zeitschrift mußten von der Herkunft des Geldes gewußt und damit letztlich nicht nur in die Ziele, sondern auch in die Methoden der Organisation eingewilligt haben. Wie Maurras später zugab, war der Hergang der Attentate bis in die Details hinein in der gesamten extremen Rechten bestens bekannt[95]. Maxence und Maulnier konnten daher kaum behaupten, nichts vom terroristischen Charakter der Organisation gewußt zu haben.

Ihre Bereitschaft zur Unterstützung von Terror und Gewalt haben die *Insurgé*-Mitarbeiter zumindest verbal hinreichend signalisiert. Maxence und Maulnier hatten sich bereits durch ihr Engagement bei der Solidarité als Sympathisanten einer faschistischen Bewegung zu erkennen gegeben. Blanchot hatte im *Combat* den Terrorismus als einziges Mittel zur Bekämpfung des Regimes propagiert. Auch Maulnier hatte sich dort zum Anwalt der Gewalt gemacht. „Wir lehnen Gewalt nicht ab, wir halten sie häufig für notwendig. Wir glauben, daß heute mehr denn je zuvor ein Kampf geführt werden muß."[96] Zudem machte der *Insurgé* keinen Hehl aus der Absicht, an den Schaltstellen der Macht – in Polizei, Militär und Verwaltung – Sympathisanten zu gewinnen, während gleichzeitig Cagoule in Zusammenarbeit mit hohen Militärs einen Staatsstreich vorbereitete[97]. Die Zeitschrift ließ kaum eine Gelegenheit aus, die Volksfront als das eigentliche Terrorregime darzustellen. Auf diese Weise suggerierte sie, daß die Regierung gleichfalls nur mit Gewalt bekämpft werden könne. Ausführlich wurden regelmäßig die heimlichen Waffenlieferungen der Volksfront an die spanischen Republikaner enttarnt, ergänzt

Weber, Action française, S. 511. Ein Polizeibericht vom 24. 2. 1937 über eine *Insurgé*-Veranstaltung erwähnt nichts von möglichen finanziellen Zuwendungen, warnt aber vor „möglichen Zusammenstößen", AN F7 12966.

[93] Durch die Auflösung der Ligen erhielt die Cagoule weiteren Zulauf, doch betrug die Zahl ihrer Anhänger niemals mehr als 1 000; Freigneaux, Cagoule, S. 6–17. Der Artikel geht zurück auf eine memoire de maîtrise, in der der Autor neue Quellen vor allem aus den Archives de Paris auswertet; ferner Bourdrel, La Cagoule, S. 49ff.

[94] Charbonneau, Mémoires, S. 187.

[95] Im Juli 1945 bei einer öffentlichen Erklärung, Maurras, Au grand juge, S. 194; Weber, Action française, S. 397.

[96] Maulnier, Le seul combat possible, in: Combat, H. 6, 1936, S. 85f., Zitat S. 85; vgl. ders., Les deux violences, in: Combat, H. 2, 1936, S. 22.

[97] Bertin [Maulnier], Nous voulons des agitateurs, in: Insurgé, H. 1, 1937, S. 5; Gravier, Le mythe du coup d'Etat, in: Insurgé, H. 10, 1937, S. 3; Guesclin, La faillite des ligues, in: Insurgé, H. 8, 1937, S. 3; zu Cagoule siehe Freigneaux, Cagoule, S. 12ff.

durch Berichte und Reportagen über französische Söldner, die angeblich ungehindert die Grenze passierten[98]. Diese Kampagne, die im Einklang mit der gesamten extremen Rechten geführt wurde, sollte die Verwicklung der Regierung Blum in den spanischen Bürgerkrieg belegen und deren öffentlich verkündete Nonintervention Lügen strafen. Der Vorwurf war unmißverständlich: Indem die Volksfront insgeheim die Republikaner unterstütze, mache sie sich zum Handlanger der Kommunisten und drohe Europa in einen Krieg zu verwickeln, aus dem nur der Bolschewismus als Sieger hervorgehen könne[99]. Diese Argumentationsweise war charakteristisch für die politischen Ansichten der Zeitschrift, die nicht müde wurde, die „Korruption" der Regierung und die Gewalttätigkeit der Kommunisten anzuprangern. Ihre Strategie bestand hauptsächlich darin, die Opfer politischer Auseinandersetzungen der Volksfront anzulasten. „Kommunistische Mörder" lautete der Titel einer Meldung, in der die Regierung für den Tod von zwei Anhängern rechtsextremer Gruppierungen (PSF und PPF) verantwortlich gemacht wurde. Michel Lombard ging so weit zu behaupten, daß die Kommunisten in Algerien sogar von der Polizeipräfektur die Lizenz zum Töten erhalten hätten[100].

Einen Höhepunkt erreichte die Eskalation der Gewalt in der Schießerei von Clichy am 16. März 1937. In dem Pariser Vorort, einer Hochburg der Kommunisten, schoß die Polizei auf Demonstranten, die gegen eine Kinoveranstaltung von La Rocques PSF auf die Straße gegangen waren. Es gab fünf Tote und rund 150 Verletzte[101]. Obwohl die Opfer zur extremen Linken gehörten, zögerte der *Insurgé* nicht, die Verantwortung der Volksfront zuzuweisen. Unter der Schlagzeile „Mörder, abdanken!" zeigte eine Karikatur Léon Blum mit bluttriefenden Händen. Darunter stand: „Wer hat behauptet, ich hätte kein französisches Blut?"[102] Solche antisemitischen Attacken gingen einher mit dem Vorwurf an die Regierung, die Demonstranten mit ihrer Antifaschismus-Kampagne erst gegen den PSF aufgestachelt zu haben[103].

Der Angriff gegen die Volksfront war von einem Appell an die Wählerschichten der Linksparteien begleitet, der ein bis dahin unbekanntes Ausmaß erreichte. Mehr als jedes andere Organ der extremen Rechten in Frankreich richtete sich *Insurgé* – mit dem erklärten Ziel, möglichst effektiv den Kommunismus zu bekämpfen – an die gewerk-

---

[98] Maulnier, Plus que jamais les volontaires vont passer en Espagne, in: Insurgé, H. 7, 1937, S. 1/8; Dallers, Sur les routes et sur mer, on passe en Espagne, in: Insurgé, H. 9, 1937, S. 5; ders., Armes et Miliciens continuent à passer en Espagne rouge, in: Insurgé, H. 10 bis, 1937, S. 8; H., De Marseille, des Armes et des hommes partent toujours pour l'Espagne, in: Insurgé, H. 13, 1937, S. 7; NN, Je suis un évadé, in: Insurgé, H. 39, 1937, S. 8.

[99] Weber, Action française, S. 381ff.; vgl. zur Haltung Frankreichs im spanischen Bürgerkrieg Warner, France, S. 306–326; Pike, Les Français, S. 71ff.

[100] Lombard, Communistes assassins, in: Insurgé, H. 8, 1937, S. 1. Dieser Artikel hatte eine Durchsuchung der Redaktion zur Folge, ohne daß offenbar belastendes Material gefunden werden konnte; vgl. Maxence/Maulnier/Sopault/Haedens/Blanchot, Joyeuse Mi-Carême ou l'historique d'une perquisition, in: Insurgé, H. 9, 1937, S. 3.

[101] Weber, Action française, S. 391; vgl. den Untersuchungsbericht der Sûreté AN F7 13 985. Mit der Schießerei wurde auch die Cagoule in Verbindung gebracht. Ein Beweis konnte aber nicht erbracht werden, vgl. Bourdrel, Cagoule, S. 173ff.

[102] Assassins, démission, in: Insurgé, H. 11, 1937, S. 1. Die Karikaturen stammten von Ralph Soupault, der ebenfalls für *Action française* und *Je suis partout* arbeitete.

[103] Maulnier, Ceux qui n'y étaient pas, in: Insurgé, H. 10 bis, 1937, S. 5; vgl. Maxence, Blum, démission!, ebenda.

schaftlich organisierten Unter- und Mittelschichten[104]. Maurice Grandchamp sah das Haupthindernis eines nationalen Syndikalismus in der starken Präsenz kommunistischer Gewerkschaftler. Er rief dazu auf, zunächst diese „nationsfeindlichen" Kräfte auszuschalten: „Mit einer konzertierten Aktion, geheim oder öffentlich, müssen die ausländischen Agenten in der Organisation vernichtet und die antifranzösischen Aktionen in den kommunistischen Zellen systematisch sabotiert werden."[105] Mit einer Sondernummer zum Tag der Arbeit, dem 1. Mai, unterstrich die Zeitschrift ihre Absicht, das Arbeitermilieu mit nationalistischen Ideen zu durchdringen (Umgekehrt hatten die Kommunisten im Vorjahr den Tag zu Ehren von Jeanne d'Arc am 10. Mai begangen.)[106]. Unter den Mitarbeitern gab es enge Verflechtungen zu verschiedenen Gewerkschaftsverbänden: François Gravier gehörte der christlichen Gewerkschaft an[107], Jean Saillenfest war Mitglied der Union Corporative des Fonctionnaires[108]. Serge Jeanneret leitete die Union corporative des Instituteurs (U.C.I.)[109]. Jean Le Cour-Grandmaison, Abgeordneter des Departements Loire-Inférieure, gehörte ebenso wie André Voisin den Métiers Français an, dem Berufsverband des *Courrier Royal*[110]. Louis Salleron war Mitglied der Confédération générale des syndicats des Classes moyennes und verfügte über gute Kontakte zu den Neosozialisten um Marcel Déat[111]. Auch zu dem kommunistischen Renegaten Jacques Doriot gab es Verbindungen. Maurice-Yvan Sicard und Henri Lauridan zählten zu den Anhängern des 1936 von Doriot gegründeten Parti Populaire Français (PPF)[112].

Die außerordentliche Hetze gegen die Kommunisten als „Drahtzieher" der Volksfront entsprach wiederum der Strategie der Cagoule. Mit Bombenattentaten auf zwei große Unternehmerverbände (Confédération générale du patronat français/Union patronale interprofessionnelle) im September 1937 versuchte die Geheimorganisation ein kommunistisches Komplott vorzutäuschen und auf diese Weise die Intervention der Armee zu provozieren. Das Unternehmen scheiterte, obwohl die rechte Presse zunächst der falschen Fährte Glauben schenkte. Der *Insurgé* schrieb das Attentat der Polizei zu und beschuldigte die Volksfront und die Sowjetunion, ihre Finger dabei im Spiel zu ha-

[104] Weber, Action française, S. 511; vgl. Maulnier, Le communisme, ce fantôme, in: Insurgé, H. 8, 1937, S. 1/8.
[105] Grandchamp, Lecteurs de L'Insurgé, à l'Œuvre dans vos syndicats!, in: Insurgé, H. 8, 1937, S. 2.
[106] Maulnier, Non, le 1er mai n'appartient pas au Jouhaux, in: Insurgé, H. 16 bis, 1937, S. 1f. Die C.G.T. hatte vergeblich versucht, das Erscheinen der Nummer zu verhindern.
[107] Auzèpy-Chavagnac, Fabrègues, S. 465.
[108] AN F7 13983/14, Bericht vom Mai 1936.
[109] APP Ba 1895, Brief Jeannerets an den Präfekten vom 6. 7. 1935 über die Gründung der Gewerkschaft, vgl. Bericht vom 26. 10. 1938.
[110] Vgl. Le Cour-Grandmaison, Discours à la Chambre, in: La Justice Sociale, H. 9, 1937, S. 4f.; Voisin, Le second congrès des Métiers Français, in: Insurgé, H. 26, 1937, S. 2.
[111] Montagnon, De Jaurès à Blum, S. 163f.; vgl. Burrin, Dérive, S. 254.
[112] Lauridan war vormals Kommunist und Anhänger des syndikalistischen Zweiges der C.G.T., orientierte sich aber seit Mitte der zwanziger Jahre zunehmend nach rechts. Nach einem Engagement beim Faisceau und der Solidarité française gelangte er schließlich 1936 zum PPF; APP Ba 1945, Abschrift eines Flugblatts vom 3. 12. 1936, Ba 1960, Bericht vom 30. 1. 1936. Sicard schrieb seit 1936 regelmäßig für die *Emancipation Nationale*.

ben. Doch die Militärs aus den Réseaux Corvignolles schreckten vor den Putschplänen schließlich zurück[113].

Im Oktober stellte die Zeitschrift ihr Erscheinen ein, im November deckte der Innenminister Marx Dormoy die Hintermänner der Attentate auf. Ein Zusammenhang zwischen den Nachforschungen und der Einstellung der finanziellen Unterstützung läßt sich nicht nachweisen. Zumindest war auch der *Insurgé* auf Anweisung des Innenministeriums überwacht worden[114]. Maulnier reagierte auf die Entdeckung der wahren Täter mit einer Stellungnahme, die einerseits Distanzierung von der Cagoule, andererseits grundsätzliche Zustimmung signalisierte. Er forderte „ein Komplott gegen die Sicherheit des Staates, das diese Bezeichnung verdient", und prangerte die mangelhafte Vorbereitung des Attentats und die unzureichende Strategie der Cagoule an. Aber weder die brutale Vorgehensweise noch das Ziel eines Staatsstreichs stellte er in Frage. Vielmehr legte er seine Umsturzpläne dar, die in einer Koordination verschiedener Aktionen bestanden. Verbündete brauchte man Maulnier zufolge nicht nur beim Militär, sondern auch in der Verwaltung und in Regierungskreisen. Außerdem mußte dem Umsturz eine Mobilisierung der Öffentlichkeit vorausgehen, die durch die konsequente Mißachtung von Recht und Gesetz die Regierung in Zugzwang bringen sollte. Durch zivilen Ungehorsam und Generalstreiks von Arbeitern, öffentlichem Dienst, Ingenieuren und der Landwirtschaft sollte die Regierung zum Handeln gezwungen werden[115]. An dieser Stelle brachte Maulnier unverblümt zum Ausdruck, zu welchem Zweck die Gewerkschaftspolitik der extremen Rechten in erster Linie dienen sollte: nicht so sehr als Interessenvertretung, sondern als Instrument des politischen Kampfes. Im wesentlichen stellten diese Überlegungen eine Erweiterung der Cagoule-Pläne dar, für die ebenfalls der Gedanke der Provokation eine zentrale Rolle spielte. Die Regierung sollte gezwungen werden, als erste zu handeln, um sie auf diese Weise ins Unrecht zu setzen und den Umsturz als Maßnahme zur Aufrechterhaltung der Ordnung ausgeben zu können[116]. Selbst wenn der *Insurgé* von den Weisungen der Geheimorganisation unabhängig war, so ergänzten sich die Strategie der Zeitschrift und die Pläne der Cagoule. Propagandistisch bereitete der *Insurgé* den Weg für ein Klima der Gewalt und des Hasses, das die Voraussetzung für den Staatsstreich der Cagoule war.

Doch der *Insurgé* war weit davon entfernt, die Kräfte der extremen Rechten zu vereinigen. Zwar hatte die Zeitschrift bereits nach zwei Monaten 1 000 Abonnenten gewonnen[117] und verfügte über sehr gute Verbindungen zu zahlreichen Gewerkschaftsverbänden, doch ihren Radikalismus empfanden selbst zahlreiche Anhänger der extremen Rechten als inakzeptabel. Programmatisch hatte sich der *Insurgé* so weit von dem elitä-

---

[113] Maulnier, Pour la croisade antifasciste fraiche et joyeuse, in: Insurgé, H. 36, 1937, S. 1/8. Nachdem die Cagoule in Verdacht geraten war, die Attentate begangen zu haben, betonte Maulnier, es sei egal, ob Faschisten oder Antifaschisten dahintersteckten, die Drahtzieher seien in erster Linie Ausländer: Bertin [Maulnier], Trois attentats fascistes ou antifascistes commis chez nous en une semaine par des étrangers, in: Insurgé, H. 38, 1937, S. 1/3; Freigneaux, Cagoule, S. 11f.; Weber, Action française, S. 396f.

[114] Daumas, Dormoy se dérobe et fait intercepter notre courrier, in: Insurgé, H. 38, 1937, S. 8.

[115] Maulnier, Pour un complot contre la sûreté de l'Etat digne de ce nom, in: Combat, H. 20, 1937, S. 148f.

[116] Zur Strategie der Cagoule vgl. Freigneaux, Cagoule, S. 10f.

[117] Insurgé, Pour reponde aux poursuites abonnez vous, in: Insurgé, H. 9, 1937, S. 1.

ren Mittelstandsdenken der Action française abgewandt, daß Maurras in einem Brief an Maulnier seine Beunruhigung über ein Abgleiten in den Staatssozialismus ausdrückte und zur Mäßigung mahnte[118]. Aber Maurras war auch der Aktionismus der Cagoule ein Dorn im Auge. Seit dem Sommer 1936 warnte die *Action française* vor den schlecht vorbereiteten und unverantwortlichen Handlungen der Organisation, die nach Maurras' Ansicht ähnliche Strukturen wie die verhaßten Freimaurerlogen entwickelt hatte[119]. Colonel La Rocque distanzierte sich wegen der fortgesetzten Angriffe der Zeitschrift gegen den Legalitätskurs seines PSF, der mit seinen über 700 000 Anhängern nicht nur die größte Gruppierung der Rechten bildete, sondern auch die größte Partei überhaupt[120]. Der Konflikt gipfelte in einer angeblichen Morddrohung aus den Reihen des PSF gegen die Frau des *Insurgé*-Herausgebers Maxence, Hélène Colomb[121].

Neben der polarisierenden Polemik, wie sie der aktivistische Flügel der Jeune Droite schätzte, gab es andererseits durchaus Ansätze zum Dialog mit benachbarten oder sogar feindlichen Gruppierungen. Besonders Jean de Fabrègues bemühte sich angesichts nivellierender Propaganda um eine differenzierte Auseinandersetzung. Er setzte sich konstruktiv mit den Katholiken Maritain und Mounier oder mit marxistischen Autoren wie Lefebvre und Guterman auseinander[122]. Zusammen mit Gabriel Marcel unternahm er in der Zeitschrift *Civilisation (1938–1939)* den Versuch, die antirepublikanischen Intellektuellen zur Verteidigung der französischen Kultur zu versammeln. Doch dazu fehlte dem Organ letztlich das Profil. Außer Literaturbesprechungen veröffentlichte die *Civilisation* häufig Nachdrucke, etwa Maulniers Artikel aus dem *Combat,* oder ebenso grundsätzliche wie unverbindliche Stellungnahmen mit Titeln wie „Muß man sich noch mit dem Liberalismus auseinandersetzen?".[123]

Im *Combat* trafen die unterschiedlichen Auffassungen aufeinander. Sie kamen in den Spannungen zwischen den beiden Herausgebern zum Ausdruck, die Fabrègues bereits in seinem Brief an Maulnier angesprochen hatte. Maulnier und der Kreis der *Insurgé*-Mitarbeiter wollten den Staatsstreich und waren bereit, ihn auch mit Gewalt zu unterstützen. Fabrègues hingegen gab der „Wiederbelebung intellektueller und geistiger Standpunkte" den Vorzug, während er eine direkte Verwicklung in die Politik entschieden ablehnte[124]. Er verstand sein intellektuelles Engagement als Resultat einer Aufgabenteilung zwischen der Macht und der Kritik an der Macht. Er postulierte eine Doppelmoral: die des christlichen Humanismus für die Intellektuellen und die der Macht für die Politiker. Engagement bedeutete für ihn zwar durchaus politische Stellungnahme und publizistische Aktivität, es war aber unvereinbar mit dem Wechsel zur Partei der Macht. Dieser Einstellung war er seit den Februarunruhen 1934 treu geblieben. Trotz

---

[118] Brief Maurras' an Maulnier, ohne Datum, abgedruckt bei Massis, Maurras et notre temps, S. 275f.

[119] Weber, Action française, S. 397f.

[120] Soucy, Second Wave, S. 114.

[121] Ein Photo der angeblichen Morddrohung wurde in *Insurgé* veröffentlicht: La menace anonyme, in: Insurgé, H. 32, 1937, S. 6.

[122] Fabrègues, Indépendance? Oui, sauf de la vérité, in: Combat, H. 2, 1936, S. 20f.; ders., L'homme petit, in: Combat, H. 5, 1936, S. 70f.; ders., Apologie de la nuance, in: Combat, H. 7, 1936, S. 102f.; vgl. Vincent, Bernanos le visionnaire, ebenda, S. 75f.

[123] Salleron, Faut-il encore parler du libéralisme?, in: Civilisation, H. 10/11, 1938, S. 26–30.

[124] Brief Fabrègues' an Maulnier *[Ende 1936]*, Auzèpy-Chavagnac, Fabrègues, Annexe 63.

gegensätzlicher politischer Ansichten unterschied sich Fabrègues in diesem Punkt nicht von Julien Benda[125].

Ein weiterer Unterschied zwischen den beiden *Combat*-Herausgebern läßt sich in der Haltung zur sozialen Frage feststellen. Maulnier sympathisierte mit dem revolutionären Syndikalismus der französischen Arbeiterbewegung, der bis zum Ersten Weltkrieg die dominierende Strömung innerhalb der französischen Gewerkschaftsbewegung gebildet hatte. Durch seine doppelte Frontstellung, einerseits gegen die internationale Arbeiterbewegung, andererseits gegen den reformistischen Kurs der C.G.T., ließ er sich zumindest argumentativ für die Ziele der radikalen Nationalisten einspannen. Maulnier berief sich hierbei auf das Experiment des Proudhon-Kreises (1912–1914), in dem seiner Ansicht nach erstmals die Synthese von revolutionärem Syndikalismus und integralem Nationalismus verwirklicht worden war[126].

Die kurze Existenz des vom damaligen AF-Wirtschaftsredakteur Georges Valois ins Leben gerufenen Kreises genügte, um die Hoffnung auf einen Zusammenschluß der beiden Lager zu nähren. Durch den Einfluß von Pierre Andreu, der 1936 von den Neosozialisten zur Doriot-Bewegung gewechselt war[127], wurde die Episode des Proudhon-Kreises zu einer Art Gründungsmythos einer national-syndikalistischen Bewegung. Andreu entwickelte im *Combat* seine These von den spezifisch französischen Ursprüngen des italienischen Faschismus – einem Faschismus als Synthese aus dem Syndikalismus Sorels und dem Nationalismus Maurras', wie sie der Proudhon-Kreis erstmals formuliert hatte[128]. Die Sympathie für die Formen des syndikalistischen Kampfes, Generalstreik und „direkte Aktionen" (Aufmärsche und Fabrikbesetzungen), gründete auf einer (allerdings einseitigen) Auslegung von Sorels *Reflexions sur la violence*. Sie verband sich mit dem Versuch, die lokalen, unabhängigen Arbeiterorganisationen für die eigenen politischen Ziele zu instrumentalisieren. Das Bemühen um eine basisdemokratische Interessenvertretung lag den Vertretern dieses nationalen Syndikalismus hingegen fern[129].

---

[125] Vgl. Fabrègues, Les conditions d'une action efficace, in: Combat, H. 6, 1936, S. 84. Zu Benda vgl. die Analyse von Benjamin, Standort des französischen Schriftstellers, S. 782f.

[126] Maulnier, Les deux violences, in: Combat, H. 2, 1936, S. 22; ähnlich Saillenfest, Fascisme, in: Combat, H. 8, 1936, S. 139f.; vgl. Schöttler, Syndikalismus, S. 419–476.

[127] Vgl. seine Artikel in der *Emancipation Nationale* seit Mai 1936.

[128] Andreu, Fascisme 1913, in: Combat, H. 2, 1936, S. 23f.; ders., Demain sur nos tombeaux…, in: Combat, H. 4, 1936, S. 55; vgl. Andreu, Rouge, S. 96ff. Genau diese These liegt auch den Werken von Sternhell zugrunde. Sternhell hat diese Faschismus-Konzeption der französischen extremen Rechten weitgehend übernommen, den Einfluß des vermeintlichen „revolutionären Syndikalismus" Sorels noch stärker betont und daraus seine „Faschismus"-These entwickelt. Mit dieser These, die Sternhell in seinen Werken *La droite révolutionnaire* und *Ni droite, ni gauche* entwickelt, ist er zu Recht scharf angegriffen worden. In diesem Zusammenhang hat vor allem Jacques Julliard darauf hingewiesen, daß der revolutionäre Syndikalismus lange Zeit auf seinen angeblichen Theoretiker Sorel reduziert worden ist, obwohl er als genialischer Außenseiter nur sehr lockere Verbindungen zur Bewegung hatte und seine Ideen an der Basis kaum rezipiert wurden; vgl. Julliard, Fascisme imaginaire, in: Annales 39 (1984), S. 852ff. Zum Proudhon-Kreis vgl. Douglas, Fascism, S. 28–33 und Mazgaj, Action Française, S. 170–193.

[129] Maulnier, complot, in: Combat, H. 20, 1937, S. 149 und Maulnier, Violences, in: Combat, H. 2, 1936, S. 22; vgl. Roth, The Cult of Violence.

Diesem Kreis stand derjenige um Fabrègues gegenüber, der sich zum Anwalt des „sozialen Status quo" machte[130]. Auch er begründete seinen Standpunkt nicht mit wirtschaftlichen Argumenten, wie Fabrègues' Ansichten über Pierre-Joseph Proudhon deutlich machen. Fabrègues würdigte in Proudhon nicht so sehr den Theoretiker des Frühsozialismus, sondern eher den Apostel einer neuen Arbeitsmoral. Was ihn an dem Autor interessierte, waren nicht seine Thesen zur Selbstverwaltung der Arbeiter, die auf eine Emanzipation gegenüber den Patrons zielten. Er begriff Proudhon vielmehr als einen Prediger der neuen Harmonie von Arbeitgebern und Arbeitnehmern. Proudhon hatte Fabrègues zufolge den „heroischen" Charakter der Arbeit hervorgehoben und der Wohltätigkeit eine quasireligiöse Weihe verliehen[131]. Diese Vorstellungen gründeten zweifellos auf einer einseitig verzerrten Auslegung der Theorien Proudhons im Sinne eines paternalistischen Korporatismus. Anstatt den Forderungen nach mehr Rechten der Arbeiter Nachdruck zu verleihen, betrachtete Fabrègues die Verbesserung der Arbeitssituation als Akt patronaler Güte und Nächstenliebe. Mit seiner nostalgischen Verklärung von Wert und Würde der Arbeit lenkte er ab von der Suche nach Lösungen zur Überwindung der Wirtschaftskrise und den berechtigen Interessen der Arbeitnehmerorganisationen[132].

In der Rolle, die beide Kreise der Arbeiterbewegung zugedacht hatten, treten die unterschiedlichen Strategien deutlich hervor: auf der einen Seite der Versuch, neue Anhänger zu mobilisieren und die Dynamik der Arbeiterbewegung für einen Umsturz zu nutzen, auf der anderen Seite das Bemühen, das revolutionäre Potential der Bewegung durch den Appell an Moral und Solidarität zu dämpfen. In beiden Fällen war das Interesse an der sozialen Frage nicht durch klassenkämpferische Ideen motiviert, sondern zielte auf die Überwindung des Klassenbegriffs und die Wiederherstellung des nationalen Konsenses. Die grundsätzliche Feindschaft zum Kommunismus vereinte die beiden Kreise der Jeune Droite. Ihr auffälliges Interesse an der sozialen Frage war von dem Bemühen bestimmt, die Arbeiterbewegung dem Einfluß der Kommunisten zu entziehen und sie für ihre nationalistischen Ziele zu gewinnen.

Die Furcht vor den Kommunisten trieb die Jeune Droite in das Lager von deren erbittertstem Feind: Jacques Doriot. Der ehemals kommunistische Bürgermeister von Saint-Denis hatte sich nach einer Phase der tiefen Desillusionierung von der Ideologie der Partei distanziert und sich zu einem haßerfüllten Antikommunisten entwickelt. Zugleich blieb er, was seine Kampfstrategie anbetraf, ein Kommunist, der den Kommunismus mit seinen eigenen Mitteln, mit Fanatismus, totalitärem Politikverständnis und Gewalt, bekämpfte. Mit dem im Juni 1936 gegründeten Parti Populaire Français (PPF) hatte sich Doriot das entsprechende Kampfinstrument geschaffen, das in seiner doppelten Feindschaft zum Kommunismus und zur traditionellen Rechten eindeutig faschistische Züge trug[133].

---

[130] Fabrègues, La Pensée esclave, règne de l'opinion, in: Combat, H. 20, 1937, S. 149f., Zitat S. 150.
[131] Fabrègues, Un nouvel idéalisme héroique, in: Combat, H. 34, 1939, S. 9. Zu Proudhon vgl. Bravo, Frühsozialismusforschung, S. 553ff.
[132] Vgl. Fabrègues, Le prolétariat vivant, in: Combat, H. 16, 1937, S. 87f.; ders., Intégrer le Prolétariat, in: Combat, H. 17, 1937, S. 101f. Der Kreis um Fabrègues hielt sich ganz aus der syndikalistischen Diskussion heraus: Vincent, Vaast, Monconduit, Le Marchand.
[133] Doriot war 1934 einer der entschiedensten Befürworter der Volksfrontpolitik gewesen und hatte versucht, seine Strategievorstellungen gegen Moskau durchzusetzen. Er wurde aus der Partei

Mitte 1937 näherten sich die Jeune Droite und Doriots PPF einander an. Zwei Mitglieder des Zentralkomitees des PPF schrieben für den *Combat:* Pierre Drieu la Rochelle und Bertrand de Jouvenel bekundeten mit ihren Beiträgen im *Combat* die Absicht, die Jeune Droite für eine nationale Sammlungsbewegung zu gewinnen[134]. Umgekehrt schrieben die Intellektuellen der Jeune Droite für Doriots Parteiorgan *Emancipation Nationale:* zu den Sympathisanten und gelegentlichen Mitarbeitern gehörten neben dem bereits erwähnten Andreu auch Brasillach, Blond und Maulnier. Noch einen Schritt weiter ging Fabrègues: er trat der Bewegung bei[135]. Seine Artikel, die er zwischen Juli und Dezember 1937 regelmäßig in der *Emancipation Nationale* veröffentlichte, unterschieden sich inhaltlich nicht von denjenigen, die er für den *Combat* schrieb: in seinen Stellungnahmen machte er sich für eine Politik der Versöhnung der Klassen und der nationalen Einigung stark[136].

Wie tief die Furcht vor den Kommunisten saß, verdeutlicht folgende Überlegung Maulniers. Wenn ein Krieg ausbräche – so schrieb er im April 1937 –, dann dürfe kein national gesinnter Franzose mehr für sein Land kämpfen. Denn im Falle eines Krieges würden die französischen Kommunisten die Allianz mit Rußland sofort zu einem militärisches Bündnis ausweiten und auf diese Weise Europa unterwerfen. So kam es, daß ein überzeugter Nationalist zum Verfechter eines entschiedenen Defätismus wurde: „Ein Sieg Frankreichs droht zur Niederlage der Menschheit zu werden."[137]

3. Nationaler Sozialismus: Ordre Nouveau

Zwischen den Fronten

Zu Beginn des Jahres 1936 war der Ordre Nouveau weitgehend isoliert von den ehemaligen Verbündeten. Obwohl sich über den Neopazifismus deutliche Anknüpfungspunkte zur extremen Rechten ergeben hatten, distanzierte sich die Gruppierung entschieden von deren Demonstrationen der Macht. In ihrer Haltung zum spanischen Bürgerkrieg unterstützte sie zwar die Strategie der Nonintervention, deren Einhaltung von der extre-

---

ausgeschlossen, nachdem Moskau eine taktische Kehrtwendung vollzogen hatte und nun die französischen Kommunisten auf den vorher von Doriot befürworteten Kurs verpflichtet hatte. Seine Hoffnungen auf die Führung der PCF waren damit durchkreuzt. An seiner Stelle übernahm Maurice Thorez als treuer Vasall die PCF; vgl. zur Entwicklung Doriots: Brunet, Doriot, Paris 1986, S. 145ff. und 500ff., zum faschistischen Charakter des PPF S. 245ff.; Burrin, Dérive, S. 26, 278ff.; Wolf, Doriot-Bewegung, S. 115ff.

[134] Drieu la Rochelle, Mesure et Démesure dans l'esprit français, in: Combat, H. 17, 1937, S. 104f.; B. de Jouvenel, Le Mort saisit le Vif, in: Combat, H. 19, 1937, S. 136f.; vgl. Wolf, Doriot, S. 222f., Anmerkung 1.

[135] Vgl. Wolf, Doriot-Bewegung, S. 163f. Darunter fanden sich zahlreiche Mitarbeiter von *Je suis partout*; vgl. auch die Liste der Parteimitglieder und Sympathisanten in: Emancipation Nationale, 14. 1. 1938; Brasillach, Avant-guerre, in: ders., Œuvres complètes, Bd. 6, S. 277f. Falsch ist die Datierung von Fabrègues' Engagement für Doriot auf den Juni 1936 (nur diesen Monat!) bei Auzèpy-Chavagnac, Fabrègues, S. 479.

[136] Vgl. Fabrègues, Les barbares à l'intérieur, in: EN 58, 6. 8. 1937, S. 2; ders., Si elle veut vivre encore la Nation devra surmonter les antagonismes, in: EN 72, 12. 11. 1937, S. 7.

[137] Maulnier, Il faut refaire un nationalisme en dépit de la nation, in: Combat, H. 14, 1937, S. 51.

men Rechten immer wieder angemahnt wurde. Jedoch war diese Haltung weitaus weniger durch die Sympathie für die Anführer der Militärrevolte motiviert als vielmehr durch die Furcht vor einer Ausweitung des Konfliktes zugunsten der Kommunisten[138].

Nach Ansicht Arons begnügte sich die extreme Rechte mit der Aufstachlung zur Gewalt, ohne dadurch die gesellschaftlichen Verhältnisse wirklich zu verändern. Die Exaltation verbaler und physischer Gewalt konnte Aron zufolge nicht darüber hinwegtäuschen, daß der extremen Rechten weitgehend positive Ziele fehlten. Ebensowenig wie den italienischen Faschisten könne es den Ligen gelingen, Kapitalismus und Liberalismus zu überwinden. Diesen Vorwurf richtete Aron im besonderen an die Intellektuellen der Jeune Droite, die sich in der Solidarité française engagierten. „Sind sich Robert Francis, Jean-Pierre Maxence und Thierry Maulnier darüber im klaren, daß sie mit der Akzeptanz des Partisanenkampfes in Zukunft möglicherweise ebenfalls die falsche und abstrakte Gewalt militärischer Abenteuer akzeptieren?"[139]

Aber auch eine neuerliche Annäherung an die linken Dissidenten Déat und Bergery war vorläufig ausgeschlossen, da diese ihre Pläne eines alternativen Rassemblement mittlerweile aufgegeben und sich der Volksfront angeschlossen hatten. Obwohl das im Januar verkündete gemeinsame Wahlprogramm hinter den von Bergery geforderten wirtschaftlichen Strukturreformen zurückblieb, hatte der Chef des Front social seine Beteiligung aufrechterhalten. Auch Déat hatte sich auf dem konstituierenden Kongreß der USR im November 1935 für die Volksfront ausgesprochen und damit auf die Verwirklichung seiner planwirtschaftlichen Ziele vorläufig verzichtet. Selbst Doriot hatte sich mit dem Argument, die Volksfront vor dem Einfluß der Kommunisten bewahren zu wollen, zunächst auf eine kritische Unterstützung der Sammlungsbewegung eingelassen[140].

Die Ablehnung von Parlamentarismus und Volksfront brachte den Ordre Nouveau schließlich auch in einen politischen Gegensatz zu *Esprit*. Mouniers Zeitschrift hatte von ihrer Fundamentalkritik Abstand genommen und signalisierte seit Mitte 1935 ein wachsendes Interesse an der Volksfront. Auch wenn sie sich von der „Antifaschismus"-Kampagne distanzierte und aus ihrer Ablehnung des Stalinismus keinen Hehl machte – im Juni 1936 veröffentlichte *Esprit* die aufsehenerregenden Berichte von Victor Serge über die Terroristenprozesse in Moskau –, so wurde seit Anfang 1936 deutlich, daß sie zu einer konstruktiven Kritik an der Regierung von Léon Blum bereit war[141]. Der Ordre Nouveau erneuerte hingegen unmittelbar vor den Wahlen die entschiedene Absage an die parlamentarische Demokratie: in der Aprilausgabe des Organs mit dem Titel „Wählt nicht!" erinnerte Denis de Rougemont noch einmal an den Kampf gegen den Parlamentarismus, wie ihn der Ordre Nouveau in der Formel „weder rechts noch links" zum Ausdruck gebracht hatte: „Die Staatsnation ist der wahre Feind. Und dabei ist es unerheblich, ob es sich um einen rechten Pseudofaschismus oder einen linken Pseudodemo-

---

[138] Marc, Le Stalinisme et les événements d'Espagne, in: ON, H. 35, 1936, S. 62–64; vgl. Bernecker, Krieg in Spanien.
[139] Aron, Vapeurs d'huile, in: Bulletin ON, Nr. 6, 15.11. 1935, S. 2.
[140] Burrin, Dérive, S. 196ff.
[141] Winock, Esprit, S. 119ff.; Hellman, Mounier, S. 100ff.; Serge, Lettres à Madeleine Paz et à André Gide, in: Esprit, H. 45, 1936, S. 435–440.

kratismus handelt, ob dies mit der Unterstützung des Stahlkomitees[142] oder Moskaus geschieht: Angesichts der personalistischen Mission Frankreichs sind dies verwandte Irrwege. [...] Wir sind für den kommunalistischen Föderalismus, für die Ausübung der Autorität vor Ort, durch Menschen mit Verantwortungsbewußsein, nach Maßgabe des Menschen – wir würden sagen, für die einzig wahre ‚Demokratie', wenn der Begriff nicht so mißbraucht wäre."[143] Da allerdings Rougemont zufolge die einzig „wahre" Form der Demokratie nur auf kommunaler Ebene verwirklicht werden konnte, schloß er eine demokratische Verfassung für Staaten von der Größe Frankreichs kategorisch aus.

Die innenpolitische Auseinandersetzung bestimmte das Leitmotiv des Antikommunismus. Léon Blum – und mit ihm der französische Sozialismus – war mit seinem Experiment der Sammlung gescheitert, wie der Ordre Nouveau immer wieder unterstrich. Claude Chevalley und René Dupuis stellten einen Zusammenhang zwischen dem Siegeszug des Republikanismus und dem Niedergang des Sozialismus her[144]. In der Volksfront war ihrer Ansicht nach eine spezifisch nationale Tradition der Arbeiterbewegung an die kommunistische Internationale verraten worden. In dem Regierungsbündnis mit den Kommunisten hatte der französische Sozialismus den Tiefpunkt einer Entwicklung erreicht, deren Ursprünge auf den Beginn der Dritten Republik zurückgingen. Schritt für Schritt belegten Chevalley und Dupuis, wie die französische Arbeiterbewegung, die unter dem Einfluß der Theorien Babeufs, Saint-Simons, Blanquis und Proudhons stand, durch den Marxismus „kontaminiert" worden war. Erst durch ihn sei die revolutionäre Praxis der „direkten Aktion" zu einem reformistischen Kurs umgebogen worden. Für die beiden Autoren zeigte sich der Einfluß des Marxismus in der Demokratisierung der Arbeiterbewegung. Das Scheitern der Pariser Commune in den Wahlen von 1870 führten sie darauf zurück. Auch die Präambel des Sozialistischen Parteiprogramms von 1878 hielten Chevalley und Dupuis für „rein marxistisch inspiriert, insbesondere die Berufung auf den historischen Determinismus und die Anerkennung des taktischen Wertes des allgemeinen Wahlrechts"[145]. Durch diesen Strategiewechsel hatten sich die Sozialisten nach Ansicht der beiden Autoren zum Legalitätskurs bekannt und sich auf den Kampf um die Macht eingelassen, dessen Spielregeln vom Gegner, dem kapitalistischen Bürgertum, bestimmt wurden. Eine erfolgreiche Revolution konnte somit nur durch einen rigorosen Bruch mit dem „reformistischen" Marxismus und die Rückbesinnung auf die nationale Tradition der Arbeiterbewegung eingeleitet werden, die auch innerhalb der C.G.T. unterdrückt worden sei. Chevalley bezichtigte die C.G.T., nach dem Kongreß von Amiens 1906 ihren ursprünglichen Kurs verlassen zu haben. An die Stelle eines Dachverbandes der autonomen lokalen Syndikate sei ein zentralistischer Machtapparat getreten, der sich die marxistische Theorie des Klassenkampfes zu eigen gemacht habe[146].

---

[142] Comité des Forges, ein einflußreicher Zusammenschluß von Großunternehmern aus der Stahlindustrie, dessen Präsident François de Wendel war; vgl. Jeanney, François de Wendel.

[143] Rougemont, Plébiscite et démocratie, in: ON, H. 30, 1936, S. 21–25, Zitat S. 25.

[144] Chevalley/Dupuis, Déclin du socialisme, in: ON, H. 35, 1936, S. 11–17.

[145] Ebenda, S. 14.

[146] Chevalley, Politique syndicale, in: ON, H. 32, 1936, S. 21–27, hier S. 22f.; vgl. Marc, Georges Sorel et le syndicalisme, in: ON, H. 38, 1937, S. 58–60; vgl. Lefranc, Le mouvement syndical.

Ähnlich wie die Jeune Droite und ein Teil der extremen Rechten begrüßte auch der Ordre Nouveau die Streiks vom Juni 1936 als Signal zum Aufbruch autonomer Bestrebungen gegen den Legalitätskurs der C.G.T. Die „direkte Aktion" der Streiks und Fabrikbesetzungen wertete die Gruppierung als ein Anzeichen für das Wiedererwachen der anarchistischen Tradition des revolutionären Syndikalismus[147].

Den Mitarbeitern des Ordre Nouveau war nicht entgangen, daß sie die Sympathie für den radikalen Flügel der Arbeiterbewegung vorwiegend mit der extremen Rechten teilten, während die ehemals radikale Linke einen reformistischen Kurs einschlug. Albert Ollivier konstatierte dieses scheinbare Paradox der verkehrten Fronten und bemühte sich nachzuweisen, daß die Sympathie der extremen Rechten für den Syndikalismus auf einem Mißverständnis beruhe. Anhand von Georges Sorel, dem Autor der *Reflexions sur la violence*, und seinen Rezipienten erläuterte Ollivier den unterschiedlichen Gewaltbegriff von Syndikalismus und extremer Rechter. Er vertrat die Auffassung, daß es nicht genüge, mit der „direkten Aktion" die Massen für einen Staatsstreich zu mobilisieren. Ein solcher Umsturz sei nicht im Sinne Sorels, weil er nur die Staatsmacht in andere Hände übergebe und letztlich den Staat selbst weiter stärke. Dies widerspreche den Zielen des revolutionären Syndikalismus, der den Staat selbst überwinden wolle. Gerade diese anarchistische Tendenz Sorels aber sei der extremen Rechten entgangen, weil sie ganz der autoritär-etatistischen Denkweise Maurras' verpflichtet sei. Unter Gewalt verstehe Sorel weniger physische Brutalität der mobilisierten Massen als vielmehr die doktrinäre Unnachgiebigkeit der revolutionären Führungsgruppen. Diese Elite der Bewegung sollte sich in kleinen, straff organisierten Zellen in Betrieben und Gemeinden organisieren und durch gezielte Aktionen den Staat von innen heraus zersetzen. Erst im letzten Moment sollte der revolutionäre Funke überspringen und die Massen zum Umsturz mobilisieren. „Darin liegt vielleicht der entscheidende Schritt der Revolution, ein irrationaler Schritt, dessen Dynamik beinahe notwendigerweise der Geschichte entgeht."[148]

An diesem Vorbild des anarchistischen Syndikalismus orientierte sich ausdrücklich die Organisationsform des Ordre Nouveau: Sie setzte sich zusammen aus „Zellen", die ihren Charakter eines spontanen Zusammenschlusses durch den Verzicht auf jegliche Satzung und feste Hierarchie betonten. Das Ziel der Gruppierung war es, durch die Aktivität der Zellen wachsenden Einfluß auf die Gesellschaft zu gewinnen und sie schließlich umzugestalten. Deutlich traten in dieser Organisation die Züge einer konspirativen Gemeinschaft hervor, deren koordinierendes Zentrum das Direktionskomitee der Zeitschrift bildete[149].

Die Strategie des Umsturzes bestand in der Subversion: dem Stärken der Opposition gegen den Staat und der Entwicklung eigener Herrschafts- und Kommunikationsstrukturen, mit deren Hilfe der Staat bekämpft werden konnte. Ausführlich hat sich Chevalley mit dieser Strategie befaßt. Sein Mißtrauen gegen jede Form von staatlicher Ordnung entsprang der Vorstellung, daß eine lebendige Gesellschaft nicht in eine feste Struktur eingezwängt werden dürfe und sich daher in einem Zustand der permanenten Revolution befinden müsse. Er begriff die revolutionäre Aktion ganz in der anarchistischen

---

[147] Aron/Chevalley/Dupuis/Hayon, Après les grèves, in: ON, H. 33, 1936, S. 1–28, hier S. 7ff., 28.

[148] Ollivier, Violence collective, in: ON, H. 32, 1936, S. 14–20, Zitat S. 18.

[149] Vgl. Chevalley/Glady *[Marc]*, La mort des Partis, in: ON, H. 4, 1933, S. 19–27, und NN, Comment est né l'Ordre Nouveau, in: ON, H. 9, 1934, S. II–III.

Tradition als ein ständiges Zerbrechen etablierter Herrschaftsformen. Sie sei ihrer Natur nach illegal und richte sich gegen jegliche Form der Institutionalisierung in Bürokratie, Parlament und Parteien. Der Ordre Nouveau sah sich innerhalb der subversiven Gruppen als „revolutionäre Avantgarde", der aufgrund ihrer „geistigen Autorität" die Führungsrolle zukam: sie sollte im höchsten Rat (conseil suprême) über die Einhaltung der revolutionären Prinzipien wachen[150].

Im Vergleich zum eher statischen Verfassungsentwurf von 1934 traten nun die dynamischen Elemente in der radikalen Entstaatlichung deutlich in den Vordergrund. Dies entsprach der Auffassung, daß der Zusammenbruch der Dritten Republik in greifbare Nähe gerückt sei. Im November 1935 hatte der Ordre Nouveau proklamiert: „Die Übergangszeit hat begonnen."[151] Die Gruppierung reagierte damit auf die Mobilisierung der Arbeiterbewegung durch die Volksfront und versuchte, das revolutionäre Potential von der Sammlungsbewegung „abzuwerben". Seit April 1936 folgten regelmäßig Aufrufe zur Gründung weiterer Zellen, die sich an der revolutionären Umgestaltung beteiligen sollten. Mit der Anhängerschaft wuchs auch der Umfang der Zeitschrift von 32 auf 48 Seiten. Das *Bulletin de liaison*, ursprünglich ein internes Organ, öffnete sich seit Mai für Sympathisanten[152]. Auf zahlreichen Vortragsreisen warben die Mitarbeiter um neue Anhänger. Ein „Aktionszentrum" koordinierte die Aktivitäten der verschiedenen Gruppen und bereitete eine Neuauflage des Arbeitsdienst-Experiments vor, das der Ordre Nouveau nach dem positiven Echo des vergangenen Jahres in einem größeren Rahmen wiederholen wollte[153]. Doch der Erfolg stellte sich nicht ein: Die Planungen des Arbeitsdienstes wurden durch das Matignon-Abkommen, durch das der bezahlte Urlaub tariflich garantiert wurde, hinfällig. Schließlich brachten die zahlreichen Aktivitäten die Gruppierung in finanzielle Schwierigkeiten, woraufhin auch eine weitere Vergrößerung als utopisch erschien[154].

Im Frühjahr 1937 hatte sich jedoch ein Mäzen gefunden, der die Publikation einer Wochenzeitschrift ermöglichte: *A nous la liberté*[155]. Damit konnte der Ordre Nouveau unter der Leitung Arons und Dupuis' das Werben um die revolutionär-syndikalistischen Kreise auf breiterer Basis fortsetzen. Aron griff den C.G.T.-Chef Léon Jouhaux wegen seiner Unterstützung der Volksfront an und forderte die Rückbesinnung der Gewerkschaftsbewegung auf die revolutionären Ursprünge[156]. Allerdings distanzierten sich die Mitarbeiter der Zeitschrift von den fortgesetzten Attacken der extremen Rechten auf den Volksfront-Chef. Alexandre Marc beschuldigte die Rechte, Léon Blum zum Sün-

[150] Chevalley, Révolution permanente, in: ON, H. 31, 1936, S. 6–11, Zitat S. 10.

[151] NN, La Période de transition est ouverte, in: ON, H. 25, 1935, S. 1.

[152] Bulletin de liaison, Nr. 11, 1. 5. 1936; darunter Paul Flamand, der dem Unternehmerverband U.C.F. nahestand, vgl. dessen Beiträge in *Justice Sociale*, 28. 10. 1937 – 19. 5. 1938.

[153] ON, H. 32, 1936, S. III; ON, H. 35, 1936, S. III.

[154] NN, A nos amis, in: ON, H. 30, 1936, S. 49; Brief Arons an Rougemont vom 16. 7. 1936, Archives Rougemont, Neuchâtel: ON-Correspondance; vgl. Andreu, Echec pratique et grandeur réelle de l'Ordre Nouveau, in: La Nation française, 21. 3. 1962, S. 10.

[155] Den Hinweis auf den Mäzen gab mir Alexandre Marc, Gespräch vom 4. 12. 1994. Chefredakteur war Robert-Philippe Millet, der vorher das *Bulletin de liaison* geleitet hatte.

[156] Aron, Lettre à Léon Jouhaux, in: ANLL, H. 1, 1937, S. 5; ders., Seconde lettre à Léon Jouhaux, in: ANLL, H. 3, 1937, S. 5.

denbock für die Fehler einer Politik zu machen, die sie selbst mitzuverantworten hatte[157].

Die Redakteure von *A nous la liberté* prangerten die Staatsverschuldung an und erneuerten die Forderung des Ordre Nouveau nach Ablösung des liberalen Kapitalismus durch eine gemischte Planwirtschaft. Zu den weiteren – bereits an früherer Stelle formulierten – programmatischen Zielen gehörte die Beteiligung der Arbeiter am Produktivvermögen der Unternehmen, die Auflösung der Aktiengesellschaften (sociétés anonymes) und die Garantie eines Existenzminimums[158]. An dem Unternehmen beteiligten sich auch Sympathisanten aus dem Umfeld des Ordre Nouveau, darunter Christian Pineau, der Gründer der Nouvelles Equipes und Mitarbeiter der Zeitschrift *Syndicats*, Roger Leenhardt von *Esprit* und Georges Valois, der Gründer des Faisceau, der seit 1934 die technokratische Zeitschrift *Nouvel Age* herausgab. Doch nach kurzer Zeit waren die finanziellen Ressourcen oder die Geduld des Mäzens erschöpft: mit der zehnten Ausgabe mußte die Zeitschrift ihr Erscheinen bereits im April wieder einstellen.

Der Versuch des Ordre Nouveau, mit einem speziellen Organ in der Gewerkschaftsbewegung Fuß zu fassen, entsprach den Bemühungen des aktionistischen Flügels der Jeune Droite, der zum gleichen Zeitpunkt mit dem *Insurgé* Arbeiter für die Bewegung gewinnen wollte. *A nous la liberté* richtete sich an die gleiche Klientel, die auch das Wochenblatt der Jeune Droite erreichen wollte. Beide Gruppierungen verfolgten dieselbe Strategie, nämlich die Arbeiterbewegung dem Einfluß der Volksfront zu entziehen, um sie für die eigenen revolutionären Ziele zu gewinnen. Unmißverständlich machte *A nous la liberté* diesen Anspruch mit dem Wechsel des Untertitels geltend: an Stelle von *hebdomadaire personnaliste* lautete er ab Nr. 4 *hebdomadaire d'action et d'ordre révolutionnaire*.

Beide Gruppierungen vereinte zudem die Feindschaft zum Kommunismus: nicht der Sieg einer Klasse über die andere, sondern die Aufhebung der Klassenunterschiede sollte am Ende der Revolution stehen. Während jedoch die Jeune Droite versuchte, die Arbeiterschaft mit nationalistischen Parolen zu mobilisieren, bediente sich der Ordre Nouveau wirtschaftspolitischer Argumente, die speziell an den Interessen der städtischen Unter- und Mittelschichten ausgerichtet waren. Auch im Stil unterschied sich *A nous la liberté* durch eine primär sachbezogene Kritik deutlich vom *Insurgé*: Beleidigende Attacken und Aufrufe zur Gewalt fehlten ebenso wie der aggressive Nationalismus und die antisemitische Hetze. Vor allem aber war der anarchistische Antietatismus des Ordre Nouveau kaum vereinbar mit dem Ruf der Jeune Droite nach einem starken Staat. Am ehesten läßt sich dieser Gegensatz folgendermaßen beschreiben: während die Jeune Droite mit einem autoritären politischen Regime sympathisierte, das den Wirtschaftsinteressen ihrer Bürger weitgehend freien Lauf ließ, tendierte der Ordre Nouveau umgekehrt zu einem politisch schwachen Staat, der in der Wirtschafts- und Sozialpolitik jedoch zentrale Kompetenzen besaß. In dieser Hinsicht bewahrte die personalistische Gruppierung ihre Affinitäten zur Linken, während die Jeune Droite ebenfalls ihrer Herkunft verpflichtet blieb und den Sozial- und Wohlfahrtsstaat bekämpfte.

---

[157] Sillargues *[Marc]*, Plaidoyer pour Léon Blum, in: ANLL, H. 3, 1937, S. 6.
[158] NN, Il faut en sortir, in: ANLL, H. 3, 1937, S. 3.

Orientierung zur Linken

Diese Orientierung des Ordre Nouveau bestimmte auch die Wahl der Verbündeten. Rougemont setzte sich dafür ein, die Zusammenarbeit mit *Esprit* zu intensivieren und die Zeitschrift wieder den Ideen des Ordre Nouveau näherzubringen. Ein deutliches Zeichen gab er Mounier in einer Besprechung von dessen Werk *Manifeste au service du personnalisme*: „Worauf es uns vor allem ankommt, ist, daß wir bei *Esprit* unsere Konzepte wiederfinden: das Existenzminimum, den Arbeitsdienst (hier öffentlicher Dienst genannt), das Unternehmen (und nicht die Genossenschaft), den höchsten Rat und schließlich die Unterscheidung zwischen Autorität und Macht."[159]

Doch erst nachdem die wachsenden Spannungen innerhalb der Volksfront die Fortsetzung der Reformen blockierten und Blum daraufhin im Februar 1937 die „Pause" seines sozial- und wirtschaftspolitischen Programms verkünden mußte, bahnte sich eine neue Kooperation an. Ende des Monats verkündeten Mounier und Rougemont die Gründung gemeinsamer Presseklubs. Auch der Front social Bergerys, vertreten durch den Chefredakteur von *La Flèche*, Jean Maze, beteiligte sich an dem Unternehmen. Die Organisatoren wollten mit den Klubs eine Art Gegenöffentlichkeit schaffen, die als Ergänzung und Korrektur der Massenmedien dienen sollte. Sie hatten sich zum Ziel gesetzt, die Meinungsmanipulation der Tagespresse zu entlarven und ihre Abhängigkeit von Markt und Mäzenen offenzulegen: gezielte Fehlinformationen sollten ebenso angeprangert werden wie das Verschweigen von Informationen[160]. Weniger als vier Monate später hatten sich bereits rund 100 Clubs in Frankreich, Belgien und der Schweiz gebildet und ein eigenes Informationsnetz aufgebaut. Ein wöchentlich erscheinendes Bulletin verzeichnete Informationen, die das Redaktionsteam von *Esprit*, des Ordre Nouveau und des Front social für zutreffend und wichtig hielt[161].

Die Zusammenarbeit überdauerte das Ende der Zeitschrift *Ordre Nouveau*, die im Juni 1937 ihr Erscheinen nicht zuletzt wegen der Erhöhung der Druck- und Papierkosten aus finanziellen Gründen vorläufig einstellen mußte. (Im Sommer 1938 erschienen noch einmal drei Ausgaben.) Ein hektographiertes Rundschreiben informierte im Dezember die Anhänger der Gruppierung über die Fortsetzung der Aktivitäten. Weiterhin setzte der Ordre Nouveau auf eine Kooperation mit *Esprit*. Ebenso sollten die Kontakte mit den syndikalistischen Kreisen aus der C.G.T. und dem Front social aufrechterhalten werden. Das Rundschreiben enthielt einen Gründungsaufruf für eine neue Organisation in Form einer „Arbeiterkooperative der Produktion" (Société ouvrière de cooperative de production)[162].

Nach dem Verlust ihres eigenen Organs konnten die Anhänger des Ordre Nouveau auf diese zahlreichen informellen Beziehungen zurückgreifen und ihre Arbeit in benachbarten Zirkeln und Gruppierungen weiterführen. Rougemont intensivierte seine Zusammenarbeit mit *Esprit* und wurde im März 1937 Chefredakteur der *Nouveaux*

[159] Rougemont, Manifeste au service du personnalisme par E. Mounier, in: ON, H. 34, 1936, S. 64; vgl. Notizen von Rougemont auf Brief Arons vom 16. 7. 1936; Archives Rougemont, Neuchâtel: ON-Correspondance.
[160] AN F7 12966, Bericht vom 25. 2. 1937 über Konferenz vom Vortag; Millet, Pour une information indépandante et vraie, in: ON, H. 38, 1937, S. 62–64.
[161] Sandahl, Les clubs de presse, in: Esprit, H. 57, 1937, S. 510f.
[162] NN, Aux abonnés et amis de l'Ordre Nouveau, in: Bulletin ON, Dez. 1937, S. 1–3.

Cahiers, einem Zusammenschluß aus neoliberalen Industriellen und reformistischen Syndikalisten. Der Kreis um die *Nouveaux Cahiers* existierte bereits seit dem Februar 1934 und war von Auguste Detœf, dem Vorsitzenden des Verwaltungsrats der Alsthom, der größten französischen Elektrizitätsgesellschaft, ins Leben gerufen worden. Die Mitarbeiter distanzierten sich ausdrücklich von jeglicher Parteipolitik, doch verfolgten sie im Unterschied zu den nonkonformistischen Kreisen des Ordre Nouveau und der Jeune Droite die Entwicklung der Volksfront mit Sympathie und unterstützten deren sozial- und wirtschaftspolitisches Reformprogramm[163]. Daniel-Rops und Alexandre Marc setzten ihre politischen Aktivitäten vorwiegend innerhalb der katholischen Presse fort. Nachdem die Berichterstattung über den Abessinienkrieg und den spanischen Bürgerkrieg innerhalb von *Sept* zu unüberbrückbaren Spannungen geführt und die Zeitschrift daraufhin ihr Erscheinen eingestellt hatte, erschien seit November 1937 die Nachfolgerin *Temps présent* – diesmal in der Hand eines laizistischen Redaktionskomitees, zu dem auch Daniel-Rops gehörte[164]. Marc redigierte – wie schon bei *Sept* – die politische Chronik und die Zeitschriftenschau.

Beide schrieben zudem in der neosozialistischen *Tribune de France*, die im Februar 1939 von Max Bonnafous und Marcel Déat gegründet worden war. Auch zwei weitere ehemalige Mitarbeiter des Ordre Nouveau engagierten sich dort: Jacques Lassaigne und Eugénie Hélisse[165]. Die *Tribune* war ein relativ offenes Organ des nonkonformistischen Milieus, in dem gelegentlich auch Beiträge von Anhängern der C.G.T. und der Sozialisten erschienen, unter anderem auch von Pierre-Olivier Lapie, der inzwischen unabhängiger Abgeordneter der Sozialisten war. Mit diesem Sammelbecken verfolgte Déat ein weiteres Mal den Versuch, eine Mehrheit für die innere Reform zu gewinnen. Auf diese Weise hoffte er, der wachsenden außenpolitischen Bedrohung durch ein starkes und geeintes Frankreich begegnen zu können[166]. Die Kontakte zum Front social hielt Robert Aron aufrecht. Nachdem sich Bergery zu einem militanten Antikommunisten entwickelt hatte und sich Anfang 1938 von der Volksfront zu distanzieren begann, entschloß sich Aron, der Bewegung beizutreten[167].

[163] Ein weiteres Ziel der Gruppe war es, die Kluft zwischen den Wirtschaftskreisen und den Intellektuellen zu überbrücken. Zu diesem Zweck engagierte die Zeitschrift überwiegend Vertreter der Linken: Angehörige des „antifaschistischen" C.V.I.A. wie Henri Bouché und Paul Rivet, der Trotzkist Boris Souvarine, die linke Katholikin Simone Weil, Paul-Ludwig Landsberg und Henri Marrou von *Esprit*, Jacques Maritain und Gabriel Marcel; vgl. die Selbstdarstellung in: Nouveaux Cahiers (NC), H. 11, 1937, S. 2f. und in: NC, H. 20, 1938, S. 13–18.; Villey, Les Nouveaux Cahiers, in: Esprit, H. 65, 1938, S. 668–679; Brun, Technocrates, S. 44ff.; zu Detœf siehe Kuisel, Detœf, S. 149–174; Barnaud war im Aufsichtsrat der Banque Worms, vgl. Jeanney, L'argent caché, S. 277f.
[164] Zu den Hintergründen der Spaltung vgl. Coutrot, Sept, S. 287ff.; zu Daniel-Rops vgl. Annuaire de la presse française 1938, S. 831.
[165] Auch ein Gespräch mit Rougemont erschien dort: Hélisse, Du mythe de Tristan et Iseult à l'hitlérisme avec Denis de Rougemont, in: Tribune de France, H. 24, 1939, S. 4.
[166] Bergounioux, Néo-socialisme, S. 411; Burrin, Dérive, S. 274f.; Lapie, La Chambre protectrice de la pensée française, in: Tribune de France, H. 22, 1939, S. 4.
[167] Aron, Conditions d'un rassemblement français, in: Flèche, H. 104, 1938, S. 1f.; Burrin, Dérive, S. 229; vgl. Claude Mauriac, Espaces imaginaires, Bd. 2, S. 21.

4. Antisemitismus und Antiliberalismus

Dieses Kapitel weicht von der bisher üblichen Praxis der Darstellung ab. Die Orientierung am Gang der Ereignisse tritt hier zugunsten einer ideengeschichtlichen Betrachtung zurück. Zugleich aber fügt sich die Thematik in die Argumentationskette ein: Sie bildet eine notwendige Ergänzung des Blickwinkels des vorausgegangenen Volksfrontkapitels. Das Thema Antisemitismus wurde bisher ausgespart, obwohl während der Regierungszeit von Léon Blum die Agitation ein Ausmaß erreichte, das allenfalls mit demjenigen der Dreyfus-Affäre vergleichbar ist[168]. Da jedoch eine Untersuchung über die Verbreitung dieser Ressentiments bei den nonkonformistischen Intellektuellen bislang nahezu völlig fehlt, erschien es mir notwendig, diesem Thema ein eigenes Kapitel zu widmen[169].

Der Versuch einer Standortbestimmung durch den Antisemitismus wird in einem zweiten Schritt erweitert: hier werden die Zusammenhänge zwischen den Vorurteilen gegenüber Juden und dem Antiliberalismus analysiert. Schließlich wird der Beweis angetreten, daß die ideologische Auseinandersetzung mit dem Liberalismus das Denken beider Gruppierungen entscheidend bestimmte und der Kampf gegen den Kommunismus, auch wenn er die Phase der Volksfront prägte, für die Genese der nonkonformistischen Ideen zweitrangig war.

Als Begründer des modernen französischen Antisemitismus gilt Edouard Drumont, der mit seinem 1886 erschienenen Werk *La France juive* erstmals die zentralen Argumentationsstränge in populärer Form vereinigt hatte: christlichen Antijudaismus, Antikapitalismus, Antirepublikanismus, Rassismus und Nationalismus[170]. Mit der Revision des Dreyfus-Prozesses erreichte die Agitation gegen die Juden einen ersten Höhepunkt. Die Angriffe der nationalistischen Rechten auf die Verteidiger des Hauptmanns waren stark befrachtet mit antisemitischen Ressentiments. Die Dreyfusards, denen man vorwarf, im Namen der Gerechtigkeit das Schicksal eines Individuums über die Interessen der Nation gestellt zu haben, wurden des Landesverrats bezichtigt. Ihr Eintreten für die universalen Menschen- und Bürgerrechte trug ihnen den Vorwurf ein, abstrakten Idealen anzuhängen und die Prägung des Menschen durch Blut, Boden und Geschichte zu ignorieren. In der gegenrevolutionären Verschwörungstheorie der extremen Rechten galten die Juden als Drahtzieher der Französischen Revolution. Auf diese Weise konnten sie die Agitation gegen die republikanischen Ideale mit derjenigen gegen die Juden verknüpfen und im Namen von Ordnung, Autorität und Nation die Vernunft, Wahrheit und Gerechtigkeit als Erfindungen „jüdischer Intellektueller" bekämpfen[171].

An dieser Stelle ist es notwendig, einen Blick auf die besondere Form des französischen Antisemitismus zu werfen. Pierre Birnbaum hat auf die Rolle des Staates hingewiesen, die den Ressentiments in Frankreich im Vergleich mit Deutschland, England und den USA ihre spezifisch politische Stoßrichtung gab. Der ausgeprägte Zentralismus des republikanischen Systems und die starke Integration der Juden in den Staat prägten

---

[168] Vgl. Schor, L'antisémitisme en France, S. 169ff.
[169] Eine Ausnahme bildet die Untersuchung der Ambiguitäten von Mouniers Philosemitismus bei Birnbaum, Mythe politique, S. 244ff.
[170] Winock, Nationalisme, S. 117ff.
[171] Vgl. Winock, Les Affaires Dreyfus, S. 19–37.

die Argumentationsstruktur, mit der die nationalistische Rechte die angebliche Vorherrschaft der Juden bekämpfte[172]. Die universalistischen Prinzipien des republikanischen Bürgerrechts ermöglichten es den Juden, einen großen Teil der hohen politischen Ämter in der Dritten Republik zu besetzen. Gefördert durch die staatliche Elitenrekrutierung, gelangten viele von ihnen in leitende Positionen in Politik und Verwaltung. Die staatliche Integration förderte auf der anderen Seite die außerordentlich starke Identifikation der Juden mit dem republikanischen Ideal einer laizistischen, liberalen Gesellschaft. Genau durch diese Identifikation von diesem bei Birnbaum als „stark" bezeichneten Staat mit den Juden erhielt der französische Antisemitismus seine spezifische Kontur, die im Mythos der „jüdischen Republik" ihren Ausdruck fand.

Vor 1936 spielten antisemitische Ressentiments in den Debatten der Jeune Droite nur eine untergeordnete Rolle. Es gibt einzelne Hinweise auf die Existenz solcher Denkfiguren bei Fabrègues und Chenut, doch läßt sich von der Gruppierung bis 1935 nicht sagen, sie habe den Haß gegen die Juden angestachelt[173]. Daß antisemitische Ressentiments dennoch präsent waren, wird in der Auseinandersetzung mit dem Nationalsozialismus deutlich. Maulnier stand zwar der Rassenlehre ablehnend gegenüber, weil sie in einem biologischen Determinismus gründete, jedoch war er von der Existenz von Rassenunterschieden und der Notwendigkeit einer „Auslese" überzeugt. „Man kann es nicht oft genug wiederholen: Die Rasse steht nicht am Anfang, sondern sie entsteht erst im Verlauf einer historischen Entwicklung, die Reinheit des Blutes ist niemals durch den Zufall gegeben, sie ist im Gegenteil das Ergebnis einer sehr langen Perfektion, durch dieselbe künstliche Auslese wie bei Hunden und Pferden. [...] Eine Rasse ist eine menschliche Schöpfung, die französische Rasse ist eine Schöpfung der französischen Nation, sie wurde im Laufe der Jahrunderte gereinigt und geformt durch eine unermüdliche politische und geistige Arbeit."[174] Maulnier kehrte den nationalsozialistischen Rassismus geradezu um und stellte dessen deterministisches Grundprinzip radikal in Frage. Die Rasse war nicht der Ursprung, sondern das Ergebnis eines Ausleseprozesses. Sie war seiner Ansicht nach der physische Ausdruck einer geistigen Schöpfung, ein Triumph des Willens, dessen Krönung die Nation bildete. Maulnier führte somit die Differenz von Franzosen und Juden nicht auf die Rasse, sondern auf die nationale Identität bzw. ihr Fehlen zurück.

Mit dem Sieg der Volksfront wurden die Attacken der Jeune Droite auf die Juden zahlreicher und aggressiver. Bereits die Tatsache, daß sie jederzeit abrufbar waren, macht deutlich, wie stark die Argumentationsmuster der Judenfeindschaft in der Tradition der Rechten verankert waren. In dieser Hinsicht zeigten sich die jungen Intellektuellen ih-

---

[172] Birnbaum, Mythe, S. 13ff., 30ff.; vgl. ders., „La France aux Français", S. 300ff.

[173] Fabrègues vertrat bereits 1928 in einer Konferenz vor der U.C.F. die These, Juden seien die Drahtzieher der russischen Revolution. Ähnliche Gedanken hat er im *Etudiant français* wiederholt, vgl. Auzépy-Chavagnac, Fabrègues, S. 256ff.; Chenut, La crise et l'usure, in: Réaction, H. 8–9, 1932, S. 49f. Im weiteren Umfeld der *Jeune Droite* fanden sich auch radikale Antisemiten wie Robert Vallery-Radot (*Revue française 1930–1931, Réaction 1930, Revue du siècle 1933*), 1935 Vizepräsident der „Union Anti-Maçonnique", und Pierre Loyer (*Revue du XXᵉ siècle 1934–1935*), Sekretär der antisemitischen „Union Sociale des Ingénieurs catholiques", vgl. Kingston, Anti-semitism, S. 51ff.

[174] Maulnier, Conditions d'un reveil, in: Action Française 30. 3. 1933, S. 3; vgl. Maxence, Jeunesse française et Jeunesse allemande, in: Revue Française, H. 4, 1933, S. 597.

rem Herkunftsmilieu deutlich verpflichtet. Ihre Kritik fixierte sich auf den Führer der Volksfront, den Juden Léon Blum. Für Maxence verkörperte er den Typus des entwurzelten Intellektuellen. „Entwurzelt vom nationalen Boden, von seinem Ursprungsland, das ihm Gemeinschaftssinn geben könnte. Entwurzelt ebenfalls vom Volk. Denn wie der Großteil der wichtigen Anhänger der deutschen Sozialdemokratie gehört Léon Blum zu jener *intelligenzia*, die zu Niederlagen, zum Exil und der kampflosen Flucht verurteilt ist, einer *intelligenzia*, die nach dem Faschismus ruft und ihn vorbereitet, die mit einem Schlag die Interessen der Proletarier und die der Nation verrät."[175]

Eine vergleichbare Kritik am Typus des bürgerlich-linksliberalen Intellektuellen hatte sich zuvor hauptsächlich an Benda entzündet. Der Autor der *Trahison des clercs* gehörte als Kritiker des politischen Engagements zu den traditionellen Feinden des nonkonformistischen Lagers. Seit 1936 mischten sich in die Vorwürfe gegen Benda deutlich antisemitische Töne. René Vincent beschuldigte ihn, mit seinem Einsatz für die Rechte der Juden alle Nichtjuden zu diskriminieren. Bendas neues Werk *Jeunesse d'un clerc* (1936) bezeichnete er als ein „rassistisches Buch"[176], das er unter Zuhilfenahme der Topoi des Antiintellektualismus, die seit der Dreyfus-Affäre zum antisemitischen Repertoire gehörten, verriß: „Dies zeigt die Entfaltung eines bestimmten idealistischen und abstrakten Semitismus (zu dem sich übrigens Benda auf jeder Seite bekennt), der durch seine Mißachtung der Realität die Intelligenz fehlleitet und Katastrophen herbeiführt."[177]

In derselben Manier richtete Blond den Vorwurf des Rassismus gegen die Juden. Seiner Ansicht nach wurden alle zentralen Positionen des öffentlichen Lebens von Juden kontrolliert. Der überwiegende Teil der Ärzte und nahezu das gesamte öffentliche Leben – Kino, Theater und Presse – seien bereits in ihrer Hand. In Anspielung auf die Hetzparole von der „jüdischen Republik" behauptete er, das französische Volk werde durch eine „totalitäre Plutokratie" der Juden unterdrückt[178]. Die Vorstellungen Blonds trugen durchaus paranoide Züge. Er sah bereits die Weltherrschaft der „weißen Rasse" durch den Siegeszug der republikanischen Ideale bedroht. Der seiner Ansicht nach von Philosemiten geführte Kampf für Liberalismus, Egalitarismus und Demokratie mußte sich zwangsläufig gegen die weiße Rasse richten, weil sie sie auf eine Stufe mit den anderen stelle[179]. Die Überlegenheit der weißen Rasse stellte für ihn jedoch eine unbestreitbare Tatsache dar, die er mit dem Hinweis auf deren kolonisatorische „Leistung" in Afrika begründete. Blond machte unmißverständlich klar, daß die Emanzipation der unterdrückten Völker für ihn gleichbedeutend war mit dem Rückfall der Welt in die Barbarei. Um dies zu verhindern, mußten die Ergebnisse der Französischen Revolution entschieden bekämpft werden[180]. Als symptomatisch für das Ausmaß der Agitation kann

---

[175] Maxence, Histoire de dix ans, S. 364.
[176] Vincent, Benda: Jeunesse d'un clerc, in: Combat, H. 11, 1937, S. 15.
[177] Ebenda; vgl. Winock, Affaires, S. 24f.
[178] Blond, Ordre et liberté, in: Combat, Sondernummer, Aug./Sept. 1936, S. 122f. Zitat S. 122.
[179] Blond, Un noir vaut un blanc, in: Combat, H. 27, 1938, S. 10.
[180] Ebenda. Blond unterstützte auch direkt die nationalsozialistische Propaganda. Er verfügte über gute Kontakte nach Deutschland, schrieb in den *Deutsch-französischen Monatsheften* von Abetz und übersetzte und kommentierte 1938 eine Zusammenstellung von Texten Hitlers für das französische Publikum; Blond, Das wahre Antlitz Frankreichs, in: DFM 4 (1937), S. 110–113; Hitler, Ma doctrine. Übersetzt und kommentiert von Georges Blond und François Dauture, Paris 1938.

das Ende 1937 erschienene Pamphlet *Bagatelles pour un massacre* angesehen werden, mit dem sich Louis-Ferdinand Céline als maßloser und fanatischer Antisemit offenbarte. Céline kann nicht als besonders pathologischer Einzelfall betrachtet werden. Er berief sich auf verbreitete Ressentiments und gebrauchte Stereotype, die in der antisemitischen Literatur seiner Zeit geläufig waren[181].

Der radikale und subjektive Ton der *Bagatelles* sorgte jedoch auch für eine Polarisierung innerhalb der extremen Rechten, die schließlich zum Bruch zwischen dem *Combat* und *Je suis partout* führte. Gerade dieser Streit um Ziele und Grenzen des Antisemitismus berührte einen Punkt, an dem sich ein fundamentaler Unterschied zwischen der extremen Rechten in der Tradition der Action française und der Jeune Droite abzeichnete. Während die Redaktion von *Je suis partout*, die seit Juni 1937 von Brasillach geleitet wurde, die *Bagatelles* mit Enthusiasmus aufnahm und in Auszügen nachdruckte[182], distanzierte sich der *Combat* scharf von Célines Antisemitismus. Für René Vincent waren die *Bagatelles* der Ausdruck eines „delirierenden Subjektivismus ohne den geringsten Funken von Wahrscheinlichkeit"[183]. Mit den *Bagatelles* schoß Céline seiner Ansicht nach über das Ziel hinaus und brachte die Auseinandersetzung auf die Ebene des persönlichen Hasses und der maßlosen Polemik, die der „Sache" selbst, nämlich dem „berechtigten" Antisemitismus, schade. Und dies war Vincent zufolge um so schlimmer, als es genügend Gründe gebe, die Juden zu bekämpfen. An erster Stelle nannte er die „rassistische Diktatur, die Frankreich gerade hinter sich gebracht hatte"[184]. In einem herablassenden und beleidigenden Ton reagierte Lucien Rebatet, leitender Redakteur von *Je suis partout*, auf diese Polemik und machte deutlich, daß er die Kritik an Céline als direkten Angriff auf seine Zeitschrift verstand. Er bezeichnete Vincent als „kleingeistigen" Journalisten, der durch seinen „gehörnten Liberalismus" den Juden noch Hilfe bei ihrer Verteidigung leiste[185].

Die Schärfe, mit der dieser Streit zwischen zwei Redaktionen geführt wurde, zwischen denen enge persönliche Verbindungen bestanden[186], legt die Vermutung nahe, daß es um wesentlich mehr ging, als in der Debatte bisher zur Sprache kam. Deutlich wird dies, wenn man die Kampagne betrachtet, die Rebatet nach dem Erscheinen des Buches entfachte. Von Ende Januar bis März 1938 veröffentlichte er eine Serie von sechs Artikeln über die Emigranten in Frankreich, die seine These einer jüdisch-bolschewistischen Verschwörung belegen sollten. Nach seinem Dafürhalten diente das kommunistische Komitee Ernst Thälmann als Sammelbecken für Emigranten, die, wie Rebatet betonte, in der Mehrheit Juden waren und politisch zur extremen Linken zählten. Zu den gehei-

---

[181] Die Ansicht von Thalmann, Céline sei ein Einzelfall, ist durch die Forschungen von Schor und Kingston widerlegt; vgl. Thalmann, L'antisémitisme, S. 134–158, S. 152; Kingston, Anti-semitism, S. 51ff., 75ff.; Schor, Antisémitisme, S. 169ff.; Winock, Nationalisme, S. 374ff.; Wirsching, Kollaborationsideologie, S. 32f.
[182] Dioudonnat, Je suis partout, S. 224f.; Vitoux, Vie de Céline, S. 320. Auch Léon Daudet hatte in der *Action française* das Erscheinen der *Bagatelles* begrüßt.
[183] Vincent, Les aveux du juif Céline, in: Combat, H. 23, 1938, S. 13.
[184] Ebenda.
[185] Rebatet, Juifs et catholiques, in: JSP, H. 384, 1938, S. 8.
[186] Folgende Personen haben gleichzeitig für die *Jeune Droite (Combat/Insurgé)* und *Je suis partout* gearbeitet: Blond, Brasillach, Pierre Gaxotte, Kléber Haedens, Jean Héritier, Maulnier, Claude Roy, Louis Salleron, René Vincent.

men Hintermännern des Komitees, dem Intellektuelle wie André Gide, André Malraux, Paul Langevin, Henri Barbusse und Romain Rolland angehörten, erklärte er die deutschen Juden. Anknüpfend an Célines *Bagatelles* sah Rebatet hinter den Kommunisten die Juden als die eigentlichen Drahtzieher einer neuen, globalen Revolution[187]. Diese Überzeugung Célines und Rebatets hatte ihren geistigen Nährboden, wie Andreas Wirsching gezeigt hat, in der katholisch-gegenrevolutionären Verschwörungstheorie der Action française. Die durch den Sieg der Volksfront entfachte Furcht vor einem jüdisch-bolschewistischen Komplott bildete die Grundlage für diese neue, radikalisierte Form des Antisemitismus. Mit dieser entschieden antibolschewistischen Reaktion sprengte die Rechte letztlich die Paradigmen des katholisch-gegenrevolutionären Antisemitismus der Dreyfus-Affäre[188].

Zugleich hatte die extreme Rechte mit dieser aus der französischen Tradition inspirierten Denkfigur die ideologische Voraussetzung für die Annäherung an Deutschland geschaffen. Hitler erschien der extremen Rechten in dem Maße als natürlicher Verbündeter, wie sie sich selbst durch die jüdisch-bolschewistische Weltrevolution bedroht fühlte. Gerade Hitlers Vorgehen gegen die Juden war aus dieser Sicht „genuiner Antibolschewismus"[189]. Diesen ideologischen Schulterschluß mit Deutschland vollzog Rebatet mit seiner Kampagne, mit der er sich erstmals öffentlich der Sichtweise der nationalsozialistischen Propaganda anschloß[190]. Eine *Je suis partout*-Sondernummer über „die Juden" im April 1938 bekräftigte diese Haltung. Rebatet bekannte sich zu den „Erkenntnissen" der Rassenlehre und dem politischen Wert von ethnischen Differenzierungen. An der nationalsozialistischen Lehre von der „nordischen Rasse" kritisierte er in erster Linie, daß sie den Boden der „seriösen" Wissenschaft verlassen habe[191].

Diese Haltung forderte wiederum Maulnier zu einer grundsätzlichen Darlegung eines „vernünftigen Antisemitismus" heraus[192]. Ganz offensichtlich saßen die Adressaten dieser Abrechnung in der Redaktion von *Je suis partout*, auch wenn er die Zeitschrift mit keinem Wort erwähnte. Erneut kritisierte er die auf das Kriterium der Rasse gegründete pauschale Verurteilung der Juden und gab vor, die „wahren" Gründe des Antisemitismus zu kennen. „Der entmythifizierte Antisemitismus hat seine Ursprünge in zwei Wesenszügen, die das jüdische Element ausmachen: seine wachsende Stärke und seine unüberwindbare Fremdartigkeit."[193] Maulnier unterstrich somit die Vergeblichkeit jeglicher Assimilationsbestrebungen: als „ewiger Fremder" sei der Jude gewissermaßen die Verkörperung des schlechthin Antinationalen. Wo es ihm aber gelinge, die Macht an sich zu reißen, mußte die Nation Schaden nehmen. Als Belege für den „schädlichen" Einfluß der Juden nannte er die „zurückgebliebenen" Länder Polen und Rußland. Maulnier sah in dem hohen Anteil von Juden an der Bevölkerung den Grund dafür, daß diese Länder

---

[187] Rebatet, Peut-on éviter le pogrom?, in: JSP, H. 380, 1938, S. 4; vgl. Céline, Bagatelles, S. 51.
[188] Wirsching, Kollaborationsideologie, S. 45ff.; vgl. zum Paradigma der Dreyfus-Affäre Winock, Affaires, hier S. 26ff.
[189] Ebenda, S. 52f., Zitat S. 53; vgl. zu Hitler Nolte, Faschismus, S. 490f.
[190] Den Hinweis auf den Zusammenhang liefert Rebatet selbst in dem Artikel: La France, repaire de la juiverie allemande, in: JSP, H. 377, 1938, S. 5; vgl. Belot, Rebatet, S. 214f.
[191] Rebatet, Les juifs et l'antisémitisme, in: JSP, H. 386, 1938, S. 2.
[192] Maulnier, Notes sur l'antisémitisme, in: Combat, H. 26, 1938, S. 5.
[193] Ebenda, S. 6.

allenfalls verspätet an der westeuropäischen Entwicklung zu Kapitalismus und Demokratie teilgehabt hätten. Dies klingt paradox, gehörten doch der ausbeuterische Kapita-
list und der Anhänger republikanischer Ideale zu den antisemitischen Topoi. Aber nach
Auffassung Maulniers war das zentrale Wesensmerkmal der Juden ihre Rückwärtsge-
wandheit. „Sie profitieren von der historischen Situation mehr, als daß sie sie gestalten
würden."[194] Umgekehrt verdankte Frankreich Maulnier zufolge seinen Aufstieg zur
führenden westlichen Nation nur der Tatsache, daß es verhältnismäßig wenige Juden be-
herberge. Ohne dies direkt auszusprechen, operierte Maulnier mit dem Bild von Parasi-
ten, die den staatlichen „Organismus" befielen und auszehrten[195]. Wenn man den Rassismus nicht auf die pseudobiologischen Lehren beschränkt, sondern ihn als Zuweisung
konstanter physischer und psychischer Eigenschaften an eine Abstammungsgemeinschaft versteht, so müssen auch diese Gedanken Maulniers als Rassismus verstanden
werden[196]. Das Fehlen jeglicher Eigeninitiative führte aber die Verschwörungstheorie ad
absurdum. Eine Gemeinschaft, deren zentrales Wesensmerkmal in der Passivität gesehen
wurde, konnte unmöglich eine Revolution anzetteln. Auch die Französische Revolution
war nach Maulniers Ansicht nicht das Werk der Juden, sondern der Engländer und Protestanten gewesen[197].

Deutlich unterschied sich dieser Antisemitismus der Jeune Droite von demjenigen der
Je suis partout-Redakteure durch das Fehlen einer vergleichbaren „reaktionären Dynamik". Der radikalisierte Flügel der extremen Rechten, zu dessen Sprachrohr sich *Je suis
partout* entwickelt hatte, bekämpfte mit seiner Verschwörungstheorie das Grundprinzip
der Revolution. Sein Denken war im wörtlichen Sinne reaktionär, es erhielt seine Radikalität aus der vermeintlichen Bedrohlichkeit des Gegners[198]. Mit dieser extremen Rechten, aus deren Gedankenwelt nahezu alle Redakteure der Jeune Droite stammten, teilten
sie zwar die Ablehnung der Folgen der Revolution, also von Liberalismus, Demokratie
und Kapitalismus. Der Einfluß der Juden war jedoch aus der Sicht Maulniers nur eine
Folge, keineswegs aber die Ursache des nationalen Niederganges. Daher mußten auch
nicht die Juden, sondern der Staat bekämpft werden: „Das jüdische Problem läßt sich
fast vollständig lösen, wenn man das demokratische Staatswesen und die kaufmännische
Gesellschaft zerschlägt."[199]

Das revolutionäre Prinzip als solches verurteilte die Jeune Droite niemals, es bildete
vielmehr die Grundlage ihrer eigenen Weltanschauung. Nur durch eine Revolution konnten ihrer Ansicht nach die Folgen von 1789 überwunden werden. Aus diesem Grund
konnte und wollte die Jeune Droite den Juden keine revolutionären Absichten unterstellen. Nicht die Revolution mußte bekämpft werden, sondern nur ihr Ergebnis, die liberale
Gesellschaft, die aus ihr hervorgegangen war[200]. Mit der Infragestellung des gegenrevolu-

---

[194] Ebenda.
[195] An anderer Stelle sprach er aber vom Bürgertum als parasitärer Macht: Maulnier, Examen, in:
Combat, H. 23, 1938, S. 4.
[196] Von zur Mühlen, Rassenideologien, S. 12.
[197] Maulnier, Notes, S. 6.
[198] Vgl. Wirsching, Kollaborationsideologie, S. 36 f.; Nolte, Faschismus, S. 61 ff.
[199] Maulnier, Notes, S. 6.
[200] Vgl. Maulnier, Réalités et représentations révolutionnaires, in: Combat, H. 13, 1937, S. 37 f.; Fabrègues, Une révolution justifiée, in: Combat, H. 21, 1938, S. 6 f.

tionären Dogmas haben sich die *Combat*-Redakteure der Häresie gegenüber der Lehre der Action française schuldig gemacht. Selbst die Redaktion von *Je suis partout*, die sich in ihrer Haltung zu Deutschland ebenfalls weit von Maurras entfernt hatte, hielt an diesem Dogma fest. Brasillach und Blond zogen daraus die Konsequenzen und stellten nach dem Erscheinen von Maulniers Artikel ihre Mitarbeit beim *Combat* ein[201].

Aus diesen häretischen Ideen entwickelte Maulnier 1938 seine Theorie des neuen Nationalismus. In seinem Werk *Au-delà du nationalisme* – dessen Titel er in Anlehnung an Hendrik de Mans *Au-delà du socialisme* gewählt hatte – kündigte er den Beginn einer neuen Epoche an, in der die Nation wieder zum zentralen Integrationsbegriff aller Klassen werden sollte. Die ersten Symptome dieses Wandels sah er in den „nationalen Revolutionen" in Italien und Deutschland. Für Maulnier waren dies freilich unzulängliche Versuche, den Begriff der Nation von seiner Vereinnahmung durch das Bürgertum zu befreien und wieder zu dem zu machen, was sie seiner Ansicht nach verkörperte: das „natürliche" Organisationsprinzip der auf einer historischen Gemeinschaft von Blut, Boden und Sprache beruhenden europäischen Kulturen[202].

Den liberalen Nationalismus erklärte er zum Verteidigungsreflex einer sozialen Schicht, die ihre Privilegien bedroht sah. Er konnte nur durch eine Umgestaltung der sozialen Verhältnisse wirksam bekämpft werden. Die nationale Revolution mußte in erster Linie den Kapitalismus überwinden. Die Triebkraft der politischen und sozialen Umgestaltung konnte seiner Ansicht nach nur der Klassenkampf sein - ein Klassenkampf, der von der Vereinnahmung durch die Linke und der Verurteilung durch die Rechte befreit war: „Die Ansicht, eines der interessantesten sozialen Phänomene unserer Epoche sei das Ergebnis einer durch die Juden, Intellektuelle oder den Zufall provozierten Katastrophe, und die Ansicht, es handle sich bei diesem Phänomein um ein universelles Gesetz der Geschichte – diese beiden Ansichten sind zwei gleichermaßen absurde Formen des politischen Fetischismus."[203]

Antisemitische Verschwörungstheorien und materialistische Dialektik begriff er als komplementäre Seiten derselben Reaktion auf die soziale Tatsache der Klassenspaltung, die der liberale Kapitalismus geschaffen hatte. Auch der Marxismus konnte Maulnier zufolge die Verhältnisse nicht verändern, da er selbst auf dem geistigen Boden des Liberalismus entstanden war und die Prämisse der Klassenherrschaft mit ihm teilte – mit dem einzigen Unterschied, daß an Stelle des Bürgertums das Proletariat die Führung übernehmen sollte. Eine wirkliche Revolution aber müsse die Klassenkämpfe überwinden und die ursprüngliche nationale Gemeinschaft wiederherstellen[204]. Maulnier setzte seine Hoffnungen auf eine Überwindung des linken und rechten Determinismus. Der reaktionäre Nationalismus eines Barrès war seiner Ansicht nach nur die umgekehrte

---

[201] Allerdings schrieben Maulnier und Claude Roy noch bis 1940 für das literarische Feuilleton der Zeitschrift von *Je suis partout*; Dioudonnat, Rédacteurs, S. 63, 80.

[202] Maulnier, Nationalisme, S. 25, 62, 226. Zahlreiche Thesen des Werkes hatte Maulnier zuvor in *Combat* veröffentlicht. Das Werk fand auch in Deutschland Beachtung. In der Abhandlung von Karl-Heinz Bremer über den französischen Nationalismus seit 1789 nahm die Auseinandersetzung mit Maulniers Thesen den zentralen Platz ein. Er würdigte Maulnier als den Theoretiker des „revolutionären Konservativismus"; Bremer, Nationalismus, S. 124.

[203] Maulnier, Nationalisme, S. 42.

[204] Ebenda, S. 44.

Form des marxististischen Determinismus: er verneine die Freiheit des Willens und des Denkens und damit die Möglichkeit des Fortschritts überhaupt. Auf diese Weise erkenne er die wirtschaftliche Vorherrschaft des liberalen Bürgertums an und mache sich zu dessen Komplizen[205].

Der Syndikalismus schließlich war durch seinen reformistischen Kurs mit den republikanischen Prinzipien „kontaminiert" worden. Durch eine Rückbesinnung auf seine ursprünglich revolutionären Ziele konnte er jedoch die treibende Kraft im Kampf gegen das liberale Bürgertum werden. Er befürwortete ein Bündnis zwischen der revolutionären Linken und der nationalen Rechten als Voraussetzung für einen Sieg über Liberalismus und Demokratie: „Nationalistischer und revolutionärer Wille treffen sich im historischen Schöpfungsakt, durch den eine Gemeinschaft die Möglichkeit erhält, sein Geschick in die Hand zu nehmen und in einer neuen Synthese der sie zersetzenden Antagonismen zu triumphieren. Die Nation kann nur in der befreienden Metamorphose wiedergefunden oder erneuert werden."[206] Die Haltung des führenden Theoretikers der Jeune Droite war somit in erster Linie antiliberal und nicht antimarxistisch. Mit seiner Theorie des Neonationalismus näherte er sich von der entgegengesetzten Seite den Thesen Hendrik de Mans an: dieser hatte mit der Revision des Sozialismus den Vorrang der nationalen Einheit vor den Interessen des Proletariats formuliert. Mit seiner Revision des Nationalismus verknüpfte Maulnier die Versöhnung der Klassen mit der Entmachtung des liberalen Bürgertums[207].

Während sich bei der Jeune Droite ein latenter Antisemitismus feststellen ließ, der jederzeit aktivierbar war, beschränkte sich die Ressentiments beim Ordre Nouveau nur auf Einzelfälle. Es fällt zudem auf, daß derartige Gedanken ausschließlich außerhalb der eigenen Zeitschrift veröffentlicht wurden. Die Vermutung liegt also nahe, daß solche Bemerkungen innerhalb des Direktionskomitees auf Widerstand stießen und unterdrückt wurden[208]. Jedoch stammen auch die im folgenden untersuchten Äußerungen aus der Kerngruppe des Ordre Nouveau: von Daniel-Rops, Rougemont und Dupuis.

Daniel-Rops nahm den Zustrom deutscher Emigranten nach Frankreich 1933 zum Anlaß, seinen Ressentiments gegen die Asylsuchenden Ausdruck zu verleihen. Trotz der im Vergleich zu anderen Immigrationsströmungen aus Italien, Spanien und Polen wesentlich geringeren Zahl deutscher Emigranten reagierte Daniel-Rops, ähnlich wie ein großer Teil der Rechten, in diesem Fall besonders sensibel. Ohne daß er dies offen auszusprechen brauchte, war unüberhörbar, daß sich seine Vorwürfe primär gegen Juden richteten, die mit rund 80 Prozent den bei weitem überwiegenden Teil der deutschen Emigranten ausmachten[209]. Daniel-Rops behauptete, die meisten der Emigranten seien

---

[205] Ebenda, S. 203ff.; vgl. zu Barrès Curtius, Barrès, S. 121ff., Sternhell, Barrès, S. 254ff.

[206] Maulnier, Nationalisme, S. 201, Zitat S. 227.

[207] Vgl. de Man, Marxisme; Dodge, Beyond Marxism, S. 90ff.

[208] Einen besonderen Anlaß dazu dürften Aron und Marc gehabt haben, die selbst jüdischer Herkunft waren.

[209] Zumal er sich unmittelbar vorher gegen den Philosemitismus einiger Linksintellektueller gewandt hatte, Daniel-Rops, Jeune Allemagne, jeune France, in: Le Correspondant, H. 105, 1933, S. 266–296. Vgl. Thalmann, Immigration allemande, S. 149–172. Diese Untersuchung wertet erstmals das französische Archivmaterial aus, vor allem aus dem Außenministerium, dem Nationalarchiv und der Pariser Polizeipräfektur. Von Mai bis Ende 1933 stieg die Zahl der Emigranten von 4 000 auf 20 – 25 000 und blieb danach bis 1936 weitgehend konstant. Zum Vergleich die Im-

bereits in Deutschland arbeitslos gewesen und hätten nur einen Vorwand gesucht, um in Frankreich Hilfeleistungen anzunehmen, die sie in Deutschland nicht mehr bekommen hätten. Er unterstellte ihnen damit in kaum verschlüsselter Form, arbeitsscheu zu sein und von einem fremden Sozialsystem profitieren zu wollen, ohne nach möglichen Gründen für ihre Arbeitslosigkeit in Deutschland zu fragen. Er vertrat zudem die Meinung, daß der Zustrom der Fremden eine Gefahr für den sozialen Frieden darstelle: „Diese neuen Elemente werden sich kaum assimilieren, und wir haben vielleicht derzeit kein dringendes Bedürfnis, die Zahl unserer Arbeitslosen ansteigen zu lassen."[210] Dieses Argument der sozialen Unverträglichkeit fand – angefacht durch die Propaganda der deutschen Dienststellen – in Frankreich ein breites Echo bei der französischen Rechten[211]. Ansätze zu einer Verschwörungstheorie fehlen aber bei Daniel-Rops vollständig.

Bei Rougemont finden sich Anhaltspunkte für Ressentiments gegenüber Juden, die einerseits seiner antiliberalen Haltung entstammten, andererseits auf religiösen Vorbehalten beruhten. Für Rougemont verkörperten die Juden spezifisch bürgerlich-liberale Werte. In dieser Auffassung hatte ihn besonders sein Lektorat in Frankfurt 1935–1936 bestärkt, über das er im Journal d'Allemagne berichtete. In dieser Stadt mit ihrer bedeutenden und reichen jüdischen Gemeinde sah er sich mit Vertretern des jüdischen Großbürgertums konfrontiert. „Der Jude, von dem ich spreche, entspricht weitgehend dem Typus des europäischen Liberalen."[212] Daneben entdeckte Rougemont auch einige, die mit marxistischen oder stalinistischen Ideen sympathisierten[213]. „Aber der Großteil[214] derjenigen, die man in einem Café am Opernplatz beobachten kann, scheint tatsächlich den schlichten Parolen der nationalsozialistischen Propaganda zu entsprechen. Dickbäuchig und beringt, die Zigarre mitten im Mund, repräsentieren sie den ordinären Typus des hochmütigen Kapitalisten."[215] Diese Juden waren somit die Nutznießer eines Systems, das der Ordre Nouveau entschieden bekämpfte: des liberalen Kapitalismus. Es ginge zu weit, aus diesem Hinweis jeglicher Kritik am Liberalismus eine antisemitische Tendenz zu unterstellen, doch macht er deutlich, daß diese Konnotationen durchaus angelegt waren[216]. Zumindest betonte Rougemont in diesem Punkt sein Einvernehmen mit der nationalsozialistischen Propaganda und verlieh seiner Überzeugung Ausdruck, daß im Antisemitismus letztlich ein wahrer Kern stecke. Jedoch muß man hinzufügen, daß Rougemont in demselben Werk auch von seinen jüdischen Freunden sprach und die Maßnahmen des NS-Systems gegen die Juden mißbilligte.

migration aus anderen Ländern im selben Zeitraum: Polen: 518 000, Spanier: 490 000, Italiener: 800 000; vgl. Schor, Opinion française, S. 613ff.
[210] Daniel-Rops, Jeune Allemagne, S. 286f., dieser Auszug erschien auch in: Union pour la vérité, H. 1–2, 1933, S. 15f.
[211] Thalmann, Immigration allemande, S. 156; vgl. Peterson, Emigranten, S. 888.
[212] Rougemont, Journal d'Allemagne, S. 20.
[213] Über die jüdischen Stalinisten schrieb er: „Sie begrüßen einen Anti-Führer, der sie mehr noch als der Führer ausgrenzt." Rougemont, Journal, S. 20f.
[214] In der zweiten Auflage von 1968 ersetzte Rougemont „la plupart" durch „beaucoup", ders., Journal d'une Epoque, S. 297; zu den Modifikationen Rougemonts am Journal d'Allemagne im Journal d'une Epoque vgl. Ackermann, Rougemont, Bd. 2, S. 999ff.
[215] Rougemont, Journal d'une Epoque, S. 21.
[216] Vgl. dazu Sternhell, Roots, S. 103–134.

Eine weitere Quelle seiner Ressentiments speiste sich aus religiösen Vorbehalten. Rougemont war engagierter Protestant und hatte in seiner Zeitschrift *Hic et nunc* ein erstes Forum für die frankophone Karl-Barth-Rezeption geschaffen. Er prägte damit maßgeblich die Calvinismus-Renaissance, die für seine Vorstellung vom persönlichen Engagement von zentraler Bedeutung war[217]. Im Anschluß an Ernest Renans *Histoire du peuple d'Israël* kritisierte Rougemont die strikte Ausrichtung des jüdischen Glaubens auf das Jenseits, die seiner Ansicht nach jeglichen Sinn für die diesseitige Wirklichkeit verstellte. Diese attentistische Haltung führe wiederum zu geistiger Verengung und mangelnder Tatkraft, kurzum zur Kapitulation vor den Aufgaben dieser Welt[218]. Dieser Vorwurf der Kapitulation bildete auch die Folie der Intellektuellenkritik, wie Rougemont sie namentlich in seinen beiden Hauptwerken des Personalismus, *Politique de la Personne (1934)* und *Penser avec les mains (1936)*, formuliert hat. Sein Vorwurf an die Intellektuellen, für den Niedergang der abendländischen Kultur im zwanzigsten Jahrhundert maßgeblich verantwortlich zu sein, richtete sich keineswegs ausschließlich gegen die Vertreter jüdischen Glaubens, jedoch gerade gegen diejenige Haltung, die seiner Ansicht nach im Glauben angelegt war: die Abdankung vor den Forderungen der Gegenwart. Eines der Grundprinzipien des Personalismus forderte das politische Engagement der Intellektuellen, die neue Ethik des Denkens verpflichte ihn zum Handeln[219].

Zumindest diese religiös motivierten Ressentiments modifizierte Rougemont später und schwächte sie ab. In einem Beitrag für den Sammelband *Les Juifs*, der 1937 in der von Daniel-Rops geleiteten Reihe *Présences* erschien, bezog er eine vermittelnde Position gegenüber dem jüdischen Glauben. Im Anschluß an seine theologischen Überlegungen von 1935/36 bemühte er sich, die vermeintlichen Antagonismen zwischen jüdischem und protestantischem Glauben aufzulösen und den gemeinsamen Ursprung im Alten Testament hervorzuheben. Er betonte deutlicher als vorher den Glauben an eine Berufung, an den missionarischen und charismatischen Charakter des jüdischen Glaubens, und sah hierin Parallelen zum Protestantismus – insbesondere in seiner kalvinistischen Form. Den Vorwurf des Intellektualismus, des abstrakten, realitätsfernen Denkens, beschränkte Rougemont auf diejenigen jüdischen Intellektuellen, die von dem Glauben an ihre Berufung abgefallen waren[220].

Als entschiedener Antisemit entpuppte sich Dupuis in einem Beitrag in demselben Sammelband *Les Juifs*, der sich mit der nationalsozialistischen Judenpolitik beschäftigte[221]. Dieser Artikel war trotz seines sachlichen Stils und seiner zutreffenden Belege in seiner Tendenz so dezidiert antisemitisch, daß selbst Rebatet in *Je suis partout* Beifall

---

[217] Reymond, Théologien, S. 24 und 62ff.; Balmand, Rougemont, S. 53f.; vgl. auch Archives Rougemont Neuchâtel, Hic et nunc.

[218] Rougemont, Penser, S. 49ff.

[219] Vgl. Rougemont, Politique, S. 9f.; ders., Penser, S. 13ff.; zu den jüdischen Ursprüngen vgl. das Kapitel „L'Arche de l'Alliance", Penser, S. 49–56.

[220] Rougemont, Vocation et destin d'Israël, in: Les Juifs, S. 156ff. Doering führt diesen Wandel Rougemonts auf den Einfluß Maritains zurück, dessen Kreis in Meudon er regelmäßig frequentierte, Doering, Maritain, S. 165.

[221] Dupuis, Hitler et les Juifs, in: Les Juifs, S. 26–43.

spendete[222]. Zumindest innerhalb des nonkonformistischen Milieus hatte Dupuis hiermit den einzigen Versuch unternommen, den nationalsozialistischen Antisemitismus einer umfassenden ideologischen und historisch-politischen Analyse zu unterziehen. In dem Kenntnisreichtum und der analytischen Schärfe ragt er weit über das Niveau der sonstigen antisemitischen Hetze in Frankreich hinaus. Mit dieser Art von Untersuchung betrat Dupuis Neuland: Erst zwei Jahre später erschienen die Werke von Gustav Warburg und Konrad Heiden, die sich erstmals in systematischer Weise mit der Frage des Judentums in Deutschland befaßten[223].

Es ging ihm darum, die historischen Gründe für den spezifisch deutschen Antisemitismus darzulegen. Dabei hatte er die Tendenz, mit sachlich weitgehend zutreffenden Argumenten eine unausweichliche Notwendigkeit dieser Entwicklung zu konstruieren, durch die der Antisemitismus gewissermaßen seine Legitimation in den historischen Umständen fand. So nannte er die Ruhrbesetzung als Auslöser einer Welle des Antisemitismus und folgerte: „Umwälzungen wie diese appellieren bei Betroffenen beinahe automatisch an einen Verteidigungsreflex und eine instinktive Auflehnung, wie sie sich in der Suche nach einem Sündenbock äußert."[224] Auch wenn er das Ausmaß der Beschuldigungen gegenüber den Juden für unangemessen hielt, so war für ihn das deutsche Vorgehen gegen die exponierte Stellung der Juden „eine natürliche Abwehrreaktion des deutschen nationalen Organismus"[225].

Durch die Weimarer Verfassung weitgehend assimiliert, hätten die Juden in der Nachkriegszeit innerhalb kurzer Zeit zahlreiche politische Ämter besetzt. Auch in den freien Berufen seien sie überproportional vertreten gewesen. Diese – nach Ansicht Dupuis' – unverhältnismäßig starke Präsenz der Juden im politischen wie im wirtschaftlichen Leben sei die Ursache für den Antisemitismus, den die Wirtschaftskrise ausgelöst habe. Für Hitler bot diese Situation die Grundlage seines Rassismus, den Dupuis im folgenden anhand der deutschen – ungekürzten – Erstausgabe von *Mein Kampf* darlegte, ohne jedoch auf die jüdisch-bolschewistische Verschwörungstheorie einzugehen. Er zeigte auf, wie Hitlers Antisemitismus aus seinen persönlichen Erlebnissen in Wien erwacht war und daraufhin sein Nationalismus auf der Basis des Rassegedankens an Kontur gewonnen hatte. Das „Bewußtsein" von der Andersartigkeit der Juden und die Wahrnehmung einer spezifisch deutschen Identität waren seiner Ansicht nach bei Hitler nicht zu trennen[226].

Besonders aufschlußreich sind die Überlegungen Dupuis' zu den Konsequenzen der antisemitischen Politik nach der Machtergreifung. Sie geben Einblick in die Entwicklungsmöglichkeiten, die ein sehr gut informierter Beobachter des Nachbarlandes 1937 für denkbar und, was in diesem Fall noch wichtiger ist, für undenkbar hielt. Dupuis urteilte in genauer Kenntnis einerseits der deutschen Rassentheorien von der Gobineau-

[222] Rebatet, der den von Daniel-Rops herausgegebenen Band als Machwerk der „roten Katholiken" bezeichnete, nahm ausdrücklich den Artikel über die deutschen Juden aus. Dupuis hat „die logische und insgesamt kluge Konzeption des Status der Juden in Hitlers Deutschland aufgezeigt". Rebatet, Juifs et catholiques, in: JSP, H. 384, 1938, S. 8.

[223] Vgl. Kulka, Geschichtsschreibung, S. 607f.

[224] Dupuis, Hitler et les Juifs, in: Les Juifs, S. 27.

[225] Ebenda, S. 28.

[226] Ebenda, S. 31ff.

Rezeption über Houston Stuart Chamberlain bis zu Alfred Rosenberg und andererseits der nationalsozialistischen Gesetzgebung vom sogenannten Arierparagraphen bis hin zu den Nürnberger Gesetzen. Merkwürdigerweise erwähnte er mit keinem Wort die Existenz der Konzentrationslager, von denen er als gut informierter Beobachter unweigerlich gewußt haben muß. Bereits 1935 war die französische Übersetzung eines Berichtes erschienen, in dem ein geflohener KZ-Häftling von seiner Gefangenschaft berichtete[227].

In Hitlers Stellungnahmen sah Dupuis zwei Wege angelegt: die „radikale" Lösung zielte auf eine massive Vertreibung der Juden aus Deutschland, die andere auf ihre Isolation im öffentlichen und privaten Leben. Eine systematische und massenhafte Vernichtung konnte er sich wie die meisten seiner Zeitgenossen zu diesem Zeitpunkt nicht vorstellen, obwohl er selbst eine Passage zitiert hatte, in der Hitler – legt man eine intentionalistische Deutung des Holocaust zugrunde – diesen Gedanken zumindest angedeutet hatte. „Hat Hitler nicht in *Mein Kampf* konstatiert, ‚daß es keine Verfolgung [der Juden] gibt, die in ihrer definitiven Vernichtung mündet'. Es scheint, daß diese radikale Lösung nie **praktisch** umgesetzt werden sollte."[228] Zumindest deutete Dupuis die Möglichkeit an, daß Hitler den Holocaust theoretisch erwogen hatte[229].

Aber selbst an eine vollständige Vertreibung aus Deutschland konnte Dupuis nicht glauben, da sie auf unüberwindbare äußere wie innere Widerstände stoßen würde[230]. Hingegen sah er die zweite, weniger radikale Lösung seit der Machtergreifung in die Wege geleitet und mit den Nürnberger Gesetzen 1935 verwirklicht: Dupuis sprach in Anlehnung an den zynischen Begriff der Nationalsozialisten von einer „Koexistenz" von Juden und Ariern. „Man kann diese Konzeption – und diese Praxis – empörend, unmenschlich und barbarisch finden. Doch es wäre völlig falsch, in dem Begriff der ‚Koexistenz' einen Euphemismus zu sehen, der nur eine brutale Tyrannei verdecken soll."[231] Dupuis ging es vorwiegend darum, die Vorwürfe gegen die nationalsozialistische Judenpolitik zu entkräften. Er bezeichnete sie als ein aufrichtiges[232] Mittel, um die „Benachteiligung" der Arier gegenüber den Juden aufzuheben und somit die wachsenden Konflikte zwischen beiden Rassen zu vermeiden. „Die Nationalsozialisten haben unzweifelhaft dazu beigetragen, diesen Konflikt zu verschärfen, dies läßt sich nicht leugnen. Doch sie haben eine Lösung entwickelt, besser gesagt, sind sie gerade dabei, eine Lösung zu entwickeln oder vielmehr den Versuch einer Lösung."[233] Dupuis verglich die Situation in Deutschland mit einem Rückfall ins Mittelalter, einer Wiederkehr des Ghettos[234]. Jedoch

---

[227] Langhof, Les soldats du marais. Das Buch war im selben Verlag, Plon, erschienen wie der Sammelband *Les Juifs*. ON-Mitarbeiter Pierre Prévost berichtet, er habe im Frühjahr 1937 von der Existenz des KZ Dachau erfahren, Prévost, Rencontres, S. 23.

[228] Dupuis, Hitler et les Juifs, in: Les Juifs, S. 39f. Hervorhebung von mir. Zu den Forschungskontroversen um die Deutung des Holocaust vgl. Hildebrand, Das Dritte Reich, S. 202ff.

[229] Der Gedanke der intendierten Vernichtung war erstmals 1939, also nach den Novemberpogromen, in den systematischen Analysen der nationalsozialistischen Rassenpolitik von Konrad Heiden und Gustav Warburg formuliert worden; vgl. Kulka, Geschichtsschreibung, S. 608.

[230] Dupuis, Hitler et les Juifs, S. 39f.

[231] Ebenda, S. 41.

[232] „indiscutablement sincère", ebenda, S. 43.

[233] Ebenda.

[234] Eine Vorstellung, die auch von bedeutenden jüdischen Historikern geteilt wurde, vgl. Ringelblum, Notes from the Warsaw Ghetto, S. 82.

entließ er die Nationalsozialisten weitgehend aus der Verantwortung, indem er das „jüdische Problem" vom Produkt der Propaganda zu objektiver Geltung erhob. Das Interpretationsschema, das Dupuis dem Konflikt zugrunde legte, trägt deutlich die Spuren seiner Herkunft aus den französischen Debatten. Die These von der Überrepräsentation der Juden im öffentlichen Leben und in der Politik bildete das Leitmotiv der antisemitischen Agitation, die die Hetzpropaganda von der „jüdischen Republik" nährte. Durch diese scheinbare Parallele der französischen Situation in der Phase der Volksfront mit derjenigen in Deutschland konnte wiederum die nationalsozialistische Judenpolitik, die Dupuis zumindest als Lösungsansatz gewürdigt hatte, eine Orientierung für das eigene Land bieten.

Die antisemitischen Äußerungen beschränkten sich beim Ordre Nouveau auf solche Einzelfälle. Insgesamt ist die Gruppierung während der Volksfront nicht von der Radikalisierung erfaßt worden. Größeres Gewicht erhalten die genannten Beispiele allerdings dadurch, daß sie von drei Mitgliedern des Direktionskomitees stammten, die maßgeblich an der Ausarbeitung der Ideologie der Gruppierung beteiligt waren. Eine zweifellos zentrale Bedeutung kam dem Gedanken des Föderalismus im Denken des Ordre Nouveau zu. In der folgenden Analyse wird keineswegs die These vertreten, der Föderalismus der Gruppierung sei antisemitisch gewesen. Jedoch soll gezeigt werden, daß er als Gegenentwurf zum Liberalismus zugleich die obengenannten Elemente der Kritik an den Juden in sich aufnahm.

Wiederholt hat der Ordre Nouveau neben den historisch-kulturellen und den geographischen Faktoren auch die ethnische Zugehörigkeit als konstitutives Element der regionalen Gemeinschaft hervorgehoben. Die Region (patrie) als konstitutives Element des personalistischen Föderalismus bildete zugleich eine zentrale Bezugsgröße des Menschen: in der Bindung an die heimischen Sitten und Bräuche, an die Geschichte, die Landschaft und die Abstammungsgemeinschaft sollte der Mensch seine jeweils unverwechselbare Identität finden. Als eine „organisch" über Jahrhunderte hin gewachsene politische, wirtschaftliche und soziale Gemeinschaft formte sie nach Auffassung des Ordre Nouveau die Menschen nicht nur in geistig-kultureller, sondern eben auch in physischer Hinsicht. „Dieses Streben – das sich in der Religion, der Sprache, den Künsten, den Wissenschaften und der Lebensart ausdrückt – ist ebenso vielfältig wie das Klima und das Land. Es ist in gewisser Weise Ausdruck des Kontaktes des Menschen mit seiner Umwelt. Dieser Kontakt kann nur dann wirklich fruchtbar sein, wenn der Mensch seinem Boden und seiner ursprünglichen Gemeinschaft verbunden bleibt."[235]

Die Formulierung einer ethnischen Gemeinschaft war nur eines unter mehreren Kriterien. Daher führt die von John Hellman ohne nähere Begründung gebrauchte Charakterisierung des Föderalismus von Ordre Nouveau als „völkisch" in die Irre[236]. An keiner Stelle wurde die Rassenzugehörigkeit zum konstitutiven Element einer Volksgemeinschaft erhoben oder die Überlegenheit einer Rasse über eine andere behauptet. Wiederholt distanzierten sich die Ordre Nouveau-Redakteure von den pseudobiologischen Im-

---

[235] Dupuis, Le problème de l'Europe et la question de l'Etat, in: Plans, H. 7, 1931, S. 13f.
[236] Hellman, Mounier, S. 62; vgl. weitere Belege: L'action, in: Plans, H. 10, 1931, S. 154; Marc/Chevalley, in: Revue du siècle, H. 2, 1933, S. 4; Dupuis/Marc, Le Fédéralisme révolutionnaire, in: Esprit, H. 1, 1932, S. 318f.

plikationen der Rassenlehre[237]. Diese Vorstellungen wurzelten vielmehr im Patriotismus eines Maurice Barrès und Charles Péguy, die dem Gedanken an die Prägung durch die Vorfahren und die heimatliche Erde Ausdruck verliehen hatten. Für Marc war das Vaterland „die Erde, in der Toten ruhen und auf der die Lebenden die ‚Rasse' der Verstorbenen fortbestehen lassen"[238]. Unübersehbar bezog sich diese Vorstellung auf den vergangenheitsorientierten Kult „der Erde und der Toten", wie ihn Barrès in *Les Déracinés* begründet hatte[239].

In dieser Gedankenwelt waren die über Jahrhunderte gewachsenen Bindungen konstitutiv für die Identität des Menschen und bildeten das Fundament einer funktionierenden solidarischen Gemeinschaft. Diese „organische" Ordnung wurde durch die „abstrakten" Ideale des Liberalismus bedroht, die den Menschen seiner natürlichen Bindungen berauben und zur bloßen Zahl in einer anonymen Masse degradieren. Der Zerfall des sozialen Konsenses und die „Entwurzelung" des Menschen galten nur als zwei Seiten desselben Phänomens, das in der Revolution seinen Ausgang genommen hatte. Unter Berufung auf Péguy richtete Daniel-Rops seine Kritik gegen das republikanische System, das auf dem Boden dieser Ideen gediehen war: „An Stelle der Zivilisationen, die den Menschen von seinen Ursprüngen trennen, wie Péguy gesagt hätte, die sein Vaterland in seiner abstraktesten und zentralisiertesten Form begreifen, suchen wir nach einer stärkeren Verwurzelung des Menschen in seiner Region, das heißt im sinnlichen Rahmen seiner menschlichen Erfahrung."[240] Mit der Betonung der vielfältigen Bindungen des Menschen waren dem Freiheitsideal Grenzen gesetzt. In Anlehnung an die Kritiker des „entwurzelten" Intellektualismus, Barrès und Péguy, legte auch der Ordre Nouveau Wert auf die Relativierung der Idee von der Freiheit des Willens und des Denkens. Alle schöpferische Tätigkeit blieb demnach abhängig von dem Kontext, in dem sie entstanden war: von Herkunft, Milieu und Mentalität[241].

Trotz dieser deutlichen Anknüpfungspunkte erschöpften sich die Vorstellungen des Ordre Nouveau nicht in einer Neuauflage von Barrès' Nationalismus. Die Relativierung des Freiheitsbegriffes richtete sich zwar ausdrücklich gegen ein Grundprinzip von 1789, sie führte aber nicht in den für Barrès typischen Determinismus, der die Unveränderlichkeit dieser Bindungen behauptete, die jeden Versuch des Ausbrechens unweigerlich zum Scheitern verurteilten. Dieser resignierte Pessimismus war dem Ordre Nouveau ebenso fremd wie der vergangenheitsfixierte Revanchismus mit seinen machtstaatlichen

---

[237] Dupuis, Révolution et patrie, in: Plans NS, H. 2, 1932, S. 8–11, hier S. 9; Chevalley/Glady [*Marc*], Mort des partis, in: ON, H. 4, 1933, S. 24.; vgl. die Kritik am nationalsozialistischen Rassismus: Chevalley, Destin de l'Etat ou Mission de la France, in: ON, H. 11, 1934, S. 9f.; ders., Distinctions nécessaires, in: ON, H. 25, 1935, S. 4f.

[238] Marc, Patrie – Nation – Etat, in: ON, H. 32, 1936, S. 28–42, hier S. 30.; ähnlich Aron/Dandieu, Décadence, S. 185ff.

[239] Ausdrücklich verweist Daniel-Rops auf Barrès als Vorbild in: Années tournantes, S. 221ff.; vgl. Curtius, Barrès, S. 136f.; Sternhell, Barrès, S. 282ff.; Barral, La patrie, S. 109ff.; Rossi-Landi, La région, S. 83f.

[240] Daniel-Rops, Positions générales, in: Revue française, H. 4, 1933, S. 492.

[241] Der Begriff der Mentalität wurde von Barrès als Gegenkonzept zu dem des „freischwebenden" Intellektuellen geprägt, vgl. Raulff, Geburt, S. 50–68.

Forderungen[242]. Der personalistische Föderalismus erschöpfte sich nicht in dem Rückblick in die Vergangenheit, sondern bezog daraus seinen Impuls zur Veränderung der Verhältnisse. Er betonte stärker die wechselseitigen Einflüsse von Mensch und Gesellschaft und setzte die Möglichkeit zur Veränderung voraus. Die Energie, die der Mensch aus seinen vielfältigen Bindungen schöpfte, sollte der Revolution die notwendige Dynamik verleihen und eine erneute gesellschaftliche Erstarrung verhindern.

Dieser Föderalismus betonte die Verschiedenheit der regionalen Gemeinschaften. Nach Absicht seiner Schöpfer sollte er einen Gegenentwurf zum republikanischen Zentralismus bilden, der als institutionalisierte Form des Gleichheitsgedankens die historisch gewachsene Vielfalt der sozialen Beziehungen unterdrückte. Daniel-Rops zufolge hatte die Republik den Menschen seiner „natürlichen" Lebensgrundlagen – Familie, Beruf und Herkunft – beraubt und ihn zu einem gesichts- und geschichtslosen Bürger gemacht. Die Entfremdung zwischen Mensch und Staat sei mit der Einführung des Gleichheitspostulats in den Menschenrechten eingeleitet worden: „Der Mensch hat aufgehört, in politischer Hinsicht Mensch zu sein, das heißt, ein Lebewesen, das mit Familie, Boden und Beruf verbunden ist. Er ist ‚gemäß den einfachen und unbestreitbaren Prinzipien' der Deklaration der Menschenrechte ein anonymer und austauschbarer Bürger geworden, dessen einziger Wert aus dem Wahlzettel erwächst, ebenso anonym und austauschbar [...]: Dort, wo der Geist ohne Wurzeln ist, wird er, wie wir wissen, schnell unfruchtbar."[243]

Noch einen Schritt weiter ging Rougemont. In seiner *Politique de la Personne* lehnte er den Gleichheitsgrundsatz ab, weil er in die Forderung nach „Egalisierung um jeden Preis" münde und somit geradewegs zu Unterdrückung und Tyrannei führe[244]. Mit der im Gleichheitspostulat begründeten Tendenz zur Nivellierung sah Rougemont vielmehr die Formen einer totalitären Diktatur angelegt. Der Liberalismus hatte sich demnach als der größte Feind des Freiheitsprinzips erwiesen. Er war in seinen Augen nicht nur der Ausgangspunkt, sondern die geistige Grundlage aller Diktaturen. Im Juni 1938 schrieb er: „Die vorrangige Aufgabe der Intellektuellen, die die totalitäre Bedrohung (von rechts und links) begriffen haben, ist nicht, irgendeinem ‚Antifaschismus' anzuhängen, sondern das Denken zu bekämpfen, aus dem Faschismus und Stalinismus zwangsläufig entstanden sind: das liberale Denken."[245]

Die Betonung der ethnischen Bindung untermauerte somit diese Fundamentalkritik am Liberalismus, indem sie eine seiner Grundlagen in Frage stellte. Das Postulat der politischen Gleichberechtigung war demnach eine gefährliche Illusion, die zu Egoismus, Interessenpolitik und Machtmißbrauch verführte. Die im personalistischen Föderalismus angelegte Grundforderung, der Verschiedenheit der Menschen Rechnung zu tragen, richtete sich somit nachdrücklich gegen das liberale Repräsentativsystem, das nach Auffassung des Ordre Nouveau Mensch und Staat voneinander entfremdete und den gesellschaftlichen Konsens zerstörte (wirtschaftlich hingegen sah er mit der Planwirtschaft und der Garantie des Existenzminimums, wie oben erwähnt, gerade die Gleichberechti-

---

[242] In dieser Hinsicht hat Rougemont recht, wenn er die Distanz zu Barrès betont, vgl. Rougemont, Vorwort zu Aron, Fragments, S. IV; vgl. zum Begriff der Freiheit Aron, Dictature, S. 14f., 207.

[243] Daniel-Rops, Ce qui meurt, S. 104.

[244] Rougemont, Politique de la personne, S. 176f., Zitat S. 176.

[245] Rougemont, Trop d'irresponsables s'engagent, in: ON, H. 42, 1938, S. 22.

gung vor). Zugleich aber tendierte dieser Regionalismus dazu, den vom Ordre Nouveau so heftig bekämpften chauvinistischen Nationalismus lediglich in einer kleineren territorialen Größenordnung wieder einzuführen. In der Wendung gegen den Nationalstaat zeigte sich die Tendenz, der Region die politischen Funktionen, aber vor allem die affektiven Bindungen zuzuschreiben, die dem Staat abgesprochen wurden. Mit dem Betonen kultureller und ethnischer Kriterien versuchte der Ordre Nouveau das Bewußtsein der Gemeinschaft zu stärken, schärfte aber zugleich die Wahrnehmung der Differenzen zwischen den verschiedenen Volksgruppen. Dieser Gedanke der Verschiedenartigkeit förderte, auch wenn dies nicht beabsichtigt war, durch die Betonung der kulturellen Identität fast notwendigerweise auch Ressentiments und Vorstellungen der Über- bzw. Unterlegenheit. Auf diese Weise konnte der Regionalismus leicht das Gegenteil dessen bewirken, wozu er dienen sollte: statt zur Integration trug er dann zu Haß und Segregation bei; an die Stelle des Zusammenlebens verschiedener Volksgruppen trat deren Trennung. Tendenziell legitimierte diese Form des Regionalismus eine ethnopluralistische Ordnung.

In beiden Gruppierungen spielten antisemitische Ressentiments nur eine akzidentielle Rolle. Auch wenn sie wie bei der Jeune Droite seit 1936 eine deutlich aggressive Form annahmen, so hatten sie keinen Einfluß auf die Entwicklung der Ideologie. In diesem Punkt läßt sich die Jeune Droite deutlich von der gegenrevolutionären Rechten abgrenzen, die von der Idee einer jüdischen Verschwörung beherrscht war. Vielmehr erweist sich der Antisemitismus als eine Sonderform des Antiliberalismus[246]. Obwohl sich die positiven Entwürfe beider Gruppen stark unterscheiden, läßt sich doch in Neonationalismus und Föderalismus beziehungsweise Antizentralismus diese gemeinsame Wurzel ausmachen. Hier liegt der Schlüssel für die Verurteilung aller anderen Ideologien, die durch den Liberalismus „kontaminiert" worden waren: des traditionellen Nationalismus ebenso wie des reformistischen Sozialismus. Der Marxismus schließlich war als Reaktion auf den Liberalismus nur ein abgeleitetes Phänomen ohne eigenen Ursprung. Vor allem aber handelte es sich um eine fremde Ideologie, die zum Teil dem germanischen, vor allem aber dem russischen Kulturkreis zugeordnet wurde.

In ihrem Bemühen um eine Erneuerung des politischen Denkens knüpften sowohl die Jeune Droite als auch der Ordre Nouveau an spezifisch nationale Traditionen an. Den unumstößlichen Bezugspunkt ihres politischen Koordinatensystems bildete die Französische Revolution: Sowohl im Positiven wie im Negativen bezeichneten die Ideen von 1789 den Ausgangspunkt ihres Denkens. Im Liberalismus bekämpften die Intellektuellen den inneren Feind, der für den Niedergang Frankreichs verantwortlich gemacht wurde. Nur eine neuerliche Revolution konnte das liberale System beseitigen. Die Haltung beider Gruppierungen war bestimmt von einer charakteristischen Ambiguität: Sie verurteilten die Folgen von 1789 und bejahten gleichzeitig das revolutionäre Prinzip als Voraussetzung politischen Wandels. Mit anderen Worten: Den dem Liberalismus zugeordneten Idealen der Freiheit und der Gleichheit setzten sie das revolutionäre Ideal der Brüderlichkeit entgegen. Diese doppelte Argumentation trennte sie eindeutig von der gegenrevolutionären Rechten (Action française und Umfeld), andererseits ermöglichte sie die Öffnung zur revolutionären Linken (Syndikalismus).

---

[246] Vgl. Sternhell, Roots, S. 103–134.

5. Das Ende der Volksfront

Mit dem Scheitern der Reformen und der Krise der Volksfront Ende 1937 mehrten sich die Überlegungen zu einer Wiederbelebung der Rassemblement-Idee von 1935, die mit dem erwarteten Ende der Volksfront neue Aussichten auf Erfolg zu haben schien. Mit der Distanzierung von der Volksfront entwickelte Bergerys Front Social ein eigenes Sammlungsprogramm, das sich sowohl an die Kreise der Sozialisten und der C.G.T. als auch an den PPF von Doriot richtete[247]. Ein erster Schritt zu diesem Unternehmen war die Zusammenarbeit mit dem Ordre Nouveau, die durch den Beitritt Arons konkrete Formen annahm. Zum Einstand erörterte Aron die Voraussetzungen für den nationalen Aufbruch: „Die französische Sammlungsbewegung wird das Werk derer sein, die außerhalb der politischen Organisationen von gestern (Ligen oder Parteien) stehen und überzeugt sind, daß Frankreich keinen Grund hat, sich mit vorschnellen oder aussichtslosen Lösungen abspeisen zu lassen, daß Frankreich zweifellos die einzige Hoffnung der Welt, der Menschheit ist."[248]

In kurzer Zeit gewann Aron großen Einfluß auf die politischen Leitlinien des Front social. Neben den Artikeln Bergerys und Jean Mazes erschienen immer häufiger diejenigen Arons auf den ersten Seiten des Blattes. Die endgültige Niederlage der Regierung Blum im April 1938 gab ihm Gelegenheit zu einer vernichtenden Abrechnung mit der Sammlungspolitik der letzten zwei Jahre. Er beschuldigte Blum, mit seiner Reformpolitik grundsätzlich gescheitert zu sein. Schlimmer noch: die Volksfront war nach Ansicht Arons die eigentliche Wegbereiterin des Faschismus. Durch die Enttäuschung der Hoffnungen habe die Regierung Blum das Klima für einen faschistischen Umsturz bereitet[249]. Als wenig später Daladier sein Kabinett der „nationalen Konzentration" unter Ausschluß der Sozialisten bildete, blieb ihm daher nur übrig, diese Gefahr vorläufig als gebannt zu betrachten. Aron bekundete sein Desinteresse an der neuen Regierung und mahnte die Leser von La Flèche, das Ziel der Revolution nicht aus den Augen zu verlieren. „Wir scheren uns nicht darum, nicht aus Resignation oder Überdruß, sondern mit all unserer Wut und unserem Glauben an das Vaterland."[250]

Auch von seiten der Royalisten kamen deutliche Signale für eine Unterstützung der Sammlungsbestrebungen. Der Herzog von Guise – der Vater des Thronprätendenten – hatte seine Bereitschaft bekundet, sich von der Bindung an die extreme Rechte zu lösen und alle nationalen Kräfte zu integrieren. Deutliches Zeichen für diese Neuorientierung war der Bruch des Hauses Orléans mit der Action française. Mit seinem im Courrier Royal veröffentlichten Manifest hatte der Herzog im November 1937 den Eklat provoziert, indem er Maurras vorwarf, durch seine polarisierende Polemik die Integrationsbemühungen der Monarchisten zum Scheitern gebracht zu haben: Mit seinen nationalistischen Parolen, so der Herzog, habe sich Maurras immer deutlicher einer Form des Cäsarismus angenähert, der von den Ideen seiner Hauptfeinde, der Jakobiner, inspiriert sei[251].

---

[247] Burrin, Dérive, S. 229.
[248] Aron, Conditions d'un rassemblement français, in: Flèche, H. 104, 1938, S. 1f., Zitat S. 2.
[249] Aron, L'abdication de Léon Blum, in: Flèche, H. 113, 1938, S. 1f.
[250] Aron, On s'en fout!, in: Flèche, H. 114, 1938, S. 1; vgl. Cointet, Marginaux, S. 262.
[251] Duc de Guise, Manifeste aux français, in: Courrier Royal, H. 126, 1937, S. 1; ders., Mise au point, in: Courrier Royal, H. 127, 1937, S. 1; Weber, Action française, S. 403f.

Die Initiative der Royalisten unterstützte Daniel-Rops in *Temps présent*. Auch er sah die Chance für eine Integration des gesamten Volkes durch die Versöhnung der republikanischen mit der monarchistischen Tradition Frankreichs. Nur eine nationale Revolution konnte seiner Ansicht nach die Spaltung überwinden. Allerdings galt die Sympathie Daniel-Rops' eher der tausendjährigen Monarchie als den hundertfünfzig Jahren revolutionärer Tradition. Von den politischen Errungenschaften der Revolution distanzierte er sich weitgehend und verurteilte insbesondere ihren radikalen Laizismus. Die Dynamik des Jakobinismus würdigte er insofern, als er darin ein Wiedererwachen des alten nationalen Bewußtseins der Jeanne d'Arc erblickte. Daniel-Rops rief Republikaner und Monarchisten dazu auf, mit dem Blick auf das gemeinsame Ziel die politischen Gräben zu überwinden. „Die nationale Ehre und Größe ist über dieses widerliche verbale Säbelrasseln erhaben."[252]

Aron beobachtete in *La Flèche* die Initiative des *Courrier Royal* mit kritischer Sympathie. Er begrüßte den Bruch mit Maurras als Beginn einer Rückbesinnung auf die ursprünglich integrative Funktion der Monarchie. Die Stärkung des Föderalismus und die Garantie kommunaler Autonomie, die der Ordre Nouveau zu zentralen Forderungen erhoben hatte, glaubte Aron in einer Monarchie verwirklichen zu können, die gleichzeitig die politische Einheit und die lokale Selbstverwaltung garantierte. Deshalb meinte er, daß sie auch für den revolutionären Syndikalismus die geeignete Herrschaftsform sei[253].

Auch der *Courrier* hatte bereits seine grundsätzliche Aufgeschlossenheit gegenüber dem Front social signalisiert, freilich unter der Voraussetzung, daß Bergery nicht nur mit der Volksfront, sondern grundsätzlich mit dem Parlamentarismus breche. Man glaubte sogar, aus den Reden Bergerys Ansätze zu einer Fundamentalkritik heraushören zu können. „Sicherlich hat sich Bergery nicht vollständig von den Gemeinplätzen dieser verbalen Dialektik distanziert, die gewissermaßen die illegitime Frucht der Demagogie der Radikalen und des marxistischen Dogmatismus sind. Er bedient sich noch immer – nicht ohne Unbehagen – abgedroschener Klischees wie dem der ‚zweihundert Familien', er predigt die hohen Tugenden der Verstaatlichung, aber die Zwischentöne seiner Stimme und seiner Äußerungen verraten eine gewisse Unabhängigkeit, die ihn suspekt und unerwünscht erscheinen lassen. Es scheint, daß der Anführer des ‚Frontisme' im Grunde das Parlament verachtet."[254]

Der Autor dieser Zeilen war niemand anderes als Xavier de Lignac, Anhänger des Ordre Nouveau, der unter dem Pseudonym Chauveau seit August 1936 regelmäßig für den *Courrier Royal* schrieb[255]. Lignac nutzte diese Gelegenheit, um die Ideen des personali-

[252] Daniel-Rops, Refaire la France, in: TP, H. 17, 1938, S. 1/5; Zitat S. 1.
[253] Aron, Crise du nationalisme, in: Flèche, H. 97, 1937, S. 3. Gerade auf die ursprünglich föderalistische Orientierung der Action française vor der Jahrhundertwende hat auch Alexandre Marc hingewiesen. Er betonte die völlige Übereinstimmung dieser Ideen mit denjenigen vom Ordre Nouveau, Marc, De Charles Maurras à Pellisson, in: ON, H. 40, 1937, S. 51–53; vgl. auch L. Ollivier, L'Idée de Décentralisation (1898), par Charles Maurras, in: ON, H. 24, 1935, S. 46–48.
[254] Chauveau *[Lignac]*, La lente agonie du régime parlementaire, in: Courrier Royal, H. 99, 1937, S. 6.
[255] Unter demselben Pseudonym begann Lignac 1949 seine Karriere im gaullistischen Rassemblement du Peuple Français (R.P.F.), in dem er mehrere leitende Ämter innehatte, vgl. Loubet del Bayle, Non-conformistes, S. 420; Coston, Dictionnaire, Bd. 1, S. 246. Den Hinweis auf die Zusammenarbeit mit dem *Courrier* gab mir Alexandre Marc, Gespräch vom 4. 12. 1994.

stischen Föderalismus zu verbreiten, und verdeutlichte auf diese Weise, wie weit sie sich mit denjenigen der Royalisten deckten. Seine Artikel waren von der kritischen Auseinandersetzung mit dem republikanischen Nationalismus geprägt, dessen voluntaristisches Prinzip er mit dem Hinweis auf die vielfältigen Bindungen an Geschichte, Landschaft und Herkunft relativierte[256]. Im *Courrier* bemühte sich Lignac insbesondere darum, die Gewerbetreibenden für die Monarchie zu gewinnen. Er rief dazu auf, die französische Handwerkstradition gegen den „zersetzenden" Einfluß tayloristischer Produktionsweisen abzuschotten. Er betrachtete das Handwerk als Ausdruck einer nationalen Kultur, der kapitalistische und demokratisch-egalitäre Prinzipien fremd waren[257].

Ganz offensichtlich verfehlten diese Ideen nicht ihre Wirkung auf den Thronprätendenten, der daraufhin die Monarchie auf der Grundlage personalistischer Ideen restaurieren wollte. Zu diesem Zweck beauftragte er einen Vertrauten, einen Beraterkreis aus dem personalistischen Milieu zu bestellen. Dieser Vertraute war der *Combat*-Redakteur Jean Loisy, der im Namen des Grafen an Gabriel Marcel schrieb: „Er nähert sich einem Standpunkt, der ebenso weit vom demokratischen Individualismus wie von der totalitären Unterdrückung entfernt ist. Die personalistischen Theorien scheinen ihm der Wahrheit sehr nahe."[258]

Im Unterschied zum Ordre Nouveau hütete sich die Jeune Droite, im Streit des Hauses Orléans mit den Monarchisten ausdrücklich Partei zu ergreifen. Das Manifest des Herzogs wurde mit keinem Wort im *Combat* erwähnt, jedoch deckte sich dessen Appell zur Öffnung der nationalen Bewegung weitgehend mit den Revisionsbestrebungen der Jeune Droite. Maurice Blanchot rief Kommunisten und konservative Nationalisten dazu auf, ihre Lager zu verlassen und sich gegenseitig im Kampf gegen das liberale Bürgertum zu unterstützen[259]. Auch die Kritik François Graviers am exklusiven Nationsbegriff der Rechten konnte als indirekte Zustimmung zum Bruch mit der Action française gelesen werden. „Was man 1937 im allgemeinen Nationalismus nennt, fügt sich sehr gut in die Definitionen marxistischer Begrifflichkeit: Es handelt sich um einen Kapitalismus mit boulangistischem Überbau."[260]

Mit einer dezidiert antikapitalistischen Programmatik versammelte der *Combat* seit März 1938 Sympathisanten einer antiliberalen Front. An der Umfrage zum Thema „Wie läßt sich der Staat von der Tyrannei des Geldes befreien?" beteiligten sich unter anderem Drieu la Rochelle, ein Führungsmitglied des royalistischen Unternehmerverbandes Métiers français, Le Cour-Grandmaison , aber auch *Esprit*-Chef Mounier, ein Vertreter des Front social, und Denis de Rougemont für den Ordre Nouveau. Mounier sah die Wurzel des Übels nicht in Demokratie und Liberalismus, sondern in einem „geistigen Imperia-

---

[256] Vgl. Chauveau *[Lignac]*, Avatars du nationalisme, in: Courrier Royal, H. 92, 1937, S. 3; ders., L'Esprit National?, in: Courrier Royal, H. 93, 1937, S. 3.

[257] Chauveau *[Lignac]*, Travail à la Yankee, in: Courrier Royal, H. 88, 1937, S. 3; ders., Travail à la Française, in: Courrier Royal, H. 90, 1937, S. 3.

[258] BN Don 87.08, Brief Jean Loisys an Gabriel Marcel, Paris, 30. 7. 1938; vgl. Volkoff, Marcel, S. 72–80.

[259] Blanchot, On demande des dissidents, in: Combat, H. 20, 1937, S. 154f.

[260] Gravier, Deux démocraties: une seule révolution, in: Combat, H. 20, 1937, S. 152f., Zitat S. 152.

lismus" als Resultat entfremdeter, „depersonalisierter" Gesellschaften[261]. Der anonym gebliebene Anhänger des Front social übte deutliche Kritik an einem Nationalismus, der es nötig habe, Chauvinismus und Fremdenhaß zu entfachen, schloß sich jedoch der Forderung des *Combat* nach einer nationalen Revolution an[262]. Rougemont präsentierte den Verfassungsentwurf vom Ordre Nouveau mit seiner zentral gelenkten Wirtschaft und einer weitgehend föderalistischen politischen Struktur als einzig wirksames Mittel zur Regeneration des Staates[263]. Auch die im Juni 1938 erschienene Neuauflage des *Ordre Nouveau* trat mit dem Anspruch auf, ein Forum für alle Bewegungen zu bilden, die sich für die revolutionäre Neuordnung Frankreichs einsetzten[264]. Sie vereinigte die Beiträge von Thierry Maulnier, Pierre Dominique von *La République*, Auguste Detœf von den *Nouveaux Cahiers* und Jean Maze, dem Chefredakteur von *La Flèche*.

6. Zwischen Neopazifismus und Machtpolitik

Mit dem Einmarsch deutscher Truppen in Österreich gerieten die Pläne einer nationalen Erneuerung verstärkt in den Sog der internationalen Entwicklung. Die aggressive Expansionspolitik Hitlers beherrschte nahezu vollständig die Debatten der letzten 18 Monate vor Kriegsausbruch. Der machtpolitische Konfrontationskurs des Dritten Reiches leitete eine Phase der Desillusionierung ein, die schließlich in die Revision des Neopazifismus und eine Rückkehr zur traditionellen Großmächtediplomatie mündete. Die Möglichkeiten zur Wahrung des Friedens wurden immer pessimistischer beurteilt, gleichzeitig trat der Gedanke der nationalen Verteidigung in den Vordergrund.

Der ‚Anschluß' Österreichs

Mit wachsender Sorge betrachtete man im *Combat*-Kreis das machtpolitische Ausgreifen des Dritten Reiches und suchte nach Konzepten gegen eine deutsche Hegemonie. Noch kurz vor dem ‚Anschluß' Österreichs waren die Überlegungen davon bestimmt, ein deutsch dominiertes Mitteleuropa zu verhindern. François Gravier sorgte sich noch im Februar 1938 vor allem um die Lage der kleinen Nachfolgestaaten des Habsburgerreichs im Südosten Europas. Er sah sie zunehmend in das Gravitationsfeld Deutschlands geraten. Durch die wachsende wirtschaftliche und diplomatische Verflechtung mit dem mächtigen Nachbarn, so fürchtete Gravier, würden sich die Machtverhältnisse zwangsläufig zugunsten des Dritten Reiches verschieben. Nur die Restauration der Donaumonarchie konnte seiner Ansicht nach ein ausreichendes Gegengewicht zum Dritten Reich bilden[265].

---

[261] Mounier, Réponse, in: Combat, H. 25, 1938, S. 9f. In einer ausführlichen Besprechung von *Audelà du nationalisme* solidarisierte sich Mounier mit dem neonationalistischen Thesen Maulniers, vgl. Mounier, Maulnier: Au-delà du nationalisme, in: Esprit, H. 69, 1938, S. 442–446.
[262] NN, Réponse de La Flèche, in: Combat, H. 26, 1938, S. 9.
[263] Rougemont, Réponse, in: Combat, H. 26, 1938, S. 8.
[264] NN, Les responsables, in: ON, H. 42, 1938, S. 1.
[265] Gravier, Nécessité de l'Autriche-Hongrie, in: Combat, H. 22, 1938, S. 10f.

Frankreich trug nach Ansicht Blanchots die Schuld für das Ausgreifen Deutschlands, da es sich der Restauration widersetze. Dies wiege besonders schwer, da Frankreich durch das selbstverschuldete Scheitern der Kleinen Entente die Verantwortung für die Machtverschiebungen in Mitteleuropa trage[266]. Erneut zielte die Kritik auf die Versailler Ordnung: erst sie habe das Machtvakuum entstehen lassen, das Deutschland für seine Expansion nutzen konnte.

Der Einmarsch Hitlers in Österreich am 12. März 1938 bestätigte die Befürchtungen des *Combat*, für den die offene Revisionspolitik Hitlers ein weiteres Mal die Schwäche der internationalen Diplomatie und das Versagen Frankreichs demonstrierte. Der Entrüstungssturm, den der ‚Anschluß' im eigenen Land auslöste, wurde als Heuchelei abgetan: die Linke sei durch ihren Antifaschismus ideologisch verblendet, die traditionelle Rechte kaschiere ihre Minderwertigkeitskomplexe. Die unversöhnliche Haltung gegenüber Deutschland, wie sie in diesen beiden Lagern gefordert wurde, verurteilte Maulnier als Kriegshetze. Er mußte zwar zugeben, daß der ‚Anschluß' auf gefährliche Weise das europäische Gleichgewicht und damit insbesondere die Interessen Frankreichs verletze. Doch gebe dies keinesfalls Anlaß, einen Konflikt mit dem Dritten Reich zu riskieren. „Aber wenn diese Wiedervereinigung der Deutschen aus Österreich mit Deutschland, unternommen von einem Österreicher – die Publikumspresse vergißt natürlich immer daran zu erinnern, daß Hitler Österreicher ist –, als barbarischer Angriff auf die internationale Moral, als neue Teilung Polens angeprangert wird, dann ist dies wirklich der Gipfel der Heuchelei in der Art und Weise von 1918."[267] Maulnier ergriff Partei für Deutschland und unterstützte dabei die nationalsozialistische Propaganda, die den ‚Anschluß' mit dem Hinweis auf das Nationalitätenprinzip legitimierte. Versagt hatte seiner Ansicht nach in erster Linie die europäische Sicherheitspolitik. Maulnier ging so weit, die traditionellen Nationalisten als Vaterlandsverräter zu bezeichnen, weil sie als Anhänger einer unnachgiebigen Haltung gegenüber Deutschland gemeinsame Sache mit den Linken machten und einen Krieg provozierten[268].

Vincent beklagte das verzerrte Deutschlandbild in Frankreich: „Dieser Ausbruch unglaublichen und dummen Hasses, der die vergangenen Kriege charakterisierte, ist die verhängnisvolle Folge des demokratischen Geistes, der uns lehrt, daß Krieg eine Unmöglichkeit ist, und der jeden Gegner zum Monster erklären muß, weil er eine ‚unmögliche' Tat begeht."[269] Diese Attacken auf Deutschland erinnerten ihn an die Propaganda während des Ersten Weltkriegs. Die französischen Demokraten müßten ihren Gegner zum Monster erklären, um die Aufrichtigkeit ihrer eigenen moralischen Intentionen zu demonstrieren.

Marc fürchtete, daß mit dem ‚Anschluß' Österreichs die föderalistischen Pläne des Ordre Nouveau zum Scheitern verurteilt seien. Nun schien der Weg für ein von Deutschland beherrschtes Mitteleuropa geebnet. Die deutsche „imperialistische" Konzeption von Europa drohe über die französische „universalistische" Konzeption den Sieg davonzutragen. Doch die Schuldigen suchte auch Marc nicht jenseits des Rheins, sondern in der eigenen Regierung. In dieser Situation hielt er einen wirksamen Wider-

[266] Blanchot, L'impasse, in: Insurgé, H. 6, 1937, S. 4.
[267] Maulnier, La mode est à l'Union sacrée, in: Combat, H. 24, 1938, S. 3f.
[268] Ebenda, S. 4.
[269] Vincent, Perspectives, in: Combat, H. 24, 1938, S. 4f.

stand gegen Deutschland für zwecklos, betonte jedoch, daß sich Frankreich für zukünftige Schläge rüsten müsse: als nächstes Ziel der deutschen Expansion, darüber gab es in Frankreich kaum Zweifel, stand die verbündete Tschechoslowakei auf dem Plan[270].

Auch Aron konstatierte in *La Flèche* die Unfähigkeit Frankreichs, Hitlers Expansionsdrang zu bremsen. Als Gegengewicht schlug er eine Föderation der Donaustaaten vor und griff damit ein Projekt auf, das Philippe Lamour und René Dupuis bereits 1931 als Antwort auf das Briand-Memorandum präsentiert hatten. Unter der Führung Ungarns sollten sich Jugoslawien, Rumänien und die Tschechoslowakei verbünden und sich zu einem supranationalen Bundesstaat zusammenschließen. Auf diese Weise glaubte Aron, Hitler von einem weiteren Ausgreifen nach Südosteuropa abhalten zu können[271].

Rougemont versuchte in seiner Nachschrift zum *Journal d'Allemagne,* die er unter dem Eindruck von Hitlers Einmarsch in Österreich verfaßt hatte, die Ursachen für die Faszination des Nationalsozialismus zu ergründen. Der überwiegend freudige Empfang, den die österreichische Bevölkerung den deutschen Truppen bereitet hatte, bestärkte ihn in der Ansicht, daß das Dritte Reich nicht so sehr als Terrorregime, sondern als Erlösung empfunden wurde. Eine Erklärung für die Anziehungskraft des Dritten Reiches fand er in dem religiösen Stil der Herrschaft, für den die Menschen durch die fortschreitende Säkularisation anfällig geworden seien. Orientierungslosigkeit, innere Leere und die Suche nach einem Sinn trieben Rougemont zufolge die Menschen in die Arme des Diktators, der ihnen Erlösung und Heil versprach: Nicht die Person des Führers, auch nicht die Ideologie bestimme den Charakter des Regimes, sondern die Mechanismen von Entfremdung und freiwilliger Unterwerfung, wie sie für alle totalitären Systeme charakteristisch seien. Diese fatale Logik führte, wie Rougemont meinte, zwangsläufig in den Krieg, durch den ein totalitärer Staat dem Nachbarland seine eigenen Gesetze aufzwingen wollte. „Aus einem totalen Krieg, in den uns Deutschland hineinzieht, kann nichts anderes als ein totalitärer Staat entstehen. Daher geht es darum, diesen Krieg zu verhindern, stark genug zu sein, um ihn zu verhindern, und auf diese Weise das gegnerische Regime zu einer ‚Selbstzerstörung seiner kriegerischen Energien' zu verurteilen."[272] Rougemont fürchtete, daß Frankreich in dem Versuch, den Nationalsozialismus mit seinen eigenen Mitteln zu bekämpfen, schließlich selbst im Falle eines Sieges der totalitären Herrschaft nicht entkommen könne. In der Hoffnung, daß sich die zerstörerischen Energien der Diktaturen schließlich gegen sich selbst richten würden, sah er die einzige Lösung in einem völligen Rückzug Frankreichs aus der Außenpolitik.

Sowohl die Jeune Droite als auch der Ordre Nouveau lehnten jegliche Sanktionen gegen Deutschland ab und blieben damit ihrer neopazifistischen Haltung treu, die sie spätestens seit der Ratifizierung der französisch-russischen Allianz im Februar 1936 eingenommen hatten. Aber die Begründung hatte sich gewandelt: Nicht mehr die Furcht vor dem Kommunismus hatte sie zu dieser Entscheidung bewogen, sondern die Furcht vor

---

[270] Scrutator *[Marc]*, Voir et juger, in: TP, H. 20, 1938, S. 2.

[271] Aron, Après la pluie, le brouillard, in: Flèche, H. 112, 1938, S. 1f.

[272] Rougemont, Journal d'Allemagne, S. 67ff., Zitat S. 74. Diese Deutung des Nationalsozialismus als Ersatzreligion und die Parallelen zur Französischen Revolution hatte er während seines Frankfurter Lektorats entwickelt; vgl. ders., Jacobins en chemise brune, in: ON, H. 36, 1936, S. 1–6.

einer Neuauflage der „Union sacrée", die Léon Blum im Januar 1938 erstmals ins Spiel gebracht hatte und die Daladier mit dem Kabinett der „Nationalen Union" als Antwort auf die außenpolitische Bedrohung verwirklichen wollte[273]. Ein solches Regierungs-bündnis von den traditionellen Nationalisten bis hin zu den Kommunisten stieß auf ent-schiedene Ablehnung bei der Jeune Droite und beim Ordre Nouveau. Beide Gruppie-rungen waren überzeugt, daß mit der Bildung einer „Union sacrée" der Krieg mit Deutschland unvermeidlich werden mußte. Beide lehnten diesen Krieg entschieden ab, weil er die innere Erneuerung Frankreichs blockiere. „Ob antifaschistisch oder nicht, der Krieg, die ‚Union sacrée' wäre das Ende der sozialen Konflikte, sie wäre eine Bewäh-rungsfrist für das soziale System, das unter dem Ansturm seiner revoltierenden Sklaven zusammenbricht, es herrschte Waffenruhe."[274] So unmißverständlich wie an dieser Stelle hatte Maulnier noch nie den Vorrang der inneren Neugestaltung Frankreichs vor der Machtpolitik formuliert.

Mit der gleichen Begründung warnte auch Rougemont vor einer Neuauflage der „Union sacrée". Seiner Ansicht nach würden sich parlamentarische Rechte und Linke keineswegs gegenseitig ergänzen, sondern im Gegenteil jegliche Reform verhindern. Als Beleg für das Scheitern einer solchen Politik verwies er auf die Volksfront. Die Linke habe ihr soziales und wirtschaftliches Reformprogramm aufgegeben, während die Rechte die nationalen Interessen verraten habe. Rougemont zufolge drohte das Regie-rungsbündnis der „Union sacrée" diese Blockade fortzusetzen und mit weiteren Zwangsmaßnahmen zu kompensieren. „Entweder wird das Chaos einziger Ausdruck unserer degenerierten Freiheiten, oder wir schaffen es, ein gemeinsames Ziel zu finden, jenseits unserer Auseinandersetzungen, ein gemeinsames geistiges Maß, nicht Aufrü-stung, nicht nationale Verteidigung, sondern vor allem ein nationales Ideal."[275]

Das Münchener Abkommen

Bereits unmittelbar nach dem ‚Anschluß' Österreichs hatte die Jeune Droite deutlich ge-macht, daß sie ebensowenig wie die übrige extreme Rechte bereit war, für die Tschecho-slowakei einen Krieg zu riskieren[276]. Ein Engagement für den verbündeten Staat kam schon deshalb nicht in Frage, weil es sich um eine Demokratie handelte, die zudem durch einen Beistandspakt mit der Sowjetunion 1935 in den Kreisen der extremen Rech-ten als Einfallstor für den Kommunismus in Europa galt[277].

Kaum zu verbergen war daher die Erleichterung, mit der Maulnier den Ausgang der Septemberkrise begrüßte. Maulnier rechtfertigte erneut Hitlers Vorgehen mit dem Hin-weis auf das Nationalitätenprinzip: „Kein Gesetz kann drei Millionen Deutsche der

---

[273] Vgl. Micaud, French Right, S. 147f.
[274] Maulnier, La mode est à l'Union sacrée, in: Combat, H. 24, 1938, S. 4.
[275] Rougemont, Du danger de s'unir, in: NC, H. 23, 1938, S. 21f., Zitat S. 22. Genau derselben An-sicht war Marc, der den Artikel von Rougemont zustimmend zitierte, vgl. Scrutator [Marc], Voir et juger, in: TP, H. 25, 1938, S. 2.
[276] Maulnier, La mode est à l'Union sacrée, in: Combat, H. 24, 1938, S. 3; Fabrègues, Bellicistes, ebenda, S. 6f.; vgl. Micaud, French Right, S. 149f.
[277] Vgl. Maxence, Tous les partis sont coupables, in: Insurgé, H. 7, 1937, S. 1; vgl. die ähnliche Hal-tung der Action française, Hörling, Deutschlandbild, S. 88f.

tschechischen Herrschaft unterstellen."[278] Die Hinweise auf das Versagen der französischen Außenpolitik und die explosive internationale Situation boten einen willkommenen Vorwand, um die Sicherheitsgarantien für zweitrangig zu erklären. Er räumte zwar ein, daß die Schutzverpflichtung Frankreichs für die Tschechoslowakei noch bestehe, betonte jedoch, daß er nicht bereit sei, dafür einen Krieg mit Deutschland und folglich einen neuen Weltkrieg zu riskieren[279].

Doch die Erleichterung über den gerade noch einmal bewahrten Frieden hielt nicht lange an. Der „Geist von München", die Hoffnung, Hitler mit den Spielregeln der Diplomatie domestizieren zu können, wich bereits kurze Zeit später einer resignierten Sicht, in der die Zweifel an der Dauerhaftigkeit des Friedens überhandnahmen. Hitler war der eindeutige Gewinner dieses Kräftespiels. Der Blick auf die außenpolitische Situation erfüllte Maulnier mit äußerster Skepsis. Frankreich habe nun auch seinen letzten Verbündeten verloren, Deutschland hingegen habe sich den Weg für die Beherrschung des Ostens geöffnet: „Es gehört schon einiger Optimismus dazu, diese Ergebnisse als gleichwertig zu betrachten."[280] Daß die nationalsozialistische Außenpolitik auf einen Krieg im Osten zusteuerte, nahm die Jeune Droite bei ihrer Zustimmung zum Münchener Abkommen billigend in Kauf. Diese Haltung teilte die Jeune Droite außer mit dem Großteil der Rechten auch mit den Dissidenten der Linken, Bergery, Déat und Doriot, die einen Krieg gegen Deutschland ebenfalls um jeden Preis vermeiden wollten[281].

Doch kurze Zeit später machte sich innerhalb der Jeune Droite ein wachsender Pessimismus breit. Mit der schwindenden Hoffnung auf eine friedliche Koexistenz mit dem Nachbarn Deutschland erwachte das Bewußtsein für die vitalen außenpolitischen Interessen Frankreichs. Zu Beginn des Jahres 1939 sprachen die *Combat*-Herausgeber von einem grundlegenden Wandel in der Einstellung zu den „faschistischen" Regimen Italiens und Deutschlands, die nun erstmals mit demselben Maß gemessen wurden[282]: „In den letzten Monaten haben beinahe alle feststellen können, daß die Zukunft der Regime, die den meisten Enthusiasmus und die meiste Hoffnung geweckt haben, möglicherweise genauso bedroht ist wie diejenige der dekadenten Regimes. In der Welt von 1938 gibt es keine Zivilisation, keine politische oder soziale Ideologie, die eine ewige Zukunft haben. Alles muß zerstört, gefestigt oder neu errichtet werden."[283] In aller Deutlichkeit sah Maulnier nun die tyrannischen Züge der beiden Diktaturen: Durch die Unterdrückung

---

[278] Maulnier, Il ne fallait pas cette guerre, in: Combat, H. 28, 1938, S. 3.

[279] Ebenda, S. 3f.; vgl. die ähnlichen Überlegungen von Salleron, La France doit-elle se battre pour la Tchéchoslovaquie?, in: Combat, H. 27, 1938, S. 8f.

[280] Maulnier, Il ne fallait pas cette guerre, in: Combat, H. 28, 1938, S. 3.

[281] Micaud, French Right, S. 163; Lacaze, Opinion publique, S. 311ff.; Weber, Action française, S. 426ff. Innerhalb des PPF stieß dieser neopazifistische Kurs Doriots auf Widerstand und führte zum Ausscheiden eines großen Teils der Führungsriege Ende Dezember 1938, darunter Paul Marion, Bertrand de Jouvenel, Yves Paringaux, Pierre Drieu la Rochelle, Pierre Pucheu, Victor Arrighi und Robert Loustau, APP Ba 1945, Berichte vom 3. 1. 1939, 16. 2. 1939 sowie beiliegende Abschriften von Briefen Paul Marions an Doriot; vgl. Brunet, Doriot, S. 295.

[282] Bis dahin verwendete insbesondere Maulnier den Begriff des Faschismus in deutlicher Abgrenzung gegen den generalisierenden und polemischen Antifaschismus; vgl. Maulnier, Le fascisme et son avenir en France, in: Revue universelle 64/19, 1936, S. 13–26; ders., L'Etat des Forces en face de la Société Libérale, in: Combat, H. 21, 1938, S. 4f.

[283] [Fabrègues/Maulnier] La quatrième année de Combat, in: Combat, H. 31, 1939, S. 3.

der Meinungsfreiheit, den Antiintellektualismus, die Gewaltverherrlichung und den Militarismus drohe Italien und Deutschland der Rückfall in die Barbarei[284].

Diese fundamentale Wandlung läßt sich nur teilweise mit Hitlers aggressiver Revisionspolitik erklären. Einen entscheidenden Beitrag leisteten auch die aggressiven Töne, die von der „lateinischen Schwester" seit Dezember 1938 zu vernehmen waren. Zwar hatte sich Mussolini in München erfolgreich als Vermittler zwischen den Westmächten und Hitler profiliert und wurde bei der nationalistischen Rechten als Retter des Friedens gefeiert. Doch als Anfang Dezember in der italienischen Kammer der Korporationen mit dem Herrschaftsanspruch über den „mare nostro" auch territoriale Forderungen gegenüber Frankreich laut wurden, regte sich das nationale Bewußtsein der Franzosen[285].

Die Distanzierung von den vormals bewunderten Diktaturen läutete das Ende des Neopazifismus ein, der die Haltung der Jeune Droite seit dem Abessinienkrieg bestimmt hatte. Weitere Zugeständnisse an die Diktatoren durften nicht mehr gemacht werden, Frankreich mußte sich nach neuen Bündnispartnern umsehen. Allerdings vertrat Maulnier die Überzeugung, daß diese Orientierungslosigkeit Frankreichs ein Abbild seiner inneren Konflikte war: Solange sich Antifaschisten und Antikommunisten erbittert bekämpften, konnte sein Land keine glaubwürdige Außenpolitik machen. „Die einzige Möglichkeit Frankreichs, diesem Dilemma zu entkommen, ist eine innere Wandlung, die seine Institutionen und die Philosophie, auf der es basiert, an die Erfordernisse des nationalen Widerstands, des nationalen Lebenswillens und der nationalen Größe anpaßt."[286]

Mit dem Hinweis auf die verschiedenen Nationalitäten, die nur durch einen „jakobinischen Mythos der Einheit" zusammengehalten wurden, lehnten Aron, Dupuis, Rougemont und Marc ebenfalls jegliches Engagement für die Tschechoslowakei entschieden ab und unterstützten die neopazifistische Position gegenüber Deutschland[287]. Mit der Jeune Droite stimmte der Ordre Nouveau auch in der Ansicht überein, daß Frankreich die Hauptschuld an dem Hegemonialstreben Hitlers trage und somit das Münchener Abkommen ein notwendiger Tribut an das schlechte nationale Gewissen war.

Das Abkommen bildete ähnlich wie bei der Jeune Droite den Wendepunkt in der neopazifistischen Einstellung des Ordre Nouveau. Es bedurfte nicht erst der italienischen Territorialforderungen, um die Haltung gegenüber den Diktaturen in Frage zu stellen. Bereits während der Septemberkrise hatten die Mitarbeiter der Gruppierung nach Mitteln und Wegen gesucht, mit denen das Hegemonialstreben Deutschlands eingedämmt werden konnte. In *La Flèche*, den *Nouveaux Cahiers* und *Temps présent* setzte sich der Ordre Nouveau für den Entwurf eines europäischen Friedensprojektes ein, mit dem Frankreich die Handlungsinitiative zurückgewinnen sollte. Die *Nouveaux Cahiers* veröffentlichten in ihrer Oktoberausgabe eine Stellungnahme, die eine Liquidation der

---

[284] Maulnier, Notes sur le fascisme, in: Combat, H. 30, 1938, S. 4.

[285] Vgl. Heimsoeth, Zusammenbruch, S. 69f.; Funke, Hitler, S. 365.

[286] Maulnier, Les nouvelles conditions imposées à l'action politique en France, in: Combat, H. 29, 1938, S. 3f., Zitat S. 4.

[287] Dupuis, Responsabilités du Quai d'Orsay, in: ON, H. 42, 1938, S. 15–18, Zitat S. 17; Rougemont, Journal d'une Epoque, S. 347. Post-scriptum 1939. Diese Passage ist nachträglich dem *Journal d'Allemagne* hinzugefügt worden; Marc, Gagner la bataille de la paix, in: Grande Revue, Okt. 1938, S. 127–147, hier S. 140; Aron, Réponse à Léon la Honte, in: Flèche, H. 137, 1938, 1/4.

Tschechoslowakei auf der Basis eines „europäischen Friedensstatuts, angemessen und akzeptabel für alle", vorsah. Dieser Forderung schlossen sich nicht nur Jardin, Dupuis und Rougemont an, sondern auch zahlreiche Intellektuelle wie Alain (Emile Chartier), Jean Giono, Gabriel Marcel, Jacques Maritain, François Mauriac, Boris Souvarine, Simone Weil[288]. In einem eigens einberufenen Kongreß berieten die Sympathisanten der *Nouveaux Cahiers* über die wirtschaftlichen Grundlagen dieses Friedensplans. Auch der Front social, vertreten durch Aron und Bergery, beteiligte sich daran[289].

Marc und Daniel-Rops riefen in *Temps présent* zur Unterstützung der Projekte der *Nouveaux Cahiers* und des Front social auf. Sie warnten die Franzosen davor, Hitler gewähren zu lassen und sich resigniert hinter die Maginot-Linie zurückzuziehen. Statt dessen sollte sich Frankreich um die Regelung des Friedens im Rahmen einer föderalistischen Neuordnung Europas bemühen. Die Reorganisation Mitteleuropas mußte Marc zufolge Teil eines umfassenden Plans sein, der auch die Wiederherstellung der Ordnung in Spanien, die Rückführung Danzigs an Deutschland, die Entwicklung eines europäischen Wirtschaftsplans und die Frage der Rüstungsbeschränkungen regelte[290].

Das spektakulärste Projekt zur Sicherung des Friedens stammte von Aron und sah eine Wiederherstellung Großungarns vor. Es bildete einen wichtigen Bestandteil des Planes des Front social. Aron präzisierte seine bereits beim ‚Anschluß' formulierten Überlegungen und schlug vor, die ungarischen Minderheiten in den Nachbarstaaten Jugoslawien, Tschechoslowakei, Rumänien und Österreich wieder dem Kernland anzugliedern. An Stelle des ehemaligen Habsburgerreichs sollte das solchermaßen gestärkte Ungarn den Kern einer neuen Donauföderation bilden, die dem Hegemonialstreben Hitlers in Mitteleuropa Einhalt gebieten sollte. Ungarn eignete sich, wie Aron unterstrich, deshalb besonders als Führungsmacht, weil es ein ethnisch relativ homogener Staat war, der über eine starke herrschende Klasse verfügte. Zudem konnte es auf eine jahrhundertealte Geschichte zurückblicken, die ihm aus Arons Sicht die notwendige nationale Legitimation verlieh. Indem Frankreich diesen Konsolidierungsprozeß unterstützte, konnte es seine guten Beziehungen zu Ungarn noch verbessern und damit einen dauerhaften und starken Verbündeten in Südosteuropa gewinnen[291].

Damit waren die Föderalismuspläne des Ordre Nouveau wieder bei dem Problem angelangt, das zu Beginn des Jahrzehnts den Ausgangspunkt der Überlegungen gebildet hatte: Eine föderalistische Organisation sollte als Gegenkonzept zu den Mitteleuropaplänen das deutschen Expansionsstreben eindämmen. Deutlicher als zu Beginn der dreißiger Jahre trat der Ruf nach einem starken Staat in den Vordergrund.

Unter dem Druck der äußeren Bedrohung näherten sich die Standpunkte beider Gruppierungen deutlich an. Die Abkehr von der neopazifistischen Haltung gab den Forderungen nach der inneren Einheit und Stärke Frankreichs neue Impulse. Die Sammlungsbestrebungen konzentrierten sich auf das Thema der nationalen Verteidigung. Maulniers Plan einer „nationalen und konstruktiven Revolution" sah eine autoritäre Stärkung der Staatsgewalt, Aufrüstung und die Förderung der wirtschaftlichen Pro-

[288] In: NC, H. 32, 1938, S. 16; vgl. Sirinelli, Intellectuels et passions françaises, S. 117f.
[289] Les conditions économiques de la paix, in: NC, H. 40, 1939, S. 1.
[290] Scrutator *[Marc]*, Voir et juger, in: TP, H. 44, 1938, S. 2; ders., Voir et juger, in: TP, H. 45, 1938, S. 2; Daniel-Rops, Equilibre européen ou Fédéralisme, in: TP, H. 67, 1939, S. 2.
[291] Aron, La Hongrie et ses Alsace-Lorraine, in: Flèche, H. 140, 1938, S. 2.

duktion vor[292]. Als Reaktion auf die italienischen Territorialforderungen setzte er sich zudem für eine Intensivierung der Kolonialpolitik ein. Maulnier hielt daran fest, daß sich Frankreich in diesen äußeren Aspekten der Herrschaft an der Effizienz der Diktaturen orientieren müsse. Doch er betonte, daß dies alles zur Verteidigung einer Kultur geschehe, die durch den Faschismus bedroht werde. Die nationale Revolution sollte die humanistischen Werte bewahren, „die auf dem französischen Boden entstanden sind, sich dort entwickelt haben und die er verkörpert"[293].

Für Salleron bildete diese Rückbesinnung auf den Humanismus den gemeinsamen Ansatzpunkt der Jeune Droite und der Personalisten. Beide bekämpften mit der Betonung der menschlichen Würde und der Unantastbarkeit der Person die Ideen von 1789 und die Demokratie. Allerdings kritisierte er die Zurückhaltung der Personalisten in Fragen der Macht. „Wir brauchen die Macht, um unsere hohen Ziele zu erreichen."[294] Doch auch der Ordre Nouveau sah die Notwendigkeit der nationalen Verteidigung. Die Gruppierung hatte sich bereits seit 1935 mit militärischen Reformplänen auseinandergesetzt[295]. Als Leiter der Collection *Présences* bemühte sich Daniel-Rops Anfang 1938 erneut, den Plänen de Gaulles Gehör zu verschaffen[296]. Er unterstrich, daß ein starkes Frankreich die Voraussetzung für einen dauerhaften Frieden in Europa war. Nur ein militärisch wie geistig gerüstetes Land konnte als ernstzunehmender Verhandlungspartner von Deutschland akzeptiert werden[297].

Angesichts der italienischen Mittelmeerpläne war auch das Thema der Kolonialpolitik nicht mehr tabu. Hatte sich der Ordre Nouveau bis dahin entschieden gegen den Kolonialismus gewandt, so revidierte zumindest Aron seine Ansicht. Nach wie vor distanzierte er sich ausdrücklich vom Imperialismus Mussolinis und hob als Besonderheit der französischen Kolonialpolitik hervor, daß sie von einer „menschlichen Mission" inspiriert sei[298]. Aus dieser zivilisatorischen Aufgabe erwuchs seiner Ansicht nach geradezu die Verpflichtung, den Einfluß Frankreichs auszudehnen. Der geistige Einfluß und die territoriale Ausdehnung seines Landes mußten Aron zufolge zwar nicht deckungsgleich sein, aber sie waren auch keineswegs voneinander zu trennen.

Der Einmarsch in Prag

Der Einmarsch deutscher Truppen in Prag und die Errichtung des „Reichsprotektorats Böhmen und Mähren" im März 1939 machten die Aussichten auf eine friedliche Koexistenz mit Deutschland vollends zunichte. Das Vorgehen Hitlers zerstörte auch die letzten Hoffnungen darauf, daß sich das Nachbarland auf eine Politik der Revision beschränken werde. Sowohl die Jeune Droite als auch der Ordre Nouveau konstatierten

---

[292] Maulnier, Pour une politique de la France, in: Combat, H. 31, 1939, S. 5f., Zitat S. 5.

[293] Ebenda, S. 6; vgl. zur Kolonialpolitik Bertin *[Maulnier]*, Notes Politiques, in: Combat, H. 31, 1939, S. 12.

[294] Salleron, Réflexions sur le régime à naître, in: Combat, H. 31, 1939, S. 7–9; Zitat S. 9; ders., Réflexions sur le régime à naître, in: Combat, H. 30, 1938, S. 10–12.

[295] Vgl. oben Kapitel 4.

[296] De Gaulle, La France et son armée; vgl. Lacouture, de Gaulle, Bd. 1, S. 273ff.

[297] Daniel-Rops, Equilibre européen ou Fédéralisme, in: TP, H. 67, 1939, S. 2.

[298] Aron, N'imitons pas le Fascisme, in: Flèche, H. 155, 1939, S. 2.

einen grundlegenden Wandel in Hitlers Strategie. Hatten sie nach dem Münchener Abkommen noch geglaubt, Hitlers Expansionsdrang werde sich auf die deutschsprachigen
Gebiete beschränken, so mußten sie nun einsehen, daß sie sich über dessen Ziele ge-
täuscht hatten. Nach der Zerschlagung der Tschechoslowakei konnte kein Zweifel mehr
darüber bestehen, daß der Versuch der vertraglichen Einbindung Hitlers durch das
Münchener Abkommen gescheitert war und Hitler zielstrebig den Krieg vorbereitete[299].

Für die Jeune Droite war damit die Grenze der Zugeständnisse erreicht. Das politische Klima hatte sich mittlerweile in Frankreich deutlich gewandelt, ein großer Teil der
Rechten kam zu der Einsicht, man könne Hitler nicht weiter gewähren lassen, auch nicht
im Osten. Im Einklang mit dieser Haltung befürwortete François Gravier internationale
Garantien für Polen[300].

Doch die aktive Rolle Frankreichs in der internationalen Politik hatte die innere Umgestaltung zur Voraussetzung. Mit dem Schlagwort des „Minimalfaschismus" konkreti-
sierte Maulnier sein Programm einer nationalen Revolution, das er bereits Anfang 1939
skizziert hatte. Maulnier forderte einen autoritären Staat, der durch eine forcierte
Kriegswirtschaft, massive Aufrüstung, Ausbau der Kolonialherrschaft und eine starke
Exekutive in Konkurrenz zu den faschistischen Staaten treten konnte: „In dem Maß, wie
der Faschismus unseren Nachbarn eine außerordentliche Schlagkraft, Effizienz und
Schnelligkeit im diplomatischen und militärischen Handeln gegeben hat, wie sie die Demokratie nicht kennt, brauchen wir ebenfalls ein Mindestmaß an Faschismus, um ihnen
zu widerstehen. Es geht hier nicht um ideologische Vorlieben. Es geht um die Macht."[301]
Maulnier glaubte, daß Frankreich durch diese Form der Annäherung an den Gegner die
notwendige Überlegenheit erlangen könne. Die extreme Stärkung der staatlichen Autorität sah er dabei als eine Art Notstandsprogramm an. Sie sollte nur so lange Bestand haben, bis die Gefahr durch die beiden Nachbarländer gebannt war, mit anderen Worten:
bis Frankreich wieder seine unumstrittene Hegemonialstellung auf dem Kontinent erobert hatte[302].

Zudem besann sich die Jeune Droite auf den Wert der klassischen Großmächtediplomatie zurück. Als einzig verläßlichen Verbündeten Frankreichs entdeckte sie nun England wieder, von dem sie sich 1935 zugunsten Italiens abgewandt hatte[303]. War die Option für England bestimmt von rein machtstrategischem Kalkül, so suchte die Jeune
Droite nach einem adäquaten Ersatz für die verlorene „lateinische Schwester" und
richtete dabei ihr Augenmerk auf die Diktaturen der iberischen Halbinsel. Über den
katholischen Korporatismus glaubte Gravier Anknüpfungspunkte mit dem Spanien
Francos und dem Portugal Salazars zu finden, aus denen sich ein tragfähiges Fundament für ein neues Europa entwickeln konnte. Auf diese Weise sollte eine neue Kultur-
gemeinschaft als Bollwerk sowohl gegen die östliche Barbarei der faschistischen und

---

[299] Maulnier, La guerre, peut-être. Encore il faut savoir pourquoi, in: Combat, H. 34, 1939, S. 3;
Rougemont, Hitler hors la loi, in: NC, H. 42, 1939, S. 9f.; Aron, Demain la guerre?, in: Flèche,
H. 166, 1939, S. 1f.; vgl. Wendt, Großdeutschland, S. 160f.

[300] Gravier, Deux impasses: Dantzig [sic] et Tien-Tsin, in: Combat, H. 37, 1939, S. 6; vgl. Micaud,
French Right, S. 211.

[301] Maulnier, Un fascisme minimum?, in: Combat, H. 35, 1939, S. 5.

[302] Vgl. ebenda, S. 3.

[303] Maulnier, La guerre, peut-être. Encore il faut savoir pourquoi, in: Combat, H. 34, 1939, S. 3.

totalitären Diktaturen als auch gegen die westliche Dekadenz der Vereinigten Staaten entstehen[304].

Die Anhänger des Ordre Nouveau konnten keine Einigung darüber erzielen, auf welche Art der totalitären Bedrohung am besten Widerstand geleistet werden konnte. Alexandre Marc teilte die Ansicht der Jeune Droite, daß Frankreich geistig, politisch, wirtschaftlich und militärisch reorganisiert werden müsse, um Hitler Widerstand leisten zu können. Das einzige Mittel gegen die totalitäre Dynamik des Nationalsozialismus war nach Marcs Dafürhalten eine „überlegene Dynamik", die in eine konstruktive Europapolitik Frankreichs münden sollte[305]. Rougemont hingegen äußerte sich skeptisch über den Nutzen eines nationalen Verteidigungsprogramms. Er warnte die Franzosen davor, die Gefahr nur in der äußeren Bedrohung zu sehen. Frankreich drohe als Mutterland des liberalen Systems vielmehr eine ähnliche Entwicklung zur totalitären Herrschaft wie Deutschland. Er rief dazu auf, die Auswüchse der Ideen von 1789 im eigenen Land zu bekämpfen: „den antisozialen Individualismus, den anonymen Kapitalismus, den staatlichen Zentralismus, die Zollbarrieren, die Aufrüstung"[306].

Im Unterschied zur Jeune Droite lehnte der Ordre Nouveau jegliche Garantien für Polen und Danzig entschieden ab. Wiederholt bekundete Marc in *Temps présent*, daß Frankreich um keinen Preis einen Krieg mit Deutschland riskieren dürfe[307]. In ähnlicher Weise wandte sich Aron in *La Flèche* gegen Sicherheitsgarantien für Danzig und Polen. Er empfand es als Heuchelei, wenn Frankreich und England ihre Garantien erneuerten, gleichzeitig aber Hitler in Prag gewähren ließen. Zunächst mußten Böhmen und Mähren befreit werden, erst dann waren seiner Ansicht nach weitere Schutzverpflichtungen glaubwürdig. Aron machte jedoch keinen Hehl daraus, daß er keineswegs bereit war, sich für den Staat Beneš' einzusetzen[308]. Auch Rougemont forderte in den *Nouveaux Cahiers* zwar die internationale Ächtung Hitlers, jedoch ohne damit weiterreichende Verpflichtungen zu verbinden[309]. Damit gehörte der Ordre Nouveau zum Kreis der Befürworter einer isolationistischen Haltung Frankreichs. Im Mai 1939 hatte Marcel Déat mit seiner Parole „Sterben für Danzig?" dieser Haltung erstmals öffentlich Ausdruck gegeben[310]. Marc übte zwar Kritik an dem Artikel Déats, doch verurteilte er nicht seine Begründung, sondern vielmehr das öffentliche Eingeständnis dieser Haltung, mit dem er Hitler gewissermaßen einen Freibrief für die Annexion gab[311].

Auch ein Teil der extremen Rechten teilte diese isolationistische Haltung, doch waren deren Motive ganz andere als diejenigen Déats und des Ordre Nouveau. Aus der Sicht der *Action française* und *Je suis partout*, die von der Furcht vor einer jüdisch-bolschewistischen Verschwörung beherrscht waren, bildete das Dritte Reich nach wie vor das

---

[304] Gravier, Hypothèse panibérique, in: Combat, H. 34, 1939, S. 11. Vgl. auch die Sympathien Maulniers für Salazar: Salazar, in: Revue Universelle 68 (1937), H. 21, S. 430–434; ders., Les paroles de Salazar, in: Revue Universelle 69 (1937), H. 4, S. 496–500.

[305] Scrutator *[Marc]*, Voir et juger, in: TP, H. 71, 1939, S. 2.

[306] Rougemont, Hitler hors la loi, in: NC, H. 42, 1939, S. 10.

[307] Scrutator *[Marc]*, Voir et juger, in: TP, H. 71, 1939, S. 2; ders., Voir et juger, in: TP, H. 73, 1939, S. 2.

[308] Aron, La Bohême-Moravie nouvelle Alsace-Lorraine, in: Flèche, H. 175, 1939, S. 1.

[309] Rougemont, Hitler hors la loi, in: NC, H. 42, 1939, S. 10.

[310] Vgl. Micaud, French Right, S. 211.

[311] Scrutator *(Marc)*, Voir et juger, in: TP, H. 78, 1939, S. 2.

wirksamste Bollwerk gegen die Sowjetunion[312]. Hinter dem Kurs Déats stand dagegen, wie Reinhold Brender überzeugend darlegt, der in den dreißiger Jahren entwickelte Gedanke einer radikalen Revision des Sozialismus, mit dem er der inneren Umgestaltung Frankreichs den absoluten Vorrang vor dem außenpolitischen Engagement einräumte. Diese Haltung Déats war keineswegs von defätistischen Motiven geprägt. Er hatte sich bereits mit der Frage der Landesverteidigung auseinandergesetzt, als die meisten Politiker sich noch hinter der Maginot-Linie sicher wähnten. Ebenso wie der Ordre Nouveau hatte der Neosozialist Mitte der dreißiger Jahre de Gaulles Projekt der Berufsarmee unterstützt[313]. Auch wenn sich die Ideen des Ordre Nouveau nicht mit denjenigen Déats deckten, so räumten beide der inneren Umgestaltung Vorrang vor einer aktiven Außenpolitik ein.

7. Zusammenfassung

Seit Ende 1935 geriet die innenpolitische Entwicklung Frankreichs in den Sog der Außenpolitik. Stärker denn je war der Standort von einem Koordinatensystem bestimmt, das durch die ideologischen Fronten zwischen Nationalsozialismus und Faschismus auf der einen und dem Bolschewismus auf der anderen Seite polarisiert wurde. Diese Situation charakterisierte die französischen Debatten bis zum Kriegsausbruch. Der Erfolg des Volksfront-Bündnisses steigerte die Furcht vor den Kommunisten in bislang unbekannter Weise. Die französischen Kommunisten wurden aus dieser Sicht zu bloßen Vollstreckern feindlicher Direktiven. Sie waren nichts anderes als Marionetten, die, von Moskauer Hand geführt, Einfluß auf die französische Politik nahmen. Nicht mehr Deutschland, sondern Rußland erschien nun als die größte Bedrohung aus dem Osten. In den Augen der Neopazifisten bedeutete dies, daß Frankreich zum Handlanger des internationalen Kommunismus und damit erstes Angriffsziel des nationalsozialistischen Deutschland werden würde.

Der Äthiopienkrieg, die Ratifizierung des französisch-russischen Beistandspaktes und die Remilitarisierung des Rheinlands brachten beide Gruppierungen in das Lager der Neopazifisten. Für die Jeune Droite war diese Option gewissermaßen eine zwangsläufige Konsequenz der bisherigen Position. Sie kam daher wenig überraschend. Erstaunlicher ist dieser Wandel beim Ordre Nouveau, der keine vergleichbaren Affinitäten zur nationalistischen Rechten hatte. Doch ist diese Entwicklung symptomatisch für eine ganze Reihe linker Dissidenten, die in Opposition zum Kommunismus standen. Eine vergleichbare Haltung läßt sich bei Déat, Doriot und zum Teil auch bei Bergery beobachten. Das Zusammengehen der bürgerlichen Parteien mit den Kommunisten hatte sie in das Lager der Gegner getrieben.

Hitler als selbsternannter Retter vor dem Bolschewismus erschien einigen Anhängern der extremen Rechten als machtvoller Verbündeter, einem Großteil der Neopazifisten aber zumindest als das geringere Übel. Im Unterschied zur traditionellen nationalisti-

---

[312] Vgl. Weber, Action française, S. 430; Dioudonnat, Je suis partout, S. 283ff.; Wirsching, Kollaborationsideologie, S. 55f.

[313] Neben Paul Reynaud war er der einzige Parlamentarier, der die Notwendigkeit dieser Reform erkannt hatte; vgl. Brender, Kollaboration, S. 51ff.

schen Rechten war das Hauptmotiv für den Neopazifismus bei den Nonkonformisten weniger in der außenpolitischen Konstellation zu suchen als vielmehr in der Einsicht in die Notwendigkeit einer inneren Umgestaltung. Die Bereitschaft zu Zugeständnissen an den Nachbarn östlich des Rheins darf daher nicht als Defätismus verstanden werden. Vielmehr gründete sie auf dem Vorrang der nationalen Erneuerung vor dem außenpolitischen Engagement. Bereits frühzeitig hatte der Ordre Nouveau die Schwächen des Verteidigungssystems erkannt und versucht, die Reform der Armee voranzutreiben.

Die Zuspitzung der außenpolitischen Situation nach dem ‚Anschluß‘ Österreichs brachte die Gruppierungen wieder näher zusammen. Nach dem Ende der Volksfront lebte die Strategie eines übergreifenden Bündnisses der antirepublikanischen Kräfte wieder auf: In Bergerys Frontisme, in Déats *Tribune de France*, in der Doriot-Bewegung und im *Courrier Royal* zogen die nonkonformistischen Intellektuellen die Fäden einer neuen Sammlungspolitik. Je bedrohlicher die Lage wurde, desto mehr wuchs die Furcht vor einer weiteren Blockade der inneren Umgestaltung durch das Wiedererstehen der „Union sacrée". Angesichts der äußeren Bedrohung rückten die Gruppierungen wieder enger zusammen und fanden im Thema der nationalen Erneuerung einen gemeinsamen Ausgangspunkt.

Die Feindschaft zum Kommunismus bestimmte auch die innenpolitische Strategie der beiden Gruppierungen. Beide konzentrierten sich in der Phase der Volksfront auf eine antikommunistische Gewerkschaftspolitik. Der Erfolg der Streikwelle unmittelbar nach dem Wahlsieg der Volksfront hatte sie in der Überzeugung bestärkt, daß ein großes Potential der Arbeiterbewegung existierte, das gegen die Regierung mobilisiert werden konnte. Darüber hinaus machten die Erfolge der verstärkt unter kommunistischem Einfluß stehenden C.G.T. eine aktive Gewerkschaftspolitik erforderlich.

Beide Gruppierungen versuchten mit unterschiedlichen Strategien, die Arbeiterschaft für ihre revolutionären Zielsetzungen einzuspannen. Ein Teil der Jeune Droite schuf unter Berufung auf Sorel ein Klima von Haß und Gewalt und versuchte, die Gewerkschaftskreise mit nationalistischen Ideen zu infiltrieren. Sein Ziel war es, die Arbeiterbewegung dem Einfluß der Kommunisten zu entziehen und sie zum Umsturz der Regierung aufzustacheln. Die Thematik des Klassenkampfes wurde instrumentalisiert und umgestaltet zum Kampf der Arbeiter und Mittelschichten gegen das liberale System. Parallel zum ideologischen Kampf gegen den Kommunismus baute die Jeune Droite die Verbindungen zu militanten Randgruppen der extremen Rechten aus und verbündete sich mit dem kommunistischen Renegaten Doriot.

Der Ordre Nouveau bemühte sich ebenfalls, mit einer aktiven Gewerkschaftspolitik Einfluß auf die Arbeiterbewegungen zu gewinnen. Die Sympathien für Sorel und den Anarchismus teilte die Gruppierung mit der Jeune Droite. Jedoch hatte sie ein anderes Verständnis von Gewalt: Nicht der Umsturz mit allen Mitteln, sondern die allmähliche Zersetzung der Gesellschaft war das Ziel. Zu diesem Zweck intensivierte der Ordre Nouveau die Kontakte zu Gewerkschaftskreisen und die eigene Propagandatätigkeit. Mit großem Aufwand versuchte er, neue Sympathisanten in und außerhalb von Paris zu finden und ein Netzwerk von „revolutionären Zellen" für den Umsturz aufzubauen.

Der Radikalisierung der beiden Gruppierungen war eine Grenze gesetzt. In der Untersuchung des Antisemitismus wird deutlich, daß diese Ressentiments aus dem Antiliberalismus abgeleitet waren: Der Typus des Juden stand stellvertretend für den bürgerlichen Intellektuellen und für den ausbeuterischen Kapitalisten. Revolutionäres Potential wurde den Juden nicht zugebilligt. Zwar wurden antisemitische Vorurteile insbesondere innerhalb der Jeune Droite mit beachtlicher Vehemenz vertreten, doch erreichten sie zu keinem Zeitpunkt den Rang einer eigenständigen Verschwörungstheorie. Das Ausmaß des Antisemitismus unterscheidet die beiden Gruppierungen von dem radikalisierten Flügel der extremen Rechten, bei dem militanter Antikommunismus und militanter Antisemitismus miteinander verschmolzen.

Dies ist für die Beurteilung des Standorts der beiden Gruppierungen innerhalb des politischen Spektrums von großer Bedeutung. Denn trotz aller antikommunistischen Attacken blieb der Liberalismus der Hauptfeind. Nur vorübergehend überwog die antikommunistische Agitation den Kampf gegen das liberale System und den Kapitalismus. Wirklich bedrohlich waren nur die liberalen Ideen, da diese der ureigenen französischen Tradition entstammten, während das kommunistische Gedankengut keinen Rückhalt in der französischen und europäischen Kultur hatte. Allenfalls unterstellte man dem Liberalismus, daß er den Nährboden für den Kommunismus geschaffen habe.

Den Liberalismus galt es zu bekämpfen. Und da die Qualität des Gegners auch die Wahl der Mittel bestimmte, bedeutete dies, daß dem Vernichtungswillen Grenzen gesetzt waren. Handelte es sich doch beim Liberalismus um ein dekadentes System, das aus der Sicht der Nonkonformisten sich selbst überlebt hatte. Ihm einen Gnadenstoß zu versetzen, erforderte weniger schlagkräftige Maßnahmen als der Kampf gegen eine straff organisierte Bewegung, die auf der Straße jederzeit ihre Truppen mobilisieren konnte.

Ergebnisse

Die Suche nach neuen Verbündeten charakterisierte die Aktivitäten der Nonkonformisten während der gesamten dreißiger Jahre. Ähnlich wie die Konservativen Revolutionäre in Deutschland bemühten sie sich, in wechselnden Konstellationen neue Fronten gegen die liberale Demokratie aufzubauen. Die Mitarbeiter der Jeune Droite und des Ordre Nouveau haben sich einander von verschiedenen Ausgangspunkten angenähert. Dennoch blieben sie in ihren Entwürfen, in den Strategien und in der Wahl ihrer Bündnispartner unterscheidbar. Dies zeigt sich nirgends deutlicher als in der Phase der Volksfront, als die wechselseitigen Beziehungen ihren Tiefstand erreichten.

Die wirtschaftspolitischen Entwürfe der Jeune Droite und des Ordre Nouveau waren von deutlichen Gegensätzen geprägt. Während die einen den Einfluß des Staates auf die Wirtschaft vollständig beseitigen wollten, räumten die anderen ihm zentrale Kompetenzen ein. Die einen forderten ein dezentrales Korporativsystem, die anderen eine zentralistische Planwirtschaft. Allerdings waren sich beide darüber einig, nur die Auswüchse des Kapitalismus in Form der Aktiengesellschaften, der Trusts und der Großbanken zu bekämpfen, während für sie das Privateigentum unantastbar blieb. Eine vollständige Überwindung des Kapitalismus strebte niemand an. Ihre Überlegungen konzentrierten sich vielmehr darauf, wie eine höhere Effektivität und eine Leistungssteigerung der Wirtschaft zu erzielen seien. Die Jeune Droite glaubte an die Selbstregulierungskräfte des Marktes und setzte auf die Stärkung der unternehmerischen Autonomie, die Privatisierung von Schlüsselindustrien und den Abbau des Wohlfahrtsstaates. Der Ordre Nouveau sah zwar eine soziale Grundversorgung vor, doch sollten die finanzielle Beteiligung der Arbeiter am unternehmerischen Risiko und die Stärkung ihrer Mitbestimmung neue Anreize zur Steigerung der Leistung und der Produktivität bieten. Diese Überlegungen waren allerdings nicht spezifisch für die Nonkonformisten. Zu den Anhängern eines Korporativsystems zählten das gesamte Umfeld der Action française und die Anhänger der katholischen Soziallehre. Für eine gemischte Planwirtschaft wiederum setzten sich zahlreiche Sozialisten und Gewerkschaftsvertreter ein.

Die Nonkonformisten wollten den Sturz der parlamentarischen Demokratie, doch in ihren weiteren Zielen unterschieden sie sich. Die Jeune Droite forderte eine Restauration der Monarchie mit einer starken Exekutive und kurzen Entscheidungswegen. Im Kontrast zur starken Zentralgewalt sollten jedoch den Korporationen als Zwischeninstanzen eine verhältnismäßig große Autonomie und weitreichende Befugnisse in der Wirtschafts- und Sozialpolitik zukommen. Gegenüber der Dritten Republik zielte dieser Entwurf auf eine extreme Straffung der Exekutive, die auf ein autoritäres oder auch diktatorisches System hinauslief, zugleich aber auch auf eine Dezentralisierung der Verwaltung.

Die Vorstellungen des Ordre Nouveau blieben demgegenüber mehrdeutig. Die Forderung nach Überwindung des Staates und der Staatlichkeit stand im Widerspruch zu den wirtschaftspolitischen Kompetenzen des obersten Gremiums im Gemeinwesen: Das Plädoyer für einen föderalistischen Aufbau des Gemeinwesens von unten ließ sich mit dem Prinzip der Kooptation der Verwaltungs- und Regierungsorgane nicht vereinbaren. An die Stelle der Gewaltenteilung trat die Unterscheidung von Autorität und

Macht. Die Politik der Regierungsorgane sollte von einem Rat kontrolliert werden, der als oberste Kontrollinstanz eine umfassende Autorität in allen Fragen der Legislative, Judikative und Exekutive besaß. Die Mechanismen der Konfliktregelung waren in diesem System nicht festgeschrieben. Im Antiparlamentarismus, im Föderalismus, in der Stärkung der Zentralgewalt und der Beseitigung der Gewaltenteilung zeigen sich zwar einige prinzipielle Übereinstimmungen zwischen den Gruppierungen: Allerdings wiesen auch hier die konkreten Vorstellungen mehr Differenzen als Gemeinsamkeiten auf.

Ein vollständiges Bild des Nonkonformismus in Frankreich erfordert die Abgrenzung von den benachbarten Strömungen. Dabei ergibt sich folgendes Panorama:

1. Die faschistischen Bewegungen verfolgten dasselbe Nahziel wie die Nonkonformisten: sie strebten den Sturz des Systems an. Allerdings unterschieden sie sich zumindest ideologisch in der Wahl ihres Gegners und damit im Grad ihrer Radikalisierung. Die Jeune Droite und der Ordre Nouveau betrachteten den Liberalismus als ihren Hauptfeind. Der Kommunismus war aus dieser Sicht nur ein abgeleitetes Phänomen, das auf den geistigen und wirtschaftlichen Grundlagen der bürgerlichen Gesellschaft ruhte. Er festigte somit die Existenz der Klassengesellschaft, die er zu überwinden vorgab, und setzte die Zerstörung der nationalen Gemeinschaft fort, die der Liberalismus eingeleitet hatte. Die faschistischen Bewegungen unterschieden sich von den Nonkonformisten durch ihre Radikalfeindschaft zum Kommunismus und folglich durch eine ungleich größere Militanz und Bereitschaft zur Gewalt. Diese Haltung fand in der Organisationsstruktur einen deutlichen Ausdruck. Die Bewegungen setzten der organisierten Arbeiterbewegung mindestens ebenso schlagkräftige Truppen entgegen, sie beantworteten die Aktionen ihrer Gegner auf derselben Ebene der Massenmobilisierung, mit Demonstrationen und Aufmärschen, die nicht selten in blutigen Konfrontationen endeten.

2. Die Action française und ihr Umfeld lassen sich von den Nonkonformisten durch den Mangel an revolutionärer Dynamik abgrenzen. Die Bewegung von Charles Maurras hatte sich mit dem System der Dritten Republik weitgehend arrangiert und zog einen Umsturz nicht mehr ernsthaft in Erwägung. Die Agitation konzentrierte sich vor allem auf die inneren und äußeren Feinde der Nation: Kommunisten und Juden, Deutschland und die Sowjetunion. Selbst dem extremen Flügel dieser Rechten, der in der Zeitschrift *Je suis partout* sein einflußreichstes Sprachrohr fand, fehlte der Wille zum Umsturz weitgehend. Er zeichnete sich durch die Furcht vor einer „Weltverschwörung" aus und bekämpfte in Juden und Kommunisten das Prinzip der Revolution selbst. In erster Linie handelte es sich dabei um einen reinen Abwehrkampf, der im wörtlichen Sinne „reaktionär" war, obwohl er vom Willen zur Vernichtung des Gegners bestimmt war.

3. An diese beiden Lager grenzt das Spektrum des Nonkonformismus in Frankreich. Neben den beiden hier untersuchten Gruppierungen umfaßt der Begriff auch weitere Zirkel und Zeitschriften, darunter insbesondere *Lutte des Jeunes* von Bertrand de Jouvenel, *Homme réel* von Pierre Andreu und Paul Marion und die *Nouvelles Equipes* von Christian Pineau. Der *Esprit*-Kreis beteiligte sich bis 1935 ebenfalls an den Aktivitäten dieser Gruppierungen, entfernte sich während der Phase der Volksfront deutlich von ihnen und näherte sich seit 1938 ihnen wieder an. Weiterhin läßt sich auch der Kreis des *Courrier Royal* um den Grafen von Paris dazurechnen, der sich erfolgreich darum bemühte, außerhalb der Action française eine revolutionäre Rechte zu sammeln.

Auch die Dissidenten der Linken lassen sich – mit einigen Vorbehalten – in diesen Kreis einbeziehen. Der Front commun von Bergery und die Neosozialisten von Déat waren zwar nicht strikt antidemokratisch und haben zeitweise mit der Volksfront zusammengearbeitet. Jedoch ist es fraglich, ob die von ihnen anvisierte Reform der Demokratie tatsächlich auf dem Boden der Dritten Republik möglich gewesen wäre oder ob nicht vielmehr eine neue, autoritäre Verfassung den Begriff der Demokratie grundlegend verändert hätte. Für Doriot und seine Anhänger war der Nonkonformismus allenfalls ein Durchgangsstadium von seinem Bruch mit dem Kommunismus 1934 bis zur Gründung des PPF 1936. Danach schlug seine Bewegung einen faschistischen Kurs ein.

4. In der Praxis läßt sich die strikte Abgrenzung dieser Lager nicht immer aufrechterhalten. Ältere Bindungen und taktische Bündnisse verwischen hier das Bild. Ein Teil der Jeune Droite veröffentlichte weiterhin regelmäßig in den Zeitschriften der gegenrevolutionären Rechten. Auf der anderen Seite waren teilweise dieselben Personen Anhänger faschistischer Bewegungen. Mit dem PPF Doriots ergab sich eine enge Zusammenarbeit. Maxence bekleidete darüber hinaus leitende Positionen in der Solidarité française und hatte einen maßgeblichen Einfluß auf die Radikalisierung der Bewegung. Die Agitation der Jeune Droite zeigte in dieser Phase eine außerordentliche Militanz. Ein Teil der Mitarbeiter propagierte – vor allem in der Zeitschrift *Insurgé* – die Anwendung von Terror und Gewalt, andere bewiesen durch ihre Mitarbeit bei einer faschistischen Bewegung, daß sie den Einsatz dieser Mittel billigten. In der Zeit vom Ausbruch des Abessinienkrieges bis zum Ende der Volksfront überschritt ein Teil der führenden Mitarbeiter der Jeune Droite die Grenze zum Faschismus.

Der Ordre Nouveau hatte mit Gibrat und Loustau 1934/1935 zwei Anhänger bei den Nationalvolontären, der Nachwuchsorganisation der Feuerkreuzler. Engere Verbindungen zu dieser Bewegung oder zu einer anderen, als faschistisch zu bezeichnenden Liga hat es jedoch nicht gegeben. Als Loustau 1936 seine Karriere im PPF Doriots begann, hatte er sich bereits vom Ordre Nouveau getrennt. Zwar läßt sich in der Auseinandersetzung mit der Volksfront auch bei der nonkonformistischen Gruppierung ein deutlicher Antikommunismus feststellen, doch mündete er nicht in Aufrufe zur Gewalt und zur Vernichtung des Gegners.

Eingangs hatte ich festgestellt, daß der Begriff der Konservativen Revolution nicht unbedingt einen ideologischen Kernbestand auf der Ebene der Herrschaftsentwürfe umschreibt. Hinter den unterschiedlichen Ideen und Argumentationsfiguren zeichnet sich vielmehr eine gemeinsame Denkfigur in der Form des neuen Nationalismus ab. Er hatte wesentliche Elemente mit seinem Gegner auf der Linken gemeinsam: die jakobinischen Züge einer politischen Religion, die revolutionäre Dynamik und schließlich den Appell an eine kollektive Größe wie Klasse, Volk oder Nation. Sternhell hat in seinen Analysen der „faschistischen Ideologie" deutlich gemacht, daß diese Position auf zwei unterschiedlichen Wegen zu erreichen war: einerseits durch die Revision des Nationalismus und andererseits die Revision des Sozialismus. Hierbei handelt es sich um idealisierte Denkmodelle, die in der Realität so nicht anzutreffen sind. Sie sind jedoch geeignet, das Typische in der Entwicklung der beiden Gruppierungen zu erfassen.

Die Kritik der Jeune Droite an der Action française entzündete sich an der mangelnden Radikalität des integralen Nationalismus. Der Bewegung fehlte die Dynamik, die Forderung nach einem Staatsstreich war in weite Ferne gerückt, und sie hatte sich der traditionellen parlamentarischen Rechten angenähert. Bereits durch die Art und Weise, wie sie den Aufstieg des Nationalsozialismus begrüßte, machte die Jeune Droite deutlich, wie sehr sie eine vergleichbare Erneuerungsbewegung im eigenen Land vermißte.

Nicht zuletzt mit dieser Haltung wandte sie sich ab von der germanophoben Action française, die in dem Nachbarland nur ihren Erbfeind erblickte.

Nach den Februarereignissen 1934 konzentrierten sich die Überlegungen auf die innere Neugestaltung des Staates: Mit einer dezidiert antikapitalistischen Programmatik bemühte sich die Jeune Droite, auch Kleinbürger und Arbeiter für die nationale Revolution zu gewinnen. Mit dieser Strategie ging sie immer deutlicher auf Distanz zu Charles Maurras, der der sozialen Problematik nur eine untergeordnete Rolle zumaß. In einem Punkt blieb sie jedoch der Lehre des Meisters treu – Grundsätzlich räumte sie der Politik den Vorrang vor der Wirtschaft ein. Dies hinderte die Gruppierung daran, sich an den Debatten um die Planwirtschaft zu beteiligen: aus ihrer Sicht kurierte die Wirtschaftspolitik an den Symptomen. Der Siegeszug des Kapitalismus war nur eine Folge der politischen Macht des Bürgertums, das seit der Französischen Revolution wachsenden Einfluß gewonnen hatte.

Als Reaktion auf den Sieg der Volksfront, die als Marionette des sowjetischen Kommunismus betrachtet wurde, verstärkte die Jeune Droite ihr Werben um die Arbeiter und orientierte sich an den Ideen des revolutionären Syndikalismus. Charakteristisch ist die Art und Weise der Rezeption. Die Jeune Droite machte sich weniger die wirtschaftlichen Forderungen der Arbeiter zu eigen, sondern wollte die politische Wirkung der mobilisierten Massen nutzen: Action directe, Streiks und Aufmärsche sollten den Sturz des Systems herbeiführen. Diese Aktivitäten gipfelten in der militanten Gewerkschaftspolitik des *Insurgé*-Kreises.

Im Fall des Ordre Nouveau muß die Bezeichnung „Revision des Sozialismus" präzisiert werden. Die Gruppierung stand niemals auf dem Boden des orthodoxen Marxismus. Die zentralen Forderungen einer Vergesellschaftung der Produktionsmittel und der Herrschaft des Proletariats lehnte sie ab. In der Fundamentalkritik am kapitalistischen System folgte der Ordre Nouveau vielmehr einem Frühsozialismus, wie er vor allem von Pierre Joseph Proudhon entwickelt und durch Aron und Dandieu vermittelt worden war. Der Kapitalismus war demnach die treibende Kraft für alle Formen des Imperialismus. Er begründete die Rivalität der modernen Nationalstaaten, die durch den Ausbau ihrer wirtschaftlichen Macht nach Hegemonie strebten. Der Krieg war aus dieser Sicht nur die konsequente Fortsetzung eines auf wirtschaftlichem Weg gescheiterten Hegemonialstrebens. Mit der Gründung einer europäischen Föderation sollte die Epoche der Nationalstaaten überwunden werden.

Angesichts der wirtschaftlichen „Diktatur" des Kapitalismus in den USA erschienen die politischen Diktaturen des Faschismus und des Nationalsozialismus als die geringeren Übel. Mit letzteren stimmte der Ordre Nouveau in dem Anspruch überein, das liberal-kapitalistische System zu bekämpfen. Dies bildete den Ansatzpunkt für die Kontakte mit den Vertretern der Konservativen Revolution und für die kritische Sympathie für den Nationalsozialismus. Dieser Sichtweise blieb die Gruppierung nach den Ereignissen des Februar 1934 treu, konzentrierte sich jedoch danach, ebenso wie die Jeune Droite, auf die Innenpolitik. Sie beteiligte sich an den Debatten um die gemischte Planwirtschaft, die Hendrik de Man ausgelöst hatte, und entwickelte die Grundzüge eines Sozialismus, der die Überwindung der Klassenkämpfe und die Integration des Proletariats in die nationale Gemeinschaft anstrebte. Über dieses Thema ergaben sich Anknüpfungspunkte zu den Dissidenten der Linken, deren Sammlungspläne der Ordre Nouveau zeitweise unterstützte.

In Abgrenzung zur Volksfront besann sich die Gruppierung auf einen nationalen Sozialismus, der den historisch-kulturellen Gegebenheiten, den spezifischen Produktionsweisen und Mentalitäten der französischen Arbeiterschaft gerecht werden sollte. Sie
orientierte sich dabei ebenso wie die Jeune Droite am revolutionären Syndikalismus und
machte mit der Zeitschrift *A nous la liberté* den Versuch, die Gewerkschaftskreise für
ihre Ideen zu gewinnen. Diese unterschiedlichen Strategien mündeten in dasselbe Ziel:
die Integration der Arbeiter in die nationale Gemeinschaft. Von unterschiedlichen Seiten
hatten sich beide Gruppierungen einem neuen, inklusiven Nationsbegriff angenähert,
mit dem die Klassengegensätze überwunden werden sollten.

Die Intellektuellen verstanden sich als Missionare. Sie sahen ihren Auftrag darin,
Frankreich vor seinem Untergang zu bewahren und das Land wieder zu dem zu machen,
was es ihrer Ansicht nach einmal gewesen war: die führende Nation auf dem Kontinent.
Ihr Nationalismus besaß einen charismatischen Charakter, er trug ähnlich dem Jakobinismus die Züge einer politischen Religion. Zugleich wies er über die eigenen Grenzen
hinaus, indem er die Prinzipien der französischen Kultur zu universalen Prinzipien erklärte. Die Intellektuellen der Jeune Droite und des Ordre Nouveau verkündeten nicht
nur das Heil ihrer eigenen Nation, sondern sie traten als Retter des ganzen Abendlandes
auf.

Der Nachbar Deutschland spielte in diesen Überlegungen eine doppelte Rolle. Die
beiden Gruppierungen betrachteten die innere Umgestaltung Deutschlands mit einer
Mischung aus Bewunderung und Schrecken. Ihre Argumentation war dabei von taktischen Erwägungen bestimmt. Sobald der Nachbar gegen Frankreich, die Versailler Friedensordnung und den Völkerbund auftrat, nahm man ihn in Schutz und interpretierte
sein Vorgehen als Folge einer internationalen Verschwörung, des Unterdrückungswil-
lens oder des Versagens der liberalen Demokratien. Als Gegenbild zum „dekadenten"
Frankreich ließ sich die Entwicklung in Deutschland als Signal zum Neubeginn werten,
als Beispiel für den erfolgreichen Kampf gegen die liberale Demokratie, als Vorbild eines
dynamischen Aufbruchs und der Wiederherstellung der nationalen Einheit. Gemessen
an den eigenen Entwürfen der Nonkonformisten traten jedoch die negativen Aspekte in
den Vordergrund. Das Dritte Reich wurde zum mahnenden Beispiel einer fehlgeschlage-
nen Revolution, in der die tyrannischen Züge immer deutlicher hervortraten. Durch
Aufrüstung, Militarismus und Revisionismus wurde es auch außenpolitisch zu einem
Faktor wachsender Unsicherheit und Bedrohung.

Mit der Debatte über den italienischen Krieg in Äthiopien und dem Siegeszug der
Volksfront polarisierte sich die innerfranzösische Auseinandersetzung durch die ideolo-
gische Konfrontation zwischen Kommunismus und Faschismus/Nationalsozialismus.
Zentral ist jedoch, daß die Antikommunisten, zu denen die Jeune Droite und der Ordre
Nouveau zählten, ihren Standpunkt durch den Rückgriff auf genuin französische Formen des Nationalismus, Sozialismus und Antisemitismus begründeten. Die internationale Konstellation hatte zur Radikalisierung der innenpolitischen Situation beigetragen.
Sie reicht aber keineswegs aus, um das Ausmaß und die konkreten Formen des Konfliktes zu begründen. Weder der französische Faschismus noch der Nonkonformismus lassen sich auf die Imitation oder Bewunderung des italienischen und deutschen Vorbildes
reduzieren. Die Ideen der Nonkonformisten haben ebenso wie diejenigen der faschistischen Bewegungen in Frankreich einen autochthonen Ursprung: vor allem in der Tradition des Republikanismus und seines Gegenspielers, des integralen Nationalismus, in

der Intellektuellenkultur, in der speziellen Tradition des französischen Sozialismus und dem Einfluß des Anarchismus.

Gab es einen gemeinsamen ideologischen Kernbestand, der die Bezeichnung Konservative Revolution in Frankreich rechtfertigt? Ein Vergleich mit dem deutschen Phänomen muß auf zwei Ebenen ansetzen. 1. Sozialisation und Gruppenbildung, 2. Ideologien und Argumentationsmuster.

1. Sozialisation und Gruppenbildung. Die Ideologie der Nonkonformisten und der Konservativen Revolutionäre gedieh auf dem gleichen Nährboden der spezifisch bildungsbürgerlichen Sozialisation. Wie in Kapitel I gezeigt, entstammte ein großer Teil der Aktivisten bürgerlichen Verhältnissen und hatte mit Abitur und Studium einen seinem Herkunftsmilieu entsprechenden Weg beschritten. In der Regel war das Studium bei den Konservativen Revolutionären in Deutschland ebenso wie bei den Nonkonformisten auch ein Instrument des sozialen Aufstiegs. Humanistische Ideale spielten in den Lehrplänen und im Wertesystem der jungen Intellektuellen eine große Rolle. Mit der Wertschätzung zweckfreien Wissens kritisierten sie den auf unmittelbaren Nutzen und Verwertbarkeit ausgerichteten „Ungeist" des industriellen Zeitalters. Diese Sozialisation schuf die Voraussetzungen für das ihnen eigene Rollenverständnis: Als selbsternannte Retter der Kultur prangerten sie die Inhumanität des Kapitalismus und der industriellen Gesellschaft an.

Das Bewußtsein, einer Elite anzugehören, prägte nicht nur ihre Anschauungen, sondern auch ihre Organisationsform. Wie in den Kapiteln I und II deutlich wird, handelte es sich beiderseits des Rheins um kleine, informelle Zirkel und Gruppierungen. Mit ihren Zeitschriften schufen sie einen Gegenpol zur herrschenden Presse, der wichtigsten Stütze des parlamentarischen Systems. Sie traten mit dem Anspruch auf, Lügen und Propaganda der meinungsbildenden Medien zu attackieren. Allein durch diese Organisation demonstrierten sie bereits ihre Ablehnung des liberalen Systems mit seinen beiden wichtigen Säulen, dem Parlamentarismus und den großen Pressekonzernen. In ihren Zusammenschlüssen konstituierten sie gewissermaßen eine Art Gegenöffentlichkeit als bewußter Ausdruck einer verweigerten Anpassung.

2. Ideologien und Argumentationsmuster: Die Vielfalt der erörterten Themen und die unterschiedlichen Haltungen machen es schwer, eine klare Linie zu skizzieren: Föderalismus und Zentralismus, Korporatismus und Planwirtschaft, die Rolle des Staates und der Wirtschaft, das Verhältnis zu Wissenschaft und Technik: zu all diesen Themenbereichen lassen sich so viele unterschiedliche Standpunkte auflisten, wie es Akteure gibt. Existiert darüber hinaus ein gemeinsamer Nenner, unter dem sich die Vielfalt der Einzelmeinungen ordnen läßt?

Eingangs hatte ich bereits darauf hingewiesen, daß die Konservative Revolution bestimmte Grundlagen der Moderne seit 1789 akzeptiert hat und daher keineswegs als konservativ im eigentlichen Wortsinn bezeichnet werden kann. Charakteristisch ist der Voluntarismus, mit dem Versatzstücke ehemals konsistenter Weltanschauungen nach Belieben neu zusammengefügt und instrumentalisiert werden. Nationalismus und charismatisches Sendungsbewußtsein sind eigentlich Errungenschaften jakobinischer und liberaler Anschauungen, die von der Konservativen Revolution ebenso wie von den Nonkonformisten aufgegriffen und modifiziert wurden. Mit ihrem elitären Bewußtsein verbanden sie nicht die Restauration der Aristokratie und vorindustrieller Führungsgruppen, sondern strebten eine zutiefst meritokratische Hierarchie an. Die Helden der

Moderne waren nicht mehr die traditionellen Führungsschichten, sondern neben den staatlich diplomierten Akademikern vor allem funktionale Eliten wie Manager, Ingenieure und leitende Angestellte. Daher sind Konservative Revolution und Nonkonformismus nicht ausschließlich einer rückwärtsgewandten, kulturpessimistischen Ideenwelt verhaftet. Die Grundsatzkritik an Kapitalismus und Liberalismus bildet lediglich den Auftakt und den gemeinsamen Ausgangspunkt.

Doch in den konkreten Stellungnahmen findet sich kein Totalverdikt über Industrialisierung, Kapitalismus und sozialen Wandel. Technologischer Fortschritt und Industrialisierung wurden durchaus als notwendige Errungenschaften der modernen Welt akzeptiert. Ins Visier der Kritik geriet jedoch der naive Glaube an den Nutzen von Technik und Industrialisierung. Nur der Standpunkt wurde relativiert: technischer Fortschritt war ein gefährliches Instrument in den Händen des liberalen Kapitalismus. Als Errungenschaft der zivilisierten Welt hingegen bildete er die Voraussetzung für jedes höhere Gemeinwesen mit arbeitsteiliger Gesellschaft. Das gleiche gilt für das kritische Verhältnis zur Großstadt. Niemand unter den Konservativen Revolutionären und den Nonkonformisten setzte sich für die Stadtflucht und die Rückkehr zur Natur ein. Nur das scheinbar grenzenlose Wachstum der Metropolen verschärfte ihrer Ansicht nach die sozialen Spannungen und förderte Entfremdung und Kriminalität. Die Großstadt war aus dieser Sicht die Inkarnation der liberalen Gesellschaft.

Die Kritik am Kapitalismus entpuppt sich bei genauerem Hinsehen auch als eine Kritik an den Auswüchsen des Systems. Keineswegs wurden Gewinnstreben und Leistungsgedanke grundsätzlich in Frage gestellt. Lediglich das Kapital in der Hand anonymer Gesellschaften, Konsortien und Banken stieß auf erhebliche Vorbehalte. Die Lösungsvorschläge der Konservativen Revolutionäre und der Nonkonformisten orientierten sich an einer modernen Industriegesellschaft. Der beruflichen und sozialen Differenzierung wurde ebenso Rechnung getragen wie der Bedeutung der Arbeiterbewegung und dem Aufstieg der neuen Mittelschichten.

Innerhalb dieser Themenbereiche gab es ein breites Spektrum von Ansichten, die zwischen Resignation und Optimismus schwankten. Doch diese Positionen waren relativ. Insgesamt handelte es sich nicht um eine Grundsatzkritik an der Moderne, sondern nur an bestimmten Auswüchsen der Industriegesellschaft. Einigkeit bestand darin, daß der Liberalismus und das parlamentarische System den Herausforderungen des gesellschaftlichen Wandels nicht gewachsen seien[1]. Um sich Gehör zu verschaffen, mußten die Revolutionäre beiderseits des Rheins Position beziehen. Der Weg führte notwendigerweise in die Politik, mit allen Kompromissen und taktischen Zugeständnissen, die am parlamentarischen System so häufig kritisiert wurden. Im Vergleich mit der Situation in Deutschland fällt auf, daß die neuen Rechten in Frankreich einen starken Zulauf von der Linken erhielten. Die zahlreichen Anhänger des Front social, der Neosozialisten und der Doriot-Bewegung liefern dafür ein Beispiel. In Deutschland hingegen sind nur Einzelfälle einer Annäherung von links bekannt. Dazu zählt der Komintern-Funktionär Karl Radek, der in seiner berühmten „Schlageter-Rede" der extremen Rechten ein unverhülltes Bündnisangebot unterbreitete[2]. Der bekannteste Fall aber ist der des Soziolo-

---

[1] Vgl. zur Konservativen Revolution Dupeux, „Kulturpessimismus", S. 287–299.
[2] Vgl. Mohler, Konservative Revolution, Bd. 1, S. 48f.; Wippermann, Faschismustheorien, S. 15.

gen Robert Michels, der sich vom Anhänger des revolutionären Syndikalismus zum Sympathisanten des Faschismus wandelte[3]. Doch in den meisten Fällen kamen die Protagonisten von der anderen Seite des politischen Spektrums, war die Konservative Revolution in Deutschland ein Phänomen der Dissidenten aus dem Lager der Rechten.

Die Ursachen dafür sind nach Ansicht von Hans Manfred Bock in den unterschiedlichen Entwicklungen der Arbeiterbewegungen und der linken Parteien in beiden Ländern zu suchen. Während Deutschland über eine durch marxistische Ideen radikalisierte und straff organisierte Arbeiterbewegung verfügte, war der Organisationsgrad in Frankreich weitaus schwächer. Ein ähnliches Bild ergibt sich beim Vergleich der französischen Sozialisten mit den deutschen Sozialdemokraten. Dort hatten die Sozialistengesetze (1878–1890) eine Integration der Linken in das politische System des Kaiserreichs weitgehend verhindert. Erst durch den Krieg und den Zusammenbruch des Kaiserreichs gelang den Sozialdemokraten die Überwindung ihrer politischen Isolation, zugleich entwickelte sich jedoch eine starke Strömung des Linksextremismus. Ein reformistisch orientierter Teil der französischen Sozialisten hingegen war bereits während der Dreyfus-Affäre Regierungsbündnisse mit den Radikalen eingegangen und hatte eine gemeinsame Abwehrfront gegen die antirepublikanischen Kräfte gebildet[4]. Diese Öffnung der französischen Linken zur liberalen Mitte und der reformistische Kurs der Gewerkschaften ermöglichten in den Jahren der Krise ein Abdriften nach rechts, während in Deutschland die Sozialdemokraten durch eine stark ausgeprägte Lagergemeinschaftsmentalität von einen Stellungswechsel abgehalten wurden.

Das Fehlen einer vergleichbaren Entwicklung in Deutschland hat allerdings auch innerhalb der Geschichtsschreibung dazu geführt, daß linke Einflüsse bei der extremen Rechten kaum wahrgenommen wurden. So rechnet Breuer die Nationalbolschewisten nicht zur Konservativen Revolution, weil sie seiner Ansicht nach dem Kommunismus zu nahe standen[5]. Hier zieht Breuer den voreiligen Schluß, daß die Anerkennung des Klassenkampfes gleichzusetzen sei mit der ideologischen Orientierung am Bolschewismus. Das Gegenteil war der Fall: Der Nationalbolschewismus war eine Abwehrbewegung gegen die Bedrohung aus dem Osten. Die Strategie des Bolschewismus nutzte er lediglich zu taktischen Zwecken, verfolgte jedoch gegensätzliche Ziele. Ebenso wie bei der Jeune Droite sollte der Kampf der Klassen gerade mit der Integration des Proletariats in die nationale Gemeinschaft enden.

Die Ähnlichkeit zwischen der antidemokratischen Kritik von links und von rechts ist in Deutschland bisher kaum beachtet worden. Eine gedankliche „Wasserscheide" trennte säuberlich diese Lager in Rationalisten und Irrationalisten, Liberale und Antiliberale, Befürworter und Gegner der Moderne[6]. Um diese Sichtweise zu überwinden, bedurfte es offensichtlich des Blickes von außen: Der Pariser Groupe de Recherche sur la Culture de Weimar wendet sich in dem Band „Intellektuellendiskurse" gegen diese eingefahrenen Deutungsmuster. Wechselseitige Grenzüberschreitungen, wie etwa von Arthur Moeller van den Bruck und Herbert Marcuse, werden als „Austauschdiskurse"

---

[3] Vgl. Winkler, Syndikalismus, S. 272–280.
[4] Bock, Crise des idéologies, S. 303; vgl. Christadler, Einleitung, in: Die geteilte Utopie, S. 11–24; Sieferle, Konservative Revolution, S. 9.
[5] Breuer, Anatomie, S. 153.
[6] Gangl, Einleitung, in: Intellektuellendiskurse, S. 10.

analysiert, Ernst Jünger und Ernst Bloch, Georg Lukács und Carl Schmitt stehen sich als geistige „Zwillingsbrüder" gegenüber. Damit sollen die Grenzen zwischen den politischen Lagern keineswegs verwischt werden. Die Autoren halten an der Unterscheidbarkeit rechter und linker Positionen fest, schärfen aber andererseits das Bewußtsein dafür, daß die Argumentationen auf gleichen weltanschaulichen Grundannahmen basierten[7]. Von einem gewandelten Blickwinkel zeugt auch die Darstellung Sieferles, der am Beispiel von Paul Lensch die Entwicklung eines sozialdemokratischen Reichstagsabgeordneten zum Konservativen Revolutionär skizziert[8].

Insgesamt läßt sich durchaus ein gemeinsamer ideologischer Kernbestand bei Nonkonformismus und Konservativer Revolution feststellen: Es handelte sich um einen neuartigen, gegen das liberale System gerichteten Nationalismus, der sich durch seine Dynamik, seinen Voluntarismus, den Appell an die irrationalen Triebkräfte der Revolution von anderen Spielarten des Nationalismus unterschied. Er beruhte zum Teil auf gleichartigen weltanschaulichen Grundlagen wie die Ideologie der Gegner auf der Linken. Beide Phänomene waren Ausdruck des Übergangs von der bürgerlichen Industriegesellschaft zur industriellen Massengesellschaft. Rationalistischer Individualismus und Vernunft als Instrument der Emanzipation wurden in Frage gestellt. Die Allianzen mit Dissidenten der Linken waren nicht allein taktisch motiviert, sie basierten auch auf der gemeinsamen Anschauung, daß die sozialen Triebkräfte der stärkste Motor gesellschaftlicher Entwicklung seien. Dies vereinte sie gegen den Hauptfeind, den bürgerlichen Liberalismus.

Auf der anderen Seite lassen sich genuin nationale Strömungen wie diejenigen der Konservativen Revolution in Deutschland und Frankreich kaum auf einen gemeinsamen inhaltlichen Kernbestand reduzieren. Hier wäre es verfehlt, nach Übereinstimmungen zu suchen. Denn nationalistische Ideologien zeichnen sich durch die Betonung des Besonderen, der eigenen Identität aus. Bei bloßen Adaptationen fremder Strömungen ließe sich schwerlich von nationalen Ideologien sprechen. Die inhaltlichen Ausprägungen der Konservativen Revolution diesseits und jenseits des Rheins knüpften an jeweils spezifische nationale Traditionen an. Reichsidee und völkisches Denken fanden auf seiten der französischen Nationalisten keine Entsprechung. Umgekehrt fehlte in Deutschland das Selbstbewußtsein eines über Jahrhunderte gewachsenen Nationalgefühls.

Der Irrationalismus, der die Überwindung der sozialen und politischen Gegensätze in der Form eines revolutionären Mythos propagierte, gehörte zweifellos zum Kernbestand der Konservativen Revolution beiderseits des Rheins. Allerdings unterschieden sich die inhaltlichen Ausprägungen dieses Mythos. In Frankreich fehlte ein „positives" Fronterlebnis. Dort konnte die Union sacrée, das Bündnis von bürgerlichen Parteien und Sozialisten, den Sieg für sich verbuchen. Eine Stilisierung der Frontkämpfergemeinschaft zum Gegenentwurf der bürgerlichen Gesellschaft war damit weitgehend ausgeschlossen. Dies darf jedoch nicht darüber hinwegtäuschen, daß gerade in den Ligen ein ausgeprägter Militarismus kultiviert wurde. Sie demonstrierten ihre Feindschaft gegenüber der parlamentarischen Demokratie durch Organisationsstruktur, Uniformierung und Aufmärsche. In den Kreisen der Jeune Droite und des Ordre Nouveau stießen diese

---

[7] Vgl. die Beiträge Goeldels, „Revolution", „Sozialismus" und „Demokratie", S. 37–51; Raulets, Die „Gemeinschaft" beim jungen Marcuse, S. 97–109; Eßbachs, Radikalismus und Modernität bei Jünger und Bloch, Lukács und Schmitt, S. 145–159.
[8] Sieferle, Konservative Revolution, S. 45ff.

Formen keineswegs auf Kritik. Sie bekundeten sogar wiederholt ihre Sympathien für abstrakte militärische Tugenden wie Heroismus, Opferbereitschaft, Männlichkeit, Disziplin und Autorität. In den Auseinandersetzungen griffen sie zudem häufig auf die Metaphorik des Kampfes und des Bürgerkrieges zurück. Ihren deutlichsten Ausdruck findet diese Haltung in den Zeitschriften der Jeune Droite *Combat* und *Insurgé*. In der Form einer antibürgerlichen Semantik existierte auch in den Äußerungen der Nonkonformisten eine Sympathie für die „Tugenden" des Militarismus.

Ein Unterschied zeigt sich in den territorialen Entwürfen. Die Visionen der Konservativen Revolution in Deutschland wiesen über die bestehenden Staatsgrenzen hinaus. Unabhängig davon, ob das künftige Deutschland von Vlissingen bis Wladiwostok reichen (Niekisch) oder in den vergleichsweise bescheidenen Dimensionen eines „Zwischeneuropa" auferstehen sollte (*Tat*kreis): In jedem Fall machten die Protagonisten aus ihren Großmachtträumen keinen Hehl[9]. Damit unterschieden sie sich fundamental von ihren Nachbarn westlich des Rheins. Weder der Ordre Nouveau noch die Jeune Droite machten Ansprüche geltend, die über die Staatsgrenzen hinausgingen. Jedoch können diese unterschiedlichen Entwürfe nicht als spezifisch für die Konservative Revolution und die Nonkonformisten angesehen werden, sondern vielmehr als Ausdruck tief verwurzelter Anschauungen im nationalen Gedankengut der beiden Länder. Die gesamte extreme Rechte verlangte eine radikale Revision des Versailler Vertragssystems. Der Nationalsozialismus wies darüber hinaus mit seiner rasseideologisch motivierten Raumpolitik eine gänzlich neue Dimension der Expansion auf. In Frankreich hingegen war das Revanchebedürfnis der Rechten nach 1919 gestillt und der Nationalismus weitgehend saturiert.

Den gemeinsamen Ausgangspunkt dieser grundlegenden Differenzen bildete die Versailler Friedensordnung. Waren Frankreichs Forderungen mit der Wiedereingliederung Elsaß-Lothringens und der Zahlung von Reparationen weitgehend erfüllt, so stießen die Friedensbedingungen in Deutschland auf entschiedenen Widerstand. Für die Weimarer Rechte stand Versailles für die „Verstümmelung" Deutschlands und für das verhaßte liberale System, das Deutschland von den westlichen Siegermächten „oktroyiert" wurde. Der Antiliberalismus der Konservativen Revolution war also primär außenpolitisch motiviert: seine zentralen Gedanken waren die Wiederherstellung der nationalen Größe und der Kampf gegen den „Westen". Im Gegensatz dazu richtete sich das antiliberale Denken in Frankreich immer auf den Feind im Innern: von hier aus hatten die Ideen nach 1789 ihren Siegeszug angetreten, nur hier konnten sie auch überwunden werden.

Eine weitere Erklärung für die unterschiedlich expansiven Formen, die das Denken der Konservativen Revolution in Deutschland und Frankreich angenommen hat, bietet die idealtypische Gegenüberstellung von französischer Staats- und deutscher Kulturnation. Die Idee einer Einheit des deutschen Volkes, wie sie erstmals von Herder formuliert worden war, wies über die Grenzen der existierenden deutschen Staaten hinaus. Diese Einheit basierte auf unterschiedlichen Kriterien wie der gemeinsamen Sprache, Herkunft, Geschichte, den Gewohnheiten und den geographischen Gegebenheiten. Die Kulturnation enthielt dadurch ein starkes dynamisches Element, so daß die geistigen Bande nach einer entsprechenden staatlichen Verwirklichung drängten. Im Unterschied

---

[9] Vgl. Sontheimer, Antidemokratisches Denken, S. 222ff.; Breuer, Anatomie, S. 104ff.

dazu beruhte das französische Nationsbewußtsein auf der seit Jahrhunderten existierenden politischen Einheit des Landes. Die Nation war das Ergebnis eines politischen Willens, nicht einer vorgegebenen kulturellen Einheit. Der Nationalismus wies nicht auf ein Ziel hin, das noch verwirklicht werden mußte, sondern bezog seine Legitimation aus der bereits existierenden politischen Einheit. Ihm fehlte daher eine vergleichbare expansive Dynamik[10].

Der integrale Nationalismus in Frankreich war ein Produkt intensiver Auseinandersetzung mit dem deutschen Kulturnationalismus. Nach dem Trauma der Niederlage von 1871 orientierte sich die französische Rechte an dem als überlegen betrachteten deutschen Nachbarn. Gerade die unerbittlichen Feinde Deutschlands adaptierten die Argumentationsmuster ihrer Gegner, um damit die liberalen Ideen im eigenen Land zu bekämpfen. Auf diese Weise eroberten die Vorstellungen von einer organischen Volksgemeinschaft, von der Prägung des Menschen durch Land, Sprache und Bräuche im französischen Nationalismus einen festen Platz. Insbesondere im Kampf gegen den republikanischen Universalismus und die Idee von der Gleichheit der Menschen waren dies wirkungsvolle Waffen. Sie bestimmten maßgeblich die Debatte um die Rehabilitierung von Dreyfus und prägten den Typus des nationalistischen Intellektuellen[11]. In den Debatten der Nonkonformisten ebenso wie der Konservativen Revolution lebte diese Form des Nationalismus wieder auf. Ihre Dynamik erhielt sie in der Kombination mit dem charismatischen Sendungsbewußtsein der selbsternannten Revolutionäre. Das Fehlen einer vergleichbaren expansionistischen Tendenz im französischen Kulturnationalismus macht deutlich, daß sie nicht zwingend in der Ideologie angelegt war. Die Ursachen für die unterschiedlichen Ausprägungen des französischen und deutschen Nationalismus sind daher wohl am ehesten in der unterschiedlichen historischen Entwicklung der Staatlichkeit zu suchen. Aus dieser Perspektive gewinnen Deutungsmuster wie das der „verspäteten Nation" an Erklärungswert.

---

[10] Vgl. Alter, Nationalismus, S. 19ff.; Dumont, Idéologie allemande, S. 15ff.
[11] Vgl. Dumont, Idéologie allemande, S. 280ff.; Digeon, Crise allemande, S. 48ff.; sowie die vergleichenden Überlegungen bei Birnbaum, „La France aux Français", S. 300ff.

Abkürzungen

AEAR	Association des écrivains et artistes révolutionnaires
AN	Archives Nationales
ANLL	A nous la liberté
APP	Archives de la Préfecture de Paris
BAK	Bundesarchiv Koblenz
BAZ	Bundesarchiv Außenstelle Zehlendorf
CGT	Confédération générale du travail
CNRS	Centre National de Recherche Scientifique
DFM	Deutsch-französische Monatshefte
DFR	Deutsch-französische Rundschau
ENS	Ecole Normale Supérieure
FNSP	Fondation Nationale des Sciences Politiques
GG	Geschichte und Gesellschaft
HZ	Historische Zeitschrift
IfZ	Institut für Zeitgeschichte
JCH	Journal of Contemporary History
JMH	The Journal of Modern History
JSP	Je suis partout
NC	Nouveaux Cahiers
NRF	Nouvelle Revue Française
ON	Ordre Nouveau
PA/AA	Politisches Archiv des Auswärtigen Amtes
PPF	Parti Populaire Français
PSF	Parti Social Français
PVS	Politische Vierteljahresschrift
RHMC	Revue d'Histoire moderne et contemporaine
TP	Temps présent
UCF	Union des Corporations Françaises
VfZ	Vierteljahrshefte für Zeitgeschichte

Anhang

Kurzbiographien

Die Akteure werden – wie auch im Text – jeweils unter ihrem bekanntesten Namen aufgeführt, unabhängig davon, ob es sich um ein Pseudonym oder den Taufnamen handelt. Die übrigen verwendeten Namen in Klammern.

Andreu, Pierre: (1909 Carcassonne – 1987) Sohn eines Arztes. In Paris aufgewachsen, besuchte er den Lycée Buffon. Er studierte von 1924 bis 1928 Literatur, Politikwissenschaften und Jura und engagierte sich bei der radikalsozialistischen Studentenorganisation. Durch Jean-François Thomas knüpfte er Kontakte zur AF-Studentenorganisation und gründete zusammen mit ihm 1932 den Front National-socialiste. Im Club de Février arbeitete er 1934 mit dem Ordre Nouveau zusammen. Nacheinander schrieb er für verschiedene nonkonformistische Zeitschriften: *Lutte des Jeunes (1934)*, *Esprit (1934)* und *Homme nouveau (1935)*. Zusammen mit Paul Marion, Georges Roditi und Robert Aron organisierte er den Korporatismus-Kongreß in Rom im Mai 1935. Seit September 1935 arbeitete er bei der Agence Havas. Er veröffentlichte regelmäßig Artikel in der *Emancipation nationale (1936)* von Doriot und im *Combat (1936–1938)*. Nach seiner Kriegsgefangenschaft zog er 1943 nach Clermond-Ferrand, wo er seine Arbeit bei der Agence Havas wieder aufnahm. Er schrieb für *Les Cahiers français (1943–1944)* und *Idées (1943–1944)*. 1944 wurde er wegen Kollaboration angeklagt und erhielt Arbeitsverbot. Von 1965 bis 1970 war er Direktor des Office de radiodiffusion et de télévision française (O.R.T.F.) in Beirut, anschließend arbeitete er bei France-Culture. Er verfaßte Biographien über Drieu La Rochelle, Georges Sorel und Max Jacob.

Aron, Robert (Pseudonym Lionel): (1898 Vésinet – 1975) Sohn eines höheren Bankangestellten. Bei der Vorbereitung der Aufnahmeprüfung für die ENS am Lycée Condorcet lernte er 1915 Arnaud Dandieu kennen, mit dem ihn seitdem eine enge Freundschaft verband. Nach dem Krieg knüpfte er Kontakte zum Surrealistenmilieu um Louis Aragon und Antonin Artaud. Er absolvierte seine *Agrégation* an der Sorbonne und war anschließend für die Abonnentenwerbung der *Revue des Deux Mondes* zuständig. 1922 wechselte er zu Gallimard, wo er spätestens seit 1927 im Lektorat arbeitete. Er stieß Anfang 1931 zum Ordre Nouveau und gehörte dem Direktionskomitee der Zeitschrift an. Zusammen mit Arnaud Dandieu verfaßte er drei Werke: *Décadence de la Nation française (1931)*, *Le Cancer Américain (1931)* und *La Révolution Nécessaire (1933)*. Unter dem Eindruck der Februarunruhen 1934 veröffentlichte er *Dictature de la liberté*. Zusammen mit Andreu, Roditi und Marion organisierte er den Korporatismus-Kongreß in Rom im Mai 1935. Er leitete die syndikalistische Wochenzeitung *A nous la liberté (1937)*, in der zahlreiche ON-Mitarbeiter schrieben. Anfang 1938 trat er Bergerys Front social bei und wurde zum einflußreichen Berater der Bewegung. Nach der Niederlage 1940 mußte er wegen seiner jüdischen Herkunft aus dem Lektorat bei Gallimard ausscheiden, war in einem Konzentrationslager interniert und konnte durch Vermittlung von Jean Jardin 1942 nach Algerien fliehen, wo er sich dem gaullistischen Widerstand gegen das Vichy-Regime anschloß. Nach der Befreiung engagierte er sich bei der Fédération, einer der aktivsten französischen Föderalismus-Bewegungen. Er arbeitete im Verlag Perrin und widmete sich insbesondere der Zeitgeschichte. Unter anderem verfaßte er eine zehnbändige Geschichte des Vichy-Regimes. 1965 wurde er in die Académie française aufgenommen.

Blanchot, Maurice: (1907 Quain/Saône-et-Loire) Von 1930 bis 1940 außenpolitischer Redakteur des *Journal des débats*. Anhänger der Jeune Droite, Mitarbeit bei *Réaction (1932)*, *Revue française (1931–33)*, *Rempart (1933)*, *Revue du siècle (1933–1935)*, *Combat (1936–1937)*, *Insurgé (1937)*. 1940 wurde er für einige Monate literarischer Direktor von Jeune France, dem Organ des Secrétariat général à la Jeunesse de Vichy. Mit seinem Roman *Thomas l'obscur* begann er 1941 seine Karriere als Schriftsteller und näherte sich dem Existentialisten-Milieu an. Nach der Befreiung arbeitete er zunächst bei *Temps modernes*, distanzierte sich nach kurzer Zeit und verzichtete auf jegliche politische Betätigung. Fortan widmete er sich nur noch der Schriftstellerei und Literaturkritik.

Blond, Georges: (1906 Marseille – 1989 Paris) Nach der Vorbereitung für die Aufnahmeprüfung der ENS am Pariser Lycée Louis-le-Grand wurde er 1925 Offizier der Handelsschiffahrt. Nachdem er diese Stellung aufgegeben hatte, begann er 1928 seine Karriere als Journalist. Durch seine Freundschaft mit Brasillach gelangte er in den Kreis der Jeune Droite und schrieb für die *Revue française (1931)*, *Combat (1936–1938)* und *Insurgé (1937)*. Er arbeitete als Redaktionssekretär bei *Candide (1930–1939)* und lieferte regelmäßg Beiträge für *l'Assaut (1936)* und *Je suis partout (1933–1943)*, näherte sich kurzzeitig dem PPF Doriots an und schrieb für die *Emancipation Nationale (1937–1938)*. Er verfügte über Kontakte zu Abetz und kommentierte Schriften Hitlers, die 1938 unter dem Titel *Ma doctrine* erschienen. Er wurde 1939 zur Marine einberufen und geriet 1940 in England in Kriegsgefangenschaft. Er verfaßte Romane, Erzählungen und einen Erlebnisbericht. Im Sommer 1943 distanzierte er sich von *JSP* und schrieb 1944 in der von Alphonse de Chateaubriant herausgegebenen Zeitschrift *La Gerbe*. Wegen seiner Verwicklung in die Kollaboration wurde ihm 1947 in Abwesenheit die französische Staatsbürgerschaft aberkannt.

Brasillach, Robert (Pseudonym Jean Servière): (1909 Perpignan –1945) Sohn eines Offiziers, der in Marokko 1914 gefallen ist. Nach der Vorbereitung der Aufnahmeprüfung am Pariser Lycée Louis-le-Grand absolvierte er den literarischen Zweig der ENS. Nach einer Episode bei den *Nouvelles littéraires* begann er 1930 seine Mitarbeit bei der *Action Française* und der *Revue universelle*. Bekannt wurde er durch seine Artikelserie über die *fin de l'après-guerre*, die 1931 bei *Candide* erschien. Mit dem Roman *Le voleur d'étincelles* begann er 1932 seine Karriere als Schriftsteller. Weitere Werke: *L'enfant de la nuit (1934)*, *Comme le temps passe (1937)*, *Notre avant-guerre (1941)*. Er schrieb für die *Revue française (1930–1933)*, *Mil neuf cent trente... (1933–1935)* und *Combat (1936–1937)*. Im Juni 1937 wurde er Chefredakteur von *Je suis partout* und leitete, mit einer Unterbrechung durch Einberufung und Kriegsgefangenschaft 1940–1941, die Zeitschrift bis zum Sommer 1943. Weiterhin schrieb er für die Kollaborationszeitschriften *La Révolution nationale (1941–1944)* und *L'Echo de la France (1943–1944)*. Nach der Befreiung wurde er gefangengenommen und zum Tode verurteilt. Sein Gnadengesuch wurde von General de Gaulle zurückgewiesen, obwohl eine Reihe namhafter Schriftsteller für ihn eingetreten war.

Castille, Robert: (1912 Dijon – 1970 Paris) Sohn eines Arztes aus dem Milieu der Action française. Nach dem Jurastudium in Dijon arbeitete er als Anwalt in Dôle (Jura) und Paris. Er war Generalsekretär der AF-Studentenorganisation und nahm seit 1932 an zahlreichen Demonstrationen der Royalisten teil. Mehrfach fiel er wegen Waffenbesitz und Körperverletzung auf, unter anderem 1933 wegen einer Attacke auf Marc Sangnier, den Anführer der christlichen Demokraten. Er war eines der führenden Mitglieder des Comité national de Vigilance contre la guerre, das aus den Demonstrationen gegen den Juraprofessor Gaston Jèze hervorgegangen ist, und Mitarbeiter von *Insurgé (1937)*. Nach dem Krieg war er Mitglied des Conseil municipal de Paris, anschließend des Conseil général de la Seine von 1953 bis 1965. Zwischen 1950 und 1970 engagierte er sich in verschiedenen Gruppierungen, darunter der Union pour le salut de la Nation, den Amis de Robert Brasillach und den Anciens de la rue Saint-André-des-Arts (ehemalige AF-Studenten).

Charbonneau, Henri: (1913 Saint Maixent/Deux Sèvres) Sohn eines Colonel der Kolonialarmee. Während seines Studiums der Literatur an der Sorbonne war er erstmals 1931 als Camelot bei einer Demonstration festgenommen worden. Er gehörte zum aktiven Kreis des Comité national de Vigilance contre la guerre, das Anfang 1936 aus den Demonstrationen gegen Gaston Jèze hervorgegangen ist. Seit 1937 verfügte er über Kontakte zur Cagoule und wurde zum Privatsekretär von deren Chef Eugène Deloncle während dessen Haft 1938–1939. Nach seiner Kriegsgefangenschaft leitete er von 1941 bis 1942 den Mouvement Social Révolutionnaire der Pariser Region. Er engagierte sich 1943 in Tunesien auf seiten der Deutschen in der Afrikanischen Phalanx und leitete die Miliz-Zeitschrift *Combats*. 1947 wurde er zu zehn Jahren Zwangsarbeit verurteilt und veröffentlichte 1967 seine *Mémoires de Porthos*.

Chenut, Christian: Jurastudium und Promotion in Paris. Er war Vorsitzender der AF-Liga für die südliche Banlieue, von der er sich im April 1930 trennte und Geschäftsführer von *Réaction (1930–1932)* wurde.

Chevalley, Claude: (1909 Johannesburg – 1984 Paris) Sohn des Anglisten Abel Chevalley. Nach der Vorbereitung der Aufnahmeprüfung am Lycée Louis-Le-Grand absolvierte er den naturwissenschaftlichen Zweig der ENS, den er 1929 mit der *Agrégation* abschloß. Nach Forschungsaufenthalten in Tokio und Deutschland promovierte er Anfang 1934 an der Sorbonne. Durch die Vermittlung Arnaud Dandieus stieß er 1931 zum Ordre Nouveau, dem er bis zur Auflösung 1938 angehörte. 1934–1938 arbeitete er als Forscher an der Caisse nationale des Sciences. Er war eines der Gründungsmitglieder der mathematischen Forschungsgruppe Bourbaki. 1938 erhielt er einen Lehrauftrag in den USA und kehrte 1954 nach Frankreich zurück, wo er als Professor an der Pariser Faculté des Sciences lehrte.

Dandieu, Arnaud: (1897 Lestiac sur Garonne – 1933) Bei der Vorbereitung der Aufnahmeprüfung für die ENS am Lycée Condorcet lernte er 1915 Robert Aron kennen, mit dem ihn seitdem eine enge Freundschaft verband. Nach dem Krieg arbeitete er zusammen mit Georges Bataille als Bibliothekar an der Pariser Nationalbibliothek. Seine psychologische Studie über Marcel Proust (1930) weckte das Interesse Alexandre Marcs, der ihn daraufhin in seinen Studienkreis Club du Moulin vert einlud. Er wurde bald der philosophische Kopf der Gruppierung Ordre Nouveau, arbeitete für *Europe (1931–1932)* und verfaßte zusammen mit Aron drei Werke: *Décadence de la Nation Française (1931), Le Cancer américain (1931) und La Révolution nécessaire (1933).* Er starb im August 1933 an den Folgen einer Operation.

Daniel-Rops (eigentlich Henri Petiot): (1901 Epinal – 1965) Sein Studium in Geschichte und Jura schloß er 1922 mit der *Agrégation* in Geschichte an der Universität von Poitiers ab. Bereits in den zwanziger Jahren begründete er seine Karriere als Essayist mit *Notre inquiétude (1926)* und *L'âme obscure (1929).* Er veröffentlichte in verschiedenen Zeitschriften, darunter *Le Correspondant* und *Revue des Vivants.* Anfang 1931 stieß er zum Ordre Nouveau und gehörte seit 1933 zum Direktionskomitee der Zeitschrift, für die er bis Mitte 1935 regelmäßig Beiträge lieferte. Danach verlagerte er den Schwerpunkt seiner journalistischen Arbeit auf die Wochenzeitschrift der Dominikaner *Sept (1934–1937)* und deren Nachfolgerin *Temps présent (1937–1940),* deren Herausgeberkomitee er angehörte. Seit 1937 leitete er die Reihe Présences im Verlag Plon. Einzelne Beiträge veröffentlichte er in *La Flèche (1938)* und der neosozialistischen Zeitschrift *Tribune de France (1939).* Als Lehrer unterrichtete er an einer höheren Schule in Paris und während des Vichy-Regimes in Bordeaux. 1943 begann er die Arbeit an seiner *Histoire de l'Eglise.* Nach der Befreiung gab er den Lehrerberuf auf, um sich seinen historischen Studien zu widmen, und leitete die Zeitschrift *Ecclesia.* Er beteiligte sich an den Aktivitäten mehrerer europäischer Föderalismus-Bewegungen, unter anderem dem Mouvemet fédéraliste français. Von 1957 bis 1963 war er einer der Gouverneure der Fondation européenne de la culture. 1955 wurde er in die Académie française aufgenommen.

Dupuis, René: (1905) Nach dem Studium an der Ecole libre des sciences politiques arbeitete er als Spezialist für Mitteleuropa in verschiedenen französischen, ungarischen und polnischen Zeitschriften. Mit europäischen Fragen beschäftigten sich auch sein 1931 erschienenes Werk *Le Problème hongrois* und das 1933 in Zusammenarbeit mit Marc verfaßte *Jeune Europe.* Als Teilnehmer an den Sitzungen des Club du Moulin vert gehörte er zu den Gründungsmitgliedern vom Ordre Nouveau. Seit 1933 war er im Direktionskomitee der Zeitschrift vertreten. Von 1934 bis 1940 lehrte er am Institut de Droit international an der Faculté de Droit in Paris, anschließend bis 1946 an der Ecole libre des sciences politiques. Nach dem Krieg widmete er sich vorrangig historischen Studien und war seit 1957 Mitherausgeber des Gesamtwerkes von Saint-Simon.

Fabrègues, Jean de (Pseudonyme Guy de Montferrand, René Dufort, Pierre Gignac, Marchenoir): (1906 Paris – 1984) Sohn eines Attachés des Ministerialkabinetts. Nach dem Besuch des Lycée Michelet in Vanves studierte er seit 1924 Literatur an der Sorbonne, das er mit dem D.E.S. im Juni 1932 abschloß. Bereits als Schüler der Action française nahestehend, gehörte er seit 1924 zur AF-Studentenorganisation und schrieb für den *Etudiant français* sowie für die AF-nahen Zeitschriften *Gazette française (1924–1927)* und *Les Cahiers (1927–1930).* Ende der zwanziger Jahre war er stellvertretender Sekretär der AF-Liga für die südliche Banlieue von Paris und wurde 1929 Privatsekretär von Charles Maurras, bevor er im Zuge der großen Austrittswelle im April 1930 aus der Bewegung ausschied. In der Zeitschrift *Réaction (1930–1932)* sammelte er die Dissidenten der Action française, die einen Teil der Jeune Droite bildeten. Von 1930 bis 1935 unterrichtete er am Lycée von Laon, anschließend leitete er die Schulbuchreihe des Verlages Masson. Zusammen mit Gérard de Catalogne, den Chef der Gruppe Latinité, gab er die *Revue du siècle (1933–1934)* heraus und leitete nach der Trennung von Latinité die *Revue du XXᵉ siècle (1934–1935)*. Ihre Nachfolgerin, die Zeitschrift *Combat (1936–1939)*, führte er zusammen mit Thierry Maulnier. Von 1935 bis 1937 schrieb er regelmäßig für den *Courrier royal (1935–1937)*. 1937 trat er dem PPF Doriots bei und veröffentlichte Artikel in der *Emancipation nationale*. Zusammen mit Gabriel Marcel gab er *Civilisation (1938–1939)* heraus. Nach seiner Kriegsgefangenschaft kehrte er im Juli 1941 nach Frankreich zurück und schrieb unter anderem für *Idées (1941–1944)*. Von 1942 bis 1944 leitete er die katholische Wochenzeitschrift *Demain*. Nach der Befreiung wurde er Chefredakteur von *France catholique* und seit 1955 deren Herausgeber. Er verfaßte mehrere Biographien, unter anderem von Georges Bernanos, Marc Sangnier und Charles Maurras.

Gibrat, Robert: (1904 Lorient) Nach dem Studium an der Ecole Polytechnique arbeitete er als Mineningenieur. Zusammen mit Robert Loustau stieß er Ende 1933 zum Ordre Nouveau und engagierte sich dort als Berater für Wirtschaftsfragen. Nach den Februarunruhen 1934 trat er den Nationalvolontären bei, die er im Juli 1935 wieder verließ. Unter dem Vichy-Regime wurde er 1940 Direktor der Elektrizitätswerke, anschließend Staatssekretär im Ministerium für industrielle Produktion und schließlich Minister. Nach der Befreiung arbeitete er als Berater der französischen Elektrizitätswerke, war Präsident des wissenschaftlichen Rats von Euratom und später Generaldirektor von Indatom.

Gravier, François: (1915) Nach der Vorbereitung der Aufnahmeprüfung der ENS am Lycée Louis-Le-Grand studierte er Geschichte und Geographie an der Sorbonne und schloß mit der *Agrégation* ab. Während des Studiums pflegte er Kontakte mit den Kreisen der Action française und schrieb für die Zeitschriften der Jeune Droite, *Combat (1937–1939)* und *Insurgé (1937)*. 1941 wurde er Lektor an der Kaderschule Uriage.

Haedens, Kléber: (1913–1976) Durch seine Beteiligung an den Demonstrationen gegen Gaston Jèze Anfang 1936 stieß zum Comité national de Vigilance contre la guerre. Er war Schriftsteller und arbeitete vorwiegend als Literaturkritiker für die Zeitschriften der Jeune Droite, *Combat (1937–1939)* und *Insurgé (1937)*. Während des Vichy-Regimes schrieb er in der Südzone für die *Action française*, *Alerte*, *Idées*, *Compagnons* und die *NRF*.

Jardin, Jean (Pseudonym Dominique Ardouint): (1904 Bernay –1974) Sohn eines Handelsrichters. Er zog 1919 nach Paris, wo er an der Ecole libre des Sciences Politiques studierte. Nach seinem Diplom 1927 und einem Studienjahr in England arbeitete er 1929 bei der Dupont-Bank. Auf Einladung seines Kommilitonen Alexandre Marc nahm er an den Treffen des Club du Moulin Vert teil, aus dem 1931 der Ordre Nouveau hervorging. Er wurde Mitglied des Direktionskomitees und veröffentlichte bis 1934 regelmäßig Beiträge in der Zeitschrift der Gruppierung. Danach konzentrierte er sich auf seine berufliche Karriere als Privatsekretär von Raoul Dautry, dem Chef der Eisenbahngesellschaft. Er verfügte über Kontakte zum Abetz-Mitarbeiter Ernst Achenbach und war regelmäßiger Gast des Rive Gauche-Kreises, in dem auch Abetz verkehrte. Von Januar 1941 bis Mai 1942 besetzte er leitende Positionen im Kabinett Boutheillier und im Kommunikationsministerium. Seit Mai 1942 war er Chef des Kabinetts von Laval und wechselte im Oktober 1943 an die Botschaft nach Bern. Nach der Befreiung blieb er in der Schweiz und lebte von verschiedenen Beratertätigkeiten und Geschäften. 1947 nahm er seine Arbeit für die französische Eisenbahngesellschaft wieder auf und gehörte seit 1950 zum persönlichen Mitarbeiterstab von Charles de Gaulle.

Le Marchand, Jean: (1907) Ende der zwanziger Jahre war er Mitglied der AF-Studentenorganisation in Paris, die er Anfang 1930 verließ. Er gehörte zu den Unterzeichnern des Manifestes von *Réaction*. Zusammen mit Pierre Andreu gründete er 1933 den Front national-syndicaliste und leitete von 1936 bis 1939 das Sekretariat von *Combat*. Während des Vichy-Regimes war er Beamter am Secrétariat général à la jeunesse und gab kurzzeitig die *Cahiers français* heraus. Nach 1944 setzte er seine journalistische Karriere fort: Er wurde Chefredakteur von *La Table Ronde*, wechselte zum *Express*, anschließend wurde er Chefredakteur von *Jours de France* und schließlich Generalsekretär und literarischer Direktor von *Arts et Loisirs*.

Lignac, Xavier de (Pseudonym Jean Chauveau): (1909 Issoudun/Indre) Absolvent der Ecole libre des Sciences Politiques. Er stieß 1934 zum Ordre Nouveau und leitete zusammen mit Mireille Dandieu das Sekretariat der Zeitschrift. Zudem schrieb er zwischen 1936 und 1937 regelmäßig für den *Courrier Royal*. Seit 1938 leitete er das Theater Quatre Saisons und knüpfte auf diese Weise während des Vichy-Regimes Kontakte zum Umkreis der Kaderschule Uriage. Von 1941 bis 1944 war er Bibliothekar an der Pariser Nationalbibliothek. Nach der Befreiung engagierte er sich im gaullistischen Rassemblement Populaire Français (R.P.F.) und wurde 1958 Leiter des Service politique de la Radiodiffusion, bevor er 1959 ins Kabinett de Gaulle berufen wurde. 1963 wurde er stellvertretender Direktor der Fernsehsenders R.T.F., im folgenden Jahr Generalsekretär des O.R.T.F.

Loisy, Jean: (1901) Jurist und Werbefachmann bei der Agentur Wallace et Draeger. Er war Mitglied der Action française und schrieb für den *Courrier Royal (1935–1936)* sowie für folgende Zeitschriften der Jeune Droite: *Revue du XXᵉ siècle (1934–1935)*, *Insurgé (1937)* und *Combat (1936–1937)*.

Loustau, Robert: (1899 Paris) Nach dem Studium an der Ecole Polytechnique arbeitete er als Ingenieur in der Stahlindustrie. Zusammen mit Robert Gibrat stieß er Ende 1933 zum Ordre Nouveau und engagierte sich dort bis 1935 als Berater für Wirtschaftsfragen. Nach den Februarunruhen 1934 trat er den Nationalvolontären bei, die er im Juli 1935 wieder verließ. Seit 1936 war er Anhänger von Doriot und entwickelte das Sozialprogramm des PPF. Anfang 1939 demissionierte er zusammen mit zahlreichen anderen Führungsmitgliedern von seinen Parteiämtern. Während des Vichy-Regimes war er 1940 Chef des Kabinetts von Außenminister Baudouin, entwickelte die Charte du Travail mit und entwarf die Botschaft von Saint-Etienne des Marschalls Pétain. Im Februar 1941 arbeitete er im Produktionsministerium und übernahm anschließend die Leitung einer Steinkohlegrube in St-Eloy-des-Mines. Nach der Befreiung gab er jegliche politische Betätigung auf.

Magniez, Roger: Direktor einer Versicherungsgesellschaft und Präsident des Cercle la Tour du Pin, dem Führungsgremium des Unternehmerverbandes Union des corporations françaises (U.C.F.). Mitarbeiter von *Réaction (1930–1931)* und der *Revue du siècle (1933–1934)*.

Marc, Alexandre (eigentlich Alexandre Marc Lipiansky, weitere Pseudonyme Thomas-R. Sillargues, Michel Glady, Scrutator): (1904 Odessa) Stammt aus dem jüdischen Großbürgertum. Seine Familie mußte im Zuge der Oktoberrevolution emigrieren. Er absolvierte die höhere Schule am Pariser Lycée Saint-Louis, bevor er zum Studium der Philosophie von 1922 bis 1923 nach Jena und Freiburg ging. Nach Paris zurückgekehrt, studierte er Jura und Politische Wissenschaften an der Ecole libre des sciences politiques, die er 1927 mit dem Diplom abschloß. Er arbeitete bis 1930 bei dem Verlagshaus Hachette und gründete anschließend die Agentur Pax Press, die bis 1931 existierte. Aus dem von ihm ins Leben gerufenen Club du Moulin Vert ging im Oktober 1930 der Ordre Nouveau hervor, an dessen weiterer Entwicklung er maßgeblich beteiligt war. Er arbeitete für zahlreiche französische und ausländische Zeitschriften, darunter *La vie intellectuelle (1932–1933)*, *Archives de Philosophie (1935–39)*, *La Grande Revue (1938)*, *Dossiers de l'Action populaire (1934–1937)*. Seit 1934 schrieb er zudem regelmäßig für die Wochenzeitschrift der Dominikaner *Sept (1934–1937)* und für ihre Nachfolgerin *Temps présent (1937–1939)*. 1939 wurde er einberufen und engagierte sich nach der Niederlage im Widerstand. Anfang 1943 floh er in die Schweiz und kehrte im Frühjahr 1945 nach Paris zurück. Seitdem engagierte er sich in verschiedenen Föderalismus-Bewegungen. Er nahm an der Gründung der Gruppe Fédération teil, wurde 1946 Generalsekretär der Union européenne des fédéralistes. In Nizza gründete er 1954 den Centre international de formation européenne und den Institut européen des hautes études internationales.

Mauban, Charles (eigentlich Henri Caillemer): (1907 Grenoble) Studium der Jura und der Politikwissenschaften. Mitarbeiter bei der *Revue du [XXᵉ] siècle (1934–1935)* und *Combat (1936–1939)*, darüber hinaus bei der *NRF* und verschiedenen anderen Zeitschriften. Seit 1940 arbeitete er am Secrétariat général de la jeunesse, zunächst als Delegierter der Jugend von Lyon, später als dessen Direktor. Nach der Befreiung leitete er einen landwirtschaftlichen Betrieb und schrieb für *Rivarol (1951–1957)*. Als unabhängiger Abgeordneter der Vendée gründete er 1958 zusammen mit Georges Bidault den Rassemblement pour l'Algérie française. 1963 wurde er Kulturbeauftragter an der französischen Botschaft in Afghanistan.

Maulnier, Thierry (eigentlich Jacques Talagrand, weiteres Pseudonym Dominique Bertin): (1909 Alès - 1988) Sohn eines Lehrers (ENS). Nach der Vorbereitung der Aufnahmeprüfung am Lycée Louis-le-Grand absolvierte er den literarischen Zweig der ENS. Durch die Mitarbeit beim *Etudiant français* eröffnete er sich den Einstieg in die *Revue universelle* und *Action française*, für die er bis zur Mitte der vierziger Jahre schrieb. Zusammen mit Maxence, Blanchot und Brasillach gehörte er zu dem Kreis der Jeune Droite, der sich seit 1930 um die *Revue française* gruppierte. Nach deren Konkurs im August 1933 arbeitete er bei *Rempart (1933)* und *Mil neuf cent trente...(1933–1935)*. Zugleich setzte er seine Karriere als Essayist und Schriftsteller fort, die er 1932 mit *La Crise est dans l'homme* begonnen hatte. Für seinen Essai über Nietzsche erhielt er 1935 den Grand Prix de la critique. Von 1936 bis 1939 gab er zusammen mit Jean de Fabrègues *Combat* heraus. Nach den Ereignissen des Februar 1934 engagierte er sich in der Solidarité française, beteiligte sich Anfang 1936 an den Aktionen gegen den Juraprofessor Gaston Jèze und gehörte zum Führungsstab des Comité national de vigilance contre la guerre. Zusammen mit Maxence gab er 1937 die Zeitschrift *Insurgé* heraus und schrieb zwischen 1937 und 1940 Literaturkritiken für *Je suis partout*. Während des Vichy-Regimes engagierte er sich 1941 im Comité du Rassemblement pour la révolution nationale, das sich hauptsächlich aus Anhängern des PPF und des PSF rekrutierte. Er ging jedoch nach und nach auf Distanz zum Regime und konnte nach der Befreiung seine journalistische Karriere beim *Figaro* und beim *Echo de Paris* fortsetzen. Zusammen mit François Mauriac gründete er 1950 *La Table Ronde*. 1964 wurde er in die Académie française aufgenommen.

Maxence, Jean-Pierre (eigentlich Pierre Godmé): (1906 Paris - 1956) Sohn eines Bauunternehmers. Nach dem Besuch eines Dominikaner-Internats bei Tournai in Belgien studierte er Literatur an der Sorbonne. Durch seine Mitarbeit bei der katholischen Literaturzeitschrift *Gazette française (1925– 1927)* lernte er Fabrègues, Maritain und Massis kennen. 1928 gründete er seine eigene Literaturzeitschrift, *Les Cahiers*, und schrieb für die *Revue catholique, Revue fédéraliste* und *Vie intellectuelle*. Nachdem er 1930 Chefredakteur der *Revue française* geworden war, gab er die Leitung der *Cahiers* an seinen Bruder Robert Francis ab. Nach dem Konkurs der *Revue française* im August 1933 schrieb er für *Rempart (1933), Mil neuf cent trente...(1933–1935)* und *Gringoire (1934–1939)*. Zwischen 1933 und 1939 unterrichtete er Philosophie am Collège Mortefontaine. Nach den Ereignissen des Februar 1934 engagierte er sich in der Solidarité française, hatte seit Ende 1935 mehrere leitende Funktionen inne und trat im März 1936 aus der Bewegung wieder aus. Er gehörte zu den Anführern der Demonstrationen gegen den Juraprofessor Gaston Jèze Anfang 1936 und zum Führungsstab des daraus hervorgegangenen Comité national de vigilance contre la guerre. Zusammen mit Maulnier gab er 1937 die Zeitschrift *Insurgé* heraus. Nach seiner Gefangenschaft arbeitete er seit 1941 für verschiedene Pariser Zeitungen, darunter *Aujourd'hui* und *Paris-Midi*, sowie die Kollaborationspresse: *Idées, Les Cahiers français, Mouvement communautaire*. Er war Leiter der Services sociaux du Commissariat aux prisonniers in Paris. Nach der Befreiung wurde er zu 20 Jahren Zwangsarbeit verurteilt, floh in die Schweiz und gründete in Genf ein Centre supérieur de philosophie d'inspiration thomiste.

Monconduit, André: (1908) Lehrer an einem Pariser Jesuitenkolleg. Mitarbeiter von *Combat (1937–1939)*.

Ollivier, Albert: (1915 Paris - 1964 Paris) Er arbeitete im Lektoratskomitee von Gallimard und schrieb zwischen 1935 und 1938 regelmäßig für *Ordre Nouveau (1935–1938)*. Seit 1940 leitete er Radio Jeunesse, den Sender von Jeune France, bevor er zum Gründungsmitglied der Widerstands-Zeitschrift *Combat* wurde. Zwischen 1959 und 1965 arbeitete er für eine Fernsehanstalt und schrieb historische Studien über die Commune, Saint Just, die Templer und den 18. Brumaire.

Prévost, Pierre: (1912) Angestellter in einer Fabrik in Straßburg 1934. Seit 1937 nahm er an den Sitzungen des von Georges Bataille gegründeten Collège de sociologie teil. Während des Vichy-Regimes schrieb er für die Zeitschrift *Volontés*, die vom Jugend-Propagandabeauftragten Georges Pelorson geleitet wurde.

Rougemont, Denis de: (1906 Couvet bei Neuchâtel/Schweiz - 1985) Pastorensohn. Er studierte 1925–1930 Sprachen und Literatur in Neuchâtel, Wien und Genf. Bereits während dieser Zeit veröffentlichte er regelmäßig in Schweizer und französischen Zeitschriften, unter anderem bei der *Revue de Genève*. 1931 zog er nach Paris und arbeitete dort bis 1933 beim Verlag Je Sers. Er stieß Anfang 1931 zum Ordre Nouveau und gehörte dem Direktionskomitee der Zeitschrift an. Darüber hinaus gründete er 1932 die Zeitschrift *Hic et nunc (1932–1939)*, die die dialektische Theologie von Karl Barth in Frankreich bekannt machte. Regelmäßig schrieb er zudem für *Esprit (1932–1939)* und die *NRF*. Von 1935 bis 1936 war er Französisch-Lektor an der Universität Frankfurt, von 1937 bis 1939 Chefredakteur der *Nouveaux Cahiers*. Im August 1939 kehrte er in die Schweiz zurück und wurde nach Bern einberufen. Zusammen mit Theophil Spoerri gründete er die Ligue du Gothard, eine Widerstandsbewegung, bevor er im August 1940 eine Konferenzreise in den USA antrat. 1942 bis 1943 gab er Kurse an der exilierten Ecole libre des hautes études und war Redakteur der französischen Sendungen des Office of War Information, 1944 war er Fellow der Bollington-Foundation. Im Juli 1947 kehrte er endgültig nach Europa zurück und engagierte sich in verschiedenen Europa-Bewegungen. Er organisierte den Europa-Kongreß von Den Haag im Mai 1948, war Delegierter der Föderalisten-Union beim Kongreß von Rom im November des Jahres und bereitete die Conférence européenne de la culture vor, die im Dezember 1949 in Lausanne stattfand. Im Oktober 1950 gründete er den Centre européen de la culture, 1952 die Agences de presse européennes associées. 1953 war er Vorsitzender bei den ersten Gesprächen des Europarats in Rom. Im Dezember 1954 gründete er die Fondation européenne de la culture in Genf, zu deren Präsident Robert Schuman berufen wurde.

Roy, Claude (eigentlich Claude Orland): (1915 Paris) Sohn eines höheren Beamten im Außenministerium. Nach dem Schulbesuch in Angoulême studierte er in Paris Literatur, Philosophie und Jura. Während seines Studiums schrieb er für die Zeitschriften aus dem Umkreis der Action française, *Etudiant français, Action française, Revue universelle, Courrier Royal, Je suis partout (1937–1939)*, und der Jeune Droite, *Revue du XXᵉ siècle (1935), Combat (1936–1939), Insurgé (1937)*. Er gehörte 1936 zum Comité national de vigilance contre la guerre. Nach der Flucht aus der Kriegsgefangenschaft war er seit 1940 Mitglied des Direktoriums der Gruppe Jeune France. Zudem arbeitete er in der freien Zone für Radio und Presse, unter anderem für die *Action Française, Candide, Alerte, Compagnons* und die *NRF*. Nach einem Zusammentreffen mit André Malraux 1942 schloß er sich dem Widerstand an, engagierte sich in der Bewegung Les Etoiles und wurde 1943 Parteimitglied der französischen Kommunisten. Nach der Befreiung arbeitete er als Kriegsberichterstatter und Journalist, u. a. in den USA, China und Nord-Afrika. Anläßlich des sowjetischen Einmarsches in Ungarn 1956 trat er aus der Partei aus. Als Schriftsteller wurde er durch Lyrik und mehrere Romane, darunter *A tort ou à raison (1955)*, bekannt.

Saillenfest, Jean: (1912) Angestellter an der Caisse des Dépôts. Mitglied der Union Corporative des Fonctionnaires und Mitarbeiter der Jeune Droite: *Revue du [XXᵉ] siècle (1933–1935), Insurgé (1937)* und *Combat (1936–1939)*. Anhänger des Comité national de Vigilance de la Jeunesse.

Salleron, Louis: (1905 Sèvres – 1992 Chesnay) Als Korporatismus-Experte hatte er seit 1937 eine Professur für Wirtschaftspolitik am Pariser Institut Catholique inne, zudem lehrte er 1939 an der Faculté libre de Droit. Er war Chefredakteur des *Courrier Royal (1935–1937)* und schrieb für die *Gazette française (1925–1927), Revue Universelle (1937–1938), Je suis partout (1936–1938)* sowie für die Zeitschriften der Jeune Droite: *Combat (1937–1939), Insurgé (1937)* und *Civilisation (1939)*. Er war 1940 bis 1942 Abgeordneter der Union nationale des syndicats agricoles, Gastlektor an der Kaderschule Uriage und 1941 Mitglied des Conseil national von Pétain. Er lehrte von 1941 bis 1942 am Institut d'Etudes Corporatives und schrieb während des Vichy-Regimes für verschiedene Zeitschriften, darunter *Idées* und *La Nation française*.

Thomas, Jacques-François (auch Jacques-Marie Thomas): (1913) Im Zuge der Austrittswelle von 1930 hatte er die AF-Schülerorganisation verlassen. Seine Wohnung diente als Redaktionssitz von *Réaction (1930–1932)*. Er schrieb für die *Revue française (1932), Revue du XXᵉ siècle (1933)* und *Combat (1938)*.

Vaast, Emile (eigentlich Emile Bechet): (1890) Zunächst Anhänger der christlichen Demokratiebewegung von Marc Sangnier, wechselte er 1910 zur Action française. Er unterrichtete am Lycée von

Laon, wo er 1930 Fabrègues kennenlernte, und schrieb für die Jeune Droite: *Réaction (1931–1932)*, *Revue française (1932)*, *Revue du (XXe) siècle (1933–1935)* und *Combat (1936)*.

Vincent, René (Pseudonym Alain Palante): (1909) Studierte Literatur und Jura an der Sorbonne. Er war Mitglied der AF-Studentenorganisation, schrieb für den *Etudiant français* und den *Ami du peuple du soir*. Im Zuge der Austrittswelle verließ er 1930 die Action française und wurde Chefredakteur von *Réaction (1930–1932)*. Er war Mitarbeiter der *Revue française (1931–1933)* und von *Civilisation (1938–1939)*, darüber hinaus Geschäftsführer der *Revue du XXe siècle (1933–1935)* und von *Combat (1936–1939)*. Nach seiner Kriegsgefangenschaft wurde er 1940 Attaché am Secrétariat général à la Jeunesse von Vichy, anschließend arbeitete er am Informationsministerium. Er war Herausgeber der Kollaborationszeitschrift *Idées (1941–1944)*. Nach der Befreiung gab er jegliche politische Betätigung auf, redigierte die Literaturchronik von *France catholique* und wurde juristischer Berater in einem Bauunternehmen.

Quellen

Unveröffentlichte Quellen

Archives Nationales, Paris (AN)
F7 12960 Notes Jean
F7 12964 Notes Journalières 1936
F7 12195 Notes Journalières 1936
F7 12196 Notes Journalières 1937
F7 13238 Solidarité française
F7 13241 Réactionnaires divers
F7 13983 Action française/Réunions diverses
F17 24604 Instruction publique, Affaire Jèze
61 AJ 253–255 ENS, Dossiers individuels des
élèves

Archives de la Préfecture de Paris (APP)
Ba 1812 Juifs/Antisémitisme
Ba 1893 – Ba 1896 Action française
Ba 1945 Dossiers personnels Doriot
Ba 1946 Parti Populaire Français
Ba 1960 Solidarité Française

Archives Denis de Rougemont, Neuchâtel
Nachlaß Rougemont

Archiv des Instituts für Zeitgeschichte, München (IfZ)
ED 335, 1–3 Harro Schulze-Boysen, Briefe

Archiv der Johann Wolfgang Goethe-Universität, Frankfurt
Rektorat, Akte Denis de Rougemont

Bibliothèque Nationale, Département des Manuscrits, Paris (BN)
Don 87.08 Gabriel Marcel
Don 28.381 Arnaud Dandieu

Bundesarchiv Koblenz (BAK)
NL 160 Rudolf Pechel

Bundesarchiv Außenstelle Berlin-Zehlendorf (BAZ)
SSO Otto Abetz

Politisches Archiv des Auswärtigen Amtes, Bonn (PA/AA)
1050/1 Sohlbergkreis
1051/4 Studentenangelegenheiten
2144/4 Presseabteilung der Botschaft Paris

Staatsarchiv Würzburg
Reichsstudentenführung, I. 30 g 130/2

Interview mit Alexandre Marc am 4. 12. 1994 in Vence/Frankreich.

Zeitschriften

(Die Angaben in Klammern bezeichnen den untersuchten Zeitraum. Er ist nicht immer mit dem Erscheinungszeitraum identisch)

– A nous la liberté (1937)
– Bulletin de liaison des Groupes Ordre Nouveau (1935–1936/1937)

– Civilisation (1938–1939)
– Combat (1936–1939)
– Courrier Royal (1934–1937)

- Deutsch-französische Monatshefte (1933–1939)
- Deutsch-französische Rundschau (1930–1933)
- Emancipation Nationale (1936–1938)
- Esprit (1932–1939)
- Europe (1930–1933)
- La Flèche (1937–1939)
- Gegner (1931–1933)
- Der Gral (1931–1933)
- Grande Revue (1938–1939)
- Hochschule und Ausland (1930–1937)
- Homme nouveau (1934–1937)
- Insurgé (1937)
- Je suis partout (1937–1938)

- Lutte des Jeunes (1934)
- Mil neuf cent trente... (1933–1935)
- Mouvements (1932–1933)
- Notre Temps (1930–1931)
- Nouveaux Cahiers (1937–1939)
- Ordre Nouveau (1933–1937/1938)
- Plans (1931–1933)
- Réaction (1930–1932)
- Revue française (1930–1933)
- Revue du siècle (1933–1934)
- Revue du XXᵉ siècle (1934–1935)
- Sept (1934–1937)
- Tat (1930–1932)
- Temps présent (1937–1939)
- Tribune de France (1939)

Gedruckte Quellen

Abellio, Raymond [Georges Soulès]: Ma dernière mémoire, Bd. 2, Les militants 1927–1939, Paris 1975.

Abetz, Otto: Das offene Problem. Ein Rückblick auf zwei Jahrzehnte deutscher Frankreichpolitik, Köln 1951.

Andreu, Pierre: Un mouvement et une espérance des années trente: l'Ordre Nouveau, in: La Nation française, H. 336, 1962, S. 10.

Ders.: Echec pratique et grandeur réelle de l'Ordre Nouveau, in: La Nation française, H. 337, 1962, S. 10.

Ders.: Le Rouge et le Blanc, Paris 1977.

Ders.: Revoltés de l'esprit. Les revues des années 30, Paris 1991.

Ariès, Philippe: Un historien du dimanche, Paris 1980.

Aron, Raymond: Der engagierte Beobachter. Gespräche mit Jean-Louis Missika und Dominique Wolton, Stuttgart 1983.

Ders.: Erkenntnis und Verantwortung. Lebenserinnerungen, München 1985.

Aron, Robert: Dictature de la liberté, Paris 1935.

Ders.: La fin de l'après-guerre, Paris 1938.

Ders.: Charles de Gaulle, Paris 1964.

Ders.: Un précurseur: Arnaud Dandieu (1897–1933), in: Le Fédéralisme et Alexandre Marc, Centre de recherches européennes, Lausanne 1974, S. 37–50.

Ders.: Fragments d'une vie, Paris 1981.

Ders./Dandieu, Arnaud: Décadence de la nation française, Paris 1931.

Dies.: Le cancer américain, Paris 1931.

Dies.: La Révolution nécessaire, Paris 1933.

Aron/Dandieu/Daniel-Rops/Dupuis/Jardin/Chevalley/Rougemont: Positions d'Attaque pour l'ordre nouveau, in: Revue des Vivants 7 (1933), S. 1821–1827.

Artaud, Antonin: Œuvres complètes, Bd. 2, Paris 1980.

Benda, Julien: La trahison des clercs, Paris 1927.

Benjamin, Walter: Zum gegenwärtigen gesellschaftlichen Standort des französischen Schriftstellers [1934], in: ders., Gesammelte Schriften Bd. II.2, Hrsg. Rolf Tiedemann/Hermann Schweppenhäuser, Frankfurt a. M. 1977, S. 776–803.

Bielstein: Ordre Nouveau, in: Der Deutsche Student, April 1935, S. 269f.

Brasillach, Robert: La fin de l'après-guerre. Que deviendra la génération littéraire de 1920? Enquête, in: Candide, H. 389–393, 1931.

Bremer, Karl Heinz: Der französische Nationalismus, Berlin/Wien 1939.

Charbonneau, Henry: Les mémoires de Porthos, Bd. 1, Paris 1967.

Chevalley, Claude: Sur la théorie du corps de classes dans les corps finis et les corps locaux, Thèse Université de Paris, Tokio 1933.

Dandieu, Arnaud: Marcel Proust. Sa révélation psychologique, London 1930.

Dandieu, Arnaud/Rougemont, Denis de: L'acte. La notion d'acte comme point de départ, in: L'Europe en Formation, 1981, H. 245, S. 29–37.

Daniel-Rops [Henri Petiot]: Notre inquiétude. Essais, Paris 1926.

Ders.: L'âme obscure, Paris 1929.

Ders.: Deux hommes en moi, Paris 1930.

Ders.: Le monde sans âme, Paris 1931.

Ders.: Les aspirations de la jeunesse française, in: Revue des Vivants 6 (1932), S. 99–110.

Ders.: Les années tournantes, Paris 1932.

Ders.: Jeune Allemagne, jeune France, in: Le Correspondant, H. 105, 1933, S. 266–296.

Ders.: Péguy, Paris 1933.

Ders.: Eléments de notre destin, Paris 1934.

Ders.: Ce qui meurt et ce qui naît, Paris 1937.

Distelbarth, Paul: Neues Werden in Frankreich, Stuttgart 1938.

Dupuis, René: Le Problème Hongrois, Paris 1931.

Ders.: Hitler et les Juifs, in: Les Juifs, Hrsg. Daniel-Rops, Paris 1937, S. 26–43.

Ders./Marc, Alexandre [Alexandre Marc Lipiansky]: Jeune Europe, Paris 1933.

Eliot, Thomas Sternes: A Commentary, in: The Criterion, April 1934, S. 451–454.

Epting, Karl: Die Ideen des jungen Frankreich, in: Das Innere Reich 4 (1937), H. 1, S. 83–104.

Ders.: Das Schicksal der briandistischen Generation. Der Sohlbergkreis und seine Freunde, in: Jahrbuch des Archivs der deutschen Jungendbewegung 8 (1976), S. 12–38.

Fabrègues, Jean de: Maurras et son action française. Un drame spirituel, Paris 1966.

Francis, Robert [Jean Godmé]/Maulnier, Thierry [Jacques Talagrand]/Maxence, Jean-Pierre [Pierre Godmé]: Demain la France, Paris 1934.

Gaulle, Charles de: Vers l'armée de métier, Paris 1934.

Ders.: La France et son armée, Paris 1938.

Gründel, Ernst Günther: Die Sendung der jungen Generation. Versuch einer umfassenden revolutionären Sinndeutung der Krise, München 1932.

Ders.: La mission de la jeune génération, Paris 1933.

Guénon, René: Orient et Occident, Paris 1924.

Hitler, Adolf: Ma doctrine. Übersetzt von François Dauture und Georges Blond, Paris 1938.

Jouvenel, Bertrand de: Ce que La Rocque m'a dit, in: Vu, H. 378, 12. 6. 1935, S. 778 f.

Ders./Boegner, Philippe: Scission chez les Croix de Feu, in: Vu, H. 383, 17. 7. 1935, S. 974–976.

Jung, Franz: Der Weg nach unten. Aufzeichnungen aus einer großen Zeit, Neuwied 1961.

Korn, Karl: Humanismus als Tugend, in: Berliner Tageblatt 1. 6. 1935, Beilage, S. 1.

Lamour, Philippe: Le cadran solaire, Paris 1981.

Langhof, Thomas: Les Soldats du marais, Paris 1935.

Lignac, Xavier de: La France attend sa jeunesse, Paris 1938.

Man, Hendrik de: Au-delà du marxisme, Brüssel 1927.

Manoïlesco, Michail: Le siècle du corporatisme, Paris 1934.

Marc, Alexandre [Alexandre Marc Lipiansky]: Jeune Europe. Au pays de la Grande Charte, in: Revue Universelle 54 (1933), H. 7, S. 90–99.

Ders.: Péguy présent, Marseille 1941.

Ders.: A propos de l'Ordre Nouveau, in: Denis de Rougemont. L'écrivain. L'Européen, [ohne Hrsg.], Neuchâtel 1976, S. 57–61.

Ders.: Denis de Rougemont, un homme à-venir, in: Cadmos 33 (1986), S. 25–46.

[Mariaux, Franz], Tagung französischer und deutscher Nationalrevolutionäre, in: Deutsche Führerbriefe, 5 (1932), H. 12, S. 2 f.

Maritain – Mounier 1929–1939, Briefe, Hrsg. Jacques Petit, Paris 1973.

Maritain, Jacques: Primauté du spirituel, Paris 1927.

Massis, Henri: Défense de l'Occident, Paris 1927.

Ders.: Un manifeste d'intellectuels français pour la défense de l'Occident, Action Française 4. 10. 1935, S. 1 f.

Ders.: Maurras et notre temps, Paris 1961.

Maulnier, Thierry [Jacques Talagrand]: La Crise est dans l'homme, Paris 1932.

Ders.: Conditions d'un reveil des jeunes Français, Action Française 30. 3. 1933, S. 3.

Ders.: Temoignages nationaux-socialistes, Revue Universelle 54 (1933), H. 12, S. 745–750.
Ders.: Psychologie d'une décadence, Revue Universelle 55 (1933), H. 18, S. 750–755.
Ders.: Nietzsche, Paris 1933.
Ders.: Nietzsche und die französische Jugend, in: Berliner Tageblatt 11. 8. 1935, 4. Beiblatt.
Ders.: Les intellectuels juges de la civilisation, Action Française 24. 10. 1935, S. 3.
Ders.: Mythes socialistes, Paris 1935.
Ders.: Un humanisme aristocratique, in: Union pour la vérité, 1936, H. 5–6, S. 391–393.
Ders.: Le „fascisme" et son avenir en France, Revue universelle 64 (1936), H. 19, S. 13–26.
Ders.: A la recherche de l'Etat nouveau, Revue Universelle 66 (1936), H. 9, S. 368 f.
Ders.: Salazar, Revue Universelle 68 (1937), H. 21, S. 430–434.
Ders.: Les paroles de Salazar, Revue Universelle 69 (1937), H. 4, S. 496–500.
Ders.: Au-delà du nationalisme, Paris 1938.
Mauriac, Claude: Les espaces imaginaires. Le temps immobile, Bd. 2, Paris 1975.
Maurras, Charles: L'Idée de Décentralisation, Paris 1898.
Ders.: Enquête sur la Monarchie 1900–1909, Paris 6 1914.
Ders.: Romantisme et Révolution, Paris 1922.
Ders.: Dictionnaire politique et critique, Hrsg. Pierre Chardon, 5 Bde., Paris 1932–33.
Ders.: Devant l'Allemagne éternelle. Gaulois, Germains, Latins, Paris 1937.
Maxence, Jean-Pierre [Pierre Godmé]: Péguy et l'événement, in: Cahiers de la Quinzaine 21 (1931), S. 9–35.
Ders.: Histoire de dix ans, Paris 1937.
Millet, Raymond: Jeunes Français et jeunes Italiens I, in: Le Temps 11. 6. 1935, S. 6.
Ders.: Jeunes Français et jeunes Italiens II, in: Le Temps 20. 6. 1935, S. 8.
Moeller van den Bruck, Arthur: Das Dritte Reich, Berlin 1923.
Ders.: Le Troisième Reich, Vorwort von Thierry Maulnier, Paris 1933.
Mounier, Emmanuel: Révolution personnaliste et communautaire, Paris 1935.
Ders./Izard, Georges/Péguy, Marcel: La pensée de Charles Péguy, Paris 1931.
Niekisch, Ernst: Spiel ums Ganze, in: Widerstand 7 (1932), S. 97–101.
NN: Nationalrevolutionäre Kooperation, in: Der Ring 8 (1932), S. 128 f.
Ordre Nouveau: Mission ou Démission de la France, Paris 1936.
Paetel, Karl Otto: Die deutsche Jugendbewegung als politisches Phänomen, in: Politische Studien 86 (1957), S. 1–4.
Peer Gynt [Paetel, Karl Otto]: Lehren des antifaschistischen Kampfes, in: Die sozialistische Nation, 1932, H. 2–3, S. 3.
Ders.: Dictionnaire politique et critique, Hrsg. Pierre Chardon, 5 Bde., Paris 1932–33.
Paetel, Karl Otto: Die deutsche Jugendbewegung als politisches Phänomen, in: Politische Studien 86 (1957), S. 1–4.
Pucheu, Pierre: Ma vie. Notes écrites à Ksar-es-Souk, à la Prison civile de Meknès et à la Prison militaire d'Alger, Paris 1948.
Le Rajeunissement de la politique, Hrsg. Henri de Jouvenel, Paris 1932.
Rosenstock-Huessy, Eugen: Die europäischen Revolutionen und der Charakter der Nation, Stuttgart 1931.
Rougemont, Denis de: Cause commune, in: Présences, 1932, H. 2, S. 12–15.
Ders.: Politique de la personne, Paris 1934.
Ders.: Penser avec les mains, Paris 1936.
Ders.: Vocation et destin d'Israël, in: Les Juifs, Hrsg. Daniel-Rops, Paris 1937, S. 143–161.
Ders.: „Penser avec les mains", in: Union pour la vérité 1937, H. 5–6, S. 241–244.
Ders.: Journal d'Allemagne, Paris 1938.
Ders.: Journal d'une Epoque (1926–1946), Paris 1968.
Ders.: Alexandre Marc et l'invention du personnalisme, in: Le Fédéralisme et Alexandre Marc, Centre de recherches européennes, Lausanne 1974, S. 51–69.
Ders.: Die Devise des Regionalismus: Keine Freiheit ohne Verantwortung, in: Von der freien Gemeinde zum föderalistischen Europa. Festschrift für Adolf Gasser zum 80. Geburtstag, Hrsg. Fried Esterbauer, Helmut Kalkbrenner, Markus Mattmüller, Lutz Roemheld, Berlin 1983, S. 519–528.
Roy, Claude: Moi – Je, Paris 1969.

Salomon, Ernst von, Les Réprouvés, übers. von Andhrée Vaillant/Jea Kuckenburg, Paris 1931.
Scheler, Max: Der Formalismus in der Ethik und die materielle Wertethik. Neuer Versuch der Grundlegung eines ethischen Personalismus, Halle 1916.
Stern, William: Person und Sache. System der philosophischen Weltanschauung, 3 Bde., Leipzig, Bd. 1: Ableitung und Grundlehre ²1923, Bd. 2: Die menschliche Persönlichkeit, ³1923, Bd. 3: System des kritischen Personalismus, 1924.
Thibaudet, Albert: La République des professeurs, Paris 1927.
Valéry, Paul: La crise de l'esprit, Paris 1919.
Valois, Georges: L'homme contre l'argent, Paris 1928.
Vermeil, Edmond: Doctrinaires de la révolution allemande, Paris ²1948 (¹1938).
Weise, Otto: Deutsch-französisches Jugendtreffen in Rethel, August 1931, in: Jahrbuch des Archivs der deutschen Jugendbewegung 8 (1976), S. 60–63.
Wirsing, Giselher: Zwischeneuropa und die deutsche Zukunft, Jena 1932.

Literatur

Abelshauser, Werner: The First Post-Liberal Nation. Stages in the development of modern corporatism in Germany, in: European History Quarterly 14 (1984), S. 285–318.
Ders.: Freiheitlicher Korporatismus im Kaiserreich und in der Weimarer Republik, in: Die Weimarer Republik als Wohlfahrtsstaat, Hrsg. ders., Stuttgart 1987, S. 147–170.
Ackermann, Bruno: L'écrivain engagé. Denis de Rougemont, in: Cadmos 33 (1986), S. 95–114.
Ders.: Journal d'une époque. Journal non intime ou la quête d'une intimité de la personne à l'histoire (1926–1946), in: Ecriture 29 (1987), S. 37–69.
Ders.: A la recherche d'une éthique en littérature. L'œuvre de Denis de Rougemont, in: La Licorne 16 (1989), S. 421–436.
Ders.: Denis de Rougemont. Une biographie intellectuelle, 2 Bde., Genf 1996.
Alter, Peter: Nationalismus, Frankfurt a. M. 1985.
Assouline, Pierre: Gaston Gallimard. Un demi-siècle d'édition française, Paris 1984.
Ders.: Une éminence grise. Jean Jardin 1904–1976, Paris 1986.
Auzèpy-Chavagnac, Véronique: Jean de Fabrègues. Persistance et Originalité d'une tradition catholique pendant l'entre-deux-guerres, Diss. Paris, Institut d'Etudes Politiques, 1993.
Baer, George W.: Test Case. Italy, Ethiopia, and the League of Nations, Stanford 1976.
Bahar, Alexander: Sozialrevolutionärer Nationalismus zwischen Konservativer Revolution und Sozialismus. Harro Schulze-Boysen und der Gegner-Kreis, Koblenz 1992.
Balmand, Pascal: Piétons de Babel et de la Cité radieuse. Les jeunes intellectuels des années 1930 et la ville, in: Vingtième siècle, H. 8, 1985, S. 31–42.
Ders.: Les jeunes intellectuels de l'„Esprit des années Trente": un phénomène de génération?, in: Générations intellectuelles, Hrsg. Jean-François Sirinelli, Paris 1987, S. 49–64.
Ders.: Denis de Rougemont et le courant personnaliste: Archéologie d'un engagement intellectuel, in: France Forum 250/251 (1988), S. 51–55.
Ders.: Intellectuel(s) dans l'Ordre Nouveau (1933–1938). Une aristocratie de prophètes, in: Intellectuel(s) des années trente, Hrsg. Danielle Bonnaud-Lamotte/Jean-Luc Rispail, Paris 1990, S. 171–184.
Ders.: L'anti-intellectualisme dans la culture politique française, in: Vingtième Siècle, H. 36, 1992, S. 31–42.
Barral, Pierre: La patrie, in: Histoire des droites en France, Hrsg. Jean-François Sirinelli, Bd. 3, Sensibilités, Paris 1992, S. 101–124.
Bartsch, Günter: Zwischen drei Stühlen. Otto Straßer. Eine Biografie, Koblenz 1990.
Baudouï, Rémi: Raoul Dautry 1880–1951. Le technocrate de la République, Paris 1992.
Bauman, Zygmunt: Unerwiderte Liebe, in: Propaganda. Meinungskampf, Verführung und politische Sinnstiftung (1789–1989), Hrsg. Ute Daniel/Wolfram Siemann, Frankfurt a. M. 1994, S. 172–200.
Baumgartner, Alois: Sehnsucht nach Gemeinschaft. Ideen und Strömungen im Sozialkatholizismus der Weimarer Republik, München u. a. 1977.

Beck, Ulrich: Risikogesellschaft. Auf dem Weg in eine andere Moderne, Frankfurt a. M. 1986.

Becker, Jean-Jacques: La Première Guerre mondiale dans la mémoire des droites, in: Histoire des droites en France, Hrsg. Jean-François Sirinelli, Bd. 2, Cultures, Paris 1992, S. 505–547.

Ders./Berstein, Serge: Victoire et frustrations, 1914–1929, Paris 1990.

Ders./Colin, G.: Les écrivains, la guerre de 1914 et l'opinion publique, in: Relations internationales 24 (1980), S. 424–442.

Bellstedt, Hans F.: „Apaisement" oder Krieg. Frankreichs Außenminister Georges Bonnet und die deutsch-französische Erklärung vom 6. Dezember 1938, Pariser Historische Studien 37, Bonn 1993.

Belot, Robert: Lucien Rebatet. Un itineraire fasciste, Paris 1994.

Bénéton, Philippe: Jacques Maritain et l'Action française, in: Revue française de science politique 23 (1973), S. 1202–1238.

Bergounioux, Alain: Le néo-socialisme de Marcel Déat. Réformisme traditionnel ou esprit des années trente, in: Revue historique 260 (1978), S. 389–412.

Bering, Diez: Die Intellektuellen. Geschichte eines Schimpfwortes, Berlin/Wien ²1982.

Bernecker, Walther L.: Krieg in Spanien 1936–1939, Darmstadt 1991.

Berstein, Serge (Hrsg.): Le 6 février 1934, Paris 1975.

Ders.: La France des années trente allergique au Fascisme. A propos d'un livre de Zeev Sternhell, in: Vingtième siècle, H. 2, 1984, S. 83–94.

Ders.: L'affrontement simulé des années 1930, in: Vingtième Siècle, H. 5, 1985, S. 39–53.

Ders.: La France des années 30, Paris 1988.

Ders.: La ligue, in: Histoire des droites en France, Hrsg. Jean-François Sirinelli, Bd. 2, Cultures, Paris 1992, S. 61–111.

Biard, Jean-François: Le Socialisme devant ses Choix. La Naissance de l'Idée de Plan, Paris 1985.

Birnbaum, Pierre: Un mythe politique: „La République juive". De Léon Blum à Pierre Mendès France, Paris 1988.

Ders.: „La France aux Français". Histoire des haines nationalistes, Paris 1993.

Bock, Hans Manfred: La crise des idéologies et l'idéologie de la crise. Les chassés-croisés idéologiques et la recherche de la „Troisième voie" en France et en Allemagne, in: Ni gauche, ni droite. Les chassés-croisés idéologiques des intellectuels français et allemands dans l'Entre-deux-guerres, Hrsg. Gilbert Merlio, Talence 1995, S. 299–311.

Borne, Dominique/Dubief, Henri: La crise des années 30 (1929–1938), Paris 1989.

Bourdieu, Pierre: Epreuve scolaire, in: Actes de la Recherche en Sciences Sociales 39 (1981), S. 3–70.

Bourdrel, Philippe: La Cagoule. 30 ans de complots, Paris 1970.

Bouvier, Jean/Armengand, André/Barral, Pierre u. a.: Les temps des Guerres mondiales et de la grande Crise, 1914 – vers 1950, Histoire économique et sociale de la France, Hrsg. Fernand Braudel/Ernest Labrousse, Bd. 4,2, Paris 1980.

Boveri, Margret: Wir lügen alle. Eine Hauptstadtzeitung unter Hitler, Olten/Freiburg 1965.

Boyce, Robert W. D.: Britain's First „No", in: European Studies Review 10 (1980), S. 17–45.

Bracher, Karl-Dietrich: Ende des bürgerlichen Zeitalters? Betrachtungen zur antibürgerlichen Welle der Zwischenkriegszeit, in: Staat und Gesellschaft im politischen Wandel. Beiträge zur Geschichte der modernen Welt, Hrsg. Werner Pöls, Stuttgart 1979, S. 156–174.

Brasillach, Robert: Œuvres complètes, Hrsg. Maurice Bardèche, 11 Bde., Paris 1963–1964.

Brassié, Anne: Robert Brasillach ou encore un instant de bonheur, Paris 1987.

Bravo, Gian Mario: Die internationale Frühsozialismusforschung, in: Arbeiter und Arbeiterbewegung. Berichte zur internationalen historischen Forschung, Hrsg. Klaus Tenfelde, HZ-Sonderhefte, Bd. 15, München 1986, S. 507–580.

Brender, Reinhold: Kollaboration in Frankreich im Zweiten Weltkrieg. Marcel Déat und das Rassemblement Nationale Populaire, Studien zur Zeitgeschichte Bd. 38, München 1992.

Breuer, Stefan: Die „Konservative Revolution" – Kritik eines Mythos, in: PVS 31 (1990), S. 585–607.

Ders.: Anatomie der Konservativen Revolution, Darmstadt 1993.

Broszat, Martin: Der Staat Hitlers, München 1969.

Brugmans, Henri: Pourquoi le fascisme n'a-t-il pas „pris" en France?, in: Res Publica 7 (1965), S. 77–85.

Brun, Gérard: Technocrates et technocratie en France (1914–1945), Paris 1985.

Brunet, Jean-Paul: Jacques Doriot, Paris 1986.

Brunschwig, Henri: Die historischen Generationen in Frankreich und Deutschland, in: VfZ 2 (1954), S. 373–385.

Buckmiller, Michael: Sorel et le „conservatisme révolutionnaire" en Allemagne, in: Cahiers Georges Sorel 3 (1985), S. 51–75.

Burrin, Philippe: La France dans le champ magnétique des fascismes, in: Le Débat 1984, H. 32, S. 52–72.

Ders.: La dérive fasciste. Doriot, Déat, Bergery, Paris 1986.

Ders.: Le fascisme, in: Histoire des droites en France, Hrsg. Jean-François Sirinelli, Bd. 1, Politique, Paris 1992, S. 603–652.

Le Capitalisme français, XIXe–XXe siècle, Blocages et dynamismes d'une croissance, Hrsg. Patrick Fridenson/André Straus, Paris 1987.

Carroll, David: French Literary Fascism. Nationalism, anti-semitism, and the ideology of culture, Princeton 1995.

Charle, Christophe: Naissance des intellectuels, 1880–1900, Paris 1990.

Christadler, Marieluise: Einleitung, in: Die geteilte Utopie. Sozialisten in Frankreich und Deutschland. Biografische Vergleiche zur politischen Kultur, Hrsg. dies., Opladen 1985, S. 11–24.

Dies.: Harro Schulze-Boysen oder die „Gegen-Lust des Von-Innen-Heraus-Sprengens", in: Intellektuellendiskurse in der Weimarer Republik. Zur politischen Kultur einer Gemengelage, Hrsg. Manfred Gangl/Gérard Raulet, Frankfurt a. M. 1994, S. 67–79.

Clement, Olivier: Berdiaev et le personnalisme français, in: Contacts, 1969, H. 67, S. 205–228.

Ders.: Berdiaev et la pensée française, in: Contacts, 1990, H. 152, S. 197–219, 280–298.

Cohen, Paul M.: Piety and Politics. Catholic Revival and the Generation of 1905–1914 in France, New York/London 1987.

Cointet, Jean-Paul: Les marginaux de gauche, in: La France et les Français en 1938/1939, Hrsg. René Rémond/Janine Bourdin, FNSP, Paris 1978, S. 261–273.

Conze, Eckart: Hegemonie durch Integration. Die amerikanische Europapolitik und ihre Herausforderung durch de Gaulle, in: VfZ 43 (1995), S. 297–340.

Coppi, Hans: Harro Schulze-Boysen. Wege in den Widerstand, Koblenz 1993.

Ders.: Harro Schulze-Boysen und Alexandre Marc. Die Gruppe „Ordre Nouveau" und der „Gegner"-Kreis, in: Le fédéralisme personnaliste aux sources de l'Europe de demain, Hrsg. Ferdinand Kinsky/Franz Knipping, Baden-Baden 1996, S. 168–182.

Coston, Henry: Dictionnaire de la Politique française, Paris, Bd. 1, 1967; Bd. 2, 1972.

Coutrot, Aline: Un courant de pensée catholique. L'hebdomadaire Sept mars 1934–août 1937, Paris 1961.

Curtius, Ernst Robert: Maurice Barrès und die geistigen Grundlagen des französischen Nationalismus, Bonn 1921.

Debray, Régis: Le Pouvoir intellectuel en France, Paris 1979.

Demant, Ebbo: Von Schleicher zu Springer. Hans Zehrer als politischer Publizist, Mainz 1971.

Deutschland–Frankreich/France–Allemagne. Internationale Beziehungen und gegenseitige Verflechtung. Eine Bibliographie 1983–1990, Hrsg. Deutsch-französisches Institut Ludwigsburg, Leitung Dieter Meynesch, Berenice Manac'h, Joachim Schild, München 1994.

Dictionnaire historique des fascismes et du nazisme, Hrsg. Pierre Milza/Serge Berstein, Brüssel 1992.

Digeon, Claude: La crise allemande de la pensée française (1870–1914), Paris 1959.

Dioudonnat, Pierre Marie: „Je suis partout" 1930–1944. Les Maurrassiens devant la tentation fasciste, Paris 1973.

Ders.: Les 700 Rédacteurs de Je Suis Partout, Paris 1993.

Dobry, Michel: Février 1934 et la découverte de l'allergie de la société française à la „révolution fasciste", in: Revue française de sociologie 30 (1989), S. 511–533.

Dodge, Peter: Beyond Marxism. The Faith and Works of Hendrik de Man, Den Haag 1966.

Doering, Bernard E.: Jacques Maritain and the French Catholic Intellectuals, Notre Dame 1983.

Donat, Helmut: Friedrich W. Foerster (1869–1966). Friedenssicherung als religiös-sittliches und als ethisch-politisches Programm, in: Wider den Krieg. Große Pazifisten von Kant bis Böll, Hrsg. Christiane Rajewsky/Dieter Riesenberger, München 1987, S. 167–183.

Douglas, Allen: From Fascism to libertarian Communism. Georges Valois against the Third Republic, Berkeley/Los Angeles/Oxford 1992.

Dournes, Pierre: Daniel-Rops ou le Réalisme de l'Esprit, Paris 1949.

Droz, Jacques: L'Europe centrale. Evolution historique de l'idée de „Mitteleuropa", Paris 1960.

Ders.: Les non-conformistes des années 1930 et leurs relations avec l'Allemagne, in: Vom Staat des ancien régime zum modernen Parteienstaat, Festschrift für Theodor Schieder, Hrsg. Helmut Berding, Kurt Düwell, Lothar Gall, Wolfgang J. Mommsen, Hans-Ulrich Wehler, München u. a. 1978, S. 439–449.

Dumont, Louis: L'idéologie allemande. France–Allemagne et retour (Homo aequalis, Bd. 2), Paris 1991.

Dupâquier, Jacques u. a.: Histoire de la population française, Bd. 3, De 1789 à 1914, Bd. 4, De 1914 à nos jours, Paris 1988.

Dupeux, Louis: „Nationalbolschewismus" in Deutschland 1919–1933. Kommunistische Strategie und konservative Dynamik, München 1985.

Ders.: „Révolution conservatrice" et modernité, in: La Révolution conservatrice allemande sous la République de Weimar, Hrsg. ders., Paris 1992, S. 17–44.

Ders.: „Kulturpessimismus", Konservative Revolution und Modernität, in: Intellektuellendiskurse in der Weimarer Republik. Zur politischen Kultur einer Gemengelage, Hrsg. Manfred Gangl/ Gérard Raulet, Frankfurt a. M. 1994, S. 287–299.

Duroselle, Jean-Baptiste: La Décadence (1932–1939), Paris 1979.

Entre Locarno et Vichy. Les relations culturelles franco-allemandes dans les années 1930, Hrsg. Hans Manfred Bock, Reinhart Meyer-Kalkus, Michel Trebitsch, 2 Bde., Paris, CNRS 1993.

Eßbach, Wolfgang: Einleitung, in: Intellektuellendiskurse in der Weimarer Republik. Zur politischen Kultur einer Gemengelage, Hrsg. Manfred Gangl/Gérard Raulet, Frankfurt a. M. 1994, S. 15–17.

Evans, Richard J.: Bürgerliche Gesellschaft und charismatische Herrschaft. Gab es einen deutschen Sonderweg in die Moderne?, in: Die Zeit, 13. 10. 1995, S. 32 f.

Fabre, Rémi: Les mouvements de jeunesse dans la France de l'entre-deux-guerres, in: Mouvement social, 1994, H. 168, S. 9–30.

Foilloux, Etienne: Un philosophe devient catholique, in: Gabriel Marcel. Colloque organisé par la Bibliothèque Nationale et l'association „Présence de Gabriel Marcel". Textes réunis par Michèle Sacquin, Paris 1989, S. 93–114.

Footitt, Hilary A.: Robert Brasillach and the Spanish Civil War, in: European Studies Review 6 (1976), S. 123–137.

Frei, Norbert: Der Führerstaat. Nationalsozialistische Herrschaft 1933–1943, München ³1993.

Freigneaux, Frédéric: La Cagoule. Enquête sur une conspiration d'extrême droite, in: L'Histoire 1992, H. 159, S. 6–17.

Fritzsche, Klaus: Politische Romantik und Gegenrevolution. Fluchtweg in der Krise der bürgerlichen Gesellschaft. Das Beispiel des „Tat"-Kreises, Frankfurt a. M. 1976.

Funke, Manfred: Hitler, Mussolini und die Substanz der „Achse", in: Bracher/Funke/Jacobsen (Hrsg.), Nationalsozialistische Diktatur 1933–1945. Eine Bilanz, Düsseldorf 1986, S. 345–369.

Gangl, Manfred: Einleitung, in: Intellektuellendiskurse in der Weimarer Republik. Zur politischen Kultur einer Gemengelage, Hrsg. Manfred Gangl/Gérard Raulet, Frankfurt a. M. 1994, S. 9–11

Ganne, Gilbert: Qu'as-tu fait de ta jeunesse? L'Ordre Nouveau, in: Arts, 4. 4. 1956, S. 1/8.

Ders.: Qu'as-tu fait de ta jeunesse. Les Jeunes maurrassiens, in: Arts, 18. 4. 1956, S. 1/8.

Der Gegner-Kreis im Jahre 1932/33, Hrsg. Evangelische Akademie Berlin, Berlin 1990.

Girardet, Raoul: Notes sur l'Esprit d'un Fascisme Français 1934–1939, in: Revue française de science politique 5 (1955), S. 529–546.

Ders.: Du concept de génération à la notion de contemporanéité, in: RHMC 30 (1983), S. 257–270.

Gisselbrecht, André: Hans Blüher et l'utopie du Männerstaat, in: Revue d'Allemagne 22 (1990), S. 391–399.

Gödde-Baumanns, Beate: L'idée des deux Allemagnes dans l'historiographie française des années 1871–1914, in: Francia 12 (1984), S. 609–619.

Goeldel, Denis: Moeller van den Bruck (1876–1925) – un nationaliste contre la révolution. Contribution à l'étude de la „Révolution conservatrice" et du conservatisme allemand au XXe siècle, Europäische Hochschulschriften III-211, Frankfurt a. M. u. a. 1984.

Götz von Olenhusen, Irmtraud: Jugendreich, Gottesreich, Deutsches Reich. Junge Generation, Religion und Politik 1928–1933, Köln 1987.

Gouzy, Jean-Pierre: Alexandre Marc. Soixante-quinze ans de combat fédéraliste, in: L'Europe en formation, 1993/94, H. 291, S. 7–14.

Grebing, Helga: Der „deutsche Sonderweg" in Europa 1805–1945. Eine Kritik, Stuttgart 1986.

Greiffenhagen, Martin: Das Dilemma des Konservatismus in Deutschland, Frankfurt a. M. 1986.

Gruber, Hubert: Friedrich Muckermann, Mainz 1993.

Grüttner, Michael: Studenten im Dritten Reich, Paderborn 1995.

Guillaume, Sylvie: *Plans* et la révolution collective, in: Ni gauche, ni droite. Les chassés-croisés idéologiques des intellectuels français et allemands dans l'Entre-deux-guerres, Hrsg. Gilbert Merlio, Talence 1995, S. 197–207.

Hammerstein, Notker: Die Johann Wolfgang Goethe-Universität Frankfurt am Main. Von der Stiftungsuniversität zur staatlichen Hochschule, Bd. 1, 1914–1950, Neuwied u. a. 1989.

Haupt, Heinz-Gerhard: Sozialgeschichte Frankreichs seit 1789, Frankfurt a. M. 1989.

Hazareesingh, Sudhir: Political Traditions in Modern France, Oxford 1994.

Heimsoeth, Hans-Jürgen: Der Zusammenbruch der Dritten Französischen Republik. Frankreich während der „Drôle de Guerre" 1939/40, Pariser Historische Studien 30, Bonn 1990.

Hellman, John: Emmanuel Mounier and the New Catholic Left, Toronto 1981.

Ders.: Personnalisme et fascisme, in: Le Personnalisme d'Emmanuel Mounier hier et demain. Pour un cinquantenaire, Paris 1985, S. 116–129.

Ders.: Du Sohlbergkreis (1930) au Mouvement Européen de l'après-guerre: Alexandre Marc et la montée des personnalistes, in: Le fédéralisme personnaliste aux sources de l'Europe de demain, Hrsg. Ferdinand Kinsky, Franz Knipping, Baden-Baden 1996, S. 183–194.

Derr./Roy, Christian: Le personnalisme et les contacts entre non-conformistes de France et d'Allemagne autour de l'Ordre Nouveau et de *Gegner*, 1930–1942, in: Entre Locarno et Vichy. Les relations culturelles franco-allemandes dans les années 1930, Hrsg. Hans Manfred Bock, Reinhart Meyer-Kalkus, Michel Trebitsch, Bd. 1, Paris, CNRS 1993, S. 203–215.

Heurgon-Desjardins, Anne: Paul Desjardins et les décades de Pontigny, Paris 1964.

Hilaire, Yves-Marie: 1900–1945. L'ancrage des idéologies, in: Histoire des droites en France, Hrsg. Jean-François Sirinelli, Bd. 1, Politique, Paris 1992, S. 519–565.

Hildebrand, Klaus: Das Dritte Reich, München ⁴1991.

Histoire générale de la presse française, Hrsg. Claude Bellanger/Jacques Godechot u. a., Bd. 3: De 1871 à 1940, Paris 1972.

Historikerstreit. Die Dokumentation der Kontroverse um die Einzigartigkeit der nationalsozialistischen Judenvernichtung, München 1987.

Hoffmann, Stanley: Paradoxes on the French Political Community, in: In Search of France, Hrsg. ders./Charles P. Kindleberger/Laurence Wylie u. a., Cambridge/Mass. 1963, S. 1–117.

Ders.: Decline or Renewal: France since the 1930s, New York 1974.

Höhne, Roland R.: Die außenpolitische Neuorientierung Frankreichs 1934–1936, in: Les Relations franco-allemandes 1933–1939, CNRS, Paris 1976, S. 209–231.

Höpfner, Hans-Paul: Deutsche Südosteuropapolitik in der Weimarer Republik, Fankfurt/Bern 1983.

Hörling, Hans: Das Deutschlandbild in der Pariser Tagespresse vom Münchener Abkommen bis zum Ausbruch des II. Weltkrieges, Frankfurt a. M. 1985.

Hornung, Klaus: Der Jungdeutsche Orden, Düsseldorf 1958.

Iggers, Georg G.: Geschichtswissenschaft in Deutschland und Frankreich 1830 bis 1918 und die Rolle der Sozialgeschichte. Ein Vergleich zwischen zwei Traditionen bürgerlicher Geschichtsschreibung, in: Bürgertum im 19. Jahrhundert. Deutschland im europäischen Vergleich, Hrsg. Jürgen Kocka/Ute Frevert, Bd. 3, München 1988, S. 175–199.

Ingram, Norman: The Politics of Dissent. Pacifism in France 1919–1939, Oxford 1991.

Internationale Beziehungen in der Weltwirtschaftskrise 1929–1933, Hrsg. Josef Becker/Klaus Hildebrand, Schriften der Philosophischen Fakultäten der Universität Augsburg, Bd. 18, München 1980.

Irvine, William D.: French Conservatives and the „New Right" during the 1930s, in: French Historical Studies 8 (1974), S. 534–562.

Ders.: French Conservatism in Crisis. The Republican Federation of France in the 1930s, Baton Rouge/London 1979.

Ders.: Fascism in France and the strange case of the Croix de Feu, JMH 63 (1991), S. 271–295.

Jackson, Julian: The Popular Front in France defending democracy, 1934–38, Cambridge u. a. 1988.

Jacobsen, Hans-Adolf: Nationalsozialistische Außenpolitik 1933–1938, Frankfurt a. M./Berlin 1968.

Jaeger, Hans: Generationen in der Geschichte. Überlegungen zu einer umstrittenen Konzeption, in: GG 3 (1977), S. 429–452.

Jamin, Mathilde: Zwischen den Klassen. Zur Sozialstruktur der SA-Führerschaft, Wuppertal 1984.

Jarausch, Konrad H.: Deutsche Studenten 1800–1970, Frankfurt 1984.

Jeanney, Jean-Noël: François de Wendel en République, l'argent et le pouvoir 1914–1940, Paris 1976.

Ders.: L'Argent caché. Milieux d'affaires et pouvoirs politiques dans la France du XXe siècle, Paris 1981.

Jennings, Jeremy: Syndicalism in France. A Study of Ideas, New York 1990.

Julliard, Jacques: Sur un fascisme imaginaire. A propos d'un livre de Zeev Sternhell, in: Annales 39 (1984), S. 849–861.

Kaelble, Hartmut: Französisches und deutsches Bürgertum 1870–1914, in: Bürgertum im 19. Jahrhundert. Deutschland im europäischen Vergleich, Hrsg. Jürgen Kocka/Ute Frevert, Bd. 1, München 1988, S. 107–140.

Ders.: Nachbarn am Rhein. Entfremdung und Annäherung der französischen und deutschen Gesellschaft seit 1880, München 1991.

Karady, Victor: Teachers and Academics in 19th Century France, in: Bildungsbürgertum im 19. Jahrhundert, Hrsg. Werner Conze/Jürgen Kocka, Bd. 1, Bildungssystem und Professionalisierung, Stuttgart 1985, S. 458–494.

Kater, Michael H.: Die Studenten auf dem Weg in den Nationalsozialismus, in: Hochschule und Wissenschaft im Dritten Reich, Hrsg. Jörg Tröger, Frankfurt a. M. 1984, S. 26–37.

Ders.: Generationskonflikt als Entwicklungsfaktor in der NS-Bewegung vor 1933, in: GG 11 (1985), S. 217–243.

Keller, Thomas: Katholische Europakonzeptionen in den deutsch-französischen Beziehungen, in: Entre Locarno et Vichy. Les relations culturelles franco-allemandes dans les années 1930, Hrsg. Hans Manfred Bock, Reinhart Meyer-Kalkus, Michel Trebitsch, Bd. 1, Paris, CNRS 1993, S. 219–240.

Ders.: Der Dritte Weg. Die personalistische Anthropologie Schelers, in: Intellektuellendiskurse in der Weimarer Republik. Zur politischen Kultur einer Gemengelage, Hrsg. Manfred Gangl/Gérard Raulet, Frankfurt a. M. 1994, S. 81–95.

Ders.: Médiateurs personnalistes entre générations non-conformistes en Allemagne et en France. Alexandre Marc et Paul L. Landsberg, in: Ni gauche, ni droite. Les chassés-croisés idéologiques des intellectuels français et allemands dans l'Entre-deux-guerres, Hrsg. Gilbert Merlio, Talence 1995, S. 257–273.

Ders.: Die Personalismen der Zwischenkriegszeit und die deutsch-französischen Beziehungen: Wider die deutsche Kontingenzscheu, in: Le fédéralisme personnaliste aux sources de l'Europe de demain, Hrsg. Ferdinand Kinsky/Franz Knipping, Baden-Baden 1996, S. 122–152.

Kessler, Alexander: Der Jungdeutsche Orden in den Jahren der Entscheidung, 2 Bde., München, Bd. 1, 1928–1930, 1974, Bd. 2, 1931–1933, 1976.

Kimmel, Adolf: Der Aufstieg des Nationalsozialismus im Spiegel der französischen Presse 1930–1933, Bonn 1969.

Kingston, Paul J.: Anti-semitism in France during the 1930s, Hull 1983.

Knipping, Franz: Deutschland, Frankreich und das Ende der Locarno-Ära 1928–1931, München 1987.

Koenen, Andreas: Der Fall Carl Schmitt. Sein Aufstieg zum „Kronjuristen des Dritten Reiches", Darmstadt 1995.

Kolb, Eberhard: Die Weimarer Republik, München ³1993.

Kondylis, Panajotis: Konservativismus. Geschichtlicher Gehalt und Untergang, Stuttgart 1986.

Korn, Karl: Lange Lehrzeit. Ein deutsches Leben, Frankfurt a. M. 1975.

Krabbe, Wolfgang: Die gescheiterte Zukunft. Politische Jugend in der Weimarer Republik, Jugendorganisationen bürgerlicher Parteien im Weimarer Staat (1918–1933), Opladen 1995.

Kraul, Margret: Das deutsche Gymnasium, 1780–1980, Frankfurt a. M. 1984.

Krüger, Peter: Die Außenpolitik der Republik von Weimar, Darmstadt 1985.

Ders.: Versailles. Deutsche Außenpolitik zwischen Revisionismus und Friedenssicherung, München 1986.

Kühner, Hans: Friedrich Wilhelm Foerster. Ein Lebensweg gegen den preußischen Militarismus, in: Von der freien Gemeinde zum föderalistischen Europa. Festschrift für Adolf Gasser zum 80. Geburtstag, Hrsg. Fried Esterbauer, Helmut Kalkbrenner, Markus Mattmüller, Lutz Roemheld, Berlin 1983, S. 169–186.

Kuisel, Richard F.: August Detœf. Conscience of French Industry, in: International Review of Social History 20 (1975), S. 149–174.

Ders.: Capitalism and the state in modern France. Renovation and economic management in the twentieth century, Cambridge u. a. 1981.

Kulka, Otto D.: Die deutsche Geschichtsschreibung über den Nationalsozialismus und die „Endlösung". Tendenzen und Entwicklungsphasen 1924–1984, in: HZ 240 (1985), S. 599–640.

Kupferman, Fred: Diplomatie parallèle et guerre psychologique. Le rôle de la Ribbentrop-Dienststelle dans les tentatives d'action sur l'opinion française 1934–1939, in: Revue d'Allemagne 10 (1978), S. 507–527.

Lacaze, Yvon: L'opinion publique française et la crise de Munich, Bern u. a. 1991.

Lacouture, Jean: Charles de Gaulle, Bd. 1, Le Rebelle 1890–1944, Paris 1984.

Laitenberger, Volkhard: Akademischer Austausch und auswärtige Kulturpolitik. Der Deutsche Akademische Austauschdienst (DAAD) 1923–1945, Quellensammlung zur Kulturgeschichte 21, Frankfurt/Zürich 1976.

Lamour, Philippe: Le cadran solaire, Paris 1981.

Lefranc, Georges: Histoire du Front Populaire, Paris 1965.

Ders.: Le mouvement syndical sous la Troisième République, Paris 1967.

Lenger, Friedrich: Werner Sombart, München 1994.

Lepsius, Mario Rainer: Kritik als Beruf. Zur Soziologie der Intellektuellen, in: ders., Interessen, Ideen und Institutionen, Opladen 1990, S. 270–283.

Leroy, Géraldi: Péguy entre l'ordre et la révolution, Paris 1981.

Ders.: La revue Combat (1936–1939), in: Des années trente: groupes et ruptures, Hrsg. Anne Roche/Christian Tarting, CNRS, Paris-Meudon 1985, S. 122–134.

Ders./Roche, Anne: Les écrivains et le Front populaire, Paris 1986.

Lipgens, Walter: Europäische Einigungsidee 1923–1930 und Briands Europaplan im Urteil der deutschen Akten, in: HZ 203 (1966), S. 46–89, 316–363.

Lipiansky, Edmond: L'Ordre Nouveau (1930–1938), in: Ordre et démocratie, Hrsg. Jean de Soto, Paris 1967, S. 1–103.

Lottman, Herbert R.: La Rive gauche. Du Front populaire à la guerre froide, Paris 1981.

Loubet del Bayle, Jean-Louis: L'esprit des années 1930. Inventaire bibliographique, in: Politique, 1966, H. 33–36, S. 159–205.

Ders.: La Revue Réaction, in: Politique, 1966, H. 33–36, S. 207–271.

Ders.: Les non-conformistes des années 30. Une tentative de renouvellement de la pensée politique française, Paris 1969.

Machefer, Philippe: Ligues et fascismes en France 1919–1939, Paris 1974.

Mannheim, Karl: Konservatismus. Ein Beitrag zur Soziologie des Wissens [1927], Hrsg. David Kettler, Volker Meja, Nico Stehr, Frankfurt a. M. 1984.

Maxence, Jean-Luc: L'ombre d'un père, Paris 1978.

Mayer-Tasch, Peter Cornelius: Korporativismus und Autoritarismus. Eine Studie zur Theorie und Praxis der berufsständischen Rechts- und Staatsidee, Frankfurt a. M. 1971.

Mazgaj, Paul: The Action Française and Revolutionary Syndicalism, Chapel Hill 1979.

Merlio, Gilbert: Oswald Spengler. Témoin de son temps, Stuttgarter Arbeiten zur Germanistik, Hrsg. Ulrich Müller, Franz Hundsnurscher, Cornelius Sommer, 2 Bde., Stuttgart 1982.

Ders.: Préface, in: Ni gauche, ni droite. Les chassés-croisés idéologiques des intellectuels français et allemands dans l'Entre-deux-guerres, Hrsg. ders., Talence 1995, S. 7–13.

Micaud, Charles A.: The French Right and Nazi Germany, 1933–1939. A Study of Public Opinion, New York ²1964.

Michael, Robert: The Radicals and Nazi-Germany. The Revolution in French Attitudes Toward Foreign Policy, 1933–1939, Washington D.C. 1982.

Milza, Pierre: Le Fascisme italien et la presse française, Brüssel 1987.

Ders.: Fascisme Français. Passé et Présent, Paris 1987.

Mohler, Armin: Die konservative Revolution in Deutschland 1918–1932. Hauptband und Ergänzungsband in einem Band, Darmstadt ⁴1994.

Ders./Mudry, Thierry/Steuckers, Robert: Généalogie du Fascisme français. Dérives autour de travaux de Zeev Sternhell et Noël O'Sullivan, Genf 1986.

Mommsen, Hans: Generationenkonflikt und Jugendrevolte in der Weimarer Republik, in: „Mit uns zieht die neue Zeit". Der Mythos Jugend, Hrsg. Thomas Koebner/Rolf-Peter Janz/Frank Trommler, Frankfurt a. M. 1985, S. 50–67.

Montagnon, Barthélemy: De Jaurès à de Gaulle, Paris 1969.

Monzel, Nikolaus: Die katholische Kirche in der Sozialgeschichte, München u. a. 1980.

Moreau, Patrick: Nationalsozialismus von links. Die Kampfgemeinschaft revolutionärer Nationalsozialisten und die Schwarze Front Otto Straßers 1930–1935, Stuttgart 1985.

Mosse, George L.: Germans and Jews. The Right, the Left, and the Search for a „Third Force" in Pre-Nazi-Germany, New York 1970.

Mounier, Emmanuel: Le Personnalisme, Paris 1949.

Ders.: Œuvres, 4 Bde., Paris 1961–1963; Bd. 1, 1931–1939, 1961, Bd. 4, Recueils posthumes, Correspondance, Paris 1963.

Mühlen, Patrik von zur: Rassenideologien. Geschichte und Hintergründe, Berlin/Bonn 1977.

Müller, Klaus-Jürgen: French Fascism and Modernization, in: JCH 11 (1976), S. 75–107.

Ders.: Die französische Rechte und der Faschismus in Frankreich 1924–1932, in: Industrielle Gesellschaft und politisches System, Hrsg. Dirk Stegmann/Bernd-Jürgen Wendt/Peter-Christian Witt, Festschrift für Fritz Fischer, Bonn 1978, S. 413–430.

Ders.: Protest – Modernisierung – Integration. Bemerkungen zum Problem faschistischer Phänomene in Frankreich 1924–1934, Francia 8 (1980), S. 465–524.

Ders.: Die deutsche öffentliche Meinung und Frankreich 1933–1939, in: Deutschland und Frankreich 1936–1939, Beiheft der Francia 10, Hrsg. Klaus Hildebrand, Karl Ferdinand Werner, München/Zürich 1981, S. 17–46.

Ders.: Betrachtungen zum Deutschlandbild der französischen extremen Rechten, in: Das Unrechtsregime. Internationale Forschung über den Nationalsozialismus, Hrsg. Ursula Büttner, Bd. 1, Ideologie – Herrschaftssystem – Wirkung in Europa, Hamburg 1986, S. 469–488.

Ders.: „Faschisten" von Links? Bemerkungen zu neuen Thesen über „Faschismus" und Collaboration in Frankreich, in: Francia 17 (1990), S. 170–191.

Ders.: Ambition, argent et protestation. Remarques sur une phénomène d'extrémisme dans la France de l'Entre-deux-guerres, in: Ni gauche, ni droite: Les chassés-croisés idéologiques des intellectuels français et allemands dans l'Entre-deux-guerres, Hrsg. Gilbert Merlio, Talence 1995, S. 229–244.

Mysyrowicz, Ladislaus: Anatomie d'une défaite. Cinq études sur les origines profondes de l'effondrement militaire français 1919–1939, Lausanne 1973.

Nipperdey, Thomas: 1933 und die Kontinuität in der deutschen Geschichte, in: HZ 227 (1978), S. 86–111.

Ders.: Deutsche Geschichte 1866–1918, Bd. 2,1, Arbeitswelt und Bürgergeist, München 1990.

Nolte, Ernst: Die faschistischen Bewegungen, München ⁹1984.

Ders.: Der Faschismus in seiner Epoche. Action française, Italienischer Faschismus, Nationalsozialismus, München/Zürich ⁸1990.

Ory, Pascal: Le Dorgérisme. Institution et discours d'une colère paysanne (1929–1939), in: RHMC 22 (1975), S. 168–190.

Ders./Sirinelli, Jean-François: Les Intellectuels en France, de l'Affaire Dreyfus à nos jours, Paris 1986.

Péan, Pierre: Le mystérieux Docteur Martin (1895–1969), Paris 1993.

Ders.: Une jeunesse française. François Mitterrand 1934–1947, Paris 1994.

Pellissier, Béatrice: L'antenne parisienne du DAAD à travers les archives de l'Auswärtiges Amt de

Bonn jusqu'en 1939, in: Entre Locarno et Vichy. Les relations culturelles franco-allemandes dans les années 1930, Hrsg. Hans Manfred Bock, Reinhart Meyer-Kalkus, Michel Trebitsch, Bd. 1, Paris, CNRS 1993, S. 273–285.

Peukert, Detlev: Alltagsleben und Generationserfahrungen von Jugendlichen in der Zwischenkriegszeit, in: Jugendprotest und Generationenkonflikt in Europa im 20. Jahrhundert. Deutschland, England, Frankreich und Italien im Vergleich, Hrsg. Dieter Dowe, Bonn 1986, S. 139–150.

Ders.: Die Weimarer Republik. Krisenjahre der klassischen Moderne, Frankfurt a. M. 1987.

Picciola, André: La vie des revues dans les années trente. Miroir des intellectuels, in: Intellectuel(s) des années trente, Hrsg. Danielle Bonnaud-Lamotte/Jean-Luc Rispail, Paris 1990, S. 139–148.

Pike, David W.: Les Français et la Guerre d'Espagne 1936–1939, Paris 1975.

Pinol, Jean-Luc: 1919–1958. Le temps des droites, in: Histoire des droites en France, Hrsg. Jean-François Sirinelli, Bd. 1, Politique, Paris 1992, S. 291–389.

Plumyène, Jean/Lasierra, Raymond: Les Fascismes Français 1923–1963, Paris 1963.

Prévost, Pierre: Des rencontres avec Georges Bataille, Paris 1987.

Prost, Antoine: La C.G.T. à l'époque du front populaire, 1934–1939. Essai de description numérique, Cahiers de la FNSP 129, Paris 1964.

Ders.: Histoire de l'enseignement en France 1800–1967, Paris ²1970.

Ders.: Les Anciens combattants et la société française, 1914–1939, Bd. 1, Histoire, Bd. 2, Sociologie, Bd. 3, Idéologies, Paris 1977.

Ders.: Jeunesse populaire et jeunesse bourgeoise dans la France de l'entre-deux-guerres, in: Jugendprotest und Generationenkonflikt in Europa im 20. Jahrhundert. Deutschland, England, Frankreich und Italien im Vergleich, Hrsg. Dieter Dowe, Bonn 1986, S. 189–198.

Ders.: Jeunesse et société, in: Vingtième Siècle, H. 13, 1987, S. 35–43.

Racine-Furlaud, Nicole: Bataille autour d'Intellectuel(s) dans les manifestes et contre-manifestes, in: Intellectuel(s) des années trente, Hrsg. Danielle Bonnaud-Lamotte/Jean-Luc Rispail, Paris 1990, S. 223–238.

Dies./Bodin, L.: Le Parti communiste français pendant l'entre-deux-guerres, Archives de notre temps, Bd. 2, Paris 1972.

Raulff, Ulrich: Die Geburt eines Begriffes. Reden von „Mentalität" zur Zeit der Affäre Dreyfus, in: Mentalitäten-Geschichte. Zur historischen Rekonstruktion geistiger Prozesse, Hrsg. ders., Berlin 1987, S. 50–68.

Reichel, Edward: Nationalismus – Hedonismus – Faschismus. Der Mythos Jugend in der französischen Politik und Literatur von 1890–1945, in: „Mit uns zieht die neue Zeit". Der Mythos Jugend, Hrsg. Thomas Koebner/Rolf-Peter Janz/Frank Trommler, Frankfurt a. M. 1985, S. 150–173.

Rémond, René: Les catholiques dans la France des années 30, Paris 1979.

Ders.: L'image de l'Allemagne dans l'opinion publique française de mars 1936 à septembre 1939, in: Deutschland und Frankreich 1936–1939, Beiheft der Francia 10, Hrsg. Klaus Hildebrand, Karl Ferdinand Werner, München/Zürich 1981, S. 3–16.

Ders.: Les Droites en France, Paris 1982.

Reymond, Bernard: Théologien ou Prophète. Les francophones et Karl Barth avant 1945, Lausanne 1985.

Ringelblum, Emmanuel: Notes from the Warsah Ghetto, Hrsg. Jacob Sloan, New York 1958.

Ringer, Fritz K.: Education and Middle Classes in Modern France, in: Bildungsbürgertum im 19. Jahrhundert, Hrsg. Werner Conze/Jürgen Kocka, Bd. 1, Bildungssystem und Professionalisierung, Stuttgart 1985, S. 109–146.

Ders.: Die Gelehrten. Der Niedergang der deutschen Mandarine, München ²1987.

Ders.: „Bildung". The Social and Ideological Context of the German Historical Tradition, in: History of European Ideas 10 (1989), S. 193–202.

Ders.: Fields of Knowledge. French Academic Culture 1890–1920, Cambridge 1992.

Rossi-Landi, Guy: La région, in: Histoire des droites en France, Hrsg. Jean-François Sirinelli, Bd. 3, Sensibilités, Paris 1992, S. 71–100.

Roth, Jack J.: The Cult of Violence. Sorel and the Soreliens, Berkeley u. a. 1980.

Roy, Christian: Alexandre Marc et la Jeune Europe 1904–1934. L'*Ordre Nouveau* aux origines du personnalisme, Diss. Montreal 1993.

Ders.: Les contacts d'Alexandre Marc avec les philosophes allemands sous le Troisième Reich, in: Le fédéralisme personnaliste aux sources de l'Europe de demain, Hrsg. Ferdinand Kinsky/Franz Knipping, Baden-Baden 1996, S. 153–167.

Sauvy, Alfred: Histoire économique de la France entre les deux guerres, 4 Bde., Paris, Bd. 1, 1918–1931, 1967; Bd. 2, 1931–1939, 1967.

Schor, Ralph: L'opinion française et les étrangers en France, Paris 1985.

Ders.: L'antisémitisme en France pendant les années trente, Brüssel 1992.

Schöttler, Peter: Syndikalismus in der europäischen Arbeiterbewegung, in: Arbeiter und Arbeiterbewegung. Berichte zur internationalen historischen Forschung, Hrsg. Klaus Tenfelde, HZ – Sonderhefte, Bd. 15, München 1986, S. 419–476.

Schüddekopf, Otto-Ernst: Linke Leute von Rechts. Die nationalrevolutionären Minderheiten und der Kommunismus in der Weimarer Republik, Stuttgart 1960.

Schuker, Stephen A.: The End of French Predominance in Europe. The Financial Crisis of 1924 and the Adoption of the Dawes Plan, Chapel Hill 1976.

Schulz, Tilman: Gegner, Diss. Frankfurt a.M. 1980.

Schwarzer, Reinhard: Vom Sozialisten zum Kollaborateur. Idee und politische Wirklichkeit bei Marcel Déat, Pfaffenweiler 1987.

Scott, William E.: Alliance against Hitler. The Origins of the Franco-Soviet Pact, Durham 1962.

Senarclens, Pierre de: L'image de l'Allemagne dans la revue *Esprit*, in: Relations internationales 2 (1974), S. 123–145.

Sérant, Paul: Les dissidents de l'Action Française, Paris 1978.

Seton-Watson, Hugh: Faschismus – rechts und links, in: Internationaler Faschismus. Deutsche Ausgabe des JCH 1, München 1966, S. 253–273.

Shamir, Haim: Economic Crisis and French Foreign Policy 1930–1936, Leiden, New York u. a. 1989.

Shinn, Terry: Reactionary Technologists, in: Minerva 22 (1984), S. 329–345.

Sieferle, Rolf Peter: Die Konservative Revolution und das „Dritte Reich", in: Revolution und Mythos, Hrsg. Dietrich Harth/Jan Assmann, Frankfurt a. M. 1992, S. 178–205.

Ders.: Die Konservative Revolution. Fünf biographische Skizzen, Frankfurt 1995.

Sigoda, Pascal: Charles de Gaulle, la „Révolution conservatrice" et le personnalisme du mouvement l'Ordre Nouveau, in: Espoir 46 (1984), S. 43–49.

Simard, Marc: Intellectuels, fascisme et antimodernité dans la France des années trente, in: Vingtième Siècle, H. 18, 1988, S. 55–75.

Sirinelli, Jean-François: Action française, main basse sur le quartier latin, in: L'Histoire 51 (1982), S. 6–15.

Ders.: Aux lisières de l'enseignement supérieur. Les professeurs de khâgne vers 1925, in: Le Personnel de l'Enseignement supérieur en France aux XIXe et XXe siècles, Hrsg. Christophe Charle/Régine Ferré, Paris 1985, S. 111–130.

Ders.: Effets d'âge et phénomène de génération dans le milieu intellectuel français, in: Générations intellectuelles, Hrsg. ders., Paris 1987, S. 5–18.

Ders.: Les Khâgneux et Normaliens des années 1920. Un rameau de la „génération de 1905"?, in: Générations intellectuelles, Hrsg. ders., Paris 1987, S. 39–48.

Ders.: Alain et les siens. Sociabilité du milieu intellectuel et responsabilité du clerc, in: Revue française de science politique 38 (1988), S. 272–283.

Ders.: Génération intellectuelle. Khâgneux et normaliens dans l'entre-deux-guerres, Paris 1988.

Ders.: Intellectuels et passions françaises. Manifestes et petitions au XXe siècle, Paris 1990.

Ders.: The Concept of an Intellectual Generation, in: Intellectuals in Twentieth Century France. Mandarins and Samurais, Hrsg. Jeremy Jennings, Macmillan 1993, S. 82–93.

Smith, Robert J.: The Ecole Normale Supérieure and the Third Republic, New York 1982.

Sontheimer, Kurt: Der Tatkreis, in: VfZ 7 (1959), S. 229–260.

Ders.: Antidemokratisches Denken in der Weimarer Republik. Die politischen Ideen des deutschen Nationalismus zwischen 1918 und 1933, Studienausgabe, München 1968.

Ders.: Une „voie allemande" dans l'histoire?, in: La Révolution conservatrice allemande sous la République de Weimar, Hrsg. Louis Dupeux, Paris 1992, S. 421–426.

Soucy, Robert J.: Das Wesen des Faschismus in Frankreich, in: Internationaler Faschismus. Deutsche Ausgabe des JCH 1, München 1966, S. 46–85.

Ders.: French Fascism. The First Wave 1924–1933, New Haven u. a. 1986.

Ders.: French Fascism and the Croix de Feu: A Dissenting Interpretation, in: JCH 26 (1991), S. 159–188.

Ders.: French Fascism. The Second Wave, 1933–1939, New Haven u. a. 1995.

Stegmüller, Wolfgang: Hauptströmungen der Gegenwartsphilosophie, Bd. 1, Stuttgart 1989.

Stern, Fritz: The Politics of Cultural Despair. A Study in the Rise of German Ideology, Berkeley u. a. 1963.

Sternhell, Zeev: Maurice Barrès et le nationalisme français, Brüssel ²1985 (1972).

Ders.: Anatomie d'un mouvement fasciste en France. Le Faisceau de Georges Valois, in: Revue française de science politique 26 (1976), S. 5–40.

Ders.: Ni droite, ni gauche. L'idéologie fasciste en France, Paris 1983.

Ders.: La droite révolutionnaire, 1885–1914. Les origines françaises du fascisme, Paris ²1984.

Ders.: Sur le fascisme et sa variante française, in: Le Débat, 1984, H. 42, S. 28–51.

Ders.: Emmanuel Mounier et la contestation de la démocratie libérale dans la France des années trente, in: Revue française de Science politique 34 (1984), S. 1141–1180.

Ders.: Roots of Popular Anti-Semitism in the Third Republic, in: The Jews in Modern France, Hrsg. Frances Malino/Bernard Wasserstein, Hannover u. a. 1985, S. 103–134.

Ders.: La troisième voie fasciste ou la recherche d'une culture politique alternative, in: Ni gauche, ni droite. Les chassés-croisés idéologiques des intellectuels français et allemands dans l'Entre-deux-guerres, Hrsg. Gilbert Merlio, Talence 1995, S. 17–29.

Ders./Sznajder, Mario/Ashéri, Maia: Naissance de l'idéologie fasciste, Paris 1989.

Strauss, David: Menace in the West. The Rise of French Anti-Americanism in Modern Times, Westport/London 1978.

Taubert, Friedrich: Französische Linke und Hitlerdeutschland. Deutschlandbilder und Strategieentwürfe (1933–1939), Bern u. a. 1991.

Tenfelde, Klaus: Demographische Aspekte des Generationenkonflikts seit dem Ende des 19. Jahrhunderts. Deutschland, England und Frankreich, in: Jugendprotest und Generationenkonflikt in Europa im 20. Jahrhundert. Deutschland, England, Frankreich und Italien im Vergleich, Hrsg. Dieter Dowe, Bonn 1986, S. 15–27.

Thalmann, Rita: L'immigration allemande et l'opinion publique en France de 1933 à 1936, in: La France et l'Allemagne 1932–1936. Communications présentées au Colloque franco-allemand, CNRS, Paris 1980, S. 149–172.

Dies.: L'antisémitisme en Europe occidentale et les réactions face aux persécutions nazies des Juifs pendant les années trente, in: L'Allemagne nazie et le génocide juif, Hrsg. François Furet, Paris 1985, S. 134–158.

Dies.: Du cercle Sohlberg au comité France-Allemagne, in: Entre Locarno et Vichy. Les relations culturelles franco-allemandes dans les années 1930, Hrsg. Hans Manfred Bock, Reinhart Meyer-Kalkus, Michel Trebitsch, Bd. 1, Paris, CNRS 1993, S. 67–86.

Tiemann, Dieter: Der Jungdeutsche Orden und Frankreich, in: Francia 12 (1984), S. 425–456.

Ders.: Deutsch-französische Jugendbeziehungen der Zwischenkriegszeit, Bonn 1989.

Touchard, Jean: L'esprit des années 1930, in: Tendances Politiques dans la vie française depuis 1789, Colloques, Hrsg. Guy Michaud, Paris 1960, S. 89–120.

Trebitsch, Michel: Le front commun de la jeunesse intellectuelle. Le „Cahier de revendications" de décembre 1932, in: Ni gauche, ni droite. Les chassés-croisés idéologiques des intellectuels français et allemands dans l'Entre-deux-guerres, Hrsg. Gilbert Merlio, Talence 1995, S. 209–227.

Trommler, Frank: Mission ohne Ziel. Über den Kult der Jugend im modernen Deutschland, in: „Mit uns zieht die neue Zeit". Der Mythos Jugend, Hrsg. Thomas Koebner/Rolf-Peter Janz/Frank Trommler, Frankfurt a. M. 1985, S. 14–49.

Unteutsch, Barbara: Dr. Friedrich Bran – Mittler in Abetz' Schatten, in: Entre Locarno et Vichy. Les relations culturelles franco-allemandes dans les années 1930, Hrsg. Hans Manfred Bock, Reinhart Meyer-Kalkus, Michel Trebitsch, Bd. 1, Paris, CNRS 1993, S. 87–106.

Vaïsse, Maurice: Der Pazifismus und die Sicherheit Frankreichs, in: VfZ 33 (1985), S. 590–616.

Valjavec, Fritz: Die Entstehung der politischen Strömungen in Deutschland 1770–1815, Düsseldorf ²1978.

Vierhaus, Rudolf: Konservativ, Konservatismus, in: Geschichtliche Grundbegriffe, Hrsg. Otto Brunner, Werner Conze, Reinhart Koselleck, Bd. 3, Stuttgart 1982, S. 531–565.

Vitoux, Frédéric: La vie de Céline, Paris 1988.

Volkoff, Vladimir: Gabriel Marcel et la monarchie, in: Gabriel Marcel. Colloque organisé par la Bibliothèque Nationale et l'association „Présence de Gabriel Marcel". Textes réunis par Michèle Sacquin, Paris 1989, S. 72–80.

Voyenne, Bernard: Histoire de l'Idee Fédéraliste, Nizza, Bd. 1, Les Sources, 1976; Bd. 2, Le Fédéralisme de Pierre Joseph Proudhon, 1973; Bd. 3, Les Lignées Proudhoniennes, 1981.

Ders.: Proudhon et Sorel dans „l'Ordre Nouveau" (1930–1937), in: L'Europe en formation 286 (1992), S. 29–36.

Warner, Geoffrey: France and non-intervention in Spain, July–August 1936, in: Der spanische Bürgerkrieg in der internationalen Politik (1936–1939), Hrsg. Wolfgang Schieder/Christof Dipper, München 1976, S. 306–326.

Weber, Eugen: Action française. Royalism and Reaction in Twentieth Century France, Stanford 1962.

Ders.: Nationalism, Socialism and National-Socialism in France, in: French Historical Studies 2,3 (1962), S. 273–307.

Ders.: The Hollow Years. France in the 1930s, New York/London 1994.

Wehler, Hans-Ulrich: Deutsche Gesellschaftsgeschichte, Bd. 3, Von der „Deutschen Doppelrevolution" bis zum Beginn des Ersten Weltkrieges 1849–1914, München 1995.

Weinreis, Hermann: Liberale oder autoritäre Republik. Regimekritik und Regimekonsens der französischen Rechten zur Zeit des nationalsozialistischen Aufstiegs in Deutschland (1928–1934), Göttingen/Zürich 1986.

Wendt, Bernd-Jürgen: Großdeutschland. Außenpolitik und Kriegsvorbereitung des Hitler-Regimes, München 1987.

Wette, Wolfram: La propagande nazie et la combativité allemande jusqu'en 1936, in: La France et l'Allemagne 1932–1936. Communications présentées au Colloque franco-allemand, CNRS, Paris 1980, S. 233–254.

Williams, William Appleman: The Legend of Isolationism in the 1920s, in: Science and Society 18 (1954), S. 1–20.

Winkler, Heinrich August: Vom Syndikalismus zum Faschismus. Robert Michels, in: ders., Liberalismus und Antiliberalismus. Studien zur politischen Sozialgeschichte des 19. und 20. Jahrhunderts, Göttingen 1979, S. 272–280.

Ders.: Weimar 1918–1933. Die Geschichte der ersten deutschen Demokratie, München 1994.

Winock, Michel: Histoire politique de la revue *Esprit*, Paris 1975.

Ders.: Fascisme à la française ou fascisme introuvable, in: Le Débat 25 (1983), S. 35–44.

Ders.: Les Affaires Dreyfus, in: Vingtième Siècle, H. 5, 1985, S. 19–37.

Ders.: Les intellectuels français et „l'esprit de Munich", in: Des années trente. Groupes et ruptures, Hrsg. Anne Roche/Christian Tarting, Paris-Meudon 1985, S. 147–158.

Ders.: Nationalisme, antisémitisme et fascisme en France, Paris 1990.

Wippermann, Wolfgang, Europäischer Faschismus im Vergleich 1922–1982, Frankfurt a.M. 1983.

Ders.: Faschismustheorien, Darmstadt ⁵1989.

Wirsching, Andreas: Nationale Geschichte und gemeineuropäische Erfahrung. Einige neuere westeuropäische Publikationen zur Geschichte des Ersten Weltkrieges, in: Francia 19 (1992), S. 175–185.

Ders.: Kleinbürger für den Klassenkampf? Theorie und Praxis kommunistischer Mittelstandspolitik in Frankreich 1924–1936, in: Gefährdete Mitte? Mittelschichten und politische Kultur zwischen den Weltkriegen. Italien, Frankreich und Deutschland, Hrsg. Horst Möller/Gérard Raulet/Andreas Wirsching, Beiheft der Francia 29, Sigmaringen 1993, S. 95–116.

Ders.: Auf dem Weg zur Kollaborationsideologie. Antibolschewismus, Antisemitismus und Nationalsozialismus im Denken der französischen extremen Rechten 1936–1939, in: VfZ 41 (1993), S. 31–60.

Ders.: Tradition contre-révolutionnaire et socialisme national. Le Parti Français National Communiste (1934–1939), in: Ni gauche, ni droite. Les chassés-croisés idéologiques des intellectuels français et allemands dans l'Entre-deux-guerres, Hrsg. Gilbert Merlio, Talence 1995, S. 245–253.

Wohl, Robert: The Generation of 1914, Harvard 1979.

Ders.: French Fascism, Both Right and Left. Reflections on the Sternhell Controversy, in: JMH 63 (1991), S. 91–98.

Wolf, Dieter: Die Doriot-Bewegung. Ein Beitrag zur Geschichte des französischen Faschismus, Stuttgart 1967.

Personenregister

www.ingramcontent.com/pod-product-compliance
Lightning Source LLC
Chambersburg PA
CBHW030810100426
42814CB00002B/69
* 9 7 8 3 4 8 6 5 6 4 4 1 9 *